U0153704

# 在地、南向與全球客家

國立交通大學出版社

# 從臺灣到世界，客家研究的趨勢與未來

客家委員會主任委員　李永得

　　客家研究是建構「客家學」的基石，隨著人群移動、社會變遷以及學科觀點的發展，客家研究早已跳脫 1930 年代濫觴於關懷自身族群源流與特質探討的研究意旨，如今客家研究已是放眼全球、關懷在地、探究多元族群社會的新興學術領域。

　　客家委員會多年關注客家學術研究，與國立交通大學合作辦理「臺灣客家研究國際研討會」，已邁入第四屆，本屆不僅在論文發表數量上大幅提升，在主題與內容上也更加多元豐富，從臺灣在地、東南亞地區到世界各地，再再顯示「客家研究」在人文社會科學領域中的茁壯，更象徵了客家知識體系的建構日臻完備，以及臺灣客家研究在國際客家學術社群中所具有的重要地位。本書精選 18 篇論文輯錄成冊，並以「在地、南向與全球客家」為題，不啻呼應各篇論文的研究主題，更一語道出近年臺灣客家研究趨勢與未來發展方向。

　　根據本會 105 年全國客家人口調查，在臺灣的客家人已超過 450 萬人，東南亞地區雖然沒有正式的統計資料，但是各界保守估計超過 480 萬人，遠多於臺灣客家人口數，不少城市更可直接用客語進行交談，例如馬來西亞森美蘭州的芙蓉市、印度尼西亞加里曼丹省的山口洋市等。不論是世居當地的「老僑」，或是 90 年代從臺灣前往東南亞發展的「新僑」，客家人在東南亞地區的影響力不容小覷。

　　因此本會早在 15 年前就與國內研究團隊著手進行東南亞客家研究，更自此激發起當地研究社群對於客家研究的注意與投入，未來亦將賡續從學術、社

區、教育及文化等四大面向,推動臺灣與東南亞之文化深度交流,以人文為核心,把語言做連結,用文化來交流,而學界豐富的研究資料與多元的研究成果,將成為本會推動「客家新南向」的堅實基底。

# 客家研究的尺度和議題：
## 序《在地、南向與全球客家》

國立交通大學客家文化學院院長　張維安

　　沒有客家研究就沒有客家。客家研究所使用的尺度、單位，和客家議題的思考有關。奠定客家學的羅香林教授，用「朝代」做為客家研究的時間量尺，用「省分」做為客家研究的空間單位。然而，面對全球客家研究議題時，區域或國別作為單位就顯得有其重要性。又，隨著科技的進步，人群的分類有時候不容易用地理空間來範定，穿越地理疆界而形成的想像社群，在發行印刷品和有收音機的時候就已經具有重要的意義。當代網路社會盛行之後，在 Cyber Space 的想像社群，通常比地理空間中具體社群更為真實，「社會網絡」做為分析單位挑戰了傳統地理空間的分類意義。以個人、家族或村落為單位的客家研究依然重要，不同客家議題的發問，需要不同的量尺。

　　本書論文主要來自於國立交通大學客家文化學院所舉辦之第四屆國際客家研討會，經過審查、修訂之後從 34 篇論文中收錄 18 篇，依其論述之內容與區域位置分為三個部分，首先是與臺灣客家研究相關的部分屬於「在地客家篇」；其次是與東南亞和澳洲各地區相關的客家研究屬於「南向客家篇」；第三部分是「全球客家篇」，範圍包括臺灣、東南亞以外全球各地的客家研究議題。每一部分的內容依照客家語言文學、社會文化與政治經濟之內容依序安排，有助於讀者從跨域研究的角度，以全球客家作為一個思考單位，理解全球客家研究的豐富性。

　　本書能夠出版，特別要感謝客家委員會對於第四屆國際客家研討會的大力

支持，所有參與國際客家研討會的撰稿人、討論人以及審查人的貢獻，籌備與
執行會議的工作人員的付出。特別是研討會諮詢委員和專書出版編輯委員的貢
獻，本書《在地、南向與全球客家》由編輯委員孫煒院長倡議命名，特別誌謝。

# 目錄

## 【在地】

## 【南向】

## 【全球】

【在地】

# 客家電視台新聞節目之接收分析：
## 以臺灣客家閱聽人為研究對象

國立交通大學傳播與科技學系教授　李美華

## 摘要

　　英國學者摩利（David Morley）在 1980 年代針對 BBC 電視新聞節目《全國》（Nationwide）的觀眾群所進行的接收分析（reception analysis），創建了主動閱聽人質性民族誌研究的里程碑。本研究根據主動閱聽人接收分析研究取徑，於 2016 年 4 月到 6 月期間，進行臺北、新竹、高雄、花蓮、臺中共 7 個場次，38 名客家閱聽人之焦點團體訪談。本研究分析客家閱聽人對於客家電視《暗夜新聞》之頭條新聞、政治新聞以及性別議題新聞的解讀型態；並探討社會人口及語言文化因素對於客家閱聽人解讀型態的影響。研究結果發現：不同地理區域、社會人口以及語言文化背景的客家閱聽人詮釋社群透過優勢、協商、對立等三種解讀型態收看《暗夜新聞》；來自不同背景脈絡的客家閱聽人之詮釋觀點呼應其日常生活世界的經驗意義。

**關鍵字**：客家電視、暗夜新聞、閱聽人研究、接收分析

# 一、緒論

　　早期大眾傳播媒介與閱聽人研究（audience research）乃植基於社會科學典範的效果研究（effects research），以及使用與滿足研究（uses and gratifications research）的量化研究傳統。80 年代初期，質性的閱聽人接收分析（reception analysis）研究開始嶄露頭角。接收分析著重於比較媒介文本意義與閱聽人社群之詮釋意義的異同，關注閱聽人的解讀位置如何建構意義，屬於兼具人文與社會科學典範之研究傳統（翁秀琪 1993，2011）。霍爾（Stuart Hall 1980：136-138）將電視節目內容的解碼位置分為三種立場，分別是優勢／霸權式的解碼立場（dominant-hegemonic position）、協商式（negotiated）的解碼立場、以及對立式（oppositional）的解碼立場；[1] 並指出文化產品的意義是由接收者生產的。英國文化研究與社會學者大衛摩利（David Morley, 1992）在 1970 年代末與 1980 年代針對英國 BBC 電視新聞節目《全國》（Nationwide）的觀眾群所進行的接收分析研究，將霍爾的製碼／解碼（encoding/decoding）模式發揚光大，建立電視新聞節目之接收分析研究的里程碑。該研究分為文本論述分析與田野研究深度訪談兩個階段，探討社會人口、文化以及社經地位等因素與閱聽人解讀型態之間的關係。

　　客家電視台於 2003 年 7 月 1 日開播，並於 2007 年 1 月 1 日納入臺灣公廣集團（TBS），具有族群頻道、少數語言媒體以及公共媒體的特性。客家電視台由新聞部製播每日新聞常態節目，包括每天晚間 7 點播出的《暗夜新聞》以及每天中午 12 點 30 分播出的《當晝新聞》，兩者皆曾入圍 2014 年的卓越新

---

1 優勢／霸權式解讀型態：閱聽人全然接受媒介文本之意識型態；對立式解讀型態：閱聽人全然反對媒介文本之意識型態；協商式解讀型態：閱聽人部分接收、部分反抗媒體文本之意識型態。

聞獎，《暗夜新聞》並於 2016 年獲得第 15 屆卓越新聞獎之每日新聞節目獎。李儒林（2009）指出，《暗夜新聞》節目之報導數量、多元文化團體、報導類型等類目均呈現客家電視台已發展為一個以多元文化價值為內涵的族群頻道。

　　過去客家電視台的研究文獻多採用實證研究方法，分析其族群頻道之角色功能、內容再現及組織運作。屬於閱聽人研究的數量不多，包括：彭文正（2005）以次級資料分析方法，探討客家閱聽人收視客家電視的行為與客家元素的因果關係；徐巧昀（2009）以實證研究方法探討閱聽人觀賞客家電視台的收視觀感；詹國勝（2010）探討桃竹苗地區民眾之客家電視台收視行為及節目品質評估；蔡珮（2011）採用質性深度訪談法分析客家電視台對於建構臺北地區的客家閱聽人之客家認同的角色；魏玓（2016）透過文獻與訪談資料，分析馬來西亞的客家閱聽人收看客家電視台節目與客家文化復振以及客家認同維繫之間的關係。

　　本研究根據質性閱聽人接收分析之研究視角，探討臺灣客家閱聽人如何解讀及詮釋客家電視《暗夜新聞》文本。臺灣的客家閱聽人來自不同地區的客庄聚落，不同客庄的居民操持的客語腔調 [2] 不同，生活文化脈絡也相異。其中，臺灣東部後山的客家人多為來自西部桃竹苗地區的「客家二次移民」。[3] 因為臺灣不同地區的客庄各有其社會文化特色，故本研究探討與比較臺灣的北、中、南、東地區之客家閱聽人的解讀型態，並分析影響不同地區客家閱聽人之詮釋型態的社會人口及文化因素。

---

2 客語有五腔六調：四縣、海陸（海豐、陸豐）、大埔、詔安、饒平，以及南四縣。
3 「客家二次移民 創造花東獨有文化特色」取自客家電視台 2014 年 2 月 21 日。https：//tw.news.yahoo.com/%E5%AE%A2%E5%AE%B6%E4%BA%8C%E6%AC%A1%E7%A7%BB%E6%B0%91-%E5%89%B5%E9%80%A0%E8%8A%B1%E6%9D%B1%E7%8D%A8%E6%9C%89%E6%96%87%E5%8C%96%E7%89%B9%E8%89%B2-120605306.html。取用日期：2017 年 5 月 1 日。

## 二、文獻回顧

### （一）閱聽人研究傳統

　　早年的西方語藝傳播學者（Clevenger, 1966）曾將閱聽人分析（audience analysis）區分為兩種模式，分別是（1）人口學分析（demographic analysis），以及（2）目標導向分析（purpose-oriented analysis）。Webster（1998）則是將閱聽人研究分為三種類型，分別是（1）將閱聽人視為大眾（audience-as-mass），亦即將閱聽人視為彼此無互動的一群烏合之眾。（2）將閱聽人視為結果（audience-as-outcome），亦即視閱聽人為被動的反應者，相關理論包括：魔彈理論（皮下注射理論，Magic Bullet theory；Hypodermic Needle theory）及新馬克斯（Neo-Marxist）主義。（3）將閱聽人視為行動者（audience-as-agent），亦即視閱聽人為具有自由意志以及能夠自由選擇媒介的行動者，相關理論包括：使用與滿足理論（Azid 2014）。

　　McQuail（2013）指出，閱聽人此一概念在 20 世紀初期被廣泛應用於廣播電視、電影、平面媒體等大眾傳媒。隨著時間及科技的演進及變遷，傳統大眾傳媒理論中關於閱聽人研究典範的變遷亦與時俱進。回顧大眾傳播理論所探討的閱聽人概念，可以區分為三個主要研究傳統，分別是：閱聽人測量之結構傳統（the structural tradition）、行為傳統（the behavioural tradition）以及社會文化與接收分析（the social-cultural tradition and reception analysis）研究傳統。其中，結構傳統與行為傳統咸被歸類為歐美行政研究；社會文化傳統則被視為文化研究的一部分（林福岳 1996： 181）。表 1 比較上述三個研究傳統在主要目的、資料、研究方法等三個面向的區別（McQuail 1994: 298；林福岳 1996：182）。其中，（社會）文化傳統主要使用的研究方法為民族誌學（ethnography）以及質化（qualitative）研究。

表 1　比較閱聽人研究的三個傳統

|  | 結構傳統 | 行為傳統 | 文化傳統 |
|---|---|---|---|
| **主要目的**<br>（**Main aims**） | 描述閱聽人之組成要素、列舉數算、與社會相關（Describe composition; Enumerate; Relate to society） | 解釋及預測選擇、反應、效果（Explain and predict choices, Reactions, effects） | 理解接收內容之意義以及在情境中之使用（Understand meaning of content received and use in context） |
| **主要資料**<br>（**Main data**） | 社會人口統計、媒介與時間的使用（Social-demographic; Media and time use） | 動機、選擇行為、反應（Motives; Acts of choice; Reactions） | 意義的認知、社會與文化情境（Perceptions of meaning; Social and cultural context） |
| **主要研究方法**<br>（**Main methods**） | 調查與統計分析（Survey and statistical analysis） | 調查、實驗、心智測量（Survey; Experiment; Mental measurement） | 民族誌學、質化研究（Ethnography; Qualitative） |

資料來源：林福岳，1996，〈閱聽人地理學：以「民族誌法」進行閱聽人研究之緣
　　起與發展〉。《新聞學研究》：181。McQuail, Denis, 1994, p. 298, Mass
Communication Theory. London: Sage.

　　70 年代末開始、1980 年以後，閱聽人研究採用源自人類學的民族誌法
（ethnography）並蔚為時代趨勢（林福岳 1996）。而在閱聽人概念及研究的
改變歷程中，70 年代興起的使用與滿足理論開啟了閱聽人研究的新視界（張
文強，1997），閱聽人不再被視為是被動的受眾，而是有目的與動機的主動閱
聽人。至於摩利於 1980 年的「全國觀眾」研究則為從民族誌學取向探討電視

節目閱聽人之解讀模式的代表作。至此，閱聽人自發的主動性，相對魔彈論主張的媒介大效果，呈現二元對立的樣態。事實上，閱聽人的主動性有其侷限，受到包括社會、文化、歷史情境環境的限制及影響（魏玓 1999）。可以肯定的是，80 年代的閱聽人研究，不再以媒介效果的量化研究為唯一取徑，摩利亦成為第一代接收分析的研究先驅。

　　繼之，第二代閱聽人接收分析則是以 Hobson（1982）、Katz & Liebes（1984）、Radway（1984）、Ang（1985）等學者為代表，著重詮釋社群（interpretive community）（Fish, 1980）在日常生活的媒介使用（張玉佩 2005：79；張玉佩、黃如鎂 2016：150）。詮釋社群的概念可應用於解釋社會位置相同的讀者，因為具有類似的生活經驗，所以有相似的詮釋策略，對於其思考及感知則受到相似的制約，因而對於相同的新聞可能會有一致的詮釋結果（張文強，1997：297）。[4] 在 2000 年世紀之交之際，閱聽人研究邁向典範轉移。Abercrombie 與 Longhurst 於 1998 年提出閱聽人研究新趨勢：觀展／表演典範（spectable/performance paradigm），成為閱聽人研究的新典範（張玉佩 2005：43）。Pertti Alasuutari 於 1999 年著書提出「第三代接收分析」，關注媒介在當代社會的文化位置，探討閱聽人所沉浸的媒介文化（王宜燕 2012：42）。王宜燕（2012：44）提出第三代接收分析的主要三個特點，分別是：注重研究者的反思性、從研究閱聽人的心理轉向社會學視野，以及強調媒介文化。表 2 呈現閱聽人研究四個典範之研究焦點、閱聽人型態、媒介觀、脈絡觀、閱聽人主體性、研究方法（王宜燕 2012：72），以及閱聽人研究從文本轉向社會實踐的新趨勢。

---

4 詮釋社群是「第二代接收分析」的研究重點之一，重視日常生活脈絡的意義實踐（張玉佩 2005：79）。

表 2　比較不同典範對閱聽人預設之相異性

| | 行為典範 | 批判典範 | 觀／展典範 | 實踐轉向 |
|---|---|---|---|---|
| **研究焦點** | 閱聽人有什麼樣的需求與滿足 | 閱聽人如何解讀文本 | 閱聽人出於自戀的需求而做哪些奇觀式的展演 | 閱聽人有什麼樣的社會實踐 |
| **閱聽人型態** | 大眾閱聽人 | 詮釋社群 | 擴散的閱聽人 | 閱聽人社群 |
| **媒介觀** | 刺激 | 文本 | 媒介景觀 | 媒介文化 |
| **脈絡觀** | 去脈絡化 | 文脈、日常生活 | 全球化脈絡 | 生活形式 |
| **閱聽人主體性** | 啟蒙主體 | 詮釋主體 | 表演主體 | 行動主體 |
| **研究方法** | 調查法、實驗法 | 文本分析、民族誌 | 深度訪談、民族誌、網路文本分析 | 俗民方法論、質性研究方法 |

資料來源：王宜燕（2012）〈閱聽人研究實踐轉向理論初探〉。《新聞學研究》113：72。

## （二）閱聽人接收分析

　　媒體與閱聽人研究從早期社會科學典範的效果研究、使用與滿足研究之量化研究傳統，至 80 年代起，質性的接收分析研究嶄露頭角。Abercrombie 與 Longhurst（1998）將閱聽人研究區分為：行為（Behavioral）、納編／抗拒（Incorporation/Resistance）、觀展／表演（Spectacle/Performance）等三個典範（張玉佩 2005：46）。其中，納編／抗拒典範為英國文化研究學者摩利的《全國》電視觀眾研究所植基的接收分析研究傳統。

　　摩利（1992）認為，閱聽人接收分析可以從功能（functional）、心理分析（psychanalytic）、批判（critical）、詮釋（interpretive）及符號學（semiotic theories）等研究視角加以探討。Livingstone（1998）則指出六個閱聽人接收分析的途徑，分別是（1）霍爾的製碼／解碼、（2）使用與滿足、（3）抗拒的閱聽人（resistant audience）、（4）模範讀者（model reader）、（5）女性主義取徑流行文化、（6）日常生活的意義再生產（Carey 1975; de Certeau 1984; Zaid 2014）。

閱聽人接收分析與其他閱聽人研究傳統的最大不同之處，在於它探討文本與閱聽人互動過程。在過程中，研究者比對閱聽人詮釋的意義與文本間意義的異同，並探討閱聽人是如何建構意義的（翁秀琪 2009）。從主動閱聽人接收分析的視角觀之，看電視是一種解碼的過程。霍爾（Hall 1980：136-138；魏玓 1999：95）界定了三種閱聽人對於電視論述的解碼位置。[5] 此三種位置凸顯文化產品的意義是由接收者決定的。其中，協商式立場與對立的立場正揭示了閱聽人主動性研究的基調。

摩利（Morley 1992）在 1980 年代發表的《全國》電視觀眾研究，為採用霍爾之閱聽人三種解讀模式所進行之電視新聞節目閱聽人之接收分析研究。該研究分為以下兩階段進行：

1. 文本論述分析：針對英國 BBC 電視新聞節目《全國》（Nationwide），分析其文本所建構的意識形態。

2. 田野研究深度訪談法：探討先前分析的新聞文本如何被不同社會經濟地位的觀眾所接收及解讀。

摩利根據霍爾提出的解讀型態，將受訪者分為不同的詮釋社群，探索社會人口因素、文化因素與解讀間的關係；以及受訪者談論的主題與其生活的關聯

---

5 分別是：優勢（主流）、霸權的立場（dominant-hegemonic position）；協商式（negotiated）的立場；對立（反抗）（oppositional）的立場。

性。研究結果發現：閱聽人的解讀型態與其社經地位並無直接關係。學者們針
對受到諸多批評的《全國》電視觀眾研究提出反思，建議在研究閱聽人主動性
及其接收狀況時，必須同時考量權力關係，並考量身處脈絡及結構的限制，以
及資源的差異與差距（魏玓 1999：97）。

　　針對閱聽人接收型態進行分析的研究文獻所在多有。其中，瑞典的傳播學
者達爾袞（P. Dahlgren）在討論閱聽人電訊新聞的接收型態時指出，閱聽人在
解讀電視新聞時有檔案式的接收（the archival mode reception）、關聯的接收
（association reception）、下意識的接收（the subliminal mode of reception）等
三種接收型態（Dahlgren 1986：244-246；轉引自翁秀琪 2009：226）。

　　林芳玫（1996）延伸霍爾的理論模式，提出三種觀眾（接收）類型（轉引
自楊宜婷、黃靖惠 2016：144），分別是：

1. 規範型：根據角色的表現是否遵循社會規範而對其行為產生是非價值判斷。
2. 個別情境型：從角色所處的特定環境（如背景、家庭狀況）來了解其行
   為動機。
3. 結構型：將角色或事件視為外在社會結構與社會制度的反映，批判結構
   而非單一個人的行為表現。

黃光玉、陳佳蓓、何瑞芳（1999）根據 Liebes & Katz（1990）及 Liebes
（1996），將閱聽人的接收形式分為以下兩種類型：

1. 參考型收視（referential reading）：情感的涉入（emotional involvement），
   根據生活經驗與社會規範來理解及詮釋電視節目。
2. 批判型收視（critical reading）：認知的涉入（cognitivc involvement），
   能夠洞悉製作群產製文本的動機與企圖，也能讀出文本的意識形
   態，並從電視美學等製作層面審思批判電視節目。又稱建構型的收視
   （constructional viewing）。

　　李佩英（2006）歸納影響閱聽人解讀的面向及因素，提出社會學、民族誌學、個人因素等面向之影響因素（2006：16-26），如下：

1. 社會位置：階級、生活與社會情境。
2. 觀視情境：居家環境、觀視過程。
3. 閱聽人的經驗：普遍經驗（universal experience）、文化經驗（cultural experience）、個人經驗（private experience）。
4. 文化差異：文化適合性（cultural appropriateness）、文化接近性（cultural proximity）。

　　王泰俐（2009）提出「雙軌式」的解讀概念，針對內容意識形態以及新聞產製形式，分析電視八卦新聞閱聽人之優勢、協商、對立等三種解讀型態。方念萱（2009）針對公共電視所播出的女性節目《臺灣圓仔花》進行女性觀眾及學者專家之焦點團體訪談及深度訪談。研究結果發現，節目定位不清，且節目場景、劇情、主持人物的安排刻板化了特定社經地位的女性群體。雖然傳達了其差異性，但也刻板化了差異。蔡珮（2012）探討臺北都市原住民族群電視收看與族群認同建構的關係，研究發現指出：閱聽人身處的時空脈絡會使他們對媒介的內容產生不同的需求與解讀。楊宜婷、黃靖惠（2016）根據敘事分析理論及接收分析研究視角，針對《穿著 Prada 的惡魔》、《豪門保母日記》，兩部有關年輕女性職場奮鬥歷程的電影，進行觀眾詮釋類型與影響因素分析。研究結果指出：此類「美眉」電影，對於年輕女性觀眾易形成移情作用並產生共鳴，鼓勵年輕女性實踐夢想、自我反思及期許，形成一種共同的情感連結。

　　根據以上研究背景與研究文獻，本研究探討臺灣客家閱聽人詮釋社群如何解讀客家電視《暗夜新聞》節目。客家電視新聞部製播的每日新聞節目分為三個時段播出：中午 12 點半至 1 點半播出《當晝新聞》、[6] 傍晚 7 點至 8 點播出《暗夜新聞》、[7] 晚間 11 點至 11 點半播出《最夜新聞》。客家電視新聞節目曾獲

卓越新聞獎（2016、2013）、消費者權益報導獎（2015、2013）、文創產業新聞報導獎（2014）、優質新聞獎（2014、2012、2011、2010、2008）、客家新聞獎（2007、2008、2009、2010）及兩岸新聞報導獎（2009）。於每日晚間黃金時段播出的《暗夜新聞》在 2016 年獲得卓越新聞獎（電視類—每日新聞節目獎）。[8]

　　過去關於客家電視閱聽人研究的文獻並不多，包括：彭文正（2005）根據閱聽人使用與滿足理論模式分析客家閱聽人收視客家電視之行為。研究結果發現：包括客家意識、客話能力、文化使命及語言學習動機等客家元素與收視客家電視間呈現正向因果關係。徐巧昀（2009）以問卷調查法，分析閱聽人對於評選之 2008 年第 1 到第 4 季的客家電視「優質節目」的觀看感受。研究結果指出：多數閱聽人對於客家電視台節目持正面肯定的態度，唯在節目創意、多元性、時間安排以及娛樂性方面應有所改進或提升。詹國勝（2010）以問卷調查法探討桃竹苗地區客家閱聽人之客家電視新聞節目收視行為，歸納出「訊息分享與情緒解脫」、「學習與了解客家語言文化」及「打發時間」等三項收視動機。蔡珮（2011）以深度訪談方法探討 16 位不同世代的臺北客家閱聽人。研究結果指出：客家電視台節目對於受訪者在客家認同的四個面向：「族群自我身分認同」、「族群歸屬感」、「族群態度」、「族群投入」均有提升效果。而不同世代的客家閱聽人在認同召喚上有異同之處，客家電視台節目有助於改善客家人的隱形現象，並能夠提升客家人的自信及榮譽感，以及促進族群文化參與行動。魏玓（2016）以馬來西亞的客家閱聽人為研究對象，分析其收看客

---

6 周六、周日的播出時間為 12 點半至下午 1 點。
7 周六、周日的播出時間為晚上 7 點至 7 點半。
8 取自 http：//www.hakkatv.org.tw/awards。取用日期：2017 年 8 月 9 日。

家電視台製播之戲劇節目的情形，並探討收視客家電視節目與客家文化復振及客家認同維繫之間的關係。

　　檢視相關研究文獻，過去研究鮮少採用接收分析取徑探討閱聽人如何解讀客家電視新聞文本，或探討客家閱聽人詮釋社群如何建構客家新聞文本之社會文化意義。本研究之客家閱聽人接收型態的分類定義，乃援引英國文化研究學者摩利之 1980 年代《全國》電視觀眾研究的社會人口因素以及文化因素。又，臺灣客家人主要分布於新北市及桃竹苗、臺中、高屏地區；且有不少桃竹苗地區的客家人在晚清到日治期間舉家遷徙至花東地區定居謀生，即所謂的「客家二次移民」（黃文斌 2010）。不同地區的客家人因居住地及來源地的關係，操持不同的客語腔調。是以本研究除了將年齡、性別、教育、職業、收入、支持政黨視作社會人口因素，亦探討居住地區此一影響因素。另一方面，客語腔調及日常生活脈絡與經驗則為文化因素。總之，本研究欲探討過去閱聽人研究文獻中較為缺乏的領域，亦即針對來自不同地理區域、具有不同社會人口及語言文化背景的客家閱聽人詮釋社群，進行客家電視台新聞節目的接收分析研究。

### （三）研究問題

1. 探討客家閱聽人詮釋社群收看客家電視《暗夜新聞》節目之解讀型態。
2. 分析居住地區、社會人口及語言文化因素對於客家閱聽人收看客家電視《暗夜新聞》節目之解讀型態的影響。

## 三、研究方法

　　本研究採用焦點團體訪談法，以網路社群廣告及人際網絡滾雪球方式，招募臺灣之北、中、南、東地區的客家閱聽人，請受訪者收視客家電視台於

2016 年 3 月 1 日晚間 7 點播出的《暗夜新聞》節目。[9]本研究於 2016 年 4 月
到 6 月間，在臺北、新竹、臺中、高雄、花蓮舉行 7 場焦點團體訪談。38 位
受訪者中，男性受訪者 19 名，女性受訪者 19 名。男性受訪者年齡 50 歲以上
有 7 人，30 至 49 歲 6 人，29 歲（含）以下 6 人。女性受訪者年齡 50 歲以上
有 6 人，30 至 49 歲 7 人，29 歲（含）以下 6 人。[10]受訪者資料見附錄 1。

焦點團體訪談的目的在於探詢不同地區的客家閱聽人詮釋社群對於《暗夜
新聞》節目之解讀型態及意義詮釋。受訪者事先觀看置於網路雲端的完整節
目，研究者於訪談進行前播放第 1 則頭條新聞（**核一除役轉存核廢？張揆未定
案**）、第 2 至第 5 則的政治經濟新聞（**台電提核一除役計畫 核廢存核電廠、
時力推兩岸監督條例 兩國論入法、黨政炸彈客 李新： 當選後黨產歸零、蔡英
文參訪花卉產銷班 談農業政策**）以及第 11 則有關性別議題的報導（**彭怡平攝
影集 解構女性房間的秘密**）給受訪者觀看，之後進行正式訪談及問卷施測。
訪談問題包括：印象最深刻的報導、觀看後有何認知面及情感面的感受、對於
節目產製形式與呈現形式的看法、對於政治新聞與性別議題報導的觀看感受及
意義詮釋。

## 四、研究結果

### （一）新聞文本

本研究透過焦點團體訪談，獲知受訪者對於 2016 年 3 月 1 日《暗夜新聞》

---

9 新聞影片連結 http：//ppt.cc/ly6js。取用日期：2017 年 5 月 5 日。
10 本研究之受訪者分為三個年齡階層，分別是：年輕世代（29 歲及以下）、中生代（30
 至 50 歲）、年長者（50 歲以上）。

之頭條與政治新聞（5則）以及性別議題新聞（1則）的解讀及詮釋（附錄2：6則新聞導言）。客家電視台《暗夜新聞》3月1日的完整節目內容包括19則新聞報導。其中，第1則頭條新聞以及第2、3、4、5則新聞為臺灣政治經濟新聞。第1、2則報導是關於核一廠及核廢料的現況及未來處理方案。第3則報導是關於各政黨及學者針對兩岸監督條例的觀點。第4則報導是關於國民黨的黨主席選舉。第5則報導為總統當選人蔡英文參訪嘉義花卉產銷班以及內閣人事佈局。第6、7則報導為生活新聞（生活大小事），關於流感疫情及衛福部因應情況。接著播出下節新聞預告（破口1）。第8、9則（客家觀點）報導高雄美濃之瀰濃新年福傳統的存續問題。第10、11、12、13、14則新聞（客家庄記事）分別報導竹東三腳採茶山歌比賽、在臺北舉行之彭怡平攝影展、彰化二林的釀酒業、苗栗南庄的酸菜產期、臺中農改場研發之菜豆新製劑。接著播出下節新聞預告（破口2）。第15、16、17則新聞（生活大小事）分別報導勞動部評估Q2人力需求、臺灣植牙收費標準問題、環保署公布碳排量及再生能源之議題。

## （二）焦點團體訪談

### 1.問卷資料分析

#### (1) 客語能力

受訪者之聽說客語能力以精通客語者比例最高（15人，40.5%），其次為普通（14人，37.8%），第三為略通（8人，21.6%）。填答完全不懂以及未填答者各1人。

#### (2) 客語腔調

受訪者使用之客語腔調最多的是四縣（25人次，54.3%），第二是海陸（15人次，32.6%），其次為南四縣（4人次，8.7%），再者是大埔（2人次，4.3%）。

(3) 教育程度

受訪者的教育程度比例最高的是大專院校（20 人，52.6%），其次為高中職（11 人，28.9%），第三是研究所（6 人，15.8%），最少的是小學（1 人，2.6%）。

(4) 職業

受訪者職業比例最高的是公教人員（14 人，36.8%），其次是學生（10 人，26.3%），第三是金融及服務業（6 人，15.8%），第四是自由業（3 人，7.9%），其次是勞工（2 人，5.3%）、家管（2 人，5.3%）、退休人員（1 人，2.6%）。

(5) 支持政黨

受訪者支持政黨方面，選答「無」（沒有特定偏好、選人不選黨）者最多（27.8%），其次是民進黨（25%），第三是國民黨（19.4%）以及填答「不知道」者（19.4%）。（表 3）

表 3　受訪者支持之政黨

| 政黨 | 次數 | 比例 (%) |
|---|---|---|
| 民進黨 | 9 | 25 |
| 國民黨 | 7 | 19.4 |
| 時代力量 | 2 | 5.6 |
| 綠黨 | 1 | 2.8 |
| 無（沒有特定偏好、選人不選黨） | 10 | 27.8 |
| 不知道 | 7 | 19.4 |
| 總和 | 36 | 100 |

資料來源：本研究整理

　　在不同地區受訪者之支持政黨方面，臺北地區受訪者支持國民黨的比例較高（60%），其次是無特定支持政黨（40%）。新竹地區受訪者支持比例最高的是民進黨（25%），其次為填寫國民黨、時代力量、無、不知道者（17%）。高雄地區受訪者支持比例最高的是民進黨（67%），其次是填寫國民黨、無、不知道者（11%）。花蓮地區受訪者比例最高的是「無」特定之支持政黨（80%），其次為「不知道」（20%）。臺中地區受訪者比例最高的是「無」特定之支持政黨（60%），其次是國民黨（20%）及填寫「不知道」者（20%）。（表4）

表 4　不同地區受訪者之政黨支持比例（%）

| 地區 | 政黨 | | | | | | | | |
|---|---|---|---|---|---|---|---|---|---|
| | 民進黨 | 國民黨 | 親民黨 | 時代力量 | 新黨 | 台聯黨 | 綠黨 | 無 | 不知道 |
| 臺北 | 0 | 60 | 0 | 0 | 0 | 0 | 0 | 40 | 0 |
| 新竹 | 25 | 17 | 0 | 17 | 0 | 0 | 8 | 17 | 17 |
| 高雄 | 67 | 11 | 0 | 0 | 0 | 0 | 0 | 11 | 11 |
| 花蓮 | 0 | 0 | 0 | 0 | 0 | 0 | 0 | 80 | 20 |
| 臺中 | 0 | 20 | 0 | 0 | 0 | 0 | 0 | 60 | 20 |

資料來源：本研究整理

　1.《暗夜新聞》節目滿意程度

　　對於《暗夜新聞》節目的滿意程度，受訪者填答「滿意」的比例最高（52.8%），其次是「普通」（27.8%），第三是「不滿意」（11.1%），第四是「非常滿意」（8.3%），填寫「非常不滿意」的比例為 0%。

　2.　召喚族群自我身分認同

　　在《暗夜新聞》召喚客家族群自我身分認同方面，受訪者填答「同意」的

比例最高（52.8%），其次是「普通」（16.7%）以及「非常同意」（16.7%）。
（表5）

表5　《暗夜新聞》召喚受訪者族群自我身分認同

| 同意程度 | 次數 | 比例 (%) |
|---|---|---|
| 非常不同意 | 1 | 2.8 |
| 不同意 | 4 | 11.1 |
| 普通 | 6 | 16.7 |
| 同意 | 19 | 52.8 |
| 非常同意 | 6 | 16.7 |
| 總和 | 36 | 100 |

資料來源：本研究整理

3.　提升族群歸屬感

　　在《暗夜新聞》提升客家族群歸屬感方面，受訪者填答「同意」的比例最
高（58.3%），「普通」者其次（19.4%），第三為「不同意」（11.1%）以及「非
常同意」（11.1%）。（表6）

表6　《暗夜新聞》提升受訪者族群歸屬感

| 同意程度 | 次數 | 比例 (%) |
|---|---|---|
| 非常不同意 | 0 | 0 |
| 不同意 | 4 | 11.1 |
| 普通 | 7 | 19.4 |
| 同意 | 21 | 58.3 |
| 非常同意 | 4 | 11.1 |
| 總和 | 36 | 100 |

資料來源：本研究整理

## 4. 建構正面客家族群態度

在《暗夜新聞》建構正面客家族群態度方面，填答「同意」的比例最高
（66.7%），其次為「非常同意」（13.9%），第三是「普通」（11.1%）。（表7）

表7 《暗夜新聞》建構受訪者正面客家族群態度

| 同意程度 | 次數 | 比例 (%) |
|---|---|---|
| 非常不同意 | 0 | 0 |
| 不同意 | 3 | 8.3 |
| 普通 | 4 | 11.1 |
| 同意 | 24 | 66.7 |
| 非常同意 | 5 | 13.9 |
| 總和 | 36 | 100 |

資料來源：本研究整理

## 5. 促進投入客家事務意願

在《暗夜新聞》促進投入客家事務意願方面，填答「同意」的比例最高
（58.3%），其次是「普通」（19.4%），第三是「非常同意」（13.9%）。（表8）

表8 《暗夜新聞》提升受訪者投入客家事務意願

| 同意程度 | 次數 | 比例 (%) |
|---|---|---|
| 非常不同意 | 1 | 2.8 |
| 不同意 | 2 | 5.6 |
| 普通 | 7 | 19.4 |
| 同意 | 21 | 58.3 |
| 非常同意 | 5 | 13.9 |
| 總和 | 36 | 100 |

資料來源：本研究整理

6. 推論統計

(1) 不同地區受訪者對於暗夜新聞的滿意程度有顯著差異（F=3.877，p<0.05）。滿意程度最高的是臺中（Mean=4.40, SD=0.55），其次是花蓮（Mean=3.83，SD=0.75），再者是高雄（Mean=3.75, SD=0.46），第四是臺北（Mean=3.33, SD=0.82）。滿意程度最低的是新竹（Mean=3.00, SD=0.82）。雪菲事後檢定（Scheffe Post Hoc Test，也稱 Scheffe Test）顯示，新竹跟臺中的受訪者的滿意程度有顯著差異（Mean difference=1.40，p<0.05）。

(2) 受訪者的客語程度對於暗夜新聞滿意程度有顯著影響（F=3.73, p<0.05）。滿意程度最高的是精通客語的受訪者（Mean=4.00, SD=0.58），其次是客語普通的受訪者（Mean=3.43, SD=0.85），滿意程度最低的是略通客語的受訪者（Mean=3.13, SD=0.84）。Scheffe Test 顯示精通客語與略通客語之受訪者的滿意程度有顯著差異（Mean difference=0.875，p<0.05）。

(3) 受訪者的客語程度對於暗夜新聞召喚族群身分認同有顯著影響（F=4.20, p<0.05）。召喚身分認同程度最高的是客語普通的受訪者（Mean=4.00, SD=0.78），其次是精通客語的受訪者（Mean=3.85, SD=0.80），召喚程度最低的是略通客語的受訪者（Mean=2.88, SD=1.25）。Scheffe Test 顯示客語普通與略通客語受訪者的召喚族群身分認同程度有顯著差異（Mean difference=1.125，p<0.05）。

(4) 受訪者的客語程度對於暗夜新聞促進投入客家事務有顯著影響（F=9.99, p<0.001）。促進投入客家事務最高的是精通客語的受訪者（Mean=4.08, SD=0.49），其次是客語普通的受訪者（Mean=4.00, SD=0.68），再者是略通客語的受訪者（Mean=2.75, SD=1.04）。Scheffe Test 顯示客語普通與略通客語之受訪者投入客家事務程度有顯著差異（Mean difference=1.250，p<0.01）；略通客語與精通客語之受訪者亦有顯著差異（Mean difference=1.327，p<0.01）。

## （二）接收分析

### 1.印象最深刻的報導

（1）臺北

對於臺北的受訪者而言，印象最深刻的報導與受訪者的職業及生活環境有關。例如受訪者「臺北C」在學校學的是新聞傳播，她提到印象最深刻的新聞是核一除役跟流感新聞，因為「編排有層次感」。受訪者「臺北B」認為新竹竹東三腳茶戲是印象最深刻的新聞，因為那是自己從小生長的地方。兩位受訪者對於相關新聞皆採優勢解讀立場。

> 第一則新聞在講核一，第二則新聞就會以第一則新聞作為背景，然後深入去講，我覺得第六則也是，是在講流感，第七則就是講因為流感爆發的問題，所以引發急診室一些病例的問題。我蠻喜歡這種循序漸進然後更深入〔的報導方式〕，感覺蠻好的。（臺北C，女性，22歲，四縣，略通客語，國民黨） 優勢解讀

> 關於新竹竹東客家庄記事，「三腳採茶納山歌賽」印象最深刻，因為我們家在新竹竹東，家後面就是茶園。（臺北B，男性，24歲，海陸，略通客語，政黨不知道） 優勢解讀

（2）新竹

印象最深刻的報導主要與受訪者的興趣（新竹F，新竹D，新竹J，新竹L）及職業（新竹E，新竹C，新竹I，新竹H，新竹G）有關。受訪者「新竹F」對於核電廠除役的相關資訊一直極為關注。「新竹D」對攝影有興趣，因此對彭怡平攝影展最為關注。「新竹G」在文教單位工作，且其碩士論文主題與客

庄文化相關，因此特別關注高雄美濃的瀰濃新年福報導。「新竹 I」擔任公職，
對於時代力量政黨推動兩岸監督條例、兩國論入法的報導最為注意。「新竹 H」
就讀新聞傳播科系，特別關注彭怡平攝影展以及頭條新聞。受訪者中，採優勢
解讀型態的比例最高（45%），協商解讀其次（36%），對立解讀最低（18%）。
值得注意的是，採優勢解讀型態者為 30 歲到 50 歲的中生代，以及 51 歲以上
的年長世代受訪者。對立解讀者為年輕世代的受訪者，分別是 32 歲女性（新
竹 E）及 21 歲男性（新竹 C），顯現年輕世代之新聞解讀型態較其他世代來
得具反抗性與批判性。

> 政府參照國外的核能政策的一些措施，然後也打算操作。像這樣比
> 較客觀的資訊，是我會特別注意這則新聞的原因。（新竹 F，男性，
> 31 歲，四縣，略通客語，綠黨） 優勢解讀

> 因為工作的關係，所以我對於黨產這個議題還蠻關注的。說黨產要
> 歸零，然後就是像國民黨那種作秀的方式，準備了一堆道具然後把
> 它推倒這樣子。後來又講說要分給其他黨員，我覺得這新聞好像就
> 是哪裡怪怪的。（新竹 E，女性，32 歲，四縣，客語普通，政黨無）
> 對立解讀

> 我比較有印象的是女性攝影，我是覺得其他新聞看起來我就是想睡
> 覺，我覺得它整體的構成就是讓人會不太想看，可能是新聞跑得特
> 別長。（新竹 C，男性，21 歲，四縣，略通客語，時代力量） 對
> 立解讀

因為我比較關心綠能這方面，我覺得客家電視台能夠把這個挑出來談是對的，也就是有它的想法跟看法。而且這個核能的問題，如果能透過電視來討論非常好，透過新聞讓大家了解說，我們政府碰到困難了。（新竹 J，男性，60 歲，四縣，精通客語，民進黨） <u>優勢解讀</u>

我最有印象的是高雄美濃。我會覺得像是專訪介紹高雄美濃，或是客家比較需要被重視的文化方面我會去特別注意。（新竹 G，女性，27 歲，海陸，略通客語，民進黨） <u>協商解讀</u>

（3） 高雄

印象最深刻的報導與受訪者的居住地區及日常生活經驗有關。「高雄 C」與「高雄 G」的家鄉在美濃，因此對於美濃瀰濃新年福的報導最有感覺。「高雄 D」最關注核廢料議題，因為與其日常生活經驗相關。此三位受訪者皆是女性，年齡分別為年長世代、中生代、年輕世代，皆為優勢解讀立場。

我覺得說〔美濃瀰濃新年福〕跟我們的鄉鎮會有連結到這樣，就會去特別注意它。（高雄 C，女性，61 歲，四縣／海陸，精通客語，政黨無） <u>優勢解讀</u>

我對核廢料比較注意……因為跟自身的生活比較有關係，所以會比較注重。因為這個跟環保議題有關。（高雄 D，女性，45 歲，海陸，精通客語，政黨不知道） <u>優勢解讀</u>

我外婆家就在美濃，然後這個地方的伯公〔土地公〕是真的很
多，……瀰濃庄這個地方，雖然他們每年都會辦土地公繞境，但參
加的人幾乎都是老一輩的長輩。我覺得以客家傳統文化的傳承觀點
來看，蠻可惜的。（高雄G，女性，20歲，四縣／南四縣，精通客語，
民進黨）　優勢解讀

（4）花蓮

花蓮地區受訪者印象最深刻的報導與其日常生活有關。包括：「花蓮B」、
「花蓮C」、「花蓮F」對於美濃瀰濃伯公的報導；「花蓮D」、「花蓮C」、
「花蓮A」、「花蓮F」對於核廢料的報導印象最深刻。整體而言，花蓮受訪
者的優勢解讀型態比例高於協商解讀型態。

核廢料新聞的處理，其實跟一般電視台一樣，只是用客語講，沒有
很特別　（花蓮D，男性，18歲，南四縣，客語普通，政黨不知道）
協商解讀

我的感覺是〔核廢料〕不應該只是客家人的問題，它是大家的問題。
（花蓮C，女性，49歲，四縣／海陸，精通客語，政黨無）　協商
解讀

我對瀰濃的伯公有很深的感受，看了那則新聞有不同的想法。（花
蓮C，女性，49歲，四縣／海陸，精通客語，政黨無）　協商解讀

頭條新聞就是朱立倫不希望核廢料到〔新北市〕，新聞基本上我平

常都習慣看客家電視台。(花蓮 F，男性，56 歲，四縣，精通客語，
政黨無) 優勢解讀

我覺得客台不錯，像那個伯公的新聞、核廢料的新聞，我覺得都非
常好，因為在其他電視台都看不到。(花蓮 F，男性，56 歲，四縣，
精通客語，政黨無) 優勢解讀

第一則就是看到核廢料的存放問題，事實上它在自己的鄉鎮大家都
不願意。(花蓮 A，男性，46 歲，海陸，客語普通，政黨無) 優勢
解讀

對於伯公這則新聞讓人看了很心酸，為什麼我們客家一個非常好的
傳統的民間文化，只是搭一個棚子、搭一個鐵皮屋的方式來進行祭
拜，應該要列入國家遺產，列入客家庄十二大節慶。(花蓮 B，男性，
19 歲，四縣／海陸／大埔／南四縣，精通客語，政黨無) 優勢解讀

(5) 臺中

受訪者印象最深刻的報導與社會人口及生活背景有關，例如在台電工作的
「臺中 C」，最關注的是台電除役及核廢料的新聞。「臺中 D」最關注性別議
題報導。「臺中 E」最關注美濃瀰濃庄頭伯公過新年的報導。整體而言，臺中
受訪者的優勢解讀型態比例高於協商解讀型態。

我關心核電除役，因為我在台電上班。我覺得〔客台〕立場算是滿

公正的，沒有偏頗。（臺中 C，男性，60 歲，大埔，客語普通，國
民黨） 優勢解讀

將臺灣與同是男尊女卑的伊朗國家進行比較，有其參考價值，但非
絕對。彭怡平以女性為出發點的田野記錄的精神，是值得肯定的。
（臺中 D，女性，29 歲，海陸，精通客語，政黨無） 協商解讀

瀰濃庄頭伯公過新年報導讓自己知道身邊附近事物的歷史，因為
〔自己的〕出生地就在那裡。（臺中 E，男性，49 歲，四縣，客語
普通，政黨無） 優勢解讀

2. 觀看感受

(1) 認知面感受

在認知感受方面，女性受訪者多持優勢解讀立場，包括：「臺北 C」指出，
《暗夜新聞》提供的資訊對於生活文化有助益，但因調性多為硬新聞，不容易
讓年輕人接受。「臺北 D」指出，《暗夜新聞》報導內容深入且多元。「花蓮
E」提到，客庄報導對於自己是一種新的認知及資訊的收穫。「臺中 A」指出，
客家電視台比有線電視新聞臺的報導來得客觀。「臺中 D」認為，《暗夜新聞》
取材不侷限於單一地區或議題，分析角度相當多元。

至於男性受訪者則多採取協商或對立解讀型態，包括：「新竹 F」指出，
他重視客家電視的新聞是否提供正確及多元資訊，這須仰賴自我判斷機制（協
商解讀）。「臺中 B」認為，客家電視新聞雖較為公正客觀，但身為閱聽人更
重要的是培養自我思考及判斷能力（協商解讀）。「新竹 H」則是認為，若是
為了獲取新知，會收看非客家電視的新聞節目（對立解讀）。

〔客台〕多元而深入，比較能做到平衡報導，不像一般的新聞草草說明。（臺北 D，女性，45 歲，四縣，客語普通，國民黨—淺藍）優勢解讀

〔客台〕取材多元，如政治議題、衛生醫療、農特產業、宗教、音樂藝文等在地資訊，非侷限於單一議題。（臺中 D，女性，29 歲，海陸，精通客語，政黨無）優勢解讀

我比較喜歡客庄報導，譬如說介紹美食，對我來講是資訊的收穫。（花蓮 E，女性，58 歲，四縣，客語普通，未填政黨）優勢解讀

我個人在看新聞的時候不會特別偏好哪一家，我比較注意的是它有沒有把正確資訊呈現給我，讓我去做抉擇。（新竹 F，男性，31 歲，四縣，略通客語，綠黨）協商解讀

如果我是純粹為了想要對這個議題多瞭解的話，可能不會選擇客家電視新聞，會去看其他中文臺的新聞，或是找周邊的資料。（新竹 H，男性，21 歲，海陸，略通客語，政黨不知道）對立解讀

相較於一般的媒體，客家電視比較公正、客觀，但重點是培養自己的思考跟判斷能力。（臺中 B，男性，24 歲，四縣，客語普通，政黨不知道）協商解讀

(2) 情感面感受

對於多數受訪者而言，收看客家電視新聞喚起家鄉客庄文化的懷舊感與自
我生活經驗的親切感，也回應了客家文化重視的孝道精神。「臺北 B」提到喜
歡回到自己的客庄老家；「新竹 F」、「新竹 I」提到自己對於外公、外婆、
奶奶跟父親的孺慕思念；「高雄 G」回想跟父母一同在周末邊吃飯邊聽客家新
聞的生活點滴；「新竹 A」想起與先生一起收看客家新聞的居家生活。「高雄
F」難忘客庄老家伙房的記憶。整體而言，受訪者的接收形式多為優勢型解碼，
僅有少數是協商解讀型態。

我比較喜歡的是〔客台新聞〕會報導各鄉鎮的文化，因為我〔老家〕
在客家庄〔峨嵋〕，我喜歡待在新竹。（臺北 B，男性，23 歲，海陸，
略通客語，政黨不知道） 優勢解讀

從小到大都會被爸爸念說為什麼不跟他講客家話，所以每次看客台
新聞就像我剛剛講的，還蠻有認同感的。（新竹 F，男性，31 歲，
四縣，略通客語，綠黨） 優勢解讀

〔客家電視新聞〕只有我跟我先生會看，家裡其他人看國語、閩
南話。 （新竹 A，女性，76 歲，四縣，精通客語，國民黨） 優勢
解讀

我常常看客家電視的節目，因為我的奶奶、我們〔家人〕都是客家
人。（新竹 I，男性，45 歲，海陸，客語普通，國民黨） 優勢解讀

客家伙房很鄉下的,會回味以前的那種〔客庄〕生活。(高雄 F,
女性,62 歲,四縣,精通客語,民進黨) 優勢解讀

《暗夜新聞》會報導地方的客家庄特色,報導到芎林的時候我就會
特別覺得有親切感。(花蓮 C,女性,49 歲,四縣/海陸,精通客語,
政黨無) 優勢解讀

其實我看客家新聞都只有在周末的時候,跟爸爸媽媽一起看。我們
就是電視開著然後在那邊聽而已,就是邊吃飯邊聽這樣子。(高雄
G,女性,20 歲,四縣/南四縣,精通客語,民進黨) 優勢解讀

我會陪外婆、外公看《暗夜新聞》,但我覺得年輕一輩的客家人不
會因為是客家人,所以看客家的電視台。(新竹 C,男性,21 歲,
四縣,略通客語,時代力量) 協商解讀

3. 產製形式

受訪者針對產製形式的解讀型態與居住地區以及語言文化因素相關。30
個解讀型態中,優勢解讀(12 次,40%)與對立解讀(12 次,40%)的比例一致,
高於協商解讀型態的比例(6 次,20%)。其中,對立解讀型態比例最高的是
新竹(6 次,50%),其次是臺北(5 次,42%),第三是高雄(1 次,8%)。
持對立解讀立場的受訪者表示,《暗夜新聞》客語腔調的使用過於多元,此次
主播使用的是四縣腔,但記者旁白使用不同腔調,因此觀眾即使懂得四縣腔,
仍必須專注於「不夠口語化」、「直接翻譯」的字幕才能理解新聞內容;並且
對於海陸腔及其他客語腔調的閱聽人也不公平。

(1) 臺北

　　臺北地區受訪者對於客家新聞產製形式的主要關注面向為，使用的語言腔調與鏡面呈現，多數為對立解讀型態。「臺北 D」認為旁白過音所使用的客語腔調與主播不同，會形成收視斷層；當主播與過音記者不是使用四縣或海陸腔時，會造成觀眾理解新聞的困難。「臺北 A」、「臺北 D」、「臺北 F」亦以對立位置解讀客語腔調使用，包括：客語腔調的使用方式太複雜、以直接翻譯的方式播報、不夠口語化、播報速度太快。另一方面，「臺北 B」、「臺北 E」、「臺北 C」則為優勢解讀型態，包括：客家電視新聞鏡面及畫面乾淨、報導內容與商業電視不同、較為多元、不煽情。

> 我覺得它內容很複雜、語言太多元，其實沒有字幕真的聽不懂。因為我是四縣，其他的腔調我真的就聽得很吃力。主播講的我可能聽得懂，但還是必須要看字幕，因為它們是直接用國語翻譯。（臺北 D，女性，45歲，四縣，客語普通，國民黨—淺藍）　對立解讀

> 我覺得，語言、腔調會有斷層，可能我聽了我最熟悉的四縣腔，可是下一個畫面旁白說的卻是使用另一種腔調，海陸的話還可以，但第五則的旁白我完全聽不懂在講什麼。（臺北 D，女性，45歲，四縣，客語普通，國民黨—淺藍）　對立解讀

> 其實應該是腔調的問題吧！基本上真的是不看字幕聽不太懂，因為感覺像是聽韓文那種感覺。（臺北 A，男性，49歲，四縣，略通客語，政黨不知道）　對立解讀

表達順就好了，每一個字都要翻譯的話，有的真的翻譯不過來。（臺
北 F，男性，68 歲，四縣，精通客語，未填政黨） <u>對立解讀</u>

直接翻譯對我來講是障礙，因為我們平常的〔客家〕語言比較生活
化，不會用字幕這樣直接翻譯。（臺北 D，女性，45 歲，四縣，客
語普通，國民黨—淺藍） <u>對立解讀</u>

比一般電視新聞好多了，沒有什麼血腥的畫面，看起來比較舒服。（臺
北 E，女性，65 歲，四縣／海陸，客語普通，國民黨） <u>優勢解讀</u>

它的畫面會比其他新聞台要乾淨許多，因為其他新聞台會有跑馬
燈，看不清楚重點。（臺北 B，男性，23 歲，海陸，略通客語，政
黨不知道） <u>優勢解讀</u>

我覺得它的呈現形式跟多數的電視台不一樣，它其實刻意帶了很多
客家的觀點進去，就是客家的文化。（臺北 C，女性，21 歲，四縣，
略通客語，國民黨） <u>優勢解讀</u>

(2) 新竹

　　新竹地區的受訪者對於客家電視《暗夜新聞》的產製形式亦多屬協商或對
立型態的解讀，尤其是年輕世代及中生代的受訪者。年輕及中生代的受訪者認
為客家電視的新聞產製形式乾淨、樸實，中規中矩，但過於平淡，缺乏對年輕
人的吸引力（新竹 E、新竹 F、新竹 D、新竹 F、新竹 I）。但年長受訪者多以
優勢解讀方式詮釋客家電視《暗夜新聞》，認為其不渲染，論述中肯、層面廣、

立場中立、主播樸實（新竹 A、新竹 B、新竹 F）。至於語言腔調方面，多位年輕及中生代受訪者（新竹 D、新竹 C、新竹 G、新竹 L、新竹 K）以及一位年長女性受訪者（新竹 L）以對立或協商解讀方式批評《暗夜新聞》的語言腔調使用。受訪者表示，聽不懂記者或主播使用的客語腔調且播報速度過快，必須專注於看字幕。

你看客台覺得〔畫面〕好乾淨喔，但我們對那麼乾淨的電視覺得有點怪怪的，因為沒有那種腥羶色，沒有重口味的感覺。（新竹 E，女性，32 歲，四縣，客語普通，政黨無） 協商解讀

客家電視的新聞腔調使用不一樣，大家對於內容的專注就會下降。（新竹 D，女性，20 歲，四縣，客語普通，政黨不知道） 協商解讀

我還蠻欣賞〔客台〕比較乾淨的畫面，我個人喜歡這種形式。（新竹 F，男性，31 歲，四縣，略通客語，綠黨） 優勢解讀

我覺得主播的裝扮有代表我們客家人，比較老實。（新竹 A，女性，76 歲，四縣，精通客語，國民黨） 優勢解讀

客台不像其他電視台講的話聽了不懂、不是覺得很明瞭。（新竹 B，男性，75 歲，海陸，精通客語，政黨無） 優勢解讀

我覺得我從頭到尾就是只有在看字幕，所以我覺得可能有語言的隔閡。（新竹 C，男性，21 歲，四縣，略通客語，時代力量） 協商解讀

它很乾淨很樸實，所以沒辦法吸引現代的人收看，就是覺得是無趣的。（新竹 D，女性，20 歲，四縣，客語普通，政黨不知道） <u>對立解讀</u>

我是講海陸的，四縣也聽得懂，但是我還是覺得說，好像在講外國語言，聽不太清楚，我們都很認真在看字幕。（新竹 L，女性，66 歲，海陸，客語普通，民進黨） <u>對立解讀</u>

他是給老人家看的，我們年輕人怎麼可能去看這些新聞。因為最重要的是語言的問題，現在年輕人都不會講客家話。（新竹 I，男性，45 歲，海陸，客語普通，國民黨） <u>對立解讀</u>

《暗夜新聞》跟我們口語化不一樣，我常會聽不懂，可能這是最大的問題。（新竹 G，女性，27 歲，海陸，略通客語，民進黨） <u>對立解讀</u>

我覺得客家人的語言最厲害的就是它裡面有些氣音帶著情感，但是在《暗夜新聞》我都聽不到，不管是哪一種腔調。所以讓我覺得有語言上的距離感。（新竹 K，女性，31 歲，海陸，略通客語，時代力量） <u>對立解讀</u>

因為我主要配合字幕去瞭解新聞，剛剛有幾段是在中間講特別快的，我在看的時候甚至連字幕都對不太上。（新竹 H，男性，21 歲，海陸，略通，政黨不知道） <u>對立解讀</u>

(3) 高雄

高雄地區受訪者多為優勢解讀型態。其中，優勢解讀立場受訪者「高雄G」表示，《暗夜新聞》使用多元腔調（四縣、海陸、詔安、饒平、大埔、南四縣）是其特色，也是優點；「高雄 I」則是表示，客家電視新聞很清新、沒有商業色彩。至於對立解讀型態的受訪者則指出，《暗夜新聞》的播報速度太快（高雄E）。

播報新聞聽不清楚，速度太快，對海陸腔的客家人有一點不公平。（高雄E，男性，66歲，四縣，精通客語，民進黨）對立解讀

我覺得客家電視做得很好的是，不管是北四縣、南四縣，或者是詔安、大埔、海陸，每個腔調至少都會呈現。（高雄G，女性，20歲，四縣／南四縣，精通客語，民進黨）優勢解讀

相較於主流媒體，還是少了很多商業色彩，像是下標的方式、影片呈現的方式，是現今少見的模式。（高雄I，女性，23歲，四縣／海陸，客語普通，民進黨）優勢解讀

(4) 花蓮

花蓮地區的受訪者多屬優勢解讀型態的閱聽人。中生代及年長的女性受訪者「花蓮C」、「花蓮E」表示，客家電視新聞具遠見及世界觀、不偏狹、無政治色彩、新聞畫面乾淨、使人專注。年輕的男性受訪者「花蓮D」認為，客家新聞較其他新聞台來得中立，沒有特定立場。受訪者「花蓮F」指出，客家電視常常播報花蓮地區新聞，照顧偏鄉地區的客家人。一名協商解讀型態的中

生代男性受訪者「花蓮 A」則提到：《暗夜新聞》的播報速度太快，感覺有些
吵雜。

> 它的新聞編排內容是充實的，一則一則是很清楚的。但如果我沒有
> 看字幕是會感覺很吵雜的，感覺好像機關槍一樣。（花蓮 A，男性，
> 46 歲，海陸，客語普通，政黨無） 協商解讀

> 我覺得〔客台〕新聞真的是非常好，幾乎你很少看到說，兩天內沒
> 有花蓮的新聞（花蓮 F，男性，56 歲，四縣，精通客語，政黨無）
> 優勢解讀

> 他的整個畫面屬於比較乾淨的，你不會一直想要去看上面，看旁邊，
> 看下面這樣子，你會比較專注去聽它在講甚麼。（花蓮 E，女性，
> 58 歲，四縣，客語普通，未填政黨） 優勢解讀

> 整個內容安排，並不是很狹隘客家的東西。我們客家人是很有遠見
> 的，很有世界國際觀的，我們的內容是非常多元的。（花蓮 C，女性，
> 49 歲，四縣／海陸，精通客語，政黨無） 優勢解讀

(5) 臺中

　　臺中地區受訪者多為優勢或協商解讀型態。一名年輕女性協商解讀型態受
訪者「臺中 D」提到：《暗夜新聞》應增加國際新聞報導。另一協商解讀型態
受訪者，大埔腔的年長男性受訪者「臺中 C」則指出：必須看字幕才能了解播
報內容。至於優勢解讀型態之中生代女性受訪者「臺中 A」則認為：《暗夜新

聞》具有客觀、溫和、事實呈現、提供生活常識等優點。

　　〔客台〕比較溫和、客觀，事實的呈現。（臺中 A，女性，48 歲，
　　四縣，精通客語，政黨無）　優勢解讀

　　如果沒有字幕的話，光是這樣聽，還是聽不太懂。（臺中 C，男性，
　　60 歲，大埔，客語普通，國民黨）　協商解讀

　　可以增加國際新聞，讓觀眾不僅了解地方，亦可了解國際大事。（臺
　　中 D，女性，29 歲，海陸，精通客語，政黨無）　協商解讀

　4. 政治新聞
　　受訪者之政治新聞解讀型態與居住地區以及政黨、年齡、性別等社會人口
因素相關。30 個解讀型態中，比例最高的是優勢解讀（60%），其次是協商
解讀（33%），對立解讀型態最低（7%）。優勢解讀型態比例最高到最低的
地區依序是：花蓮（86%），臺中（80%），臺北（75%），高雄（44%），
最低是新竹（20%）。對立解讀型態的受訪者來自新竹的中生代男性及女性受
訪者（新竹 I、新竹 K）。其中，女性受訪者（新竹 K）的支持政黨為時代力量，
男性受訪者（新竹 I）支持的政黨為國民黨。兩位受訪者皆認為客家電視台有
政治偏向（偏綠、民進黨）。

　(1) 臺北
　　因為客家電視台隸屬公廣集團，我個人是覺得蠻中立的，就是兩方
　　〔藍綠〕的看法都會比較。（臺北 C，女性，21 歲，四縣，略通客語，
　　國民黨）　優勢解讀

我們客家人是很善良的，不管是哪一黨來執政，只要對我們有利益的多報一點，那不好的就不要報了。（臺北 F，男性，68 歲，四縣，精通客語，未填政黨）<u>協商解讀</u>

比起一般的電視台來說，〔客台〕中立許多，沒有那種據說、聽說，那種模稜兩可的報導。（臺北 D，女性，45 歲，四縣，客語普通，國民黨—淺藍）<u>優勢解讀</u>

(2) 新竹

客家電視台一開始是民進黨扶植起來的，後來換國民黨的時候也沒有放棄這一塊。其實新聞一定會有政治立場，一個人不能只看一個新聞台，甚至網路也要看，這樣才會有自我思考的能力。（新竹 E，女性，32 歲，四縣，客語普通，政黨無）<u>協商解讀</u>

在兩岸的議題上，客家電視跟台視、三立，我相信都是一起的，我相信〔客台〕是有政治傾向的。（新竹 I，男性，45 歲，海陸，客語普通，國民黨）<u>對立解讀</u>

為什麼〔客台〕偏向民進黨，因為在視覺設計上以綠色為主色，臺灣人對於綠藍橘特別敏感，讓人家很直覺的反應這是一個綠色的新聞。（新竹 K，女性，31 歲，海陸，略通客語，時代力量）<u>對立解讀</u>

(3) 高雄

我可能從三立轉到民視！壹電視、年代可能都會看。這無關乎客台做得好不好！完全是一個習慣性。（高雄B，男性，32歲，四縣，客語普通，民進黨）協商解讀

政治新聞會隨著改朝換代而稍微有一點偏向，那難免的。（高雄A，男性，63歲，南四縣，精通客語，國民黨）協商解讀

既然隸屬公廣，那客台的立場、意識形態，我覺得比較偏向中立。（高雄B，男性，32歲，四縣，客語普通，民進黨）優勢解讀

問：您覺得客家電視新聞有沒有偏綠或偏藍？
答：中立。（高雄H，女性，31歲，四縣，民進黨）優勢解讀

我覺得客家電視是中立的，每個政黨都有訪問到，不是只有民進黨講比較多，至少每個政黨都有提到。（高雄G，女性，20歲，四縣／南四縣，精通客語，民進黨）優勢解讀

好像報導有比較偏綠，有這樣的感覺。（高雄F，女性，62歲，四縣，精通客語，民進黨）協商解讀

新聞標題的處理，恐會加劇民眾對民進黨台獨的認知。（高雄I，女性，23歲，四縣／海陸，客語普通，民進黨）協商解讀

(4) 花蓮

我覺得在客家電視台不會常常看到政黨的東西,我覺得這樣呈現出來的新聞感覺非常好。(花蓮 B,男性,19 歲,四縣／海陸／大埔／南四縣,精通客語,政黨無) 優勢解讀

客家電視台不以任何政治色彩去報導新聞是完全正確的。(花蓮 E,女性,58 歲,四縣,客語普通,未填政黨) 優勢解讀

客家電視剛成立的時候是專門罵國民黨的,到現在你看有沒有進步,有,很好了啦。(花蓮 F,男性,56 歲,四縣,精通客語,政黨無) 協商解讀

我個人是覺得〔客台〕蠻中立的,不會有太多政治立場在裡面。(花蓮 C,女性,49 歲,四縣／海陸,精通客語,政黨無) 優勢解讀

客台不是專門為客家人來報導跟服務,本來就是應該要有一個全面的立場來作報導。(花蓮 C,女性,49 歲,四縣／海陸,精通客語,政黨無) 優勢解讀

我們花蓮人對政治的感受沒那麼深,客家電視台對我們來說不分藍綠。(花蓮 A,男性,46 歲,海陸,客語普通,政黨無) 優勢解讀

(5) 臺中

客家電視台比較中立,事實呈現較為客觀。(臺中 A,女性,48 歲,四縣,精通客語,政黨無) 優勢解讀

我覺得跟其他商業電台比較的話，〔客台〕屬於比較中立的一方。
（臺中 C，男性，60 歲，大埔，客語普通，國民黨） 優勢解讀

以整體比例來說，〔客台〕就執政黨、在野黨等多方的立場去平衡
報導，我認為妥適。（臺中 D，女性，29 歲，海陸，精通客語，政
黨無） 優勢解讀

政治新聞呈現各黨的不同意見，看不出有偏向特定政黨。（臺中 E，
男性，49 歲，四縣，客語普通，政黨無） 優勢解讀

5. 性別議題新聞

受訪者對於性別議題新聞的解讀型態與年齡、性別等社會人口學變項相
關。其中比例最高的是優勢解讀型態（17 次，49%），其次是協商解讀（13 次，
37%），對立解讀型態最少（5 次，14%）。優勢解讀型態比例從高到低的地
區依序是：花蓮（57%），高雄（43%）與臺中（43%）、新竹（38%），最
低的是臺北（20%）。持對立解讀立場的 4 位受訪者中，有 3 位男性，1 位女性，
分別是年長男性受訪者「新竹 J」、中生代男性受訪者「臺北 A」、年輕男性
受訪者「花蓮 D」，以及年輕女性受訪者「高雄 I」。受訪者「臺北 A」、「高
雄 I」皆認為試圖將廚房空間大小與客家女性地位做連結的嘗試是不妥的。「新
竹 J」舉自己的祖父跟鄰居阿婆為例，認為客家婦女在家中的地位其實相當強
勢。最年輕（18 歲）的受訪者「花蓮 D」則是認為婦女的形象及地位境遇應
不分族群，重點在個人差異，新聞報導不應落入性別刻板印象的俗套，客台應
製作更有時代性的性別議題報導。另一方面，協商解讀型態的受訪者，包括年
輕世代及中生代的幾位女性受訪者（臺北 C、臺北 D、新竹 K、高雄 D、臺中

A）、年長男性受訪者（臺北 F、高雄 A、臺中 C）、以及中生代男性受訪者（高雄 B、花蓮 A、臺中 E），則是反思自身的家庭與自我客家族群文化，將媒體再現客家婦女的人格特質（勤勞節儉、任勞任怨、四頭四尾）[11] 視為正面的刻板印象，有助於建立及提升客家族群的認同及情感。

### (1) 臺北

我覺得那位藝術家彭怡平小姐可能算是我的上一代啦，就是在她那一代跟我外婆那一代的客家婦女會比較有這樣的婦女形象。坦白說以我們這一輩的年輕人來講，不見得你是客家人〔女性〕就擁有那樣子的特質。（臺北 C，女性，21 歲，四縣，略通客語，國民黨）協商解讀

其實我們這一代說什麼節儉啦，在我身上好像找不到。不管是既定形象或是以前的觀察，這樣的報導是針對以前的客家婦女，或是住在鄉村的婦女。（臺北 D，女性，45 歲，四縣，客語普通，國民黨—淺藍）協商解讀

它講得好像客家女性空間很小，可是我不會這樣感覺。傳統的客家庄都是住四合院，其實空間應該不會太小。它講說廚房空間的大小可以決定女性的地位，說實在我沒有辦法把它連結起來。（臺北 A，男性，49 歲，四縣，略通客語，政黨不知道）對立解讀

---

11 四頭四尾：「灶頭鍋尾」、「針對線尾」、「田頭地尾」、「家頭教尾」。

早期都是大男人主義，像以前，我太太、我媽媽多講話，我爸說女人都不要講話。女人沒有決定權，我們男人來決定。但是現在時代不同了，現在男女平等。（臺北 F，男性，68 歲，四縣，精通客語，未填政黨） 協商解讀

客台宣揚我們客家傳統女生許多美德，像是勤儉持家方面，都應該宣導。（臺北 E，女性，65 歲，四縣／海陸，客語普通，國民黨） 優勢解讀

(2) 新竹

客家電視台想要強調女性地位這件事情，而不只是陳述一件事情。（新竹 D，女性，20 歲，四縣，客語普通，政黨不知道） 優勢解讀

把客家傳統女性的生活地位，用縮影表現出來，我真的有被鼓勵到。但是應該可以更多元比較一下別國，且就我所觀察到的廚房都是偏大，而不是偏小。（新竹 K，女性，31 歲，海陸，略通客語，時代力量） 協商解讀

其實現在重男輕女的觀念已經沒有像以前那麼重了，性別議題〔客台〕沒有做得很好，也沒有說做得特別不好。（新竹 E，女性，32 歲，四縣，客語普通，政黨無） 協商解讀

客家的婦女比較吃苦耐勞。以前人的觀念是這樣〔女性地位較低〕。但是後來國民黨說男女要平等，女孩子也受教育了。（新竹 A，女性，76 歲，四縣，精通客語，國民黨） 優勢解讀

用廚房的大小去斷定一個女性的生活地位，我們家眞的是這樣子，
依照我看到的跟我聽到的，就是老一輩的人講的故事，眞的好像有
這樣的現象。（新竹D，女性，20歲，四縣，客語普通，政黨不知道）
優勢解讀

廚房大小並不代表女孩子的權力，那是代表你的工作份量，你要煮
好、擺好，工人回來要吃飯啊。（新竹A，女性，76歲，四縣，精
通客語，國民黨）協商解讀

我一直覺得我祖父根本沒什麼地位，我爸爸也沒什麼地位，因爲我
祖母管所有的事情，一直到我祖母走掉。（新竹J，男性，60歲，
四縣，精通客語，民進黨）對立解讀

在我們的鄰居來講，幾乎都是阿婆在管事，阿公通常很少管。當沒
有阿婆以後，等於說是給下一代，那就不見得是媽媽比較強，所以
一直都阿婆最大。（新竹J，男性，60歲，四縣，精通客語，民進黨）
對立解讀

(3) 高雄
廚房大小我沒什麼感覺啦，此報導可能著重在她母親的那個年代。
（高雄D，女性，45歲，海陸，精通客語，政黨不知道）協商解讀

客家女人因爲從小生長環境在山邊，離城市遠，從小就覺得家是她
最需要參與的。講實在，客家是女人在撐家的。（高雄C，女性，
61歲，四縣／海陸，精通客語，政黨無）優勢解讀

沒有錯，一般來講，客家女孩子真的是很偉大。都是女生下廚房，客家男孩子是去賺錢、去外頭工作。（高雄 A，男性，63 歲，南四縣，精通客語，國民黨）協商解讀

爸爸只有端午會回來，因為端午要吃粽子啊！然後像清明節、中元節，他是不會回來的，所以家裡……幾乎是我、媽媽、還有姐姐，三個女生撐這個家。所以我覺得客家的女人真的是很任勞任怨。（高雄 C，女性，61 歲，四縣／海陸，精通客語，政黨無）優勢解讀

你說客家女孩，大家就很自然會想到四頭四尾，侷限在家裡、田裡，在那個形象當中。既然我們已經到今日社會，客家女性應該要有新的形象。（高雄 B，男性，32 歲，四縣，客語普通，民進黨）協商解讀

客家婦女在農業社會的那個年代〔能力〕是很凸顯的。（高雄 C，女性，61 歲，四縣／海陸，精通客語，政黨無）優勢解讀

時代在變，雖然女性的權利能夠透過空間的延伸從廚房到自己的工作間，這則新聞卻包裝成「得來不易」的形式，似乎意圖彰顯女性地位的提升，但成效不彰。（高雄 I，女性，23 歲，四縣／海陸，客語普通，民進黨）對立解讀

(4) 花蓮

一般客家的傳統都是重男輕女，像我們家也是。讓女性擁有一個獨

立房間，對我們客家女性來講是一個很好的方向。（花蓮 E，女性，
58 歲，四縣，客語普通，未填政黨）優勢解讀

在傳統客家的氛圍裡面，女性一定要進廚房，這是早上一定要做的
事情。我從小看阿婆這樣做。對於客家女性來說雖然是刻板印象，
但用這方式告訴大家，女性一定要有自己的生活地位。（花蓮 B，
男性，19 歲，四縣／海陸／大埔／南四縣，精通客語，政黨無）優
勢解讀

針對性別平等這個議題，不是只有臺灣，聯合國現在也要弄一個男
女平權及性別平等的政策。（花蓮 A，男性，46 歲，海陸，客語普
通，政黨無）優勢解讀

其實我覺得客家女生勤儉持家，男生怎樣怎樣，我覺得那都是看個
人。（花蓮 D，男性，18 歲，南四縣，客語普通，政黨不知道）對
立解讀

阿公在世的時候，他大男人沒有錯，父母親一輩的，對女性不是很注
重，但這是不是客家的傳統，還是其他族群都是這樣，我們看不出來。
（花蓮 A，男性，46 歲，海陸，客語普通，政黨無）協商解讀

像我的堂姊的男朋友是閩南人，她說男朋友的媽媽問她說，是客家
人還是閩南人，她就講說她是客家人，結果後來我堂姊，為了男朋
友的媽媽說「嫁過來，一定要做到死……〔閩南語〕」，後來就跟

她男朋友分手。客家女生比較保守，而且又比較能吃苦耐勞。（花蓮B，男性，19歲，四縣／海陸／大埔／南四縣，精通客語，政黨無）

優勢解讀

我覺得客家女人其實真的很辛苦，我們不但要把家裡顧好，工作也要顧好，小孩子也要顧好，以前說男主外女主內，可是我們現在好像各方面都要很獨立以外，還要分擔很多自己家庭的工作。客家女生比較不會去推託，就是真的很認份，我只能這麼做，不是只有我喔，我覺得我的媽媽，我的阿姑，我這樣一路看下來，真的每一個客家的女性長輩都很勞碌命，就是真的是早出晚歸。（花蓮C，女性，49歲，四縣／海陸，精通客語，政黨無） 優勢解讀

(5) 臺中

我家裡的情況是，爸爸比較大，一家之主嘛！我媽比較是在旁邊支援的角色。我覺得我媽其實有時候太過於沒有展現自己心中的強勢。（臺中B，男性，24歲，四縣，客語普通，政黨不知道） 優勢解讀

在農業社會那個時代，生一個男孩就可以增加一個勞力。所以我們家裡就是為了生男孩、生女孩有點爭執。我媽覺得說，女生就是……嗯……勤儉持家就好了。我有時候會覺得客家人比較保守，我們有時候真的就是用罵的方式，來宣導我們自己心中的愛。（臺中B，男性，24歲，四縣，客語普通，政黨不知道） 優勢解讀

上一輩〔客家〕女性就是很勤儉持家，我家裡是，爸爸比較大男人
主義，從來不做家事，他會講說，婦人家不要插嘴。婆婆則會炫耀
自己的能力，我媽媽也是這樣子。（臺中A，女性，48歲，四縣，
精通客語，政黨無）協商解讀

〔客家〕婦女的家庭觀念很重，就是會以家庭為重心。像我的話就
是覺得，女人就是要結婚才有一個完整的人生。（臺中A，女性，
48歲，四縣，精通客語，政黨無）優勢解讀

這則報導還是保有一些以前遺留下來的觀念，比較保守。（臺中C，
田先生，60歲，大埔，客語普通，國民黨）協商解讀

敘述清楚，也有表達出藝術家〔客家女性〕的創作背景，會讓人看
完報導想去當代藝術館研究其作品。我覺得彭怡平的思考層面很有
意義、也有受激發之感。（臺中D，女性，29歲，海陸，精通客語，
政黨無）優勢解讀

報導性別相關的新聞事件，看不出有任何特定性別意識之偏向。
（臺中E，男性，49歲，四縣，客語普通，政黨無）協商解讀

## 五、結論與討論

　　學者McQuail（1994）將閱聽人研究分為結構、行為及社會文化三種傳統。
其中，社會文化傳統（又稱文化傳統）使用的民族誌學研究方法，在1980年

代以後，成為批判典範之閱聽人接收分析所採用的主要研究方法。英國文化研究學者摩利在1980年出版的《全國》電視觀眾研究（Morley, 1980），採用霍爾的製碼／解碼模式，以結合人文及社會科學的研究方法，分析英國BBC《全國》電視閱聽人的優勢（主流／霸權）、協商、對立（反抗）之解讀型態，開創大眾傳媒閱聽人第一代接收分析研究的先河。

本研究根據第一代閱聽人接收分析的理論架構與研究方法，針對客家電視《暗夜新聞》進行閱聽人接收分析。本研究針對臺灣不同地區的客家閱聽人進行焦點團體訪談，探討《暗夜新聞》節目之閱聽人解讀型態；並分析影響閱聽人詮釋社群的地理、社會人口以及語言文化因素。

## （一）研究發現

### 1. 問卷資料分析

多數受訪者精通客語，並以使用四縣腔及海陸腔者為最多數。受訪者以大專院校教育程度的比例最高，職業則是以公教人員的比例最高。除了無特定支持政黨者，受訪者支持比例最高的是民進黨，其次是國民黨。不同地區受訪者對於《暗夜新聞》的滿意程度有顯著差異。滿意程度最高的是臺中，其次是花蓮，再者是高雄，第四是臺北，滿意程度最低的是新竹。而受訪者的客語能力對於《暗夜新聞》之「召喚族群身分認同」、「促進投入客家事務」有正面而顯著之影響。此外，對於《暗夜新聞》節目滿意度最高的是精通客語的受訪者。

### 2. 接收分析

受訪者印象最深刻的報導主要與其語言文化背景以及生活經驗相關，多數受訪者持優勢解讀立場。對立解讀者多為年輕世代的閱聽人。在認知感受方面，各地區的女性受訪者多持優勢解讀立場，其關注面在於《暗夜新聞》提供對於文化及生活有助益的資訊，且報導內容多元深入。此外，女性受訪者認為

客家電視台比有線電視新聞台的報導來得客觀,新聞取材不侷限於單一地區或議題,分析角度視野寬廣。相較於女性受訪者,協商解讀型態為主的中生代及年輕世代的男性受訪者則是認為,相較於其他商業電視台,客家電視台的新聞雖然比較公正客觀,閱聽人仍需培養反思能力及判斷能力。

另外,在情感之感受面,新竹、花蓮、高雄地區的受訪者多持優勢解讀立場,認為觀看《暗夜新聞》可以喚起自我客庄生活經驗的懷舊感及親情意識,也能藉以感受客家文化重視的孝道精神。少數協商式解讀型態的受訪者則是對於《暗夜新聞》是否能夠啟動年輕一代客家人的族群認同及情感提出質疑,顯示閱聽人的反思及批判能力。

針對產製形式,受訪者的解讀型態則跟居住地區及語言文化因素較為相關。其中,優勢解讀與對立解讀型態的比例同樣為40%,高於協商解讀型態。對立解讀型態比例最高的地區是新竹,其次是臺北,第三是高雄。臺北地區受訪者對於客家新聞產製形式所關注的面向包括:使用的客語腔調、主播及記者表現。新竹地區受訪者對於《暗夜新聞》的產製形式則多屬協商及對立之解讀型態。年輕世代及中生代的新竹地區受訪者認為客家電視的新聞產製形式乾淨、樸實,中規中矩,但過於平淡,缺乏對於年輕世代的吸引力。高雄地區之對立解讀型態受訪者指出,新聞播報的速度太快,主播播報的表現不夠柔和。至於花蓮地區則多屬優勢及協商解讀型態之受訪者表示,《暗夜新聞》具有遠見及世界觀、不偏狹、無政治色彩、新聞畫面乾淨、使人專注,較其他新聞台來得中立,且關注偏鄉地區的客家人。臺中地區持優勢解讀觀點的受訪者則是認為,《暗夜新聞》有客觀、溫和、呈現事實、提供有用生活資訊等優點。

關於政治新聞解讀方面,閱聽人對於政治新聞的解讀型態與居住地區以及年齡、政黨等社會人口變項相關。受訪者的解讀型態比例最高的是優勢解讀型態,對立解讀型態最低。優勢解讀型態比例最高的是花蓮,最低的是新竹。持

對立解讀立場的兩位受訪者來自新竹、年齡階層為中生代、支持政黨為國民黨、時代力量。兩位受訪者都認為客家電視台的政治立場鮮明，報導立場偏向民進黨。

另一方面，性別議題新聞亦為優勢解讀型態比例最高，對立解讀型態最低；並與居住地區以及社會人口因素中的年齡跟性別相關。優勢解讀型態比例最高的亦為花蓮，最低的則是臺北。對立解讀型態的受訪者除了一位來自高雄的年輕女性受訪者，其他三位分別是來自新竹、臺北及花蓮的年長、中生代及年輕世代的男性受訪者。對立解讀受訪者對於廚房空間大小與客家女性地位的連結性提出批判，並以自己的親人與客家鄰居為例，反證現今客家婦女的強勢地位，故而建議客家婦女形象報導不應複製刻板印象。至於協商型受訪者則反思自身的家庭背景以及客家族群文化，視暗夜新聞所再現之客家婦女的「四頭四尾」特質為正面刻板印象，有助於提升客家族群之整體認同感。

## （二）研究限制與未來研究建議

本研究採用網路廣告及滾雪球方式招募臺北、新竹、高雄、花蓮、臺中的客家閱聽人受訪者，受限於時間、人力與研究範圍，僅訪談 38 位受訪者，並缺少詔安腔及饒平腔的受訪者，故有樣本數量及代表性不足的問題。未來研究應擴大研究範圍，針對其他客庄地區（例如：桃園、苗栗、屏東）招募受訪者，以更完整分析臺灣客家閱聽人的客台新聞解讀型態。

此外，本研究援引第一代閱聽人接收分析所使用的閱聽人解碼類型，故據以歸納出來的客家閱聽人解讀型態及詮釋結果應著重其特殊性，不能作為概推的法則（Ang 1991：160）。再者，由於接收分析研究已進入第三代觀／展模式以及第四代向「實踐轉」的新典範，文本結構對閱聽人從上而下的影響力量以及閱聽人解碼的固定型態受到挑戰。未來研究應針對不同客語腔調的詮釋社群進行深入分析，研究者應走入閱聽人的起居室，分析閱聽人收看客家電視新

聞節目的互動情境，或從閱聽人的生活文化脈絡理解其收視行為，並將新聞文本產生的過程納入考量（張文強 1997：304）。此外，在研究閱聽人主動性及其接收狀況時，也必須考量權力關係，以及身處脈絡及結構的限制、資源的差異與差距（魏玓 1999：97）。由於第三代接收分析不再視媒介為文本，而是關注整個媒介文化對閱聽人接收的影響，閱聽人研究對媒介的定位應置於更廣的脈絡來看，並聚焦於閱聽人接收後的各種實踐，且多關注閱聽人的網絡互動（王宜燕 2012：46-47）。至於接收分析典範所關注的認同概念，在未來客家族群媒體節目的解讀及詮釋研究上，亦需研究者投入更多心力耕耘。

在新媒體及數位科技的發展趨勢下，接收分析的理論模式亦隨之改變。一項針對美國中產階級閱聽人接收分析的研究指出（Wayne 2016）：舉凡經濟、社會、文化層面皆須被視為此一「後全國電視時代」（post-network era）之閱聽人收視行為的影響因素。客家電視台在數位媒體的發展趨勢下，未來接收分析研究應探討其如何落實及確立以文化為核心的閱聽人文化公民權（張維安 2004；轉引自劉慧雯 2016：33）。

## （三）結語

臺灣的客家文化具有多元性及特殊性，客家閱聽人來自不同的地理區域，除了使用不同的客語腔調，也擁有不同的文化習性。其中，東部（後山）地區的客家人多為西部移居前來的「二次移民」（黃文斌 2010）；南部地區亦有恆春客家二次移民之福佬客的文化現象（黃啟仁 2007）。本研究從閱聽人接收分析的研究取徑探討臺灣不同區域的客家閱聽人對於客家電視新聞文本之認知、情感、產製型式的解讀型態；並探討客家閱聽人詮釋客家電視政治新聞及性別議題新聞文本之社會文化意義。

本研究使用結合人文與社會科學的理論視野及研究方法，探析客家閱聽人對於客家電視《暗夜新聞》節目之解讀與詮釋。研究結果發現，來自不同地理

位置、社會人口及語言文化背景的客家閱聽人會以優勢、協商、對立等三種解讀型態收看《暗夜新聞》;閱聽人對於《暗夜新聞》文本的詮釋觀點與其日常生活經驗脈絡息息相關。

　　值得注意的是,第一代閱聽人接收分析研究宗師,英國文化研究學者摩利曾經提點(Morley 1992; 馮建三 1995:184),「閱聽人解碼的三種型式或類目並不是穩定不變的,包括優勢、協商、對立等三個類目之內會有變異的可能,且閱聽人團體內部也存在差異性」。亦即除了使用該三個分析類目作為最基本的解讀及分析架構之外,仍需進一步細緻地分析類目本身及詮釋社群當中的分殊性及個異性。[12]

12 本論文為 105 年度客家委員會補助大學校院發展客家學術機構「客家知識體系天弓計畫 III」的部分研究成果。本論文初稿曾於「第 4 屆臺灣客家研究國際研討會」宣讀。作者十分感謝所有受訪者、客委會、交大客家文化學院、羅烈師老師、匿名評審以及研究助理麻愷暄、吳維倫、范晨星、張博倫、張芸瑄、朱倫君的協助。

## 附錄1：焦點團體訪談受訪者資料

（一）臺北場焦點團體訪談受訪者資料
　　　（2016 年 4 月 20 日上午 10：00）

| 代號 | 性別 | 年齡 | 教育 | 職業 | 政黨 |
|------|------|------|------|------|------|
| 臺北 A | 男性 | 49 | 大專 | 服務 | 不知道 |
| 臺北 B | 男性 | 24 | 大專 | 服務 | 不知道 |
| 臺北 C | 女性 | 22 | 大專 | 學生 | 國民黨 |
| 臺北 D | 女性 | 44 | 大專 | 家管 | 淺藍 |
| 臺北 E | 女性 | 58 | 大專 | 服務 | 國民黨 |
| 臺北 F | 男性 | 73 | 高中職 | 自由 | 未填 |

（二）新竹場 I 焦點團體訪談受訪者資料
　　　（2016 年 4 月 29 日上午 10：00）

| 代號 | 性別 | 年齡 | 教育 | 職業 | 政黨 |
|------|------|------|------|------|------|
| 新竹 A | 女性 | 76 | 小學 | 家管 | 國民黨 |
| 新竹 B | 男性 | 75 | 高中職 | 自由 | 無 |
| 新竹 C | 男性 | 21 | 大專 | 學生 | 時代力量 |
| 新竹 D | 女性 | 20 | 大專 | 學生 | 不知道 |
| 新竹 E | 女性 | 32 | 大專 | 教育 | 無 |
| 新竹 F | 男性 | 31 | 研究所 | 學生 | 綠黨 |

（三）新竹場 II 焦點團體訪談受訪者資料
　　　（2016 年 4 月 29 日下午 1：30）

| 代號 | 性別 | 年齡 | 教育 | 職業 | 政黨 |
|------|------|------|------|------|------|
| 新竹 G | 女性 | 25 | 研究所 | 教育 | 民進黨 |
| 新竹 H | 男性 | 22 | 大專 | 學生 | 不知道 |
| 新竹 I | 男性 | 41 | 大專 | 公務 | 國民黨 |
| 新竹 J | 男性 | 59 | 研究所 | 教育 | 民進黨 |
| 新竹 K | 女性 | 35 | 大專 | 教育 | 時代力量 |
| 新竹 L | 女性 | 52 | 高中職 | 自由 | 民進黨 |

（四） 高雄場 I 焦點團體訪談受訪者資料
（2016 年 5 月 18 日下午 1：00）

| 代號 | 性別 | 年齡 | 教育 | 職業 | 政黨 |
|------|------|------|------|------|------|
| 高雄 A | 男性 | 63 | 大專 | 教育 | 國民黨 |
| 高雄 B | 男性 | 32 | 研究所 | 公務 | 民進黨 |
| 高雄 C | 女性 | 61 | 高中職 | 金融 | 無 |
| 高雄 D | 女性 | 45 | 高中職 | 勞工 | 不知道 |

（五） 高雄場 II 焦點團體訪談受訪者資料
（2016 年 5 月 18 日下午 3：00）

| 代號 | 性別 | 年齡 | 教育 | 職業 | 政黨 |
|------|------|------|------|------|------|
| 高雄 E | 男性 | 66 | 高中職 | 退休 | 民進黨 |
| 高雄 F | 女性 | 62 | 高中職 | 公務 | 民進黨 |
| 高雄 G | 女性 | 20 | 大專 | 學生 | 民進黨 |
| 高雄 H | 女性 | 31 | 大專 | 服務 | 民進黨 |
| 高雄 I | 女性 | 23 | 研究所 | 學生 | 民進黨 |

（六） 花蓮場焦點團體訪談受訪者資料
（2016 年 5 月 27 日上午 10：00）

| 代號 | 性別 | 年齡 | 教育 | 職業 | 政黨 |
|------|------|------|------|------|------|
| 花蓮 A | 男性 | 46 | 大專 | 公務 | 無 |
| 花蓮 B | 男性 | 19 | 高中職 | 學生 | 無 |
| 花蓮 C | 女性 | 49 | 大專 | 公務 | 無 |
| 花蓮 D | 男性 | 18 | 高中職 | 學生 | 不知道 |
| 花蓮 E | 女性 | 58 | 大專 | 勞工 | 未填 |
| 花蓮 F | 男性 | 56 | 高中職 | 教育 | 無 |

（七） 臺中場焦點團體訪談受訪者資料
　　　（2016 年 6 月 8 日上午 10：00）

| 代號 | 性別 | 年齡 | 教育 | 職業 | 政黨 |
|------|------|------|------|------|------|
| 臺中 A | 女性 | 48 | 大專 | 服務 | 無 |
| 臺中 B | 男性 | 24 | 大專 | 學生 | 不知道 |
| 臺中 C | 男性 | 60 | 高中職 | 公務 | 國民黨 |
| 臺中 D | 女性 | 29 | 研究所 | 公務 | 無 |
| 臺中 E | 男性 | 49 | 大專 | 教育 | 無 |

資料來源：作者自行整理

## 附錄 2：2016 年 3 月 1 日《暗夜新聞》第 1 至 5 則及第 11 則報導導言

第 1 則（頭條新聞，長度 2 分 06 秒）：「**核一除役轉存核廢？張揆：未定案**」，「針對這個消息，行政院長張善政今天在立院備詢時表示，核廢料的處理方案，目前還沒有定案。而民進黨立委要求行政院，在 520 前，暫停這個計畫，讓新政府做決定。至於新北市長朱立倫則是說，新北市絕對不能成為核廢料的貯存場」。「至於總統當選人蔡英文預估 10 年內電價會不會大幅上漲，張善政表示，要視關鍵綠能技術的成本可降到什麼地步？而經濟部長鄧振中表示，蔡英文訴求 10 年發展 500 億度綠電，非常困難」。受訪者為：（當時的）行政院長張善政、新北市長朱立倫、經濟部長鄧振中、國民黨立委賴士葆。

第 2 則新聞（政治新聞，長度 1 分 58 秒）：「**台電提核一除役計畫 核廢存核電廠**」，「民進黨勝選後，核電廠如期除役的方向更明確，台電依法先提出核一廠的除役計畫書，打算要再興建第二期的乾式貯存場，把高放射性核廢料，再存放在電廠內 40 年，當地居民痛批臺灣已成核廢亂葬崗，但台電解釋，會再找其他無人島來存放，不會永遠放在核電廠內」。「為了因應核電廠要如期除役的政策方向，台電提出核一廠除役計劃，兩部機組將陸續從 107 年底開始停機，花 25 年時間除汙、拆廠，但傳出大量的高放射性核廢料，台電將興建第二期乾式貯存場，繼續存放在廠區內長達 40 年，當地居民痛批，非核家園根本是說說而已」。受訪者為：北海岸反核行動聯盟總幹事郭慶麟、台電核能發言人林德福。

第 3 則新聞（政治新聞，長度 2 分 55 秒）：「**時力推兩岸監督條例『兩國論』入法**」，「時代力量今天提出的兩岸協議監督條例，特別把兩岸定義為『我國與中華人民共和國』，兩國論確定入法。相對於民進黨立委李應元新會期提出的版本，刻意用兩岸，來去掉國與國的稱謂。有學者認為，時代力量比較偏

獨，將限縮民進黨的政治空間」。「兩岸監督條例法治化，是太陽花學運的重
要訴求，時代力量上午也推出黨版的兩岸協議監督條例，將兩岸定義為『我國
與中華人民共和國』，兩國論確定入法。不過，民進黨立委李應元上周提出的
版本，卻是用兩岸來代替國與國的稱呼，刻意去掉兩國論，雖然民進黨沒推出
黨團版本，不過黨團認為，執政之後要務實，堅持國與國，恐怕喪失兩岸對談
的機會」。受訪者為：立法院時代力量黨團總召徐永明、立法院民進黨團幹事
長吳秉叡、文化大學政治系教授楊泰順、東華大學民族發展與社會工作學系教
授施正鋒。

　　第4則新聞（政經新聞，長度1分47秒）：「**『黨政炸彈客』 李新：當
選後黨產歸零**」，「國民黨4位主席參選人，跨過連署門檻後，積極搶曝光，
李新今天再召開記者會力攻黨產議題，而陳學聖拋出邀請達賴喇嘛訪臺立委連
署案，呼籲政府盡快發給達賴來臺簽證，洪秀柱則在白天與陸軍官校校友餐敘
後，晚間又將與退休將領喝春酒，似乎要緊抓軍系票源」。「推倒象徵黨產的
千元大鈔，臺北市議員李新參選國民黨主席，自稱黨改炸彈客，主張黨產歸零，
黨員分配以及全民分享」。影像聲音來源為：臺北市議員李新、國民黨主席洪
秀柱、國民黨立法委員陳學聖。

　　第5則新聞（政經新聞，長度1分46秒）：「**蔡英文參訪花卉產銷班 談
農業政策**」，「總統當選人蔡英文，今天前往嘉義參觀花卉產銷班並與農民座
談，重申新政府的農業政策。前屏東縣長曹啟鴻，特地北上陪同參訪，而曹啟
鴻也被點名，是內政部長的熱門人選，即使曹啟鴻不願正面回應，也格外引發
聯想」。「總統當選人蔡英文：『我們希望我們農民的生產，經過整合以後展
現出來，一個集體的國際的競爭的能力，那變成國際市場上這些，比較高的經
濟的，比較高經濟的這種農產品，可以在全球的市場裏面，變成很重要的供應
的一環』」。影像聲音來源為：總統當選人蔡英文、前屏東縣長曹啟鴻。

第 11 則新聞（客家庄記事，長度 2 分）：「**彭怡平攝影集 解構女性房間的秘密**」，「臺北當代藝術館，首次以女性作為主題，展出『女人的房間』，藝術家彭怡平花了 20 多年，走訪 50 多個國家，訪問超過 200 人，她用她的鏡頭與文字，紀錄世界和臺灣女人的房間，希望透過展覽，讓更多民眾了解，女性如何透過空間，來建構自我形象」。「紀錄片中，這位喜歡刺繡，和畫畫的客家女性，在經過一番家庭革命後，總算擁有了，屬於自己的工作室。而像她這麼幸運，能夠有自己房間的女性，在臺灣並不多見。身為客家媳婦的彭怡平，很推崇早期客家婦女不纏足的文化，她認為更應該要，透過有自己的房間，來找回女性的自主權」。受訪者：藝術家彭怡平。

# 參考文獻

方念萱，2009，〈妳不同，妳是我姊妹：女性節目再現異／同的閱聽人解讀分析〉。論文發表於「2009 年中華傳播學會年會」研討會，新竹：玄奘大學舉辦，7 月 6 到 8 日。

王宜燕，2012，〈閱聽人研究實踐轉向理論初探〉。《新聞學研究》113：39-75。

王泰俐，2009，〈八卦電視新聞的閱聽眾接收分析〉。《傳播與管理研究》8（2）：3-36。

李佩英，2006，《韓劇《大長今》之接收分析研究：男女閱聽人對「長今」角色的解讀》。國立交通大學傳播研究所碩士論文。

李儒林，2009，《多元文化概念下族群頻道定位初探 - 以客家電視暗夜新聞多元文化訊息呈現為例》。國立政治大學新聞學系碩士在職專班碩士論文。

林芳玫，1996，〈《阿信》連續劇觀眾研究：由觀眾詮釋模式看女性與社會規範的互動關係〉。《臺灣社會研究》22：153-193。

林福岳，1996，〈閱聽人地理學：以「民族誌法」進行閱聽人研究之緣起與發展〉。《新聞學研究》52：167-186。

徐巧昀，2009，《民眾觀賞客家電視台節目觀感之實證研究》。國立中央大學客家政治經濟研究所碩士論文。

翁秀琪，1993，〈閱聽人研究的新趨勢：收訊分析的理論與方法〉。《新聞學研究》74：1-15。

_____，2011，〈閱聽人研究的新趨勢：接收分析的理論與方法〉。《大眾傳播理論與實證》（第三版）。臺北：三民。（自序）http://m.sanmin.com.tw/product/index/001672028。取用日期：2016 年 4 月 4 日，取自

張文強，1997，〈閱聽人與新聞閱讀：閱聽人概念的轉變〉。《新聞學研究》55：291-310。

張玉佩，2005，〈從媒體影像觀照自己：觀展／表演典範之初探〉。《新聞學研究》82：41-85。

張玉佩、黃如鎂，2016，〈客家電影《一八九五》的青少年閱聽人解讀與詮釋〉。《全球客家研究》7：135-182。

張維安，2004，〈多元文化與客家文化公民權：客家電視台設立之社會學分析〉。論文發表於「2004 年客家電視研討會」，臺北：客家委員會舉辦，10 月 12 日。

彭文正，2005，〈客家元素與收視行為結構模式探究〉。《廣播與電視》24：63-91。

馮建三，1995，《電視，觀眾與文化研究》。臺北：遠流。

黃文斌，2010，〈客家人島內二次移民故事〉。《國立中央大學客家學院電子報第 122 期》。http://hakka.ncu.edu.tw/hakka/modules/tinycontent/content/paper/paper122/05_10.html。取用日期：2017 年 4 月 12 日。

黃光玉、陳佳蓓、何瑞芳，1999，〈「太陽花」網站留言裡的收視回應：收訊分析的觀點〉。論文發表於「中華傳播學會 1999 年年會暨論文研討會」，新竹關西：輔仁大學舉辦，6 月 27-29 日。

黃啟仁，2007，《恆春地區客家二次移民之研究：以保力村為例》。國立臺南大學臺灣文化研究所碩士論文。

楊宜婷、黃靖惠，2016，〈女性職場新鮮人的成功歷程：電影敘事與年輕女性之接收〉。《新聞學研究》128：135-180。

詹國勝，2010，《桃竹苗地區民眾之客家電視台的使用行為與收視評估研究》。國立交通大學傳播研究所碩士論文。

劉慧雯，2016，〈客家電視台駐地記者之研究：新聞選擇與組織團隊的角度〉。
《廣播與電視》39：29-58。

蔡珮，2011，〈客家電視台與臺北都會客家閱聽人族群認同建構之關聯性初
探〉。《中華傳播學刊》19：189-231。

_____，2012，〈臺北都市原住民族群電視消費與族群認同建構之關聯性初
探〉。《新聞學研究》110：125-169。

魏玓，1999，〈全球化脈絡下的閱聽人研究：理論的檢視與批判〉。《新聞學
研究》60：93-114。

_____，2016，〈東南亞客家與臺灣客家電視的交會及其意涵：以馬來西亞客
家閱聽人為對象〉。《全球客家研究》7：99-134。

Alasuutari, Pertti, 1999, *Rethining the Media Audience: The New Agenda.* London:
Sage.

Ang, Ien, 1985, *Watching Dallas: Soap Opera and the Melodramatic Imagination.*
London: Methuen.

Carey, James W., 1975, "Communication and Culture." *Communication Research* 2:
173-191.

Clevenger, Theodore, 1966, *Audience Analysis.* New York: The Bobbs-Merrill
Company.

Dahlgren, Peter, 1986, "The Modes of Reception: For a Hermeneutics of TV News."
In P. Drummond & R. Paterson (Eds.), *Television in Transition*—Papers from
the First International Television Studies Conference (pp. 235-249). London: W.
S. Cowell Ltd.

_____, 1988, "What's the Meaning of This? Viewers' Plural Sense-Making of TV
News." *Media, Culture & Society* 10: 285-301.

de Certeau, Michel, 1984, T*he Practices of Everyday Life.* Los Angeles: University
of California Press.

Fish, Stanley, 1980, *Is There a Text in This Class? The Authority of Interpretive
Communities.* Cambridge: Harvard University Press.

Hall, Stuart, 1980, "Encoding/Decoding." Pp. 128-138 in *Culture, Media, Language,*
edited by Stuart Hall et al. New York: Routledge.

Hobson, Dorothy, 1982, *Crossroad: The Drama of a Soap Opera.* London: Methuen.

Katz, Elihu and Tamar Liebes, 1984, "Once Upon a Time, in Dallas." *Intermedia* 12(3): 28-32.

Liebes, Tamar and Elihu Katz, 1990, *The Export of Meaning: Cross-Cultural Readings of Dallas*. London: Oxford University Press.

_____, 1996, "Notes on the Struggle to Define Involvement in Television Viewing." Pp. 177-186 in *The Audience and Its Landscape* edited by James Hay et al. Boulder, Colorado: Westview.

Livingstone, Sonia, 1998, "Relationships between Media and Audiences: Prospects for Audience Reception Studies." Pp. 237-255 in *Media, Ritual and Identity: Essays in Honor of Elihu Katz* edited by Tamar Liebes and James Curran. London: Rouledge.

McQuail, Denis, 1994, *Mass Communication* Theory. London: Sage.

_____, 2013, "The Media Audience: A Brief Biography—Stages of Growth or Paradigm Change?" *The Communication Review* 16(1-2): 9-20.

Morley, David, 1980, *The 'Nationwide' Audience: Structure and Decoding*. London: BFI.

_____, 1992, *Television Audience and Culture Studies*. London: Routledge.

Radway, Janice, 1984, *Reading the Romance: Women, Patriarchy and Popular Literature*. Chapel Hill: The University of North Carolina Press.

Wayne, Michael L., 2016, "Cultural Class Analysis and Audience Reception in American Television's 'Third Golden Age'." *Interactions: Studies in Communication & Culture* 7(1): 41-57.

Webster, James G., 1998, "The Audience." *Journal of Broadcasting & Electronic Media*, 42(2): 190-207.

Zaid, Bouziane, 2014, "Audience Reception Anlysis of Moroccan Public Service Broadcasting." *Middle East Journal of Culture and Communication*, 7: 284-309.

# 後山左岸，作客成家：

## 客台電視劇《新丁花開》與《在河左岸》的女性、移動與地方

國立臺南護理專科學校通識教育中心助理教授　許劍橋

## 摘要

　　本文將客家電視台 2014 年製播的兩齣電視劇《新丁花開》與《在河左岸》並置討論，從「女性」和「地方」的角度切入，剖析劇中不同時代的臺灣客家移民女性在原鄉與異鄉的經驗以及記憶。劇中女主角的原鄉均位於農村，其封閉之屬性（對寡婦有偏見、看天吃飯以務農維生），令其選擇出走。而由想像異鄉，到抵達異鄉住居生活，女主角與當地互動、協商出自己的生存之道，原鄉（苗栗、嘉義）和異鄉（花蓮港、臺北）之間，遂產生出張力，層層翻轉邊緣／中心的界定，甚至演變爲在地的認同，讓異鄉新天地與女主角的重生同義，於是作客的異鄉，終究可以成爲「家」。

**關鍵字**：客家電視台、客家電視劇、客家女性、《新丁花開》、《在河左岸》

## 一、前言

　　2014 年，客家電視台推出兩部文學電視劇：李志薔導演、改編方梓《來去花蓮港》（2012）的《新丁花開》，以及陳長綸導演、改編鍾文音同名原著小說的《在河左岸》（2003）。兩劇各在第 49 屆和第 50 屆的電視金鐘獎有所斬獲，成績斐然。[1] 其共通處，除了深具文學性，故事均聚焦女性角色，並涉及移民、家族史之內容：以日治時期為背景的《新丁花開》裡，曾初妹攜養女素敏，從苗栗三義庄遠赴花蓮港；到了 1970 年代，則望見嘉義好美里的阿樵，帶著 4 名兒女追趕丈夫的腳步前進臺北，落腳《在河左岸》的三重埔。從前山過後山、下港至頂港，島上移民的身影始終未曾間斷。將兩齣戲並置觀看，除了與臺灣歷史的發展進程符應（從日治到戰後），更有意思的是，當中女性移民作為主角與地方互動所展開的意義。

　　諾伯格（Norberg-Schulz 1984：10-25）以為，人類生存空間的基本構成要素包括：場所（place）、路徑（path）和範域（domain）。場所，是「人類存在的立足點」——中心。但它並非如字面所示，只是某個大區域中的一個點；就本質上來說，中心是一件「事情」，它可能是一棟建築物、一個戶外空間、一條街，甚至是一棵樹下，或同時是上列的組合體。換言之，「中心」富意義與情感，它是一切事物的「集結」所在地，也就是「活動的場所」，活動只有發生在特殊場所才有意義，而且是經由場所之特性賦予其色彩，故場所有顯著的範圍或界線，具有親近、集中和封閉性等特徵。路徑則是人類活動的軌道，連接兩個已知場所或從既知場所導引至未知地點。路徑將生存空間形構成更特

---

1 《在河左岸》獲第 49 屆電視金鐘獎最佳戲劇節目導演獎、女配角獎、燈光獎。《新丁花開》獲第 50 屆電視金鐘獎最佳戲劇節目女主角獎、攝影獎、美術設計獎。

殊的範域，綜合河海、山岳等地理條件或政治經濟因素，區隔出複雜的範域模式。範域它「充足」了意象，使生存空間具有一致性，而其對環境的占有，暗示了運用路徑和場所，將環境構架出一個整體。諾伯格（1984：24-25）說：

> 早期的農業文化是「已經定位的場所」（place-oriented），他們在中心化的，「封閉的」區域中過著寧靜的生活。他們的路徑作圖形，環繞性的移動，其方向並不指向外面的目標。……
> 當場所和四周互動時，就產生了內部和外部的問題。……「在內部」，顯然是在場所觀念之後的最初意圖，那也就是說，在某處遠離內部的地方就是「外部」。只有當一個人界定出何者內部、何者是外部時，我們才真能說他「住居」了。通過這種聯繫，人們界定了他的經驗和記憶，而空間的內部就變成了個人「內部」的表示。

對照此二劇，初妹和阿樵出發的起點皆屬「已經定位的場所」——農村（日治時期的三義庄和 70 年代的嘉義）。既然是故鄉，也都被再現為具有「早期的農業文化」色彩，理應是封閉的「內部」。但，由於移動，原先不指向外面、環繞性的移動路徑出現了變化——從名稱《新丁花開》（原著是《來去花蓮港》）、《在河左岸》，即明白揭示其一致向「外」，故鄉的、農業的三義庄和嘉義，被遠遠的拋擲在背後；外部的花蓮港與河左岸才是重心所在，畢竟《新丁花開》全劇 20 集，曾初妹第 7 集就往後山行去，此後劇情主要都在花蓮鋪展，換言之，劇情（曾初妹的一生）有三分之二的比重在後山；是故，遑論《在河左岸》全劇 30 集，阿樵第 1 集就迫不急待的坐上卡車去臺北，整齣戲扎扎實實的都在河左岸的三重埔，嘉義只是一個必須交代又同時淡去的起點。

范銘如（2008：156）曾對諾伯格的「場所」做進一步的闡述：

此處所謂場所，一般或譯為地方，即是能夠讓其居民產生內外互動與分際的所在。通過經驗與記憶，個體的身分認同與地方空間獲得一致，建構起隸屬於當地的主體意識（想像），以茲區隔外地客。這樣的範域，不管是城市或鄉間，只要是夠大並足以維持人民的生活，就是鄉土。

那麼，當遠方、陌生的花蓮港和三重埔，在初妹、阿樵移民加入、住居其中，該地必然刻畫、積累她們滿是經驗與記憶的路徑，於是三義庄／花蓮港、嘉義／三重埔，孰為內部和外部；曾經的外部在抵達之後，是與內部時的想像一致或有所出入？本文從「女性」和「地方」的角度切入，觀察兩部電視劇的移民女性與地方之間的關係：她們和兩地的經驗與記憶為何，她們如何想像地方，作客他鄉時如何與當地互動。

## 二、女子有行：出走故鄉與想像異鄉

農業時期，土地與安身立命的溫飽息息相關，所謂「有土斯有財」、「安土重遷」等說法，即知土地於漢人為義之大，也就不言可喻，許多人安心執意地在生命最初的背景中渡過，這一份淡靜的幸福成為漢人社會之根基與嚮往。既然如此，何以劇中的女主角曾初妹和阿樵會自以務農維生、穩定且封閉的三義庄和嘉義出走，前進從未踐履過的他方？若加上性別脈絡，傳統「在家從父、出嫁從夫、夫死從子」的觀念，讓大部分移民歷史與書寫多以男性為中心，女性只是從屬，但初妹和阿樵對移民，卻具某種程度的自我意識，為「她」的決定。故這裡，將爬梳移民女性與原鄉的關係以探查離鄉的原由，以及她們在故鄉如何想像外部的異鄉。

## （一）出走故鄉

　　《新丁花開》第一個場景，是群山環繞裡的一間古厝，門上貼法院封條，故事就從這裡展開。女主角初妹，曾家側室的長女，底下還有兩名妹妹，公學校畢業後父親過世，該房即被趕出家門，理由是初妹母親未生兒子，幸賴父親早已預留三義庄的房舍給她們，即開場的古厝，勾勒出重男輕女的時代背景。

　　初妹與公學校教師羅清賢在街頭偶遇，羅對她一見鍾情欲娶之為妻，因羅家是地方知名中藥商，羅母頻頻表達對婚事不滿：「人家說門當要戶對，她又是小老婆的女兒，我怕要是娶進門會倒楣」（第2集），甚至以養的豬仔死去來印證此非良緣，但受新式教育的羅清賢依舊堅持。而這段婚姻運途多舛，初妹先後經歷流產、喪夫，令羅母更加斷定：「算命的說她命帶剪刀，剋夫剋子」（第5集），計畫把「不祥」的初妹掃地出門，初妹連夜奔返娘家。

　　彼時娘家已由三妹及其招贅的夫婿打理，所以即便歸返的是血緣至親，母親仍徵詢三妹的意見：

> 母親：你姐回來你們怎麼想？
> 三妹：就一塊住啊。
> 母親：你不怕讓人說閒話啊，她是死老公才回來娘家。
> 三妹：那是什麼舊觀念，不要信那個。（第5集）

母親深怕三妹芥蒂，不只是因為三妹已是一家之主，更重要的是初妹「死老公」的寡婦身分。從「你不怕讓人說閒話啊」，意謂一定會有人說閒話，而閒話家常、輕鬆的特質，愈發證成彼時該地對喪夫女性汙名之普及，所謂的「舊觀念」。幸賴娘家的那間古厝，以不折不扣的女兒圈——曾家三代女性和招贅來的三妹夫婿，於男權的領土上自成一格，收留與庇蔭被貼上不祥標籤的初妹。

　　劇中對初妹被鄉里標籤化的處理，未循一般戲劇刻意凸顯街坊的冷眼惡語，而是將之滲透到日常生活的對待。初妹善女紅，以此賺取微薄的金錢；某日，女子芹妹請初妹做新娘衫，初妹好歡喜，原因由底下兩處的對話就能推敲一二：

> 母親：好幾年都沒人叫你做新娘衫了。
>
> 初妹：她啊，可能是沒聽到我的事情吧。（第 5 集）
>
> ……
>
> 賣針線的店家：妳這次挑的顏色比較漂亮、也比較多喔。
>
> 初妹：之前專門做壽衣較多，不用太鮮豔。（第 6 集）

鄉人多找初妹做壽衣，連店家都能覺察初妹買的繡線與向來的黯淡花色不同，即可知初妹在鄉里的認知裡，是與死亡、不祥連結，以致芹妹縫製新娘衫的請求，被初妹解讀為只是誤打誤撞的「可能是沒聽到我的事情吧」。而期待愈大，失落亦是，芹妹遲遲未取新娘衫，原因是芹妹父親反對她嫁去花蓮港，對此結果，更令初妹內化鄉人對自己的不祥定義：

> 三妹：趁現在有好的繡線，再幫人做新娘禮服。
>
> 初妹：我這麼倒楣，怎麼能夠再做新娘禮服呢？
>
> 三妹：這和妳有什麼關係啊？
>
> 初妹：都是我運氣不好，才會害她新娘當不成。（第 6 集）

初妹在鄉里是公認的不祥化身；在娘家，則因三妹又懷上第三胎，食指浩繁，讓初妹對自己不事生產的存處深感愧歉。以上重重困境，初妹究竟要留在原地

以一生屈從，或者能有其他選擇？移民至後山多年的大房兒子松濤的到訪，開
啟初妹對異鄉新生活的可能性思考，遂暗自決定赴花蓮港重新開始。初妹找母
親懇談：

> 母親：花蓮港妳一個女人家去那麼遠的地方要怎麼過日子呢？阿松是大
> 房的兒子他會照顧妳嗎？
> 初妹：我有寫信給阿松哥，請他幫我安排工作，我有工作做，就不用倚
> 靠別人了。
> 母親：決定好了嗎？（初妹點頭）我去和三妹商量，妳把素敏帶過去作
> 伴。（第6集）

母親連串的問句，無不是因為初妹的決定逆反了農業社會依附土地的根著關
係，以及女性向來的從屬角色：她既走出鄉土「去那麼遠的地方」，甚至她還
是「一個女人家」。其實初妹早有盤算，她斬釘截鐵的表達：「我有工作做，
就不用倚靠別人了」，這是她的獨立宣言，只需經濟自主，到哪裡都能生存。
母親順其心願，卻也提出但書，把三妹生的女兒素敏帶去花蓮作伴。令人疑惑
的是，成年女兒前去異鄉讓母親擔憂如此，但她又要年幼的孫女隨行遠走？由
母親同三妹商量的對話，或說是母親向三妹反覆的請託，即可了解母親的苦心：

> 母親：我是想到妳姐，日子過得這麼辛苦，無子無父，以後又沒辦
> 法入祖先牌位，讓素敏跟她去，至少有一個依靠。你有安敏，
> 肚子裡又還有一個。好嗎？
> 母親：你不懂妳大姊在這個家沒名沒份，等她老了該怎麼辦？這個

　　　　家是你和仁煌的，她沒份。（第 6 集）

依「在家從父、出嫁從夫、夫死從子」的標準檢視初妹，她無父無夫也無子，
在故鄉衡量女性的座標軸上，完全無立足點，初妹的人生因此被認為是「沒名
沒份」、「沒辦法入祖先牌位」。一如丈夫過世時初妹的泣訴：「天寬地闊，
我卻不知要去哪？」（第 5 集），這是因為她的存在取決在「他」，一旦他亡
人滅，她是活是死，均不具意義，彷若孤魂，所以母親才盼素敏過繼初妹並隨
之往花蓮。如此，愈發襯托初妹前往花蓮的決定，充滿了她、女性的個人意志，
因為她主動要從他、故鄉為女性設定好的秩序裡掙脫，到新的土地重新開始她
的人生。

　　初妹身處的日治時期，大環境以務農為主，無論男女，與土地有綿密的依
存關係，所以相較於恆守家園的絕大多數人，初妹出走的身影顯得何其特別又
形單影隻，尤其她還是移民路上罕見的「一個女人家」。

　　來到《在河左岸》的 70 年代則截然不同。彼時臺灣由農業轉型為工商業
社會，農村人口大量外流，如第一幕：停在伯公廟旁的發財車，滿載著準備出
發前往臺北的嘉義好美里的鄉親。伯公即土地神，庇蔭農業和家園的在地神
祇，客家聚落最具指標性也最普及的信仰；然而農村外的都會，經濟起飛，吸
附鄉／農人紛紛坐上現代文明的卡車，背對著根源的鄉土，一車車前進「應許
之地」臺北，這個場景彷彿是告別農村的手勢和隱喻，也意味原本聚居一處的
客家人，投身入大都會後，就將在茫茫人海中四散客居。

　　其中，女主角阿樵的丈夫黃碧川也在這支北上的行列。這對夫婦原在嘉義
務農，但遇乾旱，分家產時，獲得的又是靠海無法耕種的土地；當黃碧川對著
來到臺北後偶遇的初戀情人年綺遙傾訴前述歷程時，這段看天吃飯的過去是以
黑白畫面表現，似乎暗喻黃碧川追尋的生命情調應如一條碧美豐沛的河川，如

他的名字；但顯而易見的，故鄉卻是乾涸飢渴的土地，而這裡面也寓含他對務
農工作和對只重視溫飽與否的元配的感受，所以他只淡淡的向阿樵說：「不要
再過看天吃飯的日子」（第 1 集），即決定北上；而「看天吃飯」，正是農業
生活最典型的表徵，換言之，這是黃碧川與鄉土割離的表態。他來到有淡水河
的臺北，並與重視生活品味的舊情人相逢，黃碧川的生命終於滋潤起來，因此
他遲遲不回覆阿樵何時把全家接來臺北。留鄉的阿樵，獨自照料 4 名子女，維
持「看天吃飯」的型態——農家主婦等待丈夫從臺北寄錢回來，並以裁縫貼補
家用，生活的重心是溫飽。從黃碧川寫的家書，以及阿樵的解讀，即能一窺都
會爸爸和原鄉媽媽的差異：

（大兒子唸黃碧川的信）：「臺北有很多人，山都是用鋼筋水泥蓋
的。山上有房子，房子山在晚上會發亮，投射在河面上很美……」
阿樵：等一下，什麼是「投射」？
大兒子：應該是棒球投射出去，射出在地面上有影子吧？
阿樵：這什麼意思？（一臉困惑）
（大兒子繼續唸黃碧川的信）：「夜晚黑色的河水很神祕，有一點
像是瀝青……」
大兒子：爸爸說有一天會帶我們去玩。
阿樵：這哪叫信啊！也沒說賺多少錢、什麼時候要把我們接上去，
只說要帶你們去哪裡玩。沒錢玩什麼，你爸這個人整天都在作夢。
二兒子：爸爸有幫人寫信賺錢，就有錢帶我們去玩啊！
阿樵：我以為你只知道玩，信你還看得懂喔。你爸的信寫成這樣，
還有人拿錢請他寫信，換成是我，我才不要呢！（第 1 集）

黃碧川高中畢業，當時屬高學歷，留在鄉里唯有勞力的務農一途；可從其書信，

即知其文采頗盛和性格浪漫，信中寫帶有自己情感色彩的臺北都會景觀，並聚焦描繪淡水河，至於關乎家人的部分，僅表示會帶孩子去玩；而這些，都無涉妻子阿樵念茲在茲的、最真實的倚靠──錢。以至二兒子頗解母意的替父親找出緩煩之道，將父親幫人寫信也有報酬相連結，但阿樵仍以「實際」來論斷價值，認為丈夫這樣子「作夢」般的書信內容，「還有人拿錢請他寫信，換成是我，我才不要呢」。臺北／都市／在「外」的黃碧川與嘉義／農村／在「內」阿樵之間，始終隔著一條線，一如阿樵的不識字，需要靠別人讀信，方能聽見丈夫充滿文氣的聲音，但她也不一定真的能「聽見」。阿樵渴望去臺北，與丈夫團聚，還原一個如同在嘉義的家，但阿樵不曉得，那卻是黃碧川想要逃離的地方。

男兒因志在四方遠颺，兩齣電視劇的女子有行，則都與「他」相關：初妹為掙脫寡婦不祥的命運，決定逃離君父的鄉土到花蓮港重新開始；阿樵則為了還原過去的完整家庭樣貌，所以離鄉到丈夫的移居地臺北。那麼，在移動以前，故鄉的她們是如何想像陌生的異鄉呢？

## （二）想像異鄉

初妹和阿樵，緣於女性身分和位處的農村封閉性的特質，均久居原鄉，甚少逾越鄉里的範圍，她們的遷徙是生平首次，所到的花蓮港和臺北，更是初次到訪。

究其實，初妹打探和計畫移居花蓮港前，還有一組想像過的異鄉──臺北與日本，這和她第一任丈夫羅清賢有關。羅畢業於總督府國語學校，是新式知識分子，其理想的另一半，和傳統典型有些微差距，從新婚之夜他對初妹的告白即能知曉：「我一直希望找到一個有氣質、有文化的老婆」（第 2 集）──而初妹如何「有文化」，「文化」如何具現？由於羅對初妹是一見鍾情，根據他倆首度相遇的情景，或許可查出端倪。這對夫妻結識於街頭的碰撞，羅的書

散落一地，初妹幫忙收拾，辨認出書的內容而以日語問：「公學校的課本？」
羅清賢詫異的說：「妳識字啊？」初妹含蓄點頭；接下來的交談，初妹引經據
典，令羅清賢心生驚嘆：「妳真有學問呢！」初妹表示：「我有上過私塾」，
羅遂讚許道：「有讀過書的女性很罕見」，臉上浮出傾慕的神色。是故，初妹
的「有文化」，乃指她識字、受過教育，和多數「無才是德」的傳統女性不同，
所以「有文化」是有「進步」的意涵在。

　　像這樣子對「進步」的嚮往，羅清賢也投射到「地方」：「總有一天，我
要帶妳去臺北、去日本，看看外面的文明世界」（第 2 集）。臺北，日治時期
的政治中心；日本，則是當時相對於臺灣的「內地」，兩處均帶有現代、進步
的色彩，所以這是一組在意象概念上相似的地方——「文明世界」。而「帶妳
去臺北（日本）」這樣的說辭，以及對該地的憧憬，屢屢出現在清賢和初妹的
對話中：

　　初妹：你說臺北很熱鬧，有去哪裡玩嗎？
　　清賢：去看總督府、去圓山看人騎馬和划船，臺北人穿的衣服實在
　　　　　很流行，街上年輕女生很多穿洋裝，哪天你也買一件。（第
　　　　　3 集）

清賢向初妹描繪他所目睹的「外面的文明世界」，充滿了城市休閒娛樂和時尚
消費的氛圍；他也期盼向來都自己縫紉臺灣衫穿的初妹，哪天也買一件洋裝，
跟上「臺北人」進步的流行扮裝。至於羅清賢病重，初妹唸書給他聽以解悶，
所唸的文章內容，同樣指涉丈夫憧憬的所在：

　　初妹（朗讀《砂書》的內容）：「走在京都的街道，無論哪一條街，

一定都能在路的盡頭看到山，那是因為京都的街道自古以來，像棋

盤一樣，東西南北走向……」。

清賢：想到我差一點就要去京都……現在只能從書本神遊。

初妹：等你病好了，我們一起去遊日本吧。（第6集）

雖然初妹朗讀《砂書》的這一段內容，乍聽只是京都景觀的摹寫，但它也說明
了京都城市規劃的井然有序，而這，不正是羅清賢追求的文明、進步？以致勾
起了當年他錯失前往京都遊覽、親炙夢土之扼腕。甚至當羅清賢屆臨生命終點
迴光返照之際，他央求初妹朗讀呂赫若的〈牛車〉，初妹徹夜讀畢後深感故事
哀傷，羅清賢卻道：

這故事真的很好，改變總是悲傷的。世界會變，牛車總是比不過汽

車。臺灣進步較慢，不過總會進步啊！你要記住跟著時代進步改變，

你要記住我的話。（第5集）

這段臨終別語，沒有絲毫兒女情長，反而認證了羅清賢對於現代性和「進步」
死心塌地的孺慕：「牛車總是比不過汽車」。所以在此前提下，羅清賢叮嚀初
妹的是：「跟著時代進步改變」。後來初妹確實改變了，甚至掙脫同時代對寡
婦的桎梏，赴後山重新展開人生。她之所以選擇花蓮港，也是緣於劇情設計，
幾位與初妹相關之人都不約而同即將前往或已在花蓮港生活，包括請初妹做新
娘衫的芹妹，以及她同父異母的兄長松濤。

當初妹獲悉芹妹將遠嫁花蓮港，第一句反應是：「那麼遠」。畢竟，那須
先從三義庄北上，再翻至山的另一側，裡頭有交通轉乘的問題。而「遠」，除
了指實質的距離長度，也寓含「文明開化」的程度：明清時期已有大量漢人移

居臺灣西部，但東部仍被稱「番界」，且因長達 150 年的封山禁令，不被政府
重視、開發，所以日治時期以前，不論官方或民間，都以「後山」統稱今日的
花東地區；「花蓮港」要到佐久間左馬太擔任總督，施行「理番計畫」後（明
治 42 年，1909 年以後），始有花蓮港廳的行政區域稱呼，由此，更增添西部
民眾對於後山落後的想像（林玉茹　2007）。所以，芹妹之父反對女兒嫁到花
蓮港的原因：「說那邊荒山野嶺的，怕我過去吃苦」（第 6 集），父親以山是
「荒」、嶺是「野」來概括花蓮，符應人們對後山「進步」的質疑，並連結為
後山的生活是「吃苦」，包括初妹也以「苦」來問芹妹：「嫁去後山，生活艱
苦，不怕嗎？」（第 6 集）；三妹的丈夫更說：「要是早知大姊要去花蓮，我
說什麼都不會把素敏過繼給她」（第 7 集），也就是過繼女兒給初妹可以，但
「去花蓮」則是萬萬不可，原因不外花蓮既遠、生活又苦。但以上，均是未曾
去過花蓮港的西部人對該地的想像，直到初妹反思自己在故鄉的處境，趁著在
花蓮港生活的兄長松濤年節返鄉之際，探問當地的實況：

初妹：哥，後山好討生活嗎？

松濤：後山那邊啊，現在是還可以啦。日本政府在昭和 11 年成立臺
　　　灣拓殖會社，鼓勵大家移民到花蓮那邊，他們日本人從內地
　　　過來的有一個吉野移民村，現在那邊人好多很熱鬧，街道建
　　　設得很好。

初妹：可是我聽人說，去後山的路崎嶇難行，很危險。

松濤：那是以前了。現在蘇花臨海道路開通了，每天自動車，路很
　　　好走，像我今天 7、8 個小時就到蘇澳了，在途中又可以休息，
　　　沒那麼危險啦。

初妹：都是什麼樣的人搬去那邊呢？

> 松濤：很多啊，像不好過的啊，沒有家庭的單身男子，像我這種的
> 也有嘛。（第6集）

初妹從經濟、交通、住民等面向，試圖通盤了解花蓮港的日常，知曉當地有建設、企業（會社），交通比想像中便捷，同時也有西部去的民眾，所以在荒山野嶺、艱苦的刻板印象之外，初妹讓花蓮港開出新格局的想像，並決定離鄉前往。

到了70年代，臺北依然是嘉義的阿樵一家人想像中最美好的落腳處。彼時，臺灣南部仍停留在農業社會，臺北則躍為現代的商業大城，它的經濟蓬勃發展，但也相對揭露農村生活之窘迫，如前述阿樵丈夫黃碧川原本在家鄉務農、必須看天吃飯的無奈黑白畫面。於是，臺北吸附了南部農村的子弟加入，並晉升成「應許之地」般的地位。如同《在河左岸》的第一個場景，阿樵和子女送別一家之主黃碧川前往臺北，也在此時，阿樵意外的撿到一隻鄰人遺落的活雞而拿來加菜；在民生不富裕、鮮有肉類可吃的年代，孩子們對著餐桌上的雞肉垂涎三尺，阿樵說：「等我們去了臺北，每天都有雞肉可吃」，孩子們異口同聲的說：「好啊我要去！」又或者阿樵在市場買菜殺價，菜販卻說：「妳先生都已經去臺北賺大錢」，意思是要阿樵慷慨些。是故，臺北在外鄉人的想像裡，代表的是溫飽、錢財，是豐衣足食的所在。

事實上，阿樵丈夫前往臺北發展已屬末班車，因為像阿樵的小姑、黃碧川的姐姐黃麗霞，早已北上討生活多時。所以孩子最期待麗霞姑姑返鄉，時髦如她，每次從臺北帶回來的，都是故鄉難以接觸到的新鮮事物：薄荷糖、牛奶糖、眼藥水、化妝粉撲……，而這些，都與維生無關，是充滿甜味、香氣的奢侈品。一如阿樵的長子立樹問麗霞：「臺北的廁所是哪一種？」麗霞說：「臺北是沖水馬桶，不是大糞池」（第1集），就令他們驚奇和欣羨萬分。紀登斯（Giddens

2002：69）曾論述現代性社會和傳統社會的差別：

> 現代性同任何從前的社會秩序類型相比，其活力都大得多。這個社會
> ——詳細地講是複雜的一系列制度——與任何從前的文化都不相同，它
> 生活在未來而不是過去的歷史之中。

相較於單調穩定的農村故鄉，臺北不斷產出新的事物，「它生活在未來」，展現出複雜性和充分的活力，以致阿樵的么女黃永真說：「臺北這麼好，什麼時候搬去臺北？」（第 1 集）臺北是一個夢幻、充滿希望的未來空間，在故鄉外部等待他們到來。

臺北從日治時期，即被想像和定義為現代、進步、文明的城市，像《新丁花開》裡畢業於總督府國語學校的知識分子羅清賢，要娶讀過公學校的初妹為妻，若能再到臺北生活、赴日本旅遊，即是他對所憧憬的現代圖像最圓滿的實踐。在此嚮往裡，初妹是被動的跟隨夫婿想像那個「牛車總是比不過汽車」的新世界；但羅清賢英年早逝，臺北成夢幻泡影，留在故鄉的初妹，困守鄉里對寡婦的偏見枷鎖中。由於找初妹做新娘衫的芹妹和兄長松濤皆與花蓮港有地緣關係，遂令初妹燃起到外地生活的可能性；但，從未親臨後山的西部人包含初妹，卻多對該地先有「那麼遠」、「荒山野嶺」的既定印象，可是在她與松濤交談後，初步了解當地的實際發展，才鐵了心的下了遠離故鄉到花蓮港的決定。羅清賢和初妹未及的臺北夢，延續到 70 年代的嘉義阿樵一家子，可彼時臺北現代化的腳步更形加劇，甚至遙遙拉開與中南部城市的距離，呈現出不同於農村的工商業都會屬性，當然也就更對比出農村的沒落。臺北等於進步、賺大錢，所有新鮮、甜美事物的集合地，以至於黃碧川和妻子阿樵，在最初全都義無反顧的要往臺北行去，連阿樵的弟弟也從家鄉打電話到臺北給阿樵：「我

是想說男人應該要出去看看，我想去臺北，去打拚，賺大錢……」（第6集）。
這些在原鄉對外面的異鄉的想像，在抵達之後會是如何，與原本的想像是靠近
了，抑或遠離了？

## 三、生活在她方——邊緣與中心、離開或靠近？

初妹為甩開在故鄉被定義的寡婦命運，決心遠離三義庄到「荒山野嶺」、
「艱苦」的後山；阿樵為與北上打拚的丈夫團聚，還原故鄉嘉義時的全家福，
攜兒抱女，前進「每天都有雞肉可吃」、「賺大錢」的臺北。誠如段義孚（1998：
4）的論點，空間（space）本身不具意義，所以在故鄉時的初妹和阿樵，「荒
山野嶺」、「艱苦」、「後山」、「每天都有雞肉可吃」、「賺大錢」、「臺北」等，
只是一種抽象的概念，唯有人在此空間「停留」且與之互動，空間被人賦予意
義，才成為有意義的「地方」（place）。是故，當初妹和阿樵抵達後山和臺北、
居處其中後，她們經歷到什麼，與當地產生何種互動？該地於她們來說，與最
初離鄉的原因和想像之間，又有什麼異同或意義轉換呢？

### （一）生活在後山：進步、勞動與再婚

初妹一抵達花蓮港，即乘坐人力車往松濤家行去。途中，導演採用1937
年日本政府為宣揚施政成果拍攝的「南進臺灣」紀錄片畫面，來表達初妹觀看
到的花蓮港景觀，並搭配底下的旁白：

> 那時花蓮港廳已經很熱鬧了，火車站前的馬路黑金通有旅社、寫真
> 館、碾米店、打鐵店、金香舖和雜貨店，路上也看到很多穿西裝的
> 人……。（第7集）

初妹親眼目睹的花蓮港，與在故鄉想像的「荒山野嶺」截然不同：有生活用度

的碾米店、打鐵店，節慶所需的金香舖，還有現代的寫真館……。尤其第一晚在松濤家用餐，初妹對兄長家竟有現代化的照明深感詫異：

> 初妹：「你家有電燈！」
> 松濤：時代進步，這邊愈來愈發達了，三義那邊很快也會有。
> 　　　（素敏抬頭一直盯著電燈看）
> 初妹（向素敏說）：很神奇吧。（第7集）

臺灣現代化的腳步並非僅是單向的東進，「這邊（花蓮港）愈來愈發達了，三義那邊很快也會有」，這是在後山居住的松濤傳達出的一記逆向證明。但能否意謂移民後山的初妹，也開始步入和享受現代化的生活了？且聽底下的對談：

> 初妹：真沒想到花蓮港這麼發達，春日通比三義更熱鬧。
> 松濤：這幾年日本政府鼓勵大家搬來這裡，現在建設愈來愈好了，
> 　　　我們剛剛不是有經過一間「日夏百貨」……。（第7集）

擁有前山與後山經歷的曾家兄妹，對兩地現代化的進度做出品評，尤其是後山新鮮人初妹，更發出「真沒想到花蓮港這麼發達」的對比性讚嘆。可是這段交談，鋪設在松濤帶初妹第一次去魚罐頭工廠任職的途中。豔陽下迎向海風獵獵的初妹，早已疲憊不堪，仍舊緊跟著兄長走在漫長的石頭路上；畢竟孑然一身的她，在異鄉的首當要務，是找到自力更生的方式，故其完全無暇飽覽花東勝景，甚至還需放下擅長的女紅，改做殺魚的粗活，賺一個月四塊半的薪資，無怪松濤說：「以後會很不好過喔！」（第7集）是故，花蓮港的現代化成果，初妹無法享受，那只是信口捻來的雲淡風輕，不涉入她的生活；甚至花蓮的生

活條件也遠不如故鄉,拿住處來說:三義庄的是紅磚瓦厝,花蓮則是租賃來的木柴房,在如此簡陋的環境裡,還得面對天災(颱風)與人禍(羅漢腳的糾纏、小偷竊取飼養的雞隻)。是故,兄嫂勸初妹再嫁:

> 松濤:一個女人帶個女兒真的不是辦法,你看你啊還年輕,這樣過
> 　　　日子還要很多年……你會考慮再嫁嗎?
> 初妹:人家說我是剋夫命。
> 松濤:什麼時代還在那迷信算命。我說,日本人來沒什麼好事,只
> 　　　有這點,破除唐山的迷信,讓社會進步,就這點好。
> 嫂嫂:在這裡有很多離過婚的,或是沒老公又再嫁的,這樣的人很
> 　　　多喔,不用擔心會被人說閒話。(第9集)

初妹出走家鄉,乃為遠離故土風俗對寡婦強制性的規範和成見,即便她已身在花蓮,當兄嫂勸其再嫁,她內心的關卡依舊是:「人家說我是剋夫命」——儘管與過去相隔一山,君父的秩序對女性心靈的箝制和壓抑的力道,卻是無遠弗屆,更內化成女性對自我的鞭笞。

兄嫂遂從時間(「什麼時代還在那迷信算命」)、地點(「在這裡有很多離過婚的,或是沒老公又再嫁的」)為初妹剖析,而上述理由,均植基花蓮港這個地方。因為此處屬於移民社會,有諸多西部民眾和日本人移民來此,流動匯聚間,原鄉的傳統和觀念尚未根著,又或者須因地制宜調整,遠比故鄉有更多的彈性。比方初妹在這裡,無人鄙夷其寡婦身分,她甚至能成為職業婦女,自食其力;又或者兄長欲介紹給初妹的男子李安平,宜蘭人,早先帶童養媳來花蓮,後與之離婚等,皆說明漢人的性別規制,在後山這片新天地裂解出許多罅隙,當中,包括了族群間的通婚,像初妹和李安平這對即客、閩配:

> 阿秋：嫁人，很好。
>
> 初妹：可是，他是河洛人。
>
> 阿秋：河洛、客家都一樣啊，都是西部來嘛。現在在花蓮有工作、
>
> 斯文、單身的客家人沒有了啦，人好比較實在。（第9集）

初妹把喜訊同魚罐頭工廠的客家同事阿秋分享。兩人的客語對談中，初妹帶著歉意向同族介紹另一半的身分：「可是，他是河洛人。」原由自然是跨族群通婚於初妹的三義客家庄、她既有的認知裡，幾乎是不可能與難以想像；但在後山，卻可以成為真實，甚至還是初妹的兄長做媒促成的第二春。

布羅（Brah 1996）討論離散社群於移居地文化生產的過程時，提出離散者在異地形成離散空間（diaspora space）。他以為離散空間能跨越國家疆界的限制，強調建構過程並非依附單一的國家國族，而是故土與移居地之間的交纏糾葛（轉引自 Virinder S. Kalra et al. 2008：61）。也就是說，離散空間可以詮釋成離散者在移置、跨界的過程中各種關係網絡的搭建，有在地的鑲嵌性，亦有與家鄉的連結。所以初妹抵花蓮時建立之社群，是以和家鄉同樣的客家族群為主（兄長松濤一家、罐頭工廠的客家工頭及同事等），彼此援引客家的鄉音、穿著、飲食習慣等元素進入到與之迥異的移居地，像這樣子的實踐過程，代表離散者與家鄉的關係並非全然斷絕，並由此在異鄉獲得較為強烈的親近感。

但，對比故鄉三義庄族群的純粹性、封閉性，後山無疑是族群的大熔爐，有原本即居該處的阿美族，尚有來自各地不同族群、族裔的移民；是故，基於現實上的考量，如阿秋對初妹說的：「現在在花蓮有工作、斯文、單身的客家人沒有了啦，人好比較實在」，跨族群／族裔通婚，成為後山住民因地制宜的「實在」選項。而劇中的花蓮，除了初妹和安平這對客閩配，還穿插一段日臺配——安平的日本人同事山田心儀一名臺籍女教師，安平夫婦遂幫忙撮合，成

就良緣；於是混雜（Hybridity）一詞，正可以用來述說這般跨越不同種族或族
裔的情況。混雜，最初係指17世紀不同「種」的動、植物交配後產生的新品種；
在跨文化研究中，學者借助巴赫汀（Mikhail Bakhtin）的「多音」（polyphony）
觀念，指出異文化彼此交織（in-between）與交錯（crosscutting）形成的多元
性，因著地理形勢、歷史因緣與生活方式交織的網絡，造成異文化的遭遇，彼
此衝突、混合，創生新的意義（廖炳惠 2003：195-196）。混雜的概念為文化
地理學者所援引，應自霍米‧巴巴（Homi K. Bhabha）的「第三空間」（third
space）：

> 一個新的、超越了非此即彼的政治客體的建構適當地疏遠了我們的政治
> 期待，改變了我們認識政治意義的方式。……也許能開闢出通往闡述一
> 種國際性（或民族間的）文化的通道，他不是基於多元文化主義的異國
> 情調或文化的多樣性，而是基於文化混雜性的刻寫和發聲。（生安鋒
> 2005：146-147）

參照前述兩對跨族／國配，確實存有接觸、交流、轉譯、磋商的空間。比方日
本人山田曾向安平打探臺籍女教師的身家：

> 山田：聽說臺灣牧師家庭都很嚴格，不跟非教徒來往是嗎？
> 安平：這，我也不清楚，不過我跟山口牧師也有點熟，但我並不是教徒
> 　　　啊。（第11集）

山田原不敢追求臺籍女教師，因女教師是牧師之女，他認為臺灣教徒家
庭／非教徒之間具分明界線，但安平的話：「我跟山口牧師也有點熟，但我

並不是教徒」，消泯二元對立的差異性，開闢出「通往闡述一種國際性（或民族間的）文化的通道」——「第三空間」：「兩種原本完全分離且各具同質性的文化領域並不存在，每一類別永遠已然是混雜的形式」（轉引自 Barker 2004：244）。像安平和山口牧師皆臺灣人，但「臺灣人」這一個類別的內部卻非同質性，因為若沿著宗教、階級、族群、性別、年齡等軸線就有分裂的狀況，而教徒（山口牧師）和非教徒（安平）依然有所往來、甚至「也有點熟」，按巴巴的說法：「混雜化的對象，是混合了那些原本性質上已經是混雜的文化。所有的文化都是不斷變換邊界與混雜化的區域（zone of shifting boundaries）」（轉引自 Barker 2004：244）於是，非教徒的日本人山田之後與臺灣牧師的女兒相戀，一起踏進女方父親主持的教堂尋求認可，牧師凝視他倆後僅發出一句聲明：「你要相信你自己的選擇」（第 12 集），緊握二人雙手表達祝福，下一幕隨即跳至婚禮的舉行。劇情令男女雙方輕鬆地跨越制式的想像疆界，似乎意謂著像這樣子的跨界、混雜於花蓮此地來說，是自然連結得到的經驗。

　　至於客閩配的初妹和安平，其交往面臨到的問題之一：語言，即充分表呈混雜化的過程。且聽底下兩人在相親場合的交談聲：

初妹：安平先生客家話講得真好。（客語）

　　　你不是河洛人嗎？（日語）

安平：是啊，我是河洛人。（日語）

　　　不過我的客家話是在唐山學的，那幾年，客家鄉親幫了很多

　　　忙，也對我很好。（客語）

初妹：這樣啊。（日語）

　　　我還以為要和安平先生說日文。（客語）

安平：妳的日文很流利呢。（日語）

> 初妹：是的。（日語）
>
> 　　　我有讀私塾和公學校。我爸爸還在的時候，他讓我們三姊妹
>
> 　　　都去讀書。（客語）（第9集）

初妹起先預設，由於和安平分屬不同族群，彼此操持著涇渭分明的兩種語言（「安平先生客家話講得真好。你不是河洛人嗎？」），以致兩人必須用統一的「國語」溝通（「我還以為要和安平先生說日文」）。而安平過往的唐山經歷，恰巧令河洛人的他練就一口客語；同樣的，安平亦對初妹的流利日語表示讚嘆，初妹則將之歸功於父親讓她接受教育，方能成就客、日語雙聲帶。所以，把客閩配想像成源自兩種分立的族群（語言）相互混雜是有問題的，因為混雜化的對象，是混了那些原本性質上已經是混雜的文化；所以初妹和安平這段交雜客、日語的對話內容，具體的符應了巴巴第三空間的概念：「既不全是該文化又不全是他文化，而是兩者之間接觸往來的某個節點，這個非此非彼、亦此亦彼的第三空間的矛盾關係中」（轉引自陳書偉 2012：42）。

　　當然，編劇特意設定安平是會講客語的河洛人，顯示他能以女方為對等的主體；至於初妹的再嫁，並非是圖物質上的倚靠，她在抵達花蓮的第一日即朗朗宣告：「今晚過後，我就在那邊自己煮，我想要早點獨立」（第7集），她嘗試各種自力更生之道，除去魚罐頭工廠的工作，還飼養家禽、種菜、砍柴……。但劇情也同時刻畫彼時後山單身女子可能會面臨到的境況，如：羅漢腳的糾纏、盜賊入侵等，這些就不是初妹的獨立所能立即妥善處理的，而這也為她的再嫁，鋪好一條觀眾能夠同情理解的路。尤其初妹被羅漢腳騷擾之際，劇情安排李安平剛好路過替她解圍，順理成章地幫兩人的姻緣埋下天註定的伏筆，刷淡初妹再度回歸家庭，與最初欲遠離家園的決心相牴觸的情形。事實上，初妹的再嫁，展現出主體性，尤其她與另一個族群通婚，於某種意義上是走出

故土封閉性的觀念與人際關係，以至於結婚當日，初妹這麼說：「這步踏出去，我會踏好，輸贏都會擔」（第 10 集），說話的語氣以「我」、初妹為主體，再次走入婚姻也是「她」的決定，並非只是被動性的被收編進婚姻的故土。

## （二）生活在河左岸：落伍、失婚與勞動

來到 70 年代，臺北比過去，甚至遠比同時期臺灣的其他城市更為先進，所以《在河左岸》裡，自嘉義出發、第一次到臺北的阿樵，當搭乘的卡車再轉個彎將進入臺北城之際，阿樵特意要司機停車，她登上堤岸，觀看淡水河對岸高樓林立的都會圖景，阿樵邊看邊笑著自言自語：「原來這裡就是臺北喔！」——臺北，她夢想中能衣食溫飽、全家團圓的所在。那麼接下來，阿樵是否果真置身於臺北的文明繁榮裡？究其實，阿樵一家不住在「真正的」臺北，而是落腳「在河左岸」——三重埔。一到該處，映入眼簾的，是諸多低屋矮簷的違建「豆干厝」，也就是妓女戶；臺北夢就這麼急轉直下，也令阿樵疑心丈夫不在身邊時可能曾去尋花問柳，所以才剛抵達就氣急敗壞的咆哮：「怎麼會找這種地方住呢！」、「我不要住這種地方喔！」，直到丈夫一聲：「住這邊最省！省起來的才能寄回去家裡」，正中生存的紅心，並戳破臺北是金山銀山的南柯一夢；就像是抵達臺北的第一晚，大兒子望向窗外黑黝黝的淡水河問阿樵：「媽，這是臺北嗎，味道怪怪的，臺北不應該是像大姑姑送的東西很香？」（第 2 集）。真實世界裡的臺北，不只有甘甜香氣，更有各種苦澀的人生況味。

阿樵的丈夫黃碧川雖無尋花問柳，但他在臺北遇見了高中的初戀情人年綺遙，並與之另組家庭。但阿樵堅決不離婚，所以她雖然始終是在婚姻之中，卻是名存實亡的關係，就像她身處的位置，在河左岸——既在臺北之中，但繁華的、都市的臺北卻不屬於該地。

同樣的，淡水河與黃碧川，也是重疊的隱喻。作為中介的它／他，將兩岸區隔為不同的空間意象——左岸是落伍、粗鄙，追求基本生活溫飽；右岸是進

步、時尚,追求生活質感。於是兩岸的城市圖景,分別呼應著居住兩岸的女人:三重埔、未受過教育的阿樵,意識到丈夫不能依靠,但家庭重擔仍須有人扛,她先開設家庭洋裁,再去成衣工廠仕作業員;而一樣與布匹相關,住通化街的情人年綺遙追求的是與阿樵截然不同、甚至黃碧川也難以企及的品味:

黃碧川:好好的窗簾幹嘛要換?

年綺遙:我就是嫌它採光不好。

黃碧川:採光?

年綺遙:你剛剛聽我講了半天你沒聽懂,還嗯……好像很懂。

黃碧川:什麼是採光?

年綺遙:採光就是屋子裡的光線好不好、漂不漂亮。

黃碧川:這麼講究?

年綺遙:當然啊。

黃碧川:我覺得有自己的房子可以住就很好了。我很怕漏水、最好
　　　　不要漏水。那些舊窗簾呢,還有窗戶可以用嗎?

年綺遙:沒辦法,丟掉。

黃碧川:好浪費。

年綺遙:不然你那用得上嗎?

黃碧川:我那裡已經很暗了,還遮什麼光。

年綺遙:窗簾不只是遮光。(第4集)

阿樵以布匹養家活口,年綺遙則以布匹(窗簾)妝點家園。從她說「窗簾不只是遮光」,即知她不考量實用性,在乎的是「光線好不好、漂不漂亮」的生活情調。這,與本性浪漫,喜愛攝影、文字創作的黃碧川極為相契,因為當他被

現實消磨得宛若乾涸的大地，年綺遙式的「臺北」生活，最能滋潤黃碧川的生命，豐沛成美麗的川河。就連阿樵的女兒永真也以左、右岸來比附父親的兩個女人，且暗自評價：

> 淡水河左岸的三重埔與右岸的臺北有哪些不同？那是一種母親與父親的女人不同的氣味。那時我國小畢業了，隨著升國中，總讓我有點難以承受的是，我竟然比較喜歡臺北的氣味。（第14集）

畢竟，阿樵訴求實用、思維傳統的位置，當兒子追求潮流把牛仔褲刷白，被她責罵「這麼不懂得珍惜東西，你會被雷公打死」（第10集）；女兒以縣長獎的成績小學畢業，阿樵卻不希望她升學：「女生就要認命點，幫忙家裡幾年，嫁人就好命了」（第15集），永遠與美感、情趣無涉，一如城市邊緣的三重埔，停滯於但求溫飽的農業階段。相對的，阿樵北上以前，當黃碧川換上年綺遙相贈、作為定情物的新手錶時，即已暗示他也換上了新的、臺北的、現代的時間。是故，《在河左岸》裡所有從南部來臺北討生活的角色，唯獨黃碧川與臺北沒有隔閡，他進入了「臺北」，與年綺遙生了一個女兒，從母姓叫：「年輕」，註腳了臺北日新月異的屬性。

　　無論初妹或阿樵，即使抵達了目的地花蓮港和臺北，她們與該地之互動，並不只是地圖上常識性的一組座標而已。人文地理學家認為，「地方是有爭議、流動且不確定的，而界定地方的是社會──空間實踐；這些實踐導致重疊與交錯、具有多元且變動的邊界的地方」（Mcdowell 2006：5）。就像初妹從三義庄想像花蓮港是邊緣的「荒山野嶺」，到實際目睹，發現它「這麼發達」、「比三義更熱鬧」；可生活其中，卻又無法親炙現代化的果實，被進步排除在外，依然得以艱苦的勞動謀生。此外，初妹遠走他鄉是為離開父權制度，但她在後

山雖然再次踏入婚姻，卻一反鄉土封閉性的特質，與河洛男子成親，跨出傳統
規範。又或者阿樵，過去視臺北為繁榮進步、也是全家團圓的中心（一家之主
的丈夫在臺北）；到北上後，才明白在臺北生存，同樣刻苦；尤其落腳三重埔，
是既在臺北之中，但現代化的臺北又不屬於該處，恍若被排拒於臺北之外。這
個位置也隱喻了她名存實亡的婚姻，以為來臺北是靠近丈夫了，其實是被遠遠
的拋擲於外。是故，所謂邊緣與核心，不只是邊界劃定出的相對性位置，透過
初妹和阿樵在她方的生活實況，可以知道中心和邊緣一樣異質，可能一時屬於
所謂的「中心」，一時屬於「邊緣」，而有時則又中心又邊緣，不斷翻轉著，
兩劇不同時代的臺灣女性角色，透過原鄉到她方的歷程，開展出獨特的生命處
境，以及將社會的權力關係更透徹地表現出來。

## 四、結語：從作客到成家

　　表層意義是客居異鄉的初妹與阿樵，都在移居地斡旋出生存之道，並且就
地拉拔第二代長成，所以她們實際上並非是「居無定所」（placeless）或「不
得其所」（dis-placed）之人。參考克力福特（Clifford）對於「離散」的說法：
「離散並不單單指涉移動（movement）與跨國（trans-nationality）這種純粹的
物理屬性議題，而是試圖處理跨界群體複雜的歸屬感；這些群體跨越的界線，
與多個他們認為『家』的地方產生連結，在跨界和移置（displacement）的脈
絡下定義出屬於在地的（local）、特殊的社群（community）」（轉引自陳書
偉 2012：38）。是故，離散不單只是從此地移動到彼地，按克力福特的主張，
除了向來強調的對舊有國族或故土的依附及認同，還重視脈絡過程裡再生產出
的新的認同、新的空間與新的共同體；可以說，歸屬於未來和歸屬於過去一樣
重要。

因此，跟隨《新丁花開》初妹的腳步抵達花蓮港，發現她至新住處後的首椿工作，是馬上進廚房生火燒水，她道：「火燒旺，家才會旺」。她也親手砍竹子組裝籬笆，初妹的回答是：「圍竹籬笆，可以保護我們的菜園；圍竹籬笆，可以保護我們的家」（第 8 集），初妹逐以「家」稱呼自己在移居地花蓮的生活空間。甚至本劇第 1 集以倒敘法拍攝，年老的初妹和素敏走進律師事務所，拜託律師協助她們把三義庄的曾家老屋買回；而事務所牆上掛了一幅清水斷崖的油畫，初妹一眼即識出畫中風景，律師遂問：「你們是花蓮人？」初妹和素敏頻頻點頭，認同自己的花蓮身分。

初妹經歷遷徙與在花蓮這個地方重新建構認同，彷若吉洛伊（Gilroy）一篇討論離散的文章標題：「不是你從哪裡來，而是你在哪裡」（It ain't where you're from, it's where you're at），「你在哪裡」是根（roots）與路徑（routes）的結合，指涉「離散」在「你在哪裡」和「你從哪裡來」之間擺盪；換言之，是以你到某地的路徑，以及你在特定地方留有的根所呈現出來的。（轉引自 Virinder S. Kalra et al. 2008：49）就像初妹既誠心懇求律師替她想辦法買回故鄉三義庄、被法拍的曾家老宅，同時也向律師表達自己是花蓮人的認同。是故，歸屬絕不是聯繫到族群或國族主義單一概念的單純問題，而是關係到各種歸屬的多義性（multivocality）。

至於從嘉義到《在河左岸》的阿樵，同樣在移動的過程中，對居住地三重埔的經驗與歸屬感產生變化。阿樵的長女頌真後來病逝於臺北，從處理後事的對話即可印證：

黃碧川：後事想帶回好美里（嘉義）埋在祖墳旁。

阿樵：我不要，要去看她太遠了，簡單辦一辦就好了。

……

> 永眞：她的骨灰可以放家裡嗎？
>
> 阿樵：放家裡。她一個人在外面太孤單了。（第 20 集）

臺灣民間視生死為大事，且多遵循落葉歸根的傳統，如丈夫的意見：「帶回好美里埋在祖墳旁」，所以「根」（roots）是單選題，是向來認為的家鄉（homeland）、父祖（「祖墳旁」）。但劇中向來保守、甚至有些落伍的阿樵，卻逆反此種封閉不變的本質論，欲把女兒骨灰放家裡。那她口中的家位於何處？——是在河左岸、她生活多年的三重埔；一旦離開此地，就認為是讓女兒「在外面」且「太遠了」。阿樵對三重埔的認同，也呼應前引之吉洛伊的論點：「『你在哪裡』是根（roots）與路徑（routes）的結合」，歸屬感並非一定要依賴實質的家鄉，認同的來源也不一定得是父權式家庭（patriarchal family），透過轉變與差異會不斷地再生產對自我的認同。

尤其對照最初抵達臺北時，阿樵因眼見必須居處在燈紅酒綠的三重埔而咆哮：「怎麼會找這種地方住呢」、「我不要住這種地方喔」；20 年後，其長子終於以其名字買了一間房子，搬離三重埔，而此際的阿樵已患失智症。所以入厝第一晚，阿樵就因為記憶錯亂、對新環境恐慌而起身整理行李，並且喃喃唸著：「阿真我們回家」、「我要回家」，接著步出新房、踏上回家之路，路的盡頭，正是三重埔的家。

從三義庄到花蓮港、由嘉義到三重埔，初妹和阿樵兩位客家女性的遷徙歷程和過生活的方式，表呈了「來自一個地方卻屬於另一個地方」（Virinder S. Kalra et al. 2008：49）的離散經驗；其展現出的對於地方的歸屬感，並不是毫無疑義的置放在某個僵固的場域，而是關係到來自某地和抵達過程這兩者。於是，包容寡婦初妹的後山、洗滌棄婦阿樵淚水的淡水河左岸，兩處移居地都替這兩名作客之人，創造出重生的契機，進而認同起移居地的身分，「內在於一

個地方，就是歸屬並認同於它，你越深入內在，地方認同感就越強烈」（轉引自 Ralph 2006：74）。曾經作客的異鄉，也能成為家。

## 附錄 1 《新丁花開》人物角色關係圖

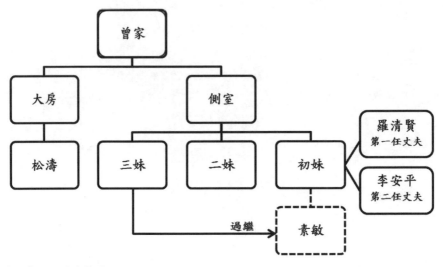

資料來源：作者製圖

## 附錄 2 《在河左岸》人物角色關係圖

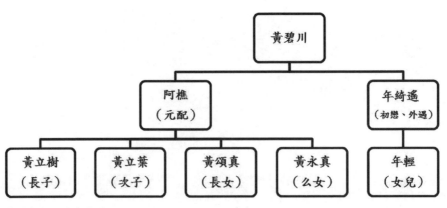

資料來源：作者製圖

## 附錄 3 《新丁花開》與《在河左岸》對照表

| 劇名 | 新丁花開 | 在河左岸 |
|---|---|---|
| 導演 | 李志薔 | 陳長綸 |
| 原著 | 方梓《來去花蓮港》 | 鍾文音《在河左岸》 |
| 上映時間 | 2014/10/13-2014/11/13 | 2014/2/17-2014/4/8 |
| 集數 | 20 集 | 30 集 |
| 時代背景 | 日治時期 | 70 年代 |
| 地點（故鄉） | 苗栗三義庄 | 嘉義好美里 |
| 女主角 | 曾初妹（客） | 余樵樵（客） |
| 教育程度 | 識字（私塾、公學校） | 不識字 |
| 在故鄉的工作 | 無（以縫紉貼補家用） | 無（以縫紉貼補家用） |
| 丈夫／學歷／職業 | 羅清賢（客）／總督府國語學校／教師（歿） | 黃碧川（客）／高中／務農 |
| 子嗣 | 無（流產），三妹將其女素敏過繼予初妹 | 二男二女 |
| 離鄉原因 | 夫歿，被鄉里認為剋夫剋子 | 丈夫北上謀生，欲全家團圓 |
| 目的地（異鄉） | 花蓮港 | 臺北（三重埔） |
| 在異鄉的工作 | 魚罐頭工廠女工 | 家庭洋裁，成衣廠女工 |
| 情感異動 | 再婚，第二任丈夫李安平（河洛）／公務員 | 丈夫外遇另組家庭生女，阿樵堅決不肯離婚 |

資料來源：作者製表

# 參考文獻

方梓，2012，《來去花蓮港》。臺北：聯合文學。

王志弘，2000，《性別流動的政治詩學》。臺北：田園城市。

生安鋒，2005，《霍米巴巴》。臺北：揚智。

林玉茹，2007，《殖民地的邊區：東臺灣的政治經濟發展》。臺北：遠流。

客家電視台，2014，〈在河左岸〉。《YouTube》，2 月 17 日。https://www.youtube.com/watch?v=BS2a3nEOfxQ&index=2&list=PL5QIMj1as3LEsyvlVdTT8ZDN7YilrYNw0，取用日期：2017 年 1 月 11 日。

_____，2014，〈新丁花開〉。《YouTube》，10 月 13 日。https://www.youtube.com/watch?v=bMXMnupfORc&list=PLzgAweye8Ud6qVnyVmXDK2Rd54LH9zeEA，取用日期：2017 年 1 月 11 日。

陳書偉，2012，《中壢龍岡穆斯林的離散認同與文化地景》。臺灣師範大學地理學系碩士論文。

范銘如，2008，《文學地理：臺灣小說的空間閱讀》。臺北：麥田。

廖炳惠，2003，《關鍵詞 200》，臺北：麥田。

鍾文音，2003，《在河左岸》，臺北：大田。

Anthony Giddens（安東尼・紀登斯）著、尹宏毅譯，2002，《現代性：紀登斯訪談錄》。臺北：聯經。

Chris Barker（克里斯・巴克）著、羅世宏譯，2004，《文化研究：理論與實踐》。臺北：五南。

Linda Mcdowell（琳達・麥道威爾）著、王志弘譯，2006，《性別、認同與地方》。臺北：群學。

Norberg-Schulz（諾伯格・斯卡爾茲）著、王淳隆譯，1984，《實存・空間・建築》。臺北：臺隆。

Tim Cresswell（提姆・克雷斯威爾）著、徐苔玲、王志弘譯，2006，《地方：記憶、想像與認同》。臺北：群學。

Virinder S. Kalra（卡爾拉）等著、陳以新譯，2008，《離散與混雜》。臺北：韋伯。

Yi-fu Tuan（段義孚）著、潘桂成譯，1998，《經驗透視中的空間和地方》。臺北：國立編譯館。

# 都市化地區客家「農民」的浮現：
## 以風城科學園區周圍的客家聚落為例 [1]

國立東華大學社會學系助理教授　蔡侑霖

## 摘要

　　統計資料顯示臺灣客家族群從事農林業的比例相較於其他族群高，並且這個趨勢沒有隨著時間推移而削減，因此客家族群與農民往往被聯想在一起，並被認爲具備經濟上的保守性格。然而這樣的觀點具有族群文化本質論的色彩，而「農民」或「小農」（peasantry）等人群類屬除了學術上依據生產關係的界定外，也可能是一種在地分類範疇，並有其生成的社會脈絡。在樹杞林鎮二重埔與三重埔這個緊臨風城科學園區，且都市化程度相當高的客家聚落中，到底「農民」或「小農」意謂著什麼？這些在地分類範疇及與之相關聯的小農論述是在什麼樣的社會脈絡下浮現的？本文嘗試透過社會運動文獻中關於「知識實踐」（knowledge-practices）的觀點，分析在地抗爭者與外來社會運動組織構成的網絡所產生的知識實踐，討論其如何生產出小農論述與特定的小農主體，並掌握當代多重地方認同與社會想像的面貌，據此指出我們有必要以建構論觀點將客家族群與特定產業連結在一起的通俗看法重新問題化。

關鍵字：小農、農民、客家性、知識實踐、地方族群文化產業

# 一、前言

2016年6月底，風城縣[1]有一個新的小農市集宣布開張，其開幕文案提到：

> 小農市集近7年來在臺灣各地蓬勃興起，約有50餘個小農市集在全
> 臺發展中，小農年齡普遍年輕，作物及加工品強調無毒栽培、友善
> 耕作，每到假日集結不少熱衷消費族群，可說是近幾年來方興未艾
> 的綠色消費運動。

這個小農市集標榜著無毒栽培、友善耕作，也強調以在地產銷的方式降低
食物里程，以及直接向食物生產者購買等價值。從這段文字中，我們也可讀出
何謂「小農」：年輕、強調無毒栽培與友善耕作。易言之，即使同樣身為小規
模農業生產者，使用傳統慣行農法的「老農」，或進行有機認證的「慣行有機」
耕作者並不包含在上述對於小農主體的定義中。而這樣的小農主體正是立基於
近年來逐漸散布，強調小農耕作模式能在生態永續、食品安全，以及糧食主權
等面向做出貢獻的小農論述上。

書寫上述文案的是 F 大哥，他是一位在此新農民市集擺攤的農園主，也
義務擔任市集的規劃與組織工作，他的農園位於如今依然遭受風城科學園區與
相關都市計畫擴張壓力的二重埔與三重埔客家聚落，曾經長期離開農業生產的
他，現在認為自己是位「小農」。

這樣的「小農」意涵顯然已經和農民研究的傳統依據生產關係所定義的農
民不同。農民研究的傳統通常把農民定義為依賴家戶勞動力於家庭農場進行生

---

1 為了維持報導人的匿名性，本文稱之的風城以及所提及的報導人名均為化名。

產，並依據家戶大小以及家戶內生產與消費人口之比例，使勞動力投入所創造
出的總收入與消費需求達成均衡狀態的家戶經濟體，其中又區分為自給自足的
「自然經濟」（natural economy）與生產商品化作物的「商品經濟」（commodity
economy）（Chayanov 1986）。在此有兩個定義軸線：勞動力的來源是否為家
戶勞動力，以及農產品商品化的程度。柯志明與翁仕杰（1993）據此考察臺灣
在土地改革後農民內部的歧異性，然而，即便在柯志明與翁仕杰所建構，試圖
掌握農民多樣性面貌的區分中，也難以定位許多田野報導人的農耕實景。

　　再者，在地「小農」也往往強調自身客家族群的屬性，乍看之下相當符合
客家學術研究所強調的客家族群一脈相承的重農文化傳統，但實則是一個當代
建構過程。至今在研究上，臺灣的客家族群常被認為與農業的關係較深，相關
研究亦指出，比起閩南族群，客家族群從事農業比例較高，而且族群差異並未
隨著時間演變而縮減（黃毅志、張維安 2000a），對於差異的解釋則歸因於客
家族群「耕讀傳家」的重農文化觀，以及因聚落所處地理位置與生活環境衍生
出的保守性格（黃毅志、張維安 2000b；張維安 2007）。然而，因特定文化
觀念而衍生保守性格之說本身帶有族群文化本質論的色彩，即便強調客家族群
的保守性格並非本質，而是與環境互動的結果，這樣的觀點仍有落入本質論之
嫌，預設著人群與環境互動的結果一旦產生，就從此固化為客家族群文化，根
深蒂固而難以變遷，並成為得以與其他族群區別開來的文化特質，這麼看來，
客家族群與農業、土地的關係依然是給定的，而非隨著具體的社會脈絡而呈現
不同樣貌。

　　例如邱盈滋（2012）的研究就呈現上述問題，她指出：

　　　傳統的客家人對祖傳的土地有著極為細緻的情感連帶，一般非在必
　　要時是不容易出售農地，否則就會背上諸如敗家背祖之類的道德譴

責，因此傳統的客家人和土地之間，不但有主觀的情感與認同，同
時也存在抽象但具有約束力的倫理價值意義。（邱盈茲 2012：17）

在她的分析中，這是客家族群文化特點的展現，儘管她也承認這些文化特
質在當代面臨變遷，但依然強調能否保留客家特色或維持客家農村風貌，仍是
客家聚落居民在面對公部門的都市計畫政策時所關懷的面向。

這樣的觀點或許與臺灣客家研究社群所著重「客家性」（Hakkaness）的
探討息息相關，亦即追問「具備客家特色而區別於其他族群的客家特性是什
麼」（劉大和 2014：348），王甫昌（2017：31-2）進一步指出，晚近「客委
會推動或支持的客家學術研究中，有不少關於『客家族群文化』與『客家族群
歷史』的研究，似乎想去建構或追尋一個根本不曾存在過、或是在當代早已流
失的『臺灣客家文化本真性』」，對他而言，當客家族群在追尋「在現實中可
能已經不復存在的『共同文化特質』」時，其實可能是反過來由當代情境，例
如是在當代社會中「共享的社會不利位置」來界定（王甫昌 2017：8），而在
當代族群文化共同特質的建構出現之前，各地客家族群的經驗事實上是充滿地
域差別的。

在王甫昌的研究啟發下，本文認為不同區域與歷史時期之客家聚落與農業
的關係本來就有不同樣態，不同客家人群也可能有不同對土地的態度與認知，
本文選擇一個位於風城科學園區周圍，都市化程度高且當代土地使用已經變遷
並呈現分殊化的客家聚落為案例，更足以凸顯原本在地人群與農業及土地的關
係可能已產生某個程度上的斷裂，這正可以促使我們思考，在當代客家聚落，
人們之所以務農，以及某種新小農主體的浮現，或許是在地人群基於生活經驗
及歷史記憶與國家發展政策互動的結果，而非某種一脈相承的重農族群文化特
殊性（即某種「臺灣客家文化本真性」），足以構成區分客家與非客家的「客

家性」。易言之，包含本文的田野地點在內，至少在一些客家聚落中，與農業
扣連的「客家性」是當代建構的成果，也產生出特定的小農論述與主體。

本文的田野研究地點位於樹杞林鎮西南隅，緊臨風城科學園區的二重埔
與三重埔客家聚落，此地在晚近臺灣反農地徵收抗爭運動中是個非常重要的
據點，筆者先前的論文（蔡侑霖 forthcoming）基於在此地的田野研究，並援
引 Karl Polanyi（2001[1944]）的觀點，提出不同於把這波反農地徵收抗爭理
解為農民運動的看法（李福隆 2011；許博任 2011；謝儲鍵 2011），認為抗爭
動員的原初動力來自一般尋常百姓之家對於在新自由主義之下土地金融化與
勞動力商品化趨勢的反動。簡而言之，是對強調公私夥伴關係（public-private-
partnership）的 BOT 區段徵收模式與包含無薪假及非典型勞動等的工作貧窮化
現象之反制性運動（counter-movement）。

然而正如同 Michael Burawoy（2003）與 Michael Levien（2007）對於
Polanyi 的批判，認為他所描繪的反制性運動是社會自發、機械式，以及基於
共識下的反應（spontaneous, mechanical, and consensual reaction），易言之，就
如同有刺激就自然而然有反應一般，缺乏探究動員的基礎，筆者之前的論文並
未處理這個議題，因此本文試圖進一步分析一個位於高度都市化地區之客家聚
落的反農地徵收抗爭的在地動員基礎，並回答為何在地抗爭行動以農民運動的
外貌出現。此外，本文也試圖指出透過生產關係的農民區分不再適合掌握從中
浮現的特定小農主體，在地小農主體是個人基於歷史記憶，以及透過日常生活
與人、地、物、事互動過程所建構的多重地方認同所形塑而成。

## 二、文獻探討

在晚近探討在地社會對於新自由主義的抵抗中，一些研究已指出行動者的

歷史記憶與經驗扮演重要的動員基礎，Gillian Hart（2008）就指出我們不應從經濟關係結構中直接解讀出政治抗爭，即不能認為由上而下施行的新自由主義必然引起由下而上的抵抗，而必須注意到大眾的記憶與具體化的經驗在他們對新自由主義轉型的抗爭中活躍起來，Hart 以南非的案例，展現當南非統治集團在後種族隔離情境中推出嘗試接合新自由主義改革、種族，以及國族主義的官方表達（official articulation）時，大眾的抗爭行動如何與人群對種族壓迫、種族土地剝奪，以及反種族隔離抗爭的經驗及記憶發生關聯。在市場轉型後的中國，Ching Kwan Lee（2002：202-6）觀察到國營企業勞工以在國家社會主義年代官方宣傳所創造的社會主義意識形態與修辭作為在勞動現場進行抵抗的認知資源。Ching Kwan Lee（2007：77-9）也指出退休勞工對於在中國社會主義革命與工業化過程中辛勤工作，以及市場改革之前國家與勞工間的社會契約之記憶，成為他們參與抗爭時做出經濟與政治訴求的道義基礎。

另外，Marc Edelman（1999）則觀察到左翼過往對於哥斯大黎加貧困低地區域之農民鬥爭性（peasant militancy）的重要性。Edelman 指出，如果不考慮1970 年代左翼政黨嘗試組織農業勞工、小生產者，以及無地農民所留下的遺產，我們將無法理解這些區域在 1980 年代晚期針對結構性調整而衍生的政策所展開的抗爭運動。上述這些研究顯示，政治經濟變遷固然是在地抗爭發生的脈絡，然而人群對於過往的記憶與經驗卻可能成為抗爭動員的基礎，同樣地，在二重埔與三重埔地區，身處新自由主義下土地金融化與勞動力商品化脈絡中的人群，在抵抗農地徵收動員中扣連上父執輩與自身關於土地改革、缺糧危機，以及 1980 年代末在地農民抗爭的歷史經驗與記憶。

指出在地人群記憶與經驗在抵抗新自由主義轉型中的重要性，也呼應晚近社會運動研究文獻對於意義創生（meaning making）的強調，誠如 Maria Isabel Casas-Cortes 等人（2008）所指出，在社會運動研究從強調政治機會與資源動

員等面向的結構論朝文化論轉向後，研究者更注意到社會運動中所謂「非理性」面向，包含情緒、情感、認同等等，而這些意義創生與文化實踐又與「構框」（frame）概念有所不同，後者依然蘊涵工具論的色彩，是為了動員參與者以達成某些目標的策略，然而儘管動員對於運動參與者而言是重要目的，但並不是唯一的目的，更何況動員到底意謂什麼，往往具有文化與歷史特殊性。易言之，意義、文化以及認同的重要性並非來自它們有助於動員，而是其本身即為了解社會運動之本質、效應，以及目標的重要主題。

Maria Isabel Casas-Cortes 等人（2008）更進一步提出「知識實踐」（knowledge-practices）的觀點，認為社會運動本身即知識生產者，透過其異質與分殊的網絡創造出對於生活世界的批判性理解，並據此行動。掌握知識實踐的重要性在於，一方面，知識實踐具體且大量出現在社會運動的日常活動中；再者，知識實踐提供特殊與重要的政治觀點，提供關於社會變遷過程與另類可能性的洞見。在本文中，我們將看到在地抗爭者與外來社會運動組織構成的網絡所產生的知識實踐，討論其如何生產出小農論述、特定的小農主體，以及對於高科技產業發展的反思。

最後，晚近黃應貴（2016）對於掌握當代地方社會的努力與蔡晏霖（2016）在討論「臺灣農業新浪潮」時所提出的觀點也有助於本文的分析。首先，黃應貴（2016）指出，在當代，構成地方社會的不見得再是血緣與地緣紐帶，而是轉變成經由個人日常生活與人、地、物、事互動過程所建構的認同，也更具有多元、流動的社會想像，藉以理解周遭的社會環境與人群關係，這些社會想像「往往存在於意象、故事與傳奇之中」，並且起初只是單一個人創造的社會想像「可經由傳播、擴散而逐漸為一群人所共享，從而隱含這群人共有的理解，進來帶來共同的實踐」（黃應貴 2016：24），黃應貴也認為這樣的想像可能提供文化再創造的動能，在當代地方社會面對新自由主義進行的空間重構時，

帶來新地方社會的形成與認同。

　　儘管蔡晏霖未直接援引黃應貴的論著，她的民族誌書寫卻展現類似的觀點。所謂「臺灣農業新浪潮」是指晚近臺灣正見證一波「農人的社會形象翻轉、農業相關議題廣受矚目」，以及農業空間從鄉村進入都市的現象。立基於宜蘭縣員山鄉「友善耕作小農社群」的民族誌書寫，蔡晏霖（2016：63）指出當代新農浪潮固然是「一個高度個體化、強調個人品牌的經濟場域」，但亦是透過至少包含追求友善環境耕作的小農社群、逃離工業型農業毒物循環的資深耕作者、消費支持者、代耕業者、追求另類生活的科學家等不同人群之間的互動，以及人群與作物、害蟲、雜草等物種的互動構成的「異類聚合體」，此即晚近人類學界常使用的 assemblage 概念，意指「一個既鬆散又連結的開放性場域（但不是開放無邊），由懷抱不同理念、動機、物質與符號能力的人與非人行動者，在偶然與特定的脈絡下達致的廣義合作關係」（蔡晏霖 2016：60），這提醒我們一群人所共享的當代社會想像與地方社會的認同也可能處在流動與多元異質連結狀態，呈現「開放源碼、志願社群、多元協作、駁雜不純，以及摸著石頭過河的任務型（ad hoc）隨境組裝（bricolage）」的特質（蔡晏霖 2016：61）。

　　在上述研究的啟發下，本文試圖呈現在當代的二重埔與三重埔客家聚落，當土地使用已經分殊化，以同質性土地使用模式與生產關係所形塑的人際紐帶不再後，在地抗爭者原初對於私有土地產權的關切、與科學園區共生下對於郊區生活意象、消費者導向之商品生產，以及地方族群文化產業發展趨勢等因素共同糾結，一方面共同構成多層次的地方認同，同時也透過社會運動的知識實踐過程，創造在地的客家農民認同。

　　我們相信本文的討論可以補充既有研究的不足之處。既有文獻已注意到晚近反農地徵收運動中在地抗爭者與外來社會運動組織的互動，討論焦點多半放

在抗爭者與外來支持者如何透過行動，把外界認為農民基於私利的抗爭翻轉成
農民對抗公部門與資本聯手「圈地」的抗爭，以及介入「土地徵收條例」修法
的過程（蔡培慧 2010；蔡培慧、許博任 2011），然而這些文獻把抗爭者等同
於農民，忽視農民主體可能是透過知識實踐而浮現，並對在地歷史記憶與經驗
缺乏討論。曾經在二重埔與三重埔聚落進行田野研究的丁維萱（2013）對在地
脈絡掌握較深刻，也可以說觸及抗爭運動中意義創生與知識實踐過程，然而她
同樣把抗爭者等同於農民，也因此沒討論到其他多重異質與分疏的意義與地方
認同面向，例如隨著科學園區與都市化發展後，在地居民與科技業從業者們所
懷有的田園牧歌式生活意象與消費者導向之商品生產，以及地方族群文化產業
發展等脈絡，這是可以更深化的部分。

## 三、田野素描

　　在繼續訴說故事之前，先簡略介紹本研究的田野概況。二重埔與三重埔聚
落在 1979 年代晚期即被劃入風城科學園區預定地，屬於俗稱樹杞林鎮的「園
區三期」計畫區（以下簡稱園區三期）範圍內，當 1980 年代末園區三期計畫
啟動、準備進行土地徵收與開發時，在地農民與園區三期內的其他聚落農民聯
手發動抗爭，最後迫使公部門只進行金山面聚落一帶的徵收與開發，懸擱位於
樹杞林鎮的部分。晚近的發展是，儘管中央政府在 2000 年宣布放棄此地的科
學園區開發計畫，然而自 2004 年起，地方政府依然打著科學園區的名號企圖
推出新都市計畫，並進行農地徵收與地目變更，進而引發反農地徵收抗爭。

　　儘管二重埔與三重埔聚落大致上還保存著農田地景，然而隨著科學園區的
發展，當地都市化程度已高，[2] 根據表 1，時至 2014 年，當地所屬的鄉鎮層級
行政區的都市化程度將近 79%，其聚落所屬之鄰里，只以縣道 122 相隔的都

市計畫區，都市化程度更已超過 90%，因此，農田景觀實際上呈現位
於都市郊區或都市中的綠帶地景。

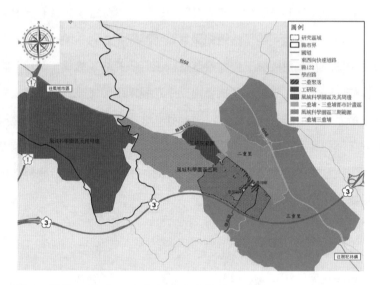

圖 1　園區三期及二重埔與三重埔聚落示意圖
資料來源：林威廷製圖

表 1　二重埔與三重埔聚落，及周遭地區的都市化程度

| 地區 | 都市計畫區人口數 (1) | 總人口數 (2) | 都市化程度（$^1/_2$ 之百分比） |
|---|---|---|---|
| 二重埔與三重埔 | 17,260 | 19,091 | 90.41% |
| 樹杞林鎮 | 75,431 | 96,059 | 78.53% |
| 風城縣 | 284,826 | 537,630 | 52.98% |
| 風城市區 | 351,864 | 431,988 | 81.45% |

資料來源：作者整理

---

2 都市化程度為都市計畫區人口與區域內人口的百分比。

本文最初的田野研究進行於 2011 年 10 月底與 2012 年 6 月之間，當時正
在進行博士論文研究的筆者試圖以蹲點的方式，深入掌握在地抗爭者在結構力
量脈絡中的主觀行動意義。筆者進入田野的過程受到臺灣農村陣線長駐二重
埔與三重埔聚落的在地組織者所引領，因而結識在地抗爭自救會的領導人物，
後續透過人際網絡的熟識、投入農事勞動，以及與自救會成員一起參與抗爭的
「實戰」歷程，逐步與其他自救會成員建立關係，取得報導人的信任，得以觀
察農耕實景，以及聆聽他們的抗爭故事。隨後於 2016 年 6 月再度展開田野工
作，目前仍然是現在進行式。

## 四、在地農民抗爭的過往與今昔對比

在如今二重埔與三重埔地區的反農地徵收抗爭家戶中，當家的世代約介於
50 到 60 餘歲之間，每當有外來團體或個人參訪與報導，因而談起農地徵收的
議題時，抗爭者的論述是：我們農民已經抗爭將近 30 年了！言下之意是在地
抗爭的延續性，在 1980 年代晚期與金山面地區一起抵抗園區三期徵收計畫的
動員者是農民，因此可視為是農民的抗爭，園區三期計畫在 2004 年重啟後，
引發的新一波抗爭動員乃是之前農民抗爭的延續，這樣的延續性在於農民期待
繼續務農維生，要「世代務農」，卻因為耕地被剝奪而無以為繼。

我們可以透過比較不同時期的農地徵收，對照在地抗爭者的論述。可以確
認的是風城科學園區在成立之初，由於多數居民仍然務農維生，農地徵收確實
造成不少農民失業，根據何致中（1989）的調查，因開闢科學園區第一期而農
地被徵收的農民，面對最大的問題是難以在其他部門找到工作，徵收戶戶長的
失業率從 7.5% 攀升至 22.5%。

即便到園區三期即將推動的 1980 年代末期，受影響的區域仍有相對高比

例的農戶，一方面擔心因失去農地而失業，一方面也擔心工業區一旦進駐，將因汙染而無法耕作。因當時區段徵收制度尚未引進成為土地開發機制，徵收戶只能領取地價補償與住宅安遷，於是爭議焦點主要在農地價格上，在不願意失去農地為前提下，如果萬一真的面臨必須放棄耕地，抗爭策略是儘量提高徵收價碼，期待在臨近地區可以買回等面積農地。在將擁有大圳灌溉水源得以種植稻米的水田與旱田的價值兩相比較後，二重埔與三重埔地區的農民認為當地水田價格應高於金山面地區只能種植茶及甘蔗的旱田，設定每公頃 1,600 萬元的徵收價碼，儘管這個價碼並非人人都能夠接受，然而這是當時幾位抗爭領導人所認為足以讓農民在臨近地區買回等面積農地的價碼，參與晚近抗爭行動的 L 先生與 F 大哥都表示過，假使當年公部門願意以這個價碼徵收農地，父執輩應該會接受政策施行。

除了農地徵收議題外，使水田得以存在的大圳水源也成為農民抗爭的因素，負責提供科學園區用水的寶山水庫即引水自二重埔與三重埔地區先民於日治時代開鑿的水圳，1993 年春耕時正值枯水期，公部門決定調撥農業用水優先支援科學園區，此舉使二重埔與三重埔地區的農民在水圳頭截斷寶山水庫水源，此抗爭行動最終迫使水公司以「休耕額外補助款」補償農民。

關於 1980 年代末期至 1990 年代初期的抗爭行動，包含截斷科學園區水源，以及 1989 年 8 月 28 日農民以農機具包圍科學園區所有出入口，造成其全面癱瘓的故事，還有後續與公部門協商乃至破局，導致科學園區轉往臺灣南部發展的過程，一些研究已有記錄（陳柳均 2001；廖健瑞 2002；Chiu 2010），比較不為人所知的是這些行動與 1980 年代臺灣農民運動的淵源。

在起自 1987 年底，由開放美國農產品進口所引發的農民運動中，主要有農權聯盟和農權總會兩大組織力量（吳旻倉 1991；廖美 1992），鄰近二重埔與三重埔地區之芎林鄉農民就參與農權聯盟。這可以回溯到芎林鄉的農民在寶

山水庫啟用後，即擔心可用的灌溉水源會變少，再加上不滿當時地方政府推動
逐步收回河川地耕作承租權的政策，因而組織起來發動抗爭。之後在參與全國
性農民運動後，在地農民成為農權聯盟地方性的動員力量，於 1988 年 4 月間
成立芎林農權會，周圍鄉鎮農民權益受到威脅時，會請求其領導幹部介入協
助，其中包含二重埔與三重埔地區農民圍堵科學園區的行動。

　　事隔多年後，整個樹杞林鎮的人口結構已大為轉型，從表 2 可得知，農地、
農戶及全職農戶數量急遽減少。雖然我們現在缺乏二重埔與三重埔地區的統計
數據，然而社會運動組織基層工作者的調查與本研究的田野資料，都顯示這兩
個地區並非處於例外狀態。臺灣農村陣線組織工作者於 2009 年所訪談的 15 位
抗爭者中，全職務農維生者只有 3 位（陳建泰、黃淑慧、楊秀之 2010：6），
本研究的田野資料呈現類似結果，所訪談的 25 個抗爭家戶中，只有 1 個全職
農戶，以及 3 個以農耕為主要收入來源的家戶。其他 18 個持有農地的家戶中，
7 戶主要依賴非農收入，在農耕方面是由退休或被裁員的家戶成員提供主要勞
動力，其中 2 戶用於耕作的農地根本不在園區三期範圍內，位於其內的只有
房舍。另外 11 戶則把農地出租、休耕，或成為帶休閒性質的「嗜好性耕作」
（hobby farming），這是指耕作者「視農作為一種業餘愛好——不具賺錢的動
機」（Boyd 1998：1）。另有 3 戶則是除了房舍外並無其他土地持份。

表 2　樹杞林鎮農地與農戶變遷狀態

| 年度 | 耕地面積（公頃） | 農戶數量與占總戶數之百分比 | 全職農戶數量與占總農戶之百分比 | 兼業農戶數量與占總農戶之百分比 |
|------|------|------|------|------|
| 1951 | 2,646 | 2,146 (39.91%) | n.a | n.a |
| 1955 | 3,111 | 2,319 (37.07%) | n.a | n.a |
| 1960 | 2,837 | 2,246 (27.12%) | n.a | n.a |
| 1970 | 2,557 | 2,814 (26.80%) | 773(27.47%) | 2,041(72.53%) |
| 1980 | 2,344 | 2,891(22.47%) | 54(1.87%) | 2,837(98.13%) |
| 1990 | 1,833 | 2,689 (16.11%) | 191(7.10%) | 2,498(92.90%) |
| 2000 | 1,830 | 2,363 (9.80%) | 144(6.10%) | 2,219(93.90%) |

資料來源：依據地方鎮志整理

　　在所訪談家戶中依然不乏如 Lamp 大哥這樣的全職農戶與務農維生者，這些人有兩大特點，首先多半是離開非農部門的人群通常兒少時有些農耕經驗，當他們失去非農收入時，農地扮演了一道最後的安全瓣，透過經營家庭農場，這些剩餘勞動力得以自食其力與養家活口；再者，對反於臺灣有高比例自耕農的想像，這些農業生產者多屬佃農，這種農地佃耕具有黃應貴（1993：110-1）所稱的「次級資本主義」現象，黃應貴在分析東埔社布農族人面臨土地商品化的變遷時，指出傳統土地制度依然持續作用，例如展現在親族間無租金租用，緩和了土地商品化後經由土地買賣導致的貧富懸殊現象，然而無租金租用不會發生在土地高度商品化的溫泉地區。另外，當漢人資本轉而投入資本密集的投資或投機事業，認為這些事業更有利可圖，對於其他原住民保留地的投資興趣也在獲利較低的考量減低之脈絡下，才使得原住民有機會進入漢人資本撤

出只具有「次等利潤」的土地經營。

二重埔與三重埔聚落在地方政府重啟農地徵收後，農地價格有飆漲現象，在此情形下，當農地面臨出售時，即使交易的雙方是親友，所依據的依然是市場的價格機制。親族與鄰里的社會關係與制度性安排所發生作用的是在農地佃耕與租金上，佃耕的前提是在農地主家戶另有穩固的經濟或勞動所得，因而不須出售或轉用農地，也不依賴地租維生，並且農耕被認為相較於其他行業是較無利可圖的，大多是從業者離開非農部門後所剩不多的選擇，在基於親友之間互惠與相互照顧的考量下，租金可能遠低於市場價格。然而一旦土地價格水漲船高，或是農地主家戶有出售或轉用農地的需要，在沒有正式契約下，一旦收成完畢即可取回農地。

除了上述少數的農業生產者之外，多數二重埔與三重埔聚落田野報導人的農耕實景屬於嗜好性耕作，難以藉由柯志明與翁仕杰（1993）依據勞動力的來源是否為家戶勞動力，以及農產品商品化的程度兩大指標建構的農民分類來定位，例如他們既非從事簡單再生產，自給自足的家戶經濟，亦非從村落人際紐帶取得生產要素，且加入受國家規約的市場之原型農民（prototype peasant），不屬於進入自由競爭市場但勞動力還未商品化的小商品生產農（petty-commodity-production farmer），也不是自營式兼業農。

同時，在所訪談的家戶中，當家的世代或其後代中大多有當下或曾經在科學園區就業的人口，家戶經濟活動與科學園區提供的工作機會與消費人口高度相關，可謂處於依附或共生關係。以本文開頭所提到 F 大哥為例，除了服役中的兒子外，其配偶與女兒都在科學園區工作，他本人則在 2011 年從科技廠主管職退休，從其父親過世到他退休期間，家傳的農地廢耕，灌溉水路也因為久未使用而年久失修，在他「回歸田園」後，改為旱田耕作。

事實上，二重埔與三重埔地區的居住環境有種都市郊區或綠帶的生活意

象。訪問居住在當地信仰中心農神廟前小聚落的陳女士家時,她和女兒都表示,聚落離工作地點、市區都很近,交通也很方便,不但生活機能良好,又和大馬路隔開一段距離,相當寧靜,並有田園景緻相伴。兒子在科技廠擔任高階人員的 L 先生則提到,在科技廠與鄰近工研院上班的人員很喜歡到他家裡的田園踏青,看著稻浪搖曳,聽著蟲鳴鳥叫,是一大休閒享受,他也曾把休耕田地借給科技從業人員從事嗜好性耕作,根據丁維萱(2013:50)的研究,工研院一些工程師成立的「自然農耕社」也曾在當地租地耕作。這樣看起來,這是某種能相對隔離於都市水泥叢林,同時能保有就業、購物等現代生活之便的生活與家園想望。

然而 L 先生的談話以及出借耕地的作為也顯示擁有這種生活與家園想望的不只是在地居民,也包括科學園區設立後移入的科技從業人員,Lamp 大哥也指出,早期開發於徵收區外圍山坡地,吸引許多科學園區主管和工程師區購買的社區住宅,都標榜著田園景觀。同時,晚近在園區三期計畫重啟後,區段徵收制度被引入成為土地開發機制,農地已成為外來投資客的標的物,價格快速翻升,願意遷居或有現金需求的居民會把土地高價賣掉。在這樣的情形下,儘管在地仍有全職農戶,許多家戶也沒有完全放棄耕作,遇到枯水期仍有水源分配的爭議(最近一次為 2015 年春季一期稻作插秧期),然而比起 1980 年代晚期,農民領取地價補償後可能失業的問題在反農地徵收抗爭中的重要性大幅下降,抗爭者的整體圖像也遠比農民複雜得多(蔡侑霖 forthcoming)。

從上述的今昔對比中,也可歸納出對在地人群而言,農地的意義已從過往生產工具的意義,分殊化成多層次且可以相互重疊的土地性質。其一,土地仍然維持生產工具的意義,這在專職的農業生產者處可以清楚看到;第二,專職的農業生產者其實是佃農,這涉及農地作為一種社會安全瓣,以及佃農與地主之間的關係,即土地閒置者以非常低廉之租金讓佃農來使用的土地,這與在地

親屬與鄰里社群之間的社會關係與道德倫理性扣連在一起，但這並非是當代在
地人群普遍所奉行的。第三，土地是一種商品，透過市場交易可以換取大筆財
富，甚至成為資本的投資標的，其交換價值所承載的是部分科學園區就業者對
於都市郊區田園牧歌式生活風格的想望。多層次的土地意義亦體現在後續反農
地徵收抗爭中的意義創生面向。

## 五、晚近反農地抗爭運動的意義創生

此次區段徵收工程開發是由*民間財團*與*縣府*合作，非中央主管機關
出資若*中途工程停擺您放心嗎*？
安遷戶配地的位置，面積與公共設施及施工品質等種種問題*您關心
嗎*？（斜體與底線均為原文）

上面這些文字出現在二重埔與三重埔反農地徵收自救會（以下簡稱自救
會）幾位發起人於 2006 年 9 月 5 日散布，藉以號召居民舉行會議以關切園區
三期徵收計畫的小傳單上，其內容標示著不同於 1980 年代末期對於能否持續
務農的關切，爭議的焦點是區段徵收制度轉型後帶來的議題。訪談資料顯示抗
爭者把園區三期採用的區段徵收制度與風城縣政府設立時的制度加以對比。在
科學園區設立後，風城縣市分治，新行政中心所需用地在二重埔與三重埔聚落
鄰近鄉鎮以區段徵收的方式進行，這個公部門規劃與出資的區段徵收被在地居
民視為是個典範，認為政策結果不只使公部門順利取得機關用地，也有助於地
主的土地增值。相較而言，重啟後的園區三期卻是以 BOT 模式進行區段徵收，
對在地居民而言，這是一個無法被信任的機制，擔心自身的土地產權受到損

害。[3] 再者，公共設施用地的規劃以及相關的配地比例是另一個爭議焦點。因此在抗爭之初，我們看不到關於農民的論述。

然而一開始的動員並不順利，上一節提過，在資本湧入與土地價格高漲下，土地在當代的意義已經分殊化，亦足以瓦解親族紐帶。居住於農神廟前小聚落的 L 小姐就告訴筆者，在同姓宗親中，對於農地徵收的意見不一，甚至連同一家族中也彼此不同調，即使同樣反對農地徵收，但在要如何回應政策的議題上沒有共識，例如有人認為畢竟土地價格已經飆漲，可以透過出售土地與搬遷解套，但這個方式不是還想原地居住的居民所能接受的。一直等到曾參與 1980 年代末期抗爭，但已因年長而不管事的耆老出面為自救行動發起人背書，並重新傳講當年抗爭故事後，抗爭行動才得以開展。這裡顯示的是，誠如 Maria Isabel Casas-Cortes 等人（2008）在批判「構框」概念時指出的，並非為了動員的需求才去工具性地陳述某一套故事或建構某些歷史記憶，而是動員的意涵往往具有文化與歷史特殊性，在二重埔與三重埔聚落，是早年農民抗爭的歷史記憶與經驗作用於晚近抗爭行動中的意義創生面向上。

於是後續抗爭行動持續扣連上早年農民抗爭的歷史記憶與經驗，故事與傳奇在這個面相上扮演重要的角色。1980 年代末期農民以農機具癱瘓科學園區的抗爭劇碼已成為晚近在地抗爭行動中不斷訴諸的歷史記憶與經驗，對於包括耆老到壯年在內的抗爭者而言仍鮮明地存在，在談起今日之抗爭行動時，經常以驕傲的口吻援引與扣連屬於自身父執輩的過往，並強調儘管當年剛解嚴，但仍會擔心檢調單位事前介入的陰影，於是長輩們密謀，在行動前一晚把農機具藏到科學園區旁的各個廟宇，隔天一舉成事。再者，因灌溉用水議題而動員的

---

3 關於為何 BOT 區段徵收模式無法得到在地居民的信任請參見蔡侑霖（forthcoming）的討論。

經驗還連結到日治時代關於大圳修築的口述歷史故事，相傳二重埔與三重埔地
區傳統上便和鄰近的芎林鄉有水源之爭，日治時代二重埔與三重埔地區的大地
主林春秀家族與日本政府合作，率眾開鑿大圳時，芎林鄉的農民擔心一旦水源
從較上游地區就被截走，將更不利耕作，因而與施工工人發生衝突，甚至導致
人命傷亡。時至 1980 年代末期，為水衝突的兩方轉而在科學園區發展的威脅
下相互合作，成了共同參與圍堵科學園區的盟友。

　　在把不同階段的抗爭行動建構成延續性的農民抗爭時，也往往扣連上家中
父執輩透過土地改革取得私有耕地產權的歷史與守土有成的辛勤付出。抗爭者
會提到家中長輩就如同大部分臺灣農民一樣，在土地改革前都是佃農，從耕作
不易的五指山區與新埔鄉等地遷移到現居地佃耕，之後好不容易因土地改革政
策而取得農地，然而在多子均分繼承制下，後代分得的農地狹小，不足以務農
維生，只好兼業打工，才不至於在經濟壓力下拋售農地。

　　以神農廟前聚落的 C 女士家為例，由於上一代 5 兄弟分家的緣故，持有
農地只有 2.6 分，農耕不足以維生，早年曾種植稻米，收成完全沒進入市場，
其先生生前從事裝潢業，C 女士則從事家庭代工，並到清潔公司任職以貼補家
用，其妯娌、一牆之隔的 CH 女士，先生過世得早，靠著她在電子廠常值大夜
班的薪資，兼做家庭代工撐起家中經濟，家裡田地曾荒廢過一段時間，後來覺
得這樣很可惜，就轉變成菜園與果園，種植橄欖及橘子等果樹，收成均是與親
友鄰居分享。將農地水泥化，給兒子經營鐵工廠的 PS 阿嬤則訴說自己教育程
度不高，年輕時要下田、到處打零工、做家庭代工，才帶大孩子，保有這份田
產，並提供兒子創業之用。這些故事顯示守住祖產，同時拉拔子女長大，並傳
承給他們，是一輩子努力的結果。L 先生就指出，政府早年的土地改革是把土
地分配給農民，對農民而言幫助很大，後來的農地徵收卻是逆轉當年的政策，
H 先生就認為，未來臺灣土地會重新集中在少數人手上，就會像菲律賓等國家

一樣。對於抗爭者而言，認為父執輩好不容易取得，並付出一切心血才守住的祖產，政府憑什麼透過徵收政策就可以強取豪奪？這麼看來，私有財產的取得與守護是重要的歷史記憶與經驗，在過去，政府是私有財產的授予者，並在父執輩全力守護下才得以保全，但先人付出的心血卻可能因政策逆轉而付諸流水，在這樣的理解下，政府成了搶奪祖產的強盜，抗爭者稱之的「強盜政府」。

　　簡言之，從這些故事陳述中，顯示的是家中長輩取得土地成為自耕農後，父執輩在面對試圖奪取土地與水資源的外來力量時，基於整個家戶生存所需或是守護祖傳下來的私有財產而不容他人奪取的信念，因此即使處在政治風險仍相對高的 1980 年代末期，仍勇於動員。對於現今的抗爭者而言，這些經驗與記憶證成了當地農民已經持續抗爭將近 30 年之久，亦成為晚近在地反農地徵收動員中意義創造的來源之一，將自身視為如同父執輩一樣，是參與抗爭，守護祖產與家園的農民。

## 六、從客家休閒農業專用區到小農論述

　　儘管二重埔與三重埔聚落的反農地徵收抗爭與農民動員的歷史記憶及經驗扣連，但這不等同於提出基於小農主體的小農論述，小農主體的建構與相關論述涉及在地抗爭者與臺灣農村陣線這個社會運動組織之間的互動網絡所產生的知識實踐。

　　隨著抗爭行動在 2006 年展開後，除了於歷次都市計畫公聽會、審查會議發動示威動員外，自救會也提出「客家休閒農業專用區」的規劃案（陳建泰、黃淑慧、楊秀之 2010；范庭華 2015），主張園區三期用地中，位於二重埔與三重埔聚落約 60 公頃的農地該從園區三期計畫中剔除，保留為農地使用，並發展「精緻農業」。這個規劃案事實上有兩個面向，其一，對大多數抗爭家戶

而言，並不真的打算發展成精緻農業專區，其實是個守護私有祖產，使公部門與開發商知難而退的提案，因為這 60 公頃農地被認為是園區三期計畫的精華地帶，開發商之所以願意負擔龐大的徵收費用，目的在於透過 BOT 機制取得此地，並變更使用分區為可建築用地，一旦剔除這 60 公頃，使開發商無利可圖，園區三期計畫幾乎篤定破局。第二，對於像 F 大哥這類有回歸田園夢想的科技業從業者以及其他比較有心經營農場者而言，原先對於農業經營的想像是消費者導向的模式，所設定的消費族群是在科學園區與工研院工作，所得相對高的主管人員與工程師家庭，為其提供符合其生活風格所需的農產品與地景。

　　建築物之間隔著農地與菜園，這種貼近「自然」的郊區社區在新竹都會區是吸引人的（莊雅仲 2016：113），本文前面也提到，任職科學園區廠商與工研院的主管與工程師視二重埔與三重埔聚落的田園景觀為都市外圍郊區，或都市綠帶，是個可以帶小朋友舉家踏青，用不著離家太遠就可以碰觸大自然的據點。再者，面對臺灣晚近層出不窮的食安風暴，在追求「吃健康」下，這些所得相對高的人群較願意以稍高的價格購買有機或無毒生產的農產品，小朋友要碰觸的大自然也必須是個無毒環境，這對於在地農業經營而言是個賣點，這種「精緻農業」的想像是依附科學園區，提供其就業人口願意來此休閒、觀光，接觸充滿動植物的大自然，順便體驗米食加工的手作過程。

　　這種精緻農業的構想也結合族群文化產業的面向。二重埔與三重埔聚落晚近的反農地徵收行動相當強調客家文化保存，曾以「客家傳統建築促進會」的名義向中央陳情（范庭華 2015：78），L 先生和 F 大哥都提到，這一點和 1980 年代末期差別很大，對於抗爭者而言，之所以在抗爭初期試圖突顯族群文化，要求保留被視為蘊含客家文化的傳統建築物，是認為相較於徵收制度或配地比例的爭議，文化是個「軟議題」，相對不具爭議性，希望可以透過陳情而非較激烈的動員方式向公部門表達拒斥農地徵收的訴求。

在後續抗爭運動以及「客家休閒農業專用區」的訴求與實踐中，客家人苦勤耕，客家農民與土地互賴且共生共存的關係，以及「硬頸」的守土精神也作為客家族群文化的特色而加以突顯。即使當代二重埔與三重埔聚落的土地使用現狀已然轉變並呈現分殊化，推動者依然強調當地保有完整之客家風俗習性，為典型之客家村落，在地居民基於百年傳承的經驗以及與環境的互動，對於土地的使用方式有著屬於自己的既成見解，即繼承客家地區農業社會傳統，仰賴祖先傳承下來的土地行世代耕種。二重埔與三重埔聚落居民的土地使用方式正是以農業生產為核心，且不論過去與現在，該地生產之稻米不僅可以自足，也受外地人所喜愛（范庭華 2015：70-6）。L 先生和 F 大哥也分別與荒野保護協會等組織合作，致力於推展「傳統客家農村」的體驗活動。

然而在臺灣地方族群文化產業化的脈絡下，二重埔與三重埔聚落對於族群文化的強調也經歷商品化的過程。事實上，結合族群與文化的族群文化產業發展似乎是個全球現象，在 *Ethnicity, Inc.* 一書中，John L. Comaroff 與 Jean Comaroff（2009）就為讀者們列舉全球各地興起的族群文化產業，在新自由主義全球化的脈絡下，例如在南非鄉村面臨高失業率、勞動力派遣化，以及公共財私有化的困境，從販賣勞動力轉換到販賣文化的轉變成為一個眾所關切的主題，不但被視為在地社會面對經濟困境的解方，將族群文化符碼加以商品化，透過市場機制加以經營，亦被視為傳承族群文化的最佳手段。

臺灣不是這個發展趨勢的異例，約略從 2000 年以降，對於公部門的政策而言，「文化」由原本的「政治經濟論述」轉向「經濟論述」，使用詞彙從「文化補助」轉成「文化投資」（王俐容 2005：180），在新自由主義轉型下，面對逐步升高的失業與低度就業現象，地方文化產業發展在為個人創業提供機會方面的潛力備受期待，在此脈絡下，正如鄭瑋寧（2010:109）指出：「各級政府、運動者及地方社區菁英協力推廣新經濟，『文化產業化』的口號喊得震天價響，

甚至近來文化創意產業被塑造成臺灣經濟的萬靈丹。」同時，從既有的研究看來，當地方文化產業發展涉及族群文化時，又往往和必須營造出符合消費者對於族群文化本真性（authenticity）的追求息息相關（江桂珍 2006、2007）。

在二重埔與三重埔聚落，儘管還未見申請公部門補助的地方文化產業發展計畫，然而「客家休閒農業專用區」的構想已受其影響，以提出規劃案的要角之一的 F 大哥為例，他在退休前就在大學推廣教育學程修習文化產業相關學分，且將強調客家文化特色的農耕活動與產業經營視為保存在地客家農村特性，以及客家族群一向重視農業與土地之文化傳統的主要方式，此即 Comaroff 與 Comaroff（2009）所探討的當代族群文化產業發展特性之一，以商品化作為保存族群文化的最佳手段。我們也可以看到對於族群文化本真性的追求，被標榜為與農業相關的客家文化傳統包含無化學農藥與肥料的耕作方式，[4] 以及具有族群文化特色的食物，F 大哥有意地推廣與改良艾粄等被視為具有客家文化特色的米食，在強調「健康」下，把內餡由鹹肉改成自家農園透過無毒耕作所產出與醃製的梅子，並要求公部門必須把包含自家紅磚洋房在內的一些老房舍連同農業用地一起保存，以傳統客家農村地景與建築物增加在地農業經營的族群文化特色，亦即提升「賣點」。

我們從以上的分析中可以看出兩個意涵，首先，在地對農業經營的想像固然導向經濟能力相對優勢的消費人口，因而在耕作方式與食材上做出調整，但同時也在尋求某種被認為是一脈相承的客家傳統，即族群文化本真性的追求。再者，在這種消費者導向與追求客家族群文化本真性的地方文化產業發展下，強調守護永續環境、糧食主權等價值的小農主體尚未浮現，這些是臺灣農村陣

---

4 蔡晏霖（2016：48-9）在宜蘭縣員山鄉深溝村的研究中，亦見耕作者將無毒、有機的耕作方式視為「復古」的看法，即返回臺灣政府進口肥料與農藥之前的耕作方式。

線投入反農地徵收抗爭後，透過在地抗爭者與外來支持者互動，在知識實踐的過程中所產生的。

　　前文提過，二重埔與三重埔聚落的經濟與就業狀況依附科學園區，改為或友善耕作的全職農戶以及以務農為主要收入來源的家戶，誘因之一是提供科技廠與工研院所得相對高的人群願意購買的農產品與親近的環境。對於其他逐漸不再把農耕視為收戶來源的家戶，耕作型態轉為所謂「作健康」的嗜好性耕作，或是收成除提供家用外，農產品只流通於左鄰右舍，這樣的耕作模式相對粗放，也不會投入大量化學肥料與農藥等資材，更何況使用化學資材反而違反「作健康」式的勞動，這裡涉及的是作用於人身上，確保身體「健康」的環境安全概念。

　　臺灣農村陣線引進的小農論述則強調小農耕作模式的生態價值，把耕作者定位為永續環境的守護者。由此，在地原本已經發生的農耕活動被賦予新的價值，並扣連抗爭者在科技廠工作的經驗。居住在中學附近聚落的 Z 女士原本在科技廠從事淘洗主機板的工作，2003 年被裁員後，轉往其他廠商求職，然而在面試時，看到該廠對於員工的保護設施還不如原先任職之處，Z 女士認為自己在充滿毒物的環境工作多年，身體狀況每況愈下，不能再這樣工作下去，最終打消回職場的念頭，成為家庭農場主要勞動力，並避免使用化學資材。後來聽過臺灣農村陣線學者的講演後，把訊息轉譯，認為自身的農耕活動就如同學者所說，是在守護生態永續性，不只是維持一個不危害身體健康的環境，還是使水、土地等自然資源能夠一再循環使用，生生不息的永續環境。

　　事實上，在臺灣社會，科學園區低度污染的迷思及對生態永續性的威脅，於晚近開發案之環境影響評估爭議中被逐漸揭開（Chiu 2010, 2011），二重埔與三重埔聚落的抗爭者也認知到這一點，認為科技廠的存在對生態環境是個威脅，許多人也清楚隔壁鄉鎮地下水已受風城科學園區廠商排放的汙水所污染而

不能飲用。時至今日，在當地與科園園區依附而生的態勢下，抗爭者不至於期待科學園區停止運作，或要求科技廠停產，而是認為目前所有的生產規模已經足夠了，不需要再擴張，而還未受其入侵的地方，農民可以擔負起守護永續環境的任務。在這個意義上，守護祖產的行動也開始蘊涵公共利益的外部性。

此外，臺灣農村陣線引進的小農論述也強調糧食主權的概念，這是指「人民享有以生態健全和永續方式生產出健康、固有文化的食物的權利，並有決定其食物和農業系統的權利。」這意謂著與食物系統相關的政策必須符合核心食物生產者、分配者與消費者的期待與需求，而不是滿足市場與農企業等財團的要求。而在二重埔與三重埔聚落，在地的理解比較趨近糧食自主與安全的想法，即不仰賴進口與安全上有疑慮的農產品。

丁維萱（2013）指出，使抗爭者注意到相關議題的關鍵是臺灣農村陣線的成員，由國立清華大學動力機械學系退休的彭明輝教授於 2011 年出版的《糧食危機關鍵報告：臺灣觀察》一書，指出臺灣未來恐有糧荒危機：「糧食綜合自給率僅 32％的臺灣隨時有斷糧風險，但各種棄農與離農的主張與作為卻持續不絕。」原本在今日民生物資豐沛的臺灣社會，對一般家戶而言，糧荒或缺糧狀況是難以想像的，然而彭明輝這本通俗著作成功地把農地徵收議題與臺灣可能發生缺糧危機的想像連結起來，並透過講演，在抗爭家戶中廣為傳布。

然而學者與社會運動組織的論述需要在地轉譯，在蔡晏霖（2016：49-50）研究的蘭陽平原亦是如此。當地老農民以民間信仰「三界公」中的水官大帝「舜」的傳說故事轉譯「友善耕作」的理念，用「這位舜帝有百獸、禽鳥與各種昆蟲來幫他種田」，因此是位「友善小農」，藉此指涉兼顧耕作與生物多樣性的友善耕作理念。二重埔與三重埔聚落的抗爭者則用第二次世界大戰後公部門面對米荒採取的「總徵購總配給」體制與「以農養工」時代的缺糧歷史經驗與記憶加以轉譯。首先，第二次世界大戰後接收臺灣的國民政府馬上面對

稻米歉收的考驗，因此決定承續日治末期戰時糧食管制的機制，期待以全面收購、計口授糧的方式度過米糧不足的危機（劉志偉、柯志明 2002）。隨後，在土地改革政策後的整個 1950 年代到 1960 年代晚期，公部門使用肥料換穀、田賦徵實、隨賦增購等方式，將農業剩餘轉到城市和工業部門中（馬克‧薛爾頓、柯志明 1991）。面對這些政策，農家會以藏糧以對。

一方面來自父執輩的傳述，一方面來自自己年少的經驗，L 先生提到，在當年政府大舉把米徵走的狀況下，自己的父親很重視藏糧，農家特殊的藏糧方式是把土角厝的泥牆上和進稻穀，缺糧時再使用（丁維萱的論文也有提到這個說法），正是有這種缺糧與藏糧的記憶，在接觸臺灣可能會有糧荒之說時，在地抗爭者強調糧食在耕作和分配上必須自主，並認為這一切必須要在保有農地下才可能。訴諸於歷史記憶與經驗，也使得當筆者問起「什麼時候開始有這種糧食主權的概念」時，得到的答案是「以前就有，我們農民從以前到現在都有糧食自主的觀念，這也是我們為什麼要反對徵收農地，我們已經抗爭將近 30 年了！」

2011 年泰國洪患，使其從世界主要糧食出口國轉變為進口國的事件，更堅定抗爭者的看法，L 先生與 Z 女士都強調，如果糧食需求依賴進口，萬一進口來源的國家像泰國一樣遭逢天災，自身糧食都不足，那要從哪邊進口？同時，2012 年總統大選後的美國牛肉爭議，也使抗爭者注意到進口農產品的安全性（受訪者是以自家飼養的家禽參照進口肉品，未進行進口肉品與本土商業化生產之肉品的比較），必須保有農地，透過自主的在地產銷，才能確保食物安全，並且也開始進一步注意到保種與基改食物等議題。

從上這些描述中，我們可以看到在臺灣農村陣線介入二重埔與三重埔地區的反農地徵收抗爭後，在地抗爭者透過自身歷史記憶與經驗，轉譯了社會運動組織學者帶進來的小農論述，此一知識實踐的結果構成新的社會想像，形塑了

特定的農民主體認同，進而凝聚了在地抗爭者，一方面認為是繼承自古以來農民對於缺糧的擔憂，堅持必須自主性生產的農民，另一方面，則和父執輩使用慣行農法的「老農」不同，重視無毒耕作、友善耕作，並透過農耕行動創造生態價值，守護環境永續性，對反於科學園區廠商在創造龐大經濟產值同時，卻也對生態環境與人體健康造成傷害。

## 七、結語

　　本文從質疑族群文化本質論的立場出發，認為客家族群與農地及農耕活動的連結並不能被歸因於一脈相承的族群文化，也不是一經與生存環境的互動後就定置不變，並以位於高度都市化地區的風城科學園區周遭客家聚落的案例，指出當代土地使用已然變遷且分殊化，晚近所浮現之立基於小農論述的農民主體，其實是在地人群與國家發展政策互動下的結果，並涉及與社會運動組織互動下，透過知識實踐過程而產生，同時，當地反農地徵收運動在產業與土地徵收制度已然變遷的條件下，扣連具有歷史與文化特殊性的在地脈絡，使得充滿異質圖像的抗爭者以特定的小農主體而浮現，反農地徵收運動也呈現出農民運動的外貌。

　　必須加以說明的是，在這波反農地徵收運動往強調小農生產模式能在生態永續、食品安全，以及糧食主權等面向上做出貢獻的小農論述轉向時，並不表示私有財產權不再重要，抗爭者已較少關切土地徵收制度BOT化帶來的爭議、配地比例的多寡，以及不再強調田園牧歌與族群文化本真性的消費者導向地方族群文化產業經營，易言之，這波反農地徵收運動與當代以私有財產為基礎與市場導向的經濟體制依然難以脫鉤，兩者相互糾結。

　　就以F大哥為例，一方面，之所以能夠全心投入農園與小農市集經營，在

於他與家人任職科技廠的所得，與透過投資的資本利得，使農業經營全無利潤壓力，也創造可以盡情實踐友善耕作與在地產銷理念的經濟條件。另一方面，F 大哥也觀察到，在風城都會區，小農市集可能就像超級市場一樣，只是想購買有機或無毒商品之消費者的一個採購點而已，對消費者而言只是買件東西，不見得在乎小農生產模式所蘊含的價值。易言之，在此，小農市集所提供的產品也只是市場上的選項之一，並非無可取代，也因此個別農園與小農市集經營一時之間既難以撼動公部門決策，恐怕也阻擋不了園區三期與相關都市計畫區的開發，所以 F 大哥認為，只有當更多二重埔與三重埔聚落的鄰居不只把「客家休閒農業專用區」的提出當成排除開發商獲利的可能性，進而使開發案破局的策略，而是願意加入一起經營，真的變成一個具備客家文化特色的農耕產業專區，讓更多人願意到訪與消費，創造出產值，二重埔與三重埔這個客家聚落才真的有希望能不成為科學園區或都市叢林。

　　這個現象事實上展現個人的多重地方認同，在當代，當傳統的地緣與血緣關係不再是在地人群聚合的要素，是私有地權的概念促動初步共同行動的起點，然而又因對個人而言，土地的意義已呈分殊性，即使在後續抗爭行動提出的「客家休閒農業專用區」中，亦可看到這樣的多元性。透過社會運動意義創生過程，扣連個人的歷史記憶與經驗，最終生成的強調自主生產與友善耕作的小農主體與刻苦勤耕、「硬頸」守土的客家農民，做為一種新的在地認同與社會想像。這樣的在地認同與社會想像一方面展現 Maria Isabel Casas-Cortes 等人（2008）與黃應貴（2016）所強調的，可能提供關於社會變遷過程與另類可能性的洞見，或文化再創造的動能，就例如強調做為日常生活的地方，其土地使用必須是拒斥金融資本與土地商品化，以及具備永續環境的面向。

　　然而另一方面，這些認同與想像的多重性也如同蔡晏霖（2016）所強調的，是基於各種行動者在眾聲喧嘩的社群運作模式下所產生的「既鬆散又連結

的開放性場域」（再次強調，這並非開放無邊，只是邊界持續變動），展現在同時擁抱資本主義商品市場的邏輯，以及對地方族群文化產業商品化的強調，從而構成一個異質聚合體。這或許也再度提醒我們必須把客家族群與特定文化產業的連結，以建構論的觀點重新問題化，例如檢視在當代客家聚落中（至少在包含本文的田野地點在內的一些客家聚落），某些被視為一脈相承，具備本真性的族群文化特質（例如與農業扣連的「客家性」），很可能反而是當代建構的成果，從而得以進一步揭開被固定化的文化特質，見其流動與多元異質的風貌。[5]

# 參考文獻

丁維萱，2013，《農民的農業價值轉化、再定義與實踐：以新竹二、三重埔土地徵收案為例》。國立臺灣大學生物產業傳播暨發展學研究所碩士論文。

王甫昌，2017，〈群體範圍、社會範圍、與理想關係：論臺灣族群分類概念內涵的轉變〉。論文發表於「新世紀的社會與文化：是族群還是階級？當代新政經條件下的族群想像」研討會，新竹：國立清華大學人文社會學院，2 月 25-26 日。

王俐容，2005，〈文化政策中的經濟論述：從菁英文化到文化經濟〉。《文化研究》1：169-195。

---

5 本文作者感謝眾多田野報導人的受訪與協助，也感謝「第四屆臺灣客家研究國際學術研討會」中潘美玲教授的評論意見，以及兩位匿名審稿人的審查意見。本文於寫作過程中受科技部經費補助（Most 105-2811-H-009-007）、國立交通大學人文社會學系莊雅仲教授的支持，以及林威廷的製圖協助，特此一併致謝。

江桂珍，2006，〈「舊文物」與「新傳統」：烏來泰雅族族群工藝品到觀光紀念品的過渡〉。《國立歷史博物館學報》34：91-120。

＿＿＿＿，2007，〈觀光、紀念品與當代文化實踐：以烏來村泰雅族的織藝傳統為例〉。《國立臺灣博物館學刊》60(3)：89-130。

何致中，1989，《安遷戶環境調適之研究：以新竹科學工業園區安遷戶為個案研究》。國立臺灣大學地理學研究所碩士論文。

李福隆，2012，〈由都市計畫新典範及治理觀點評析土地使用分區管制法律：以苗栗大埔事件為例〉。《城市學學刊》3(1)：41-73。

邱盈滋，2012，《區域發展對客家聚落之影響以新竹縣芎林鄉為例》。國立中央大學客家政治經濟研究所碩士論文。

吳旻倉，1991，《臺灣農民運動的形成與發展（1945-1990）》。國立臺灣大學農業推廣研究所碩士論文。

柯志明、翁仕杰，1993，〈臺灣農民的分類與分化〉。《中央研究院民族學研究所集刊》72：107-150。

范廷華，2015，《客庄地區土地徵收與區域規劃之研究：以二重埔客家農業休閒專用區為例》。國立中央大學客家政治經濟研究所碩士論文。

馬克．薛爾頓、柯志明，1991，〈原始積累、平等與工業化：以社會主義中國與資本主義臺灣為案例之分析〉。頁115-143，收錄於馬克・薛爾頓著，《中國社會主義的政治經濟學》。臺北：臺灣社會研究社。

許博任，2011，《他們如何營生？為何反抗？怎麼行動？：二林農民主體性研究》。國立臺灣大學建築與城鄉研究所碩士論文。

陳建泰、黃淑慧、楊秀之，2010，〈工研院附近區段徵收良田紀實〉。頁3-14，收錄於臺灣農村陣線編，《2009夏耘農村草根調查文集》。臺北：臺灣農村陣線。

陳柳均，2001，《高科技的想像：新竹科學園區與地方發展》。國立臺灣師範大學地理學研究所碩士論文。

張維安，2007，〈產業經濟篇〉。頁132-151，收錄於徐正光編，《臺灣客家研究概論》。臺北：客家委員會、臺灣客家研究學會。

黃毅志、張維安，2000a，〈臺灣閩南與客家的社會階層之比較分析〉。頁306-338，收錄於張維安編，《臺灣客家族群史（產經篇）》。南投：臺灣省文獻委員會。

_____，2000b，〈臺灣客家族群經濟的社會學分析〉。頁 21-49，收錄於張
　　維安編，《臺灣客家族群史（產經篇）》。南投：臺灣省文獻委員會。

黃應貴，1993，《東埔社布農人的社會生活》。臺北：中央研究院民族學研究所。

_____，2016，〈多重地方認同下的社群性及社會想像〉。頁 1-45，收錄於
　　黃應貴、陳文德編，《21 世紀的地方社會：多重地方認同下的社群性與社
　　會想像》。臺北：群學。

莊雅仲，2016，〈厝邊隔壁、巷弄生活與住居倫理〉。頁 101-129，收錄於黃
　　應貴、陳文德編，《21 世紀的地方社會：多重地方認同下的社群性與社會
　　想像》。臺北：群學。

廖美，1992，《臺灣農民運動的興盛與衰落：對二〇年代與八〇年代的觀察》。
　　國立臺灣大學社會學研究所碩士論文。

廖健瑞，2002，《地方政治生態與科學園區開發關係之研究：以新竹市為例》。
　　東海大學公共事務在職專班碩士論文。

蔡侑霖，forthcoming，〈晚近科學園區週遭的反農地徵收抗爭：經濟的實質意
　　義、無常空間，與反制性運動〉。收錄於黃應貴、鄭瑋寧編，《金融經濟、
　　主體性、與新秩序的浮現》。臺北：群學。

蔡晏霖，2016，〈農藝復興：臺灣農業新浪潮〉。《文化研究》22：23-74。

蔡培慧，2010，〈真實是一場社會行動：反思臺灣農村陣線的行動與組織〉。
　　《臺灣社會研究季刊》79：319-339。

蔡培慧、許博任，2011，〈重識、介入與結伴前行的反圈地路途〉。《臺灣社
　　會研究季刊》84：465-479。

鄭瑋寧，2010，〈文化形式的商品化、「心」的工作和經濟治理：以魯凱人的
　　香椿產銷為例〉。《臺灣社會學》19：107-146。

劉大和，2014，〈謝世忠、劉瑞超，2012，《客家地方典慶和文化觀光產業：
　　中心與邊陲的形質建構》〉。《全球客家研究》2：343-350。

劉志偉，柯志明，2002，〈戰後糧政體制的建立與土地制度轉型過程中的國家、
　　地主與農民（1945-1953）〉。《臺灣史研究》9(1)：107-180。

謝儲鍵，2011，〈從公共政策執行過程看臺灣公共價值之實踐：以「大埔事件」
　　為例〉。論文發表於「2011 臺灣公共行政與公共事務系所聯合會年會暨國
　　際學術研討會」，臺北：臺北市立教育大學，5 月 27-29 日。

Boyd, S., 1998, *Working Paper #33: Hobby Farming — For Pleasure or Profit?* (21-
　　601-MIE98033). Minister of Industry, Statistics Canada.

Burawoy, M., 2003, "For a Sociological Marxism: The Complementary Convergence of Antonio Gramsci and Karl Polanyi." *Politics & Society* 31(2): 193-261.

Casas-Cortes, M., M. Osterweil, & D. E. Powell, 2008, "Blurring Boundaries: Recognizing Knowledge-Practices in the Study of Social Movements." *Anthropological Quarterly* 81(1): 17-58.

Chayanov, A. V., 1986, *The Theory of Peasant Economy*. Madison: The University of Wisconsin Press.

Chiu, H., 2010, *Ecological Modernisation or Enduring Environmental Conflict? Environmental Change in the Development of Taiwan's High-tech Industry*. Unpublished doctoral dissertation, Department of Sociology, University of Essex. Essex, UK.

_____, 2011, "The Dark Side of Silicon Island: High-Tech Pollution and the Environmental Movement in Taiwan." *Capitalism Nature Socialism* 22(1): 40-57.

Comaroff, J. L., & Jean Comaroff, 2009, *Ethnicity, Inc*. Chicago and London: The University of Chicago Press.

Edelman, M., 1999, *Peasants Against Globalization: Rural Social Movements in Costa Rica*. Stanford: Stanford University Press.

Hart, G., 2008, "The Provocations of Neoliberalism: Contesting the Nation and Liberation after Apartheid." *Antipode*, 40(4): 678-705.

Lee, Ching Kwan, 2002, "From the Specter of Mao to the Spirit of the Law: Labor Insurgency in China." *Theory and Society* 31(2): 189-228.

_____, 2007, *Against the Law: Labor Protests in China's Rustbelt and Sunbelt*. Berkeley and Los Angeles: University of California Press.

Levien, M., 2007, "India's Double Movement: Polanyi and the National Alliance of People's Movements." *Berkeley Journal of Sociology* 51: 119-49.

Polanyi, K., 2001[1944], *The Great Transformation: The Political and Economic Origins of Our Time*. Boston, MA: Beacon.

# 誰在統治社區？

## 從美濃國家自然公園問題看客家村社區營造、農村空間與地方治理變化

日本茨城大學人文社會科學系准教授　星　純子

## 摘要

　　本文試圖從社區營造（社造）長期化、農村空間及地方治理的變化來理解美濃國家自然公園爭論為何發生，並討論社會轉變後的社造問題。過去20年來，伴隨民主化及本土化而成長的臺灣客家民族主義，讓社會運動獲得官方政策補助，包括推動美濃反水庫運動的美濃愛鄉協進會（愛鄉）。愛鄉運用此補助，不僅幫國家建立臺灣客家文化論述，也挪用於自己的社運論述。由於政府補助跳過地方政治，直接來自於上級政府，愛鄉與其所建立的美濃文化論述運作，以及地方政治體系的實際運作，逐漸產生區隔。此過程中，一方面，農村後生產主義下，愛鄉所生產的文化論述促進了美濃的能見度，對地方產業發揮很大的影響力。另一方面，2010年縣市合併後鎮公所消失，地方政治的運作相對流失了自主性與權力，在地文化論述的操作影響力則相對增加，因此，愛鄉推動劃設美濃國家自然公園，遭社造與地方政治人士反彈，因為它有法律灰色空間、當地居民溝通以及社造與政府之間默契等問題。本文發現，第一，社造20年在地方政治體制尚未確立其正統性。第二，社造雖提升了農村價值與文化，但也擴大了鄉民文化資本的貧富差距，本身可謂具有矛盾。

**關鍵字**：客家、社區營造、農村、空間商品化、縣市合併、正統性

# 一、前言

　　農村，其字義是「以農業為主要產業的村莊」。然而，現在全世界農村紛紛面對「後生產主義」：農作物生產已不是農村唯一的經濟基礎，農村的存在需求脫離了農業生產脈絡；農村論述重新被建構，由生產者轉為被消費者。在此，農村之景觀、農產品設計、相關論述都能變成農村經濟來源，甚至跳過農作物生產基礎而建立獨立的論述生產系統。2000 年以後的臺灣也不例外：例如，觀光產業提供消費者農村生產物、景觀、「空氣」等等；農產品作為農村文創業的一環，所造成的設計問題，也需要被解決（農產品本身的品質問題除外）。循此脈絡，在官方臺灣客家民族主義補助的強大支持下，臺灣客家文創產業朝氣勃逢，客家村傳統政治決策結構也逐漸面臨改變。

　　本文以高雄市美濃區為例，分析美濃愛鄉協進會（以下簡稱愛鄉）所推動的國家自然公園開發企劃與論述，以及相關論戰為何發生，試圖了解後生產主義下的客家農村如何進行社區營造以及其所帶來的問題。筆者並非是討論國家自然公園成立本身的是非問題，而是藉此討論 2000 年後客家村政治社會環境的改變（其中一部分是 20 年來的社造本身帶來的），以及這些變化帶來社造什麼影響。希望藉此回答「誰在統治社區？」「社造是否打造了地方正統性？」[1]這個既復古卻歷久彌新的問題。以美濃區為考察對象的原因是，

---

1 本文中，社造地方正統性意指社造在地方上推動公共事務時，被地方居民賦予的行動正統性。基本上，社造是公共行動社團，通常不在傳統地方政治體制裡，以免陷入被地方派系壟斷的日常性對立，失去自由行動的灰色空間。但因為社造所提企劃書係按照政府方式操作，推動所謂「居民參與、形成共識、繪製規劃圖、發包施工」的參與式規劃（楊弘任 2007：267），此與鄉民社會行動戲碼不同，形同對鄉民社會發動文化霸權。另外，也因為社造不在地方政治體制內，並不保證能拿到政府補助，其經濟來源往往必須經過與地方社會漫長的溝通。基於這個問題意識，本文試圖提

1990 年代返鄉青年投入反水庫運動後，美濃區「自反水庫運動開始的永不停止的社區運動」[2] 持續獲得政府補助而成長，這樣的經驗事實很適於用來當作討論「後生產主義」下的農村之對象。不管是從地理封閉性，或補助／標案金額，美濃區的經驗都不算是「典型」的客家村。但她從一個單純小鎮被官方和民間客家民族主義槓桿到一個臺灣「典型」客家村的過程，非常值得我們注意。

　　本文章節如下：一、整理現有研究成果並提示本文主要觀點，二、簡介美濃地理環境及其地方發展。三、討論席捲 1990 年代美濃的反水庫運動，四、再討論後續的社區營造。約自 2000 年後，美濃農村空間出現了巨大變化，筆者將進一步探討後生產主義如何侵透美濃。五、概述國家自然公園論戰，六、這些變化如何影響了國家自然公園議題。最後，簡單整理本文研究結論，進而討論客家農村社造所面對的問題與今後的方向。

　　調查方法採取文獻調查，並活用歷時約 5 年的田野訪談紀錄。因為本問題相當敏感，有些關鍵人物拒絕受訪；再者，筆者蹲點美濃大約 10 年，有些資料和訪談紀錄依然拿不到，被拒絕是個事實，反而更能凸顯這些人物的風格和做法，因此，本文將考慮納入這些偏見進行討論。

---

　　問，愛鄉在地方上是否確立了被居民賦予行動正統性的溝通方式？這個正統性並不只是一個統治權力或文化資本，還包括社造與鄉民社會之間的公平溝通過程。
2 《美濃愛鄉協進會工作成果報告書 1998.10-2000.10》封面有此標語，表示當時的社會運動形態。

## 二、現有研究及本文觀點

本節將整理現有研究，再提出本文的分析觀點。首先，介紹社區營造的定義，並呈示臺灣地方社會運動以及臺灣民族主義（包括官方版）息息相關。接著，整理此脈絡下社區營造研究的成果，說明本文的切入點。

本文所稱的社區營造定義為「藉助於政府或其他民間團體的補助，透過展現社區文化與振興產業等，提升社區生活品質與信任網絡的社會運動」。這個定義的提出與臺灣經驗息息相關。社造的最早源頭在所謂的 1980 年代「自力救濟」。臺灣 1960 年代走向工業化與開發主義，但高度開發造成環境不斷受破壞，各地受害居民紛紛採取自力救濟，向官方或業者陳情反映，甚至圍廠、破壞設備。然而，這些民間社會的不滿在戒嚴體制下被政府鎮壓，因此，各地抗議與民主化運動與地方文史工作串聯而發展為社會運動。1986 年當時在野的民主進步黨成立之後，各種社會運動更加速串聯與組織化。

社區總體營造給這些社會運動財政基礎以及問題解決系統。社會運動在地方脈絡之下產生，但地方上正式陳情問題的管道非常狹窄，包括村里辦公室、社區發展協會、訴訟。在此困境下，1990 年代中期社會運動爭取「社區總體營造」[3] 中央補助金之後，它不僅得到了穩定財政來源，還找到政府溝通管道。同時，地方社運一方面按照「社區總體營造」政策目的而展現臺灣文化，另一方面用自己展現出來的文化凝聚共識，以試圖解決各種社會問題，變成較有永續性的「社區營造」。可以說，社區營造是制度化的社會運動，[4] 用社造工作

---

3 本文「社區總體營造」指為按照官方臺灣民族主義政府推動的臺灣族群文化展現政策。關於社區總體營造策劃過程，請參見 Lu（2002）。

4 本文社會運動定義為「用著社會網絡及集體行為框架的爭論政治」（contentious politics）（Tarrow 2011:7）。關於社會運動隨著民主化、全球化拿到新的資源，其運動策略制度化，請參見星純子（2009：407-8）的整理。

者的話，「一邊跟政府打架，一邊跟政府握手」[5]地拿著政府補助挑戰政府。

在此情況下，社會運動及社區營造的關係向來被人矚目。第一，政治學研究圍繞社會運動的地方政治，它強調反對勢力（opposition，如黨外、民進黨等）與社會運動互動。光復後，國民黨政府為了在臺灣控制地方社會，在各縣／鄉鎮市形成了地方派系，讓他們互相對立牽制，也不讓他們跨縣串聯，以免地方菁英凌駕中央政府的力量。這些地方派系使得地方社會日常人際網絡分裂，蔓延生成黑金政治。地方政治研究指出，隨著「分期付款的民主化」（若林正丈1992），地方派系逐漸瓦解（王金壽 2007）。但因為民主化也帶來各種經濟自由化和選舉機會，各個政治人物藉著此機會擴大了其權力，如金融資產、媒體等，政治腐敗反而更加嚴重（松本充豐 2004），地方社會現場甚至仍有買票行為（Bruce Jacobs 2008）。這些政治研究雖然指出了臺灣地方社會政治的轉變，但其政治學脈絡中，「政治」的定義與範圍仍有待討論：隨著（後）現代化，有些政治議題用傳統選舉及政治人物手續無法解決，何謂政治議題要看社會的變化。這些新的、政治人物難以解決的政治議題包括開發案、地方社會本身框架重編（rescaling）、展現地方文化的政府補助等等。針對此點，社會學長期以來研究社會運動，討論了何謂「政治」以及這些問題如何政治化的過程。這些研究可分為三種：

其一是，討論社會運動、民主化及審議式民主的關係，如吳介民（1990）、何明修（2006）等，指出民主化運動與各種社會運動互相開啟、擴大了其活動空間。臺灣制度民主化告一段落後，還須再加上一個問題，即審議民主主義下社會運動之間如何對話（范雲 2010）。

---

5 2014 年 2 月 27 日，社造資深工作者 A 訪談紀錄。

第二，討論造成社會運動的社會（潛藏）網絡。例如，楊弘任（2007，2012）以屏東林邊與宜蘭為例，根據科技社會學行動者網絡，分析釐清了「社區如何動起來」。近年來，社區營造研究更深入到基層政治過程，正視何謂產生社區營造的民主主義（莊雅仲 2014）。儘管這些研究很生動地描寫社運的溝通過程和網絡，但產生社運的社會環境變化，仍有待深入研究。

第三，人類學研究「象徵」的操作。最早從事臺灣社造研究的呂欣怡（Lu 2002）分析臺灣民族主義在民間社會運動下如何發展，探討李登輝政權下官方臺灣民族主義文化政策「社區總體營造」如何擬定，進而指出這些文化政策帶動了地方社會文化政治。該書指出，戒嚴時期以來民間社會風起雲湧的臺灣民族主義，賦予了社會運動「守護臺灣而鬥爭」的文化論述，不僅有助於動員地方社會，還成功讓全臺灣社運串聯。因為國民黨政府挪用著民間社會的論述、剝削了民進黨的力量而掌握穩定政權，在此過程中擬定了社區總體營造政策，因此它所需要的文化表現內容基本上很接近民間社會論述。但該書也指出了各個社運團體路線對立，所謂新的地方文化打造，反而捏造、帶動了地方社會新的文化霸權。該研究拓展了社區文化象徵、社區集體回憶以及它所帶來的「政治」等面向，確立了臺灣社運研究基礎：例如，松田ヒロ子（2013）即運用這些概念，討論居民如何在臺北青田街凝聚了社區集體回憶，並指出這個回憶論述與當時臺灣文化政策匯流，具體呈現在保護老樹、老建築等運動上。

這些研究皆指出了社區營造透過社區集體記憶的展現，試圖提升生活空間品質。20 年來，社區總體營造政策及其所推動的社運（包括社造），直接或間接推廣了社區設計概念、促進了空間商品化而提升其空間價值。這帶來兩個面向：一方面可以說，設計與空間商品化是全世界農村在後生產主義下必須要面對的「時代任務」。農村長期以來面對結構上困境（吳音寧 2007），農作物價格不斷跌落，社區營造透過展現、包裝設計農村文化，讓消費者體驗農村

與農業各種面貌，試圖投入友善農業等等，提升農作物價值，甚至提升農村空間價值。但另一方面，這些社區空間商品化導致社區營造的目的本末倒置，如永康街：保護公園老樹的社區營造雖提升了生活空間（經濟）價值，但也因為此空間價值的關係，它圈圍了公寓、趕出老居民，破壞了社區信任網絡（莊雅仲 2014）。本文基本上也沿襲這些晚近社運研究所提出的「社造所擴大的貧富差距及不公平」。然而，社會與空間性質的變化，究竟帶給社造什麼影響？既有的社區營造研究當中，對此部分的探討仍然不夠完整。

　　沿著此脈絡，我們必須考慮幾個社會變化：第一，農村空間變化：後生產主義為農村帶來新的產業，如觀光農業，或更注重社會關係以及友善環境的「農藝復興」（蔡晏霖 2014），以尋找農村的替代繁榮方式。但同時，後生產主義也帶來了農業生產力以外的權力，例如在農村裡形成擁有高度文化資本以及權力的高學歷年輕階層，包括返鄉青年；再來，高級別墅雨後春筍的在農地上屹立。總之，一方面有嚴重的人口外流，一方面有這些來自都市的新移民進來拉近城鄉距離，農村人口進行「混住化」，形成新的社區權力體制。那麼，這些新的社區權力體制下，社造如何發展？社造如何參與這個體制？

　　其次，還要考慮政治上的變化：2010 年縣市合併之後，鄉鎮市長改成是市政府派來的區長，取消鄉鎮市民代表，地方政治人物的位子變少了。可以說，農村制度紛紛納入都市制度，變成大都市的一小部分，讓鄉鎮市政治體制縮小化；2010 年農村再生條例制定之後，社區「在地組織及團體」，即「當地基層農會、區漁會、公益社團法人、財團法人及其他依法立案非營利之團體」（〈農村再生條例施行細則〉第 4 條、第 9 條）制定農村再生計畫，其主管單位由文建會（現文化部）改成農委會水保局。之後，各中央政府單位的補助計畫統一到水保局，農村補助計畫縮水（前野清太朗 2015）。總而言之，社區傳統政治組織可以拿的補助變少，上述農村新移民所獲的資源和補助，相對地

發揮了不小的存在感。

再者，要考慮社造資源「政府補助」本身的機制。在臺灣，因為政府補助以外的社運資源非常罕見，社運資源幾乎來自於政府補助而變成「社造」。「社運就是社造」，這在社運及社造研究裡視為理所當然的，但政府補助擁有的運作機制在社造研究裡幾乎被忽視的。社造發展至今已整整有 20 年了，正視這個補助的機制有助於了解長期化的社造會造成哪些成果與問題，有助於省思社運和政府之間的關係何去何從，尤其有關族群文化的補助，如客家文化補助，對這 20 年的客家村發展有相當大的影響。筆者曾經在書中討論拿到政府補助的社運團體如何在地方社會區辨開來（星純子 2013），並指出「區辨化」造成地方社會與社造工作者的反彈。但書中尚未討論其他的社造工作者如何看待獲這麼多補助的美濃，也沒討論到社造長期化的結果。

那麼，這樣的環境變化下，社造受到哪些影響？回到 Touraine 的「新的社會（後產業化社會）有新的社會運動」的命題（Touraine 1978=1983），本文將以美濃為例，從長期觀點來討論臺灣社會、政治變化以及政府補助帶給地方社會的結果，再探索理解現代臺灣社造擁有的特色與問題的關鍵；也將討論臺灣政府的補助機制，並試圖了解社造從何開始、又如何再持續的邏輯。

下節將先整理美濃地理文化環境以及地方發展，同時關注美濃反水庫運動及後續的社造如何興盛，並揭示美濃國家自然公園議題的原點。

## 三、美濃地理文化環境以及地方發展

本節將先回顧美濃區的概況，進而分析地方政治菁英動向與社會變化，藉以探討社會運動與社區營造如何發生。

美濃區面積為 120 平方公里，人口為 40,419 人，[6] 地理環境為三方圍山，

一方被荖濃溪環繞，地形比周圍鄉鎮更封閉，居民有 9 成是客家人。由於區面積三分之一（大約 3,800 公頃）是農地，其主要產業是農業，三期作中第一期以稻作為主，第三期以番茄、白玉蘿蔔、紅豆等經濟作物為主。因為價格佳，第三期曾經種菸葉。美濃號稱「菸葉之鄉」（洪馨蘭 1999），其所需要的密集勞動力強化美濃人之間的內婚，用姻戚關係來安排免費交換勞動力（所謂的「交工」），因此區內血緣網絡頗為密集（Cohen 1976）。此機制讓美濃直到最近都還保持較純粹的客家村莊環境，1960 年代更吸引研究「六堆內最純粹的中國傳統社會」（ibid 1976:2）的美國人類學者將美濃當做中國傳統社會的替代田野調查地點，因為冷戰時期他們無法去中國大陸（Cohen 1976; Pasternak 1983）。這個「純粹又素樸的客家農村」的形象至今仍形成美濃觀光、社造論述的主流。

　　然而，這 40 年，整個臺灣農業逐漸衰退，尤其稻作與菸作，美濃面臨到龐大的政治、社會變化。本節先整理地方政治歷史，再看政治與社會互動變化。

　　首先，何謂地方政治？誰在統治美濃？分析地方權力結構方法可回溯至社區權力結構（community power structure, CPS）研究，但它研究方法偏靜態，本文採取地方「體制」（regime）概念，即地方政治中較穩定存在的統治系統。它是一個思想與結構，以大約 10 年為單位，長期統合地方社會。美國政治學者 Stone（1989）以亞特蘭塔為例，討論了白人、黑人市公所菁英與白人商業菁英聯盟體制如何推動都市重編、廢止人種分割等政策，其中該市體制也不斷的改變，如公民權運動風潮下黑人抬頭加入市公所菁英，參與決策過程。據 Stone（1989:179）說，體制因素是地方政府能力、地方政府行為者、使行為者

---

6 2017 年，美濃戶政事務所網頁 (2017 年 9 月 10 日 )。http://meinong-house.kcg.gov.tw/。

集體行動的關係。接下來將討論這三個要素。

　　第一，何謂地方政府？它能力如何？以美濃而言，所謂的地方政府就是區公所。農會，也跟區公所一樣，都是以美濃為單位的機關，尤其在美濃區公所前身鎮公所（至 2010 年 12 月 24 日，縣市合併後改美濃區公所）的時期，兩機關之間人事互動很緊密，具有廣意的政府性格。先看區鎮／區公所：鎮公所不具規劃政策能力，它如市政府或中央政府的手腳般，替上級政府執行它們所策劃的政策，自己能提案的政策內容相當有限，如地區內排水溝、路燈、道路等基本設施維修（Bain 1993:162）。這個性格在鎮公所改制為區公所之後也沒改變，反而促使其決策中心轉移至高雄市政府，因此地方政府能力更形削弱。其次，農會能力如何？美濃區農會是管區內農業的機關。因為農業是美濃的主要產業，尤其美濃的主要農作物包括水稻，其主要加工以及儲藏設施幾乎是農會來運作，農會在美濃產業上會發揮相當大的影響力。[7]

　　第二，看地方政府行為者如何？鎮公所行為者包括鎮長、鎮公所員工以及鎮民代表。如前所述，鎮公所裡的行為者並沒有能力規劃政策，但他們有權力決定要不要執行上級政府的政策。因此，鄉鎮開發速度依靠鄉鎮長決策能力，居民也並不要求鎮長擬定開發政策，而是要求他向上級爭取資源、馬上辦、不引起派系的糾葛。[8] 鎮（區）中還有里（美濃有 19 個），里民選里長，4 年改

---

[7] 關於以經濟農作物為主的農會，因為它價格競爭激烈，銷路多元化，農會難以控制整個區域內的農作物品質與價格。請參見星純子（2015）討論東勢水梨直銷運動及農會的情況。

[8] 面臨 1977 年鎮長選舉時，當地社區報紙《美濃雜誌》特意登載了鎮長選舉投稿專輯「大家談理想中的鎮長」，其中一個居民寫到幾個條件：第一、不具地方派系色彩；第二、擅於外交與行政經驗；第三、應有大專程度學歷及良好品德。《美濃雜誌》1977 年 9 月 14 日。

選。里長有里辦公室，但如鎮公所般，其提案政策能力有限。鎮長、鎮民代表及里長可以享受各種小特權，因此其選舉選戰相當激烈。因為村里自治制度實質影響有限，鎮民往往習慣透過這些地方政治人物尋找解決問題的非正式陳情管道（前野清太朗 2016：14）。這些鎮里級政治人物原本在鎮內各課皆有管道，但在 2010 年底縣市合併之後這些政治管道也消失了，地方區民較難以尋找到區級政治管道。對市議員或立委而言，小區內政治又太小，這些困境也成為後述國家自然公園問題的發生潛因。

第三，所謂「使行為者集體行動的關係」係指地方政治體制遊戲規則。根據美濃愛鄉協進會編的大作《美濃鎮誌》（美濃鎮誌編纂委員會 1997）的整理，讓我們來回顧這遊戲規則的歷史。日治時期，臺灣總督府指名地方望族做庄長，這個望族體制延續至光復後。1951 年，鍾啟元當選第一任民選鎮長，自 1951 至 1956 年任 2 屆鎮長，與國民政府所引進的地方派系有所區隔，相對保有自主性。然而，1956 年第三屆鎮長之後，美濃政治體制移至紅、白（以上為國民黨）及黑派（非國民黨）所統治的地方派系體制：國民黨提名的紅派劉義興高票當選，選舉遊戲規則重點從家族名聲移至政治人物經濟能力及爭取拉攏上級政府資源的能力。

那麼，上述美濃地方政治體制的變化，其與社會經濟變化互動又如何呢？美濃於日治時期完成了完整的灌溉系統，是農業資本豐富的農村，但 1950 年代起國民政府實施「以農養工」政策，造成美濃的農業資本被政府剝削。為了因應這政策，美濃人三期中第一、第二期種稻，第三期則種收入頗高的菸葉補稻穀的低收入，菸田耕作面積最高峰期（1974-75 年）高達 2,000 公頃（美濃鎮誌編纂委員會 1997：641-9）。因為菸作耗工，家族內交換勞動力的「交工」很發達。然而，菸作仍難以大幅提升收入，加上客家人有重視讀書的傳統，美濃居民紛紛將菸作收入轉成子弟的教育費，讓他們在都市發展，交換子弟收入

與其下一代養育工作，如此隔代交工（Bain 1993:191）。可以說，菸作促進形成大家族，但菸作所累積的財富不會再投資到菸作，反而促進子弟人口外流，形成以家庭為單位的福利系統。

光復後政府將豐富的農業資本轉為工業資本，促進了 1960 年代臺灣的經濟成長。但對農村而言，這意味農業夕陽化與人口外流。圖 1 表示，美濃人口以 1971 年 58,363 人為高峰期，之後逐漸減少。儘管美濃農戶用菸作維持收入，但美濃也難免受到全臺灣經濟環境轉變的影響。

鎮民對社會的不滿日漸累積，最後驅使鎮內讀書人統一採取行動。鎮公所與農會對這些社會衰退毫無對策，農會的咖啡、椰子等農作物推動政策規劃不周，最後都以失敗告終，導致農民的不滿，形成惡性循環（Bain 1993）。再加上地方派系所帶來的分裂造成混亂及居民不滿，如 1970 年農會理事選舉混

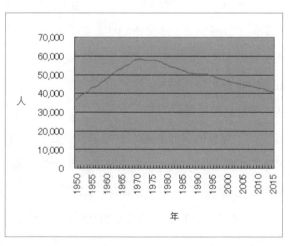

圖 1　美濃鎮人口

資料來源：美濃鎮誌編纂委員會 1997，美濃戶政事務所

　　　　　網頁 http://meinong-house.gov.tw/style/front001/bexfront.
php?sid=bmdhsum&class=C#zfigu（2016 年 7 月 5 日）

亂造成的農會信用部破產案。為了表達這個不滿，美濃人用社區媒體表示自己團結的模式：黃森松在政大新聞研究所畢業之後，1974 年創辦了《今日美濃》，之後改名幾次斷斷續續發行到現在；前記者邱智祥與林茂芳 1982 年創辦了《月光山雜誌》，一個月發三次，其發行約 3,000 冊，長期做了許多旅外美濃人的家書。

美濃人儘管難以克服深刻的鎮內分裂，再加上農業夕陽化讓美濃人產生危機感，但他們不僅用社區媒體呼籲鎮內團結，也用上級選舉對外界誇示其團結力。1977 年省議員選舉，幾個美濃知識分子挺身呼籲支持前國中老師邱發金。雖然最後高票落選，但在總得票數 22,605 票中有 13,086 票是美濃票，這讓美濃人抱持希望，認為在中選區制度之下，如果總動員美濃票，將可以選出個「美濃代表」。1980 年增額立委選舉，鍾榮吉雖然沒獲國民黨提名，但因獲 96% 美濃票在第五選區（高屏澎）順利當選。之後，儘管黨外與民進黨朝氣蓬勃的民主意識抬頭，但只要美濃人出來選，美濃人皆投美濃人：例如，1989 年立委選舉在鎮內得最高票是民進黨籍余政憲（6,278 票），但同年的省議員選舉，國民黨籍美濃人鍾德珍在美濃獲 17,692 票，凌駕民進黨余玲雅（3,893 票）。由此可知，美濃人的危機感與對分裂的不滿，加速動員緊密的血緣網絡，利用 1972 年之後中央級選舉機會逐漸擴大，選出統一的美濃代表，以凌駕國民黨地方派系邏輯。

本節整理了美濃地理文化環境及地方政治發展。一個客家農村以菸作克服農村困境，為了安排其勞動力，鎮內姻戚關係相當緊密，形成了很封閉的傳統客家村，這個特色在冷戰時期吸引了研究「傳統中國社會」的美國人類學者，這些學術研究成果有助於美濃反水庫運動以後的社運論述。儘管美濃那麼封閉，但它難免受全臺灣社會變化影響：1970 年代全臺灣農業衰退之後，美濃也逐漸沒落；隨著全臺灣的政治變化，其政治體制也在 1950 年代中期自望族

體制移至地方派系體制。1970 年代之後隨著中央增額選舉席位擴大，為了克服地方派系分裂，美濃人在選舉透過選票集結對外展示其內部的凝聚力。

　　下節將檢討在這環境中美濃反水庫運動如何產生，以及這個反水庫運動與臺灣民族主義、社區總體營造和農村後現代化之間的互動。

## 四、美濃反水庫運動、後續的社區營造以及政治社會變化

　　如前所述，美濃反水庫運動來自美濃政治社會環境的變化：該運動不僅席捲了 1990 年代的美濃，還牽涉到同時期的全臺灣社會運動。源自反水庫運動的美濃愛鄉協進會（愛鄉）故事從此開始，直到現在仍在持續。那麼，美濃水庫計畫是如何規劃的？美濃反水庫運動又是如何產生、進行？本節將整理這些問題。

　　首先，美濃反水庫運動是如何產生的？何謂美濃水庫？該水庫根據〈水利法〉（1942 年 6 月 20 日在中國大陸制定），其條文中「省市政府辦理水利事業，其利害關係兩省市以上者，應經中央主管機關之核准。」「縣市政府辦理水利事業，其利害關係兩縣市以上者，應經省主管機關之核准。」（第 5、6 條）。按照臺灣統治範圍實況，可以說據這條法律，臺灣本島水利事業大都是省政府管理的。

　　然而，〈水利法〉1963 年 11 月 29 日全文修正，12 月 10 日公布。其中第 6 條改為「水利區涉及二省（市）以上或關係重大地方難以興辦者，其水利事業，得由中央主管機關設置水利機關辦理之。」意即讓中央政府集中管理水利

---

9 《立法院公報》第 32 會期第五期，頁 8、33-35。

權力，建構現代水利秩序。當時的《立法院公報》[9]紀錄著，面對當時經濟成長需要大規模水資源開發，如當時即將完工的石門水庫（1964 年），開發經費過於龐大，地方政府已負擔不起，中央政府在此將水利開發權力與費用負擔都集中到中央政府。因此，水資源政治集中在中央政府，變成地方政府與民眾不能參與的黑箱政治領域。

在這個水利現代化脈絡中，美濃水庫興建計畫是 1971 年經濟部統一規劃委員會（簡稱水資會，現稱經濟部水利署）在「高屏溪流域開發規劃報告」中擬定的計畫，它是未獲美濃居民及地方政府同意的黑箱作業。該水庫是分區型輾壓土石壩，頂寬 10 公尺，壩高 145 公尺，壩頂長 200 公尺，規劃在美濃黃蝶翠谷內，其目的是解決南部（臺南、高雄、屏東）地區缺水（中興工程顧問社 1989：2-34）。一擬定了，水資會就暗中進行各種調查。果然，美濃民眾與鎮公所在 1992 年行政院核定後才知道美濃水庫興建計畫。因為水庫地點鄰接聚落，而且該地點日治時期也有興建水庫計畫，後來因有斷層，歸為不良地點而放棄。對美濃居民而言，興建美濃水庫成為最大的政治關心。

為了反對興建水庫，3 位當地青年於 1992 年組成美濃愛鄉協進會，發動美濃反水庫運動。其策略、特色如何？這個青年組織前身為「第七小組」，他們 3 人皆為高雄縣（當時）政府文化局委託中央研究院民族所徐正光進行客家文化調查工作成員，3 人皆有大學以上的學歷與客家傳統家庭背景，其中 2 兄妹有工運、環保運動、婦女運動等社運經驗，另外 1 位曾撰寫有關客家建築的碩士論文。可以說，這些青年是美濃人將菸作的收入轉為教育資本而養成的高學歷青年，也是當時各種社運風起雲湧時代產生的新生代客家青年。隨者 90年代本土化，當時官方臺灣民族主義族群文化政策剛起步，它們拿著這個政策補助從事客家文化調查，自己也累積客家文化學術論述。

愛鄉的成員組成為何？返鄉高學歷青年在美濃未屬於當地政治黨派，因此

保持跨黨派立場而從事實務，活用前述客家文化、環保、勞工等社運人際網絡
與論述動員全臺灣。基於美濃這個傳統社會長幼之序，青年們邀當地長輩做該
會理監事。理監事一方面為這些青年在地方上行動的正統性蓋章背書，另一方
面動員自己傳統人際網絡（包括政治、血緣網絡）進行反水庫運動。

　　那麼，這些人組成愛鄉，其所發動的反水庫運動，實質內容有哪些呢？它
有三個特色：第一，愛鄉用自己的高學歷，引進具有學術理論與合乎生態環保
的論述，強化反水庫的主張。例如，愛鄉自己計算水庫所需的砂石量，再用貨
車台數表現它，說「有了水庫，每分鐘 7、80 噸大貨車會過你家前面，其時速
7、80 公里」，運用民眾的現實感表示其龐大土石量，並與官方所算出的土石
量做對照。[10]

　　第二，愛鄉結合了反水庫與環保、客家文化等社運論述。牽著活用黃蝶翠
谷日治時期熱帶實驗林的歷史，愛鄉也搭上當時的日治時期臺灣歷史熱潮，主
張水庫預定地在歷史、生態文化上是值得保留的地點。同時，愛鄉利用臺灣客
家社會運動風潮，建立了「美濃水庫會破壞美濃客家文化」論述，募集大專青
年辦理客家文化營，讓年輕人了解美濃客家文化以及興建水庫的威脅。[11] 這些
活動刺激了年輕人的求知欲望，吸引了不少客家青年，讓他們後來投入反水庫
運動以及後續社區營造。剛好在 1990 年代，臺灣客家民族主義論係對抗福佬
沙文主義而被建構出來，內容並不排斥客家傳統中國民族主義，但比較設定在
臺灣民族主義的論述範疇內，主張復興臺灣客家文化（田上智宜 2007）。因此，
愛鄉將自己論述放在臺灣客家民族主義脈絡中，也配合官方臺灣客家民族主義
而拿到政府臺灣客家文化調查補助，在社區推動美濃文化調查，並轉用到自己

10 《月光山雜誌》1993 年 3 月 29 日。
11 1990 年代初期大專青年客家營手冊（未出版）上寫著，當時大學生透過活動激發了
　 不少好奇心，讓他們開始從知識上深思客家文化與反水庫問題。

的社運論述。[12]

第三，愛鄉以無黨派立場，動員的戰場相當多元，如街頭、媒體、陳情等。剛好 1990 年代黨外、社運等反對（opposition）資源逐漸多元化，愛鄉不必全靠民進黨（黨外）而站在無黨派立場，進而得到更多元的支援。[13] 愛鄉理事們有國民黨、民進黨員，他們各自發動自己的資源，年輕愛鄉員工離職後跳過鎮公所直接進入立委辦公室、縣政府等上級政府機關，積極推動反水庫。[14] 這個策略一方面發動多元資源，也一方面按照傳統社會長幼之序老少分工：[15] 年輕人站在無黨派立場，串聯有黨派色彩的長輩，再上升至上級政府；長輩在地方社會幫年輕人蓋章背書，並各自發動自己的黨派資源。結果，愛鄉 2000 年爭取到了陳水扁總統「自己任期內不蓋水庫」承諾，雖然這是暫時性的承諾，但到目前為止美濃水庫確實尚未興建。

本節討論了美濃水庫興建計畫如何被規劃，後續的美濃反水庫運動如何產生。美濃水庫興建問題與隨著水利政策現代化而出現的封閉政治密切相關，愛鄉利用當時逐漸打開的多元社運資源以及地方傳統社會秩序而發動反水庫運動。如何明修（2006）指出，愛鄉策略值得研究，但我們也要考慮為何愛鄉可

---

12 例如，愛鄉反水庫運動時代寫出的《美濃鎮誌》（1997）、《永安聚落生態博物館》（1998）《大家來寫龍肚庄誌》（1999）等調查結果都是後續社造的基本資料。

13 何明修（2006）將美濃反水庫運動與貢寮反核四運動之間做比較，指出貢寮早期全靠黨外，後來民進黨脫離反核四之後失去了資源，相對的愛鄉站在無黨派立場，對民進黨的依賴較少，才能在 2000 年爭取到陳水扁總統的「任期內不蓋水庫」宣言。對社運路線而言，這是無誤的，然而我們要考慮當時社運時代條件：反核四是 1980 年初期就開始，當時社運資源鮮少，幾乎只有黨外；相對的，到了 1990 年代，美濃反水庫運動開始時，非民進黨以外還有許多社運勢力。

14 1999 年，一個愛鄉員工離職後當立委助理，從事反水庫以及屏東社運串聯工作。同年另一個愛鄉員工當了一年的高雄縣長秘書。

15 愛鄉榮譽理事長鍾鐵民（故人）曾經將這個青年與長輩的運作稱為「兩個輪胎」，意即反水庫運動同時需要這兩種運作。2005 年 10 月，田野筆記。

以採用這些策略，下節筆者將先整理反水庫運動背後的環境，再討論後續的美濃社會變化。

## 五、圍繞愛鄉的環境：政治變動、區辨化以及後生產主義

上節分析了美濃反水庫運動於 2000 年暫時爭取「成功」的策略原因。那麼，當時圍繞著愛鄉的社會、政治環境變化有沒有助於社運？隨著這些變化，愛鄉如何再進行「永不停止的社區運動」？這些變化對後續社造有何種影響？本節將討論這些問題。

首先，讓我們來看 1990 年代美濃反水庫運動時代的政治變動。如前所述，隨著地方派系滲透，美濃鎮內政治體制分裂，但自 1980 年起，隨著增額中央民代選舉機會擴大，美濃人向內部動員、凝聚家鄉票讓美濃人當選，對外界誇示其團結力。這樣的政治體制到了 1990 年代將產生何種變化呢？

美濃在高雄縣旗美九鄉鎮內屬於中型人口鄉鎮，1980 年起隨著增額中央民代選舉機會擴大，對美濃而言，中選區規模很適合凝聚家鄉票而讓家鄉人當選，也很容易以單一議題動員家鄉票。美濃這種「對外界團結，鎮內很分裂」的雙層政治體制面如何面對反水庫議題？ 1992 年底美濃水庫興建計畫被揭曉後，鎮民透過選票表示反水庫：1994 年 1 月鍾新財掛反水庫為公約而當選鎮長。可是，1998 年 1 月白派鍾紹恢憑藉地方派系領袖宋楚瑜與國民黨白派領袖王金平的奧援而當選，鎮公所反水庫態度在此呈現倒退。[16] 然而，這個地方政治體制到了 2000 年總統大選時，又出現很大的變化。美濃人鍾榮吉雖然一直擁

---

16 《中國時報》1998 年 1 月 25 日。

有國民黨務菁英經歷，但他在蕭萬長任閣揆（1997-2000）時待遇不佳，僅任行政院政務委員。因此，鍾榮吉跟隨宋楚瑜脫離國民黨，並在 2000 年協助宋楚瑜選總統。跟隨親叔叔，當時國民黨籍美濃立委鍾紹和也支持宋楚瑜。[17] 然而，鍾紹和親哥哥鍾紹恢於 1998 年鎮長選舉時拿著國民黨白派支援而當選，因此他在 2000 年總統大選時支持國民黨籍連戰。美濃白派在此分裂成宋楚瑜派（鍾榮吉、鍾紹和）與連戰派（鍾紹恢）。1999 年 5 月國民黨在立法院通過美濃水庫預算案，對美濃人而言，支持連宋都意味支持興建水庫，[18] 因此在美濃兩個白派系統又分裂，導致影響力降低。果然，2000 年總統大選時連戰在美濃得票率才 23.7%，宋楚瑜 33.2%，民進黨籍陳水扁漁翁得利拿到最高得票率 41.9%。如此的政治環境變化也有助於反水庫運動：地方政治體制鬆動時，反水庫運動凝聚選票，讓陳水扁當選。

　　第二，除了美濃 1990 年代的政治環境變化，1990 年代臺灣的國家文化政策也有助於愛鄉反水庫運動和後續的社造經營：社區總體營造。簡而言之，社區總體營造是國民黨政府展現的臺灣國家文化政策：1993 年，李登輝總統提倡其基本概念，由文建會負責推動實際上的政策。1994 年，人類學者陳其南上任文建會副主委，即提出此社區總體營造概念：參考日本社區營造（まちづくり）與地方文化產業，重視由下而上的社區居民參與。陳其南概念獲李登輝首肯，進而執行此社區總體營造政策，當時文建會隨即撥了 126 億元支應地方文化產業振興、社區文化調查等運用（何明修、蕭新煌 2006：162）。

---

17《中國時報》1999 年 11 月 22 日。
18 宋楚瑜在 1994 年當選省主席後，他跳縣級地方派系之節直接掌握鄉鎮級地方派系，以減弱縣級地方派系力量（陳明通 1995=1998：276），試圖動員所有的鄉鎮級地方派系，替蔣經國做地方派系領袖。因此，宋楚瑜與地方開發業者息息相關，雖然他在總統大選中發誓停止興建美濃水庫，但美濃人難以相信。

國民黨政府這麼快推動該政策的背後有該黨危機感：當時面臨到阻止社運團體與民進黨串聯的急迫需要，並欲設法阻止民進黨勢力抬頭取代國民黨成為執政黨。當時文建會主委申學庸在國民黨內報告會提出社區總體營造概念，並強調「這個政策方向的政治涵義是不言而喻的。如果我們政府單位不再重視民間社會資源的吸納，那麼執政黨將只會把這份豐富的資源拱手讓給對方」[19] 充分表示出危機感。1994 年底國民黨政府迎接臺北、高雄市長選舉及臺灣省長直選，必須想辦法避免讓全臺風起雲湧的環保、臺灣文化復興等社運資源轉給民進黨。[20] 但同時，國民黨也必須留在中國民族主義邏輯範圍內，以避免刺激黨內右派反彈，再主動推動民主化及本土化，以試圖掌握社會運動的認同，在選舉政治中建立該黨鞏固定位。換言之，國民黨政府所主導的社區總體營造政策是對民間社會與社會運動的妥協政策。因此，當時國民黨政府急迫需要幫政府高效率展現臺灣文化的民間團體。

當然，對社運而言，這筆補助對社運有極大的幫助，因為獲中央政府補助不但協助解決其窮困的財政情況，還能在地方社會獲「上級政府牌」，並得到社區居民的信任。因此，社運團體一了解政府需要他們，便透過申請社區總體營造補助展現當地族群文化，再挪用這些展現出來的文化建構自己的社運論述與財政資源。這筆補助養出了強大的社造團體：雖然社區總體營造理念為「由下而上的居民參與」，申請、獲得營運補助要一定的教育及文化資本，因此實際上能拿補助的團體大多限於有高學歷人士、有文化活動經驗的社運團體，如愛鄉。再來，獲得補助經驗也有助於獲得下一筆補助，這個政府補助機制養出了著名社造團體。因此一旦社運團體拿到一次補助，它便可以陸續拿補助，按

---

19 《中央日報》1993 年 10 月 21 日第四版。
20 迎接 1994 年大選，在第 14 屆 2 中全會國民黨立委與中常委陸續提及社區工作的意義。《中央日報》1994 年 8 月 27 日第二版。

政府政策展現當地文化，轉用到自己的目的（如培養專職人員），甚至可以比較、選擇各政府機關的資源和做法：愛鄉利用客家文化補助建構當地文化論述幫上級政府具現臺灣客家文化（美濃愛鄉協進會 1998），再挪用為反水庫論述，也挪用為反水庫後續的各種計畫；屏東也從 1990 年代起有環保團體投入社區總體營造，以試圖永續經營（楊弘任 2007）。在此脈絡中，愛鄉 1995 年辦「美濃黃蝶祭」，原本活動目的是「祭拜」[21] 黃蝶，並強調美濃水庫對環境的威脅，整體充滿悲慘的感覺。然而，隨著愛鄉提升活動名聲，又是拿著政府補助，逐漸轉為豐富又快樂的氣氛。2000 年水庫興建計畫暫停後，愛鄉仍然保持守護黃蝶翠谷的心態，持續辦了 20 年，直到 2016 年才暫停黃蝶祭而專心訓練義工，2017 年改成藝術雙年展。[22] 簡言之，社區總體營造與其補助機制幫愛鄉成長、永續經營、建構文化論述，甚至投入社區文化、林業事業，還在組織外成立「夥伴」團體，如旗美社區大學（成立於 2001 年）、南洋臺灣姐妹會（成立於 2003 年）等。

　　愛鄉反水庫運動在上述條件下獲得成功，還轉為「永不停止的社區運動」。此時，愛鄉財政來源跳過地方政治體制直接來自上級政府，因此也在地方上建立了很特別的地位。1990 年代地方派系瓦解，其黑金政治陸續遭民間社會批評，社會很期待社造團體實現無私的公益（顧忠華 2004），政府也不敢將社區總體營造經費撥給這些政治人物。因此愛鄉掛著美濃公民牌用專業的論述陸續拿補助，包括 2005 年的文化造鎮（補助金額大約 500 萬元）。這些文化領域原本就是傳統政治人物無法接觸的，既然社造也跳過地方政治人物直接與上

---

21 原本活動名要「黃蝶季」，但為了向死掉的黃蝶致敬而啟發環保，愛鄉以「黃蝶祭」之名辦活動。2006 年 2 月 3 日，前愛鄉員工訪談紀錄。
22 愛鄉黃蝶祭總策劃劉逸姿發文。http://www.thenewslens.com/article/44052。取用日期：2016 年 8 月 10 日。

級政府拿補助,如此,愛鄉用上級政府補助陸續生產有關農村、客家等文化論
述,並從地方政治體制不斷的區辨開來,[23] 以掌握自己美濃文化論述提倡者的
主導地位。愛鄉不必被捲入無灰色空間的地方派系對立,但也難以切入解決傳
統方面問題,如農業。

　　整個農村社會變化也有助增強愛鄉的力量。如前言所述,後生產主義下的
農作物生產,已不是農村唯一經濟基礎,農村的存在需求脫離了農業生產脈
絡;農村論述重新被建構,由生產者轉為被消費者。有幾個現象可以看出此農
村後生產主義:[24] 第一,1999 年,國道 10 號延長至旗山,前高雄市與美濃距
離拉進到 1 小時未滿。因此將美濃劃入「高雄一日遊」圈內,觀光旅客因而增
加;[25] 第二,美濃農業生產也逐漸接受消費者的眼光而讓設計更精緻化,例如,
2006 年美濃農會開始舉辦白玉蘿蔔季至今;2011 年,美濃返鄉青年一方面應
這些消費者眼光,一方面為「發掘農村的真、美、好」,[26] 創辦了「野上野下」
公司,幫農會與農友設計包裝、安排活動等等。第三,法律也立法推進農村的
觀光化,促成農業衰退。2000 年,農業發展條例制定後,農地較容易轉換為
住宅區、商業區等,[27] 尤其農舍規定因有灰色空間,讓美濃以農舍之名蓋豪宅

---

23 關於區辨化的詳細過程,請參見星純子(2013)。
24 Ilbery and Bowler(1998:70)以英國為例指出,後生產主義指標為:一、從密集化到
　　粗放化,二、從集中化到分散化,三、從專業化到多元化。這些指標的背後有英國
　　脈絡:在提升國內糧食自給率中,商業性農業生產量在優良農地已足夠,那麼政策
　　課題是如何讓條件不佳的農地放棄商業雜糧生產,並推動多元就業政策,如觀光農
　　業。但臺灣後生產主義脈絡與英國不同,它並未提升國內糧食自給率。筆者認為,
　　臺灣農村後生產主義必須從臺灣脈絡來重新理解。具體而言,隨著烏拉圭回合談判、
　　加入 WTO 等全球自由化壓力,臺灣政府與民間社會如何面對重新評估農村多元價
　　值,如環境、文化等。其次,自由化壓力下,臺灣農業如何尋找農產品的多元價值,
　　如品質、飲食效果、買賣過程等。
25 每逢假日美濃市區塞車,是觀光熱潮的見證。
26 野上野下 x 遛食冰 @wildandfield 臉書。取用日期:2016 年 8 月 20 日。
27 農舍問題與土地計畫問題的關聯,請參見《上下游》。https://www.newsmarket.com.
　　tw/blog/32927/。取用日期:2016 年 8 月 10 日。

別墅的情況越來越多：美濃福安地區接近國道 10 號的旗山交流道，其別墅群特別明顯。在此轉變中，愛鄉所生產的文化論述[28]對提升美濃知名度扮演了龐大的影響：[29]2005 年，美濃在《天下》雜誌被列為「微笑之鄉」冠軍，這樣的人氣招牌，讓美濃農業賺了不少錢，2010 年 2 月美濃農會信用部存款突破 50 億元，榮獲信用業務全國第一名。[30]由此可得知彼此的互動關係：愛鄉的文化論述幫美濃農業及觀光業打名氣，美濃名氣也讓愛鄉更有名，賦予它臺灣客家代表民間團體的地位，讓它獲得更多政府補助。總而言之，美濃社會日漸變化，愛鄉論述也不斷加強對外的影響力。[31]

　　相對的，傳統政治人物與體制較未能處理這些後生產主義下的問題，一方面因為這是他們從未接觸的政治，也因為同時地方政治體制面對龐大框架重編（rescaling）。總統大選之後，反水庫這單一議題暫時解決了，「對外界團結，鎮內分裂」兩層政治體制又恢復力量：鍾紹和跟隨鍾榮吉離開白派之後到

---

28 果然，愛鄉很早就開始打造農村認同，生產的文化論述也不斷地與都市區別開來，強調農村價值。愛鄉部分員工 2001 年獨立創設旗美社區大學時，其標語即為「全國第一所農村型社區大學」（旗美社大網頁，創校理念 http://cmcu.artlife.tw/help_info-1-69.html，2017 年 5 月 12 日），由此可知，愛鄉早期就很注重農村認同，也知道自己所建立的反水庫、環境以及客家文化論述可以延伸到農村價值論述。

29 愛鄉陸續生產有關美濃文化、環境的論述，也有消費者欣賞這種論述，陸續來美濃消費此論述與各種觀光資源。這共謀結構之下，筆者不得不承認本文也加入或加強此論述生產－消費結構。然而，起碼筆者自覺有必要反省這個結構，一邊生產論述，也一邊客觀批評此結構而尋找自己定位，筆者認為這些論述仍有價值。關於這個社區多元論述生產－消費結構，請參見原山浩介（2005）的日本長野縣餅店研究。

30 《月光山》雜誌，2010 年 2 月 19 及 28 日。

31 但後來，社造經驗也帶來了反思（reflection）。有些社造工作者從地方政治人物區辨開來之後，認為社造對鄉民社會與地方政治體制發動文化霸權。他們依然持獨立立場，重新尋求再介入地方政治體制（含產業機構，如農會），以反省社造工作忽視地方公共事務上的溝通。地方政治體制也在後生產主義下注意到這些社造工作者很有用，部分社造工作者與地方政治體制從此開始合作（星純子 2009）。這些反省愛鄉社造方法的社造人士，後來也批評愛鄉推動國家自然公園的方法，詳情請參見本文第六節。

2008 年（也是第一屆小選區立委選舉）連續當選立委，2012 年、2016 年立委選舉時，民進黨籍美濃媳婦邱議瑩替鍾紹和當選，看來美濃一直成功維持選美濃代表。2000 年後的美濃鎮內政治也很穩定：2001 年、2005 年朱信強（民國 56 年次）連任 2 屆農會理事長，之後至 2017 年農會選舉沒有派系輪替；2003 年鍾紹恢鎮長因賄選案被捕後，羅建德補選上任鎮長，2005 年也連續當選。然而，這樣的鎮內體制在 2010 年面臨縣市合併而迎接終焉：[32] 本來朱信強預訂接手羅建德參選鎮長，但再無機會。美濃鎮這個機構消失後，居民也失去了透過鎮級政治人物參與的非正式政治管道。現任政治人物[33] 難以處理這些文化資本議題，他們選區又並不限於美濃，要處理的問題很廣泛，因此居民面對文化議題困難時，難以找政治任務處理。相對地，讀書人仍保持與上級政府溝通的管道，居民之間的經濟、政治能力落差擴大了。

　　本節討論了愛鄉反水庫運動背後環境變化。愛鄉除了用自己的教育、文化資本建構專業論述，利用地方長幼之序以外，不僅巧遇全臺灣政治變化，還可以用社區總體營造資源，這個讓愛鄉一直發展。在後生產主義的美濃，愛鄉用社區總體營造資源建構的客家、社區文化論述發揮了權力。這個文化論述領域是傳統政治文物難以接觸的，再來地方政治體制重編衝擊下，地方政治人物是失去處理這個問題的能力，居民也失去了找政治人物解決問題的私下管道。在此，關於文化議題，愛鄉變成對外界的唯一窗口。愛鄉 20 年來舉辦黃蝶祭盼演守護黃蝶翠谷的角色，「為了保護黃蝶翠谷，推動國家自然公園」從此產生。那麼，何謂國家自然公園？將在下節討論。

---

32 關於縣市合併具體政治過程，請參見川瀨光義（2004）以及竹內孝之（2011）。
33 曾任高雄市議員的美濃政治人物說，「我不敢說美濃國家自然公園的議題。大家都是朋友嘛」。短短這一句話裡，我們看得出他的選民裡對此意見分歧，所以不敢碰此問題。身為高雄市級政治人物，他不必靠這個議題就可以當選。2013 年 2 月田野筆記。

# 六、何謂國家自然公園？

　　如前所述，愛鄉從反水庫運動轉為社區營造，以反水庫運動及黃蝶祭延續之名，2011 年起推動劃設國家自然公園。關於是否劃設國家自然公園，在美濃引發許多爭論。以下先整理國家自然公園制度和其成立過程，並比較其他類似制度之異同。

　　國家自然公園相關規範詳見〈國家公園法〉，[34] 其主管機關為內政部（第 3 條）。何謂國家公園？其定義如下：「為保護國家特有之自然風景、野生物及史蹟，並供國民之育樂及研究，特制定本法。」（第 1 條）。由此可知，國家公園一方面「保護」自然，另一方面也「供國民之育樂及研究」，意即觀光開發的目的。

　　在〈國家公園法〉中，國家自然公園「指符合國家公園選定基準而其資源豐度或面積規模較小，經主管機關依本法規定劃設之區域」（第 8 條），而這些有關國家自然公園的規定是 2010 年修正條文時才擬定的。可以說，「國家自然公園」是由營建署劃設，在整體國家公園政策中屬於相當新的概念。

　　那麼，這個新概念如何出來呢？法律異動條文及理由寫道：國家公園之設置由來已久，而「國家自然公園」係因應環境變遷而新設，為使各界益於明瞭其與既有國家公園政策的差異和實益，爰增定名詞定義。[35] 不然，何謂「環境變遷」？它可回溯至上述的社區營造、原住民運動。臺灣各地社區營造讓民間團體整理人文、自然論述，也提升了治理能力。原住民地區保留地隨著該地區被捲入貨幣經濟，加上保留地政策陸續修改，也開始藉由部落地圖運動等社會

---

34 民國 61（1972）年 6 月 13 日制定公布，並自公布日施行。民國 99（2010）年 12 月
　8 日修正公布第 6、8 條條文；並增訂第 27-1 條條文。
35 全國法規資料庫。http://law.moj.gov.tw/。取用日期：2016 年 8 月 10 日。

運動（石垣直 2007：208-210），活用社區總體營造補助，加強社區森林治理能力。同時，農委會林務局也在 2002 年開始補助社區林業計畫，讓民間團體推動社區管理森林。[36] 可以說，國家自然公園是應民間社區營造與社區森林管理的實踐而成立的制度。

　　果然，國家自然公園成立之所在，都是迄今民間力量很活躍的地方。2011 年 12 月 6 日內政部營建署成立了第一座國家自然公園，名為壽山國家自然公園（1,123 公頃，高雄市），是目前為止全臺唯一的國家自然公園。壽山（亦稱柴山）是民間團體「柴山會」長期來保育的都市綠地，壽山國家自然公園手冊刊載其緣起如下：

> 這裡也是臺灣第一座由民間力量所推動，促成公部門成立之壽山國家自然公園。在柴山自然公園促進會（柴山會前身）、高雄市野鳥學會等民間團體的推動下，高雄市政府於 1997 年首先成立「高雄市壽山自然公園」，明定自然公園的範圍（中略）由高雄市政府觀光局專責管理。之後，為永續經營並妥善保護區域內豐富的生態與人文資源，內政部營建署自 2009 年起著手規劃成立「壽山國家自然公園」，並於 2011 年落實成立。（壽山國家自然公園籌備處 2012：3）

　　由此可知，在民間保育活動的基礎上，民間團體爭取劃設國家自然公園，營建署才劃設該公園。實際上，2009 年中央政府解禁高雄礦區，其中包括半屏

---

36 林務局社區林業網頁。http://communityforestry.forest.gov.tw/Web?ReturnUrl=%2f 。取用日期：2016 年 8 月 12 日。愛鄉自 2002 年（林務局社區林業草創期）起至 2012 年上半年連獲 8 次 480 萬元的社區森林計畫補助。林務局這麼長期發這麼多補助給小社區團體（它也不是社區發展協會），相當難得。2015 年 6 月 2 日，社區營造資深工作者 B 訪談紀錄。

山、柴山這兩石灰源地。因為這兩座山是高雄難得的都市綠地，「柴山會」也長期在此地進行保育工作，高雄市立委黃昭順為了選舉，向政府陳情，把這兩座山刪除於礦區範圍。柴山地區面臨了要做為國家礦區、國家自然公園還是都會公園掩埋場的選擇。在此危機下，民間團體透過政治人物的協助以及 2010 年高雄市長、市議員選舉的機會，順利於 2011 年爭取設立國家自然公園。[37]

然而，國家自然公園制度有兩個問題。第一，〈國家公園法〉條文上並沒明文規定國家自然公園得讓民間社會參與。上揭手冊也說「內政部著手規劃成立」壽山國家自然公園，從此可看出，國家自然公園最後主體仍歸於內政部。儘管如「內政部為選定、變更或廢止國家公園區域或審議國家公園計畫，設置國家公園計劃委員會，委員為無給職」（第 4 條）所示，計畫委員會有民間參與的空間，實際上壽山國家自然公園計畫委員會也有學者、里長、建築師等民間參與，但如第 7 條「國家公園之設立、廢止及其區域之劃定、變更，由內政部報請行政院核定。」從這規定，可以說，條文上並不排斥民間社會參與運作國家自然公園，但條文對民間的參與依舊保留許多灰色空間。

第二，國家自然公園（以及國家公園）分區包括遊憩區。國家公園是「為保護國家特有之自然風景、野生物及史蹟，並供國民之育樂及研究」（第 1 條），因此其目的不僅為保護，還包括「國民之育樂」，這裡隱含了過度開發的風險。尤其按國家公園法第 12 條，內政部得將公園區域分為「一、一般管制區。二、遊憩區。三、史蹟保存區。四、特別景觀區。五、生態保護區。」其中遊憩區有過度開發風險，反而破壞國家公園生態環境，如陽明山國家公園。2013 年《天下》雜誌放了許多大飯店照片，討論國家公園遊憩區問題。

---

37 2014 年 2 月 27 日，資深社造工作者 A 訪談紀錄。

圖 2《天下》雜誌第 521 輯報導

資料來源：《天下》雜誌第 521 輯，106-107 頁

　　由於遊憩區有過度開發的風險，區域劃分問題又回到上述第一個問題：是內政部國家自然公園管理處有劃分權，而不是民間團體。如前所述，雖然該管理處計畫委員會內有民間參與的空間，這些參與不見得反映在實際上的公園內運作及劃分。

　　因此，雖然在美濃愛鄉論述上將黃蝶翠谷當做「里山」，[38] 報告書也寫到

38 愛鄉提國家自然公園之後，按日本「里山」經驗，提社區管理森林，並提人與土地依存的濃厚情感。里山原指為日本「里」（意味「農村社區」）附近的山，因為曾經日本家庭能源仰賴薪炭，人人都去森林裡管理山林。有些山林屬於社區之所有，因為它視為社區共同資源，常常有社區共同管理機制，如掃落葉、砍疏樹枝等。但

其經營利用方針在「帶動社區之在地經濟，以期國家自然公園社區住民間之相
輔相成」（美濃愛鄉協進會 2013：217）意即國家自然公園「應」有民間社會
治理，但這個概念離國家自然公園法規定有所距離。該法並沒有社區參與規
定。甚至據第 9 條「國家公園區域內私有土地，在不妨礙國家公園計畫原則
下，准予保留作原有之使用。但為實施國家公園計畫需要私人土地時，得依法
徵收。」可看出還有私人土地被營建署徵收的風險。一部分的美濃人及外地人
士熱烈支持推動國家自然公園，但另一部分的美濃人及外地人士針對此灰色空
間開始批評美濃國家自然公園。

　　本節整理了國家自然公園制度特色與實際步驟。應社區實踐累積，國家自
然公園是為了保護小規模自然而成立的概念。儘管實際上的步驟是民間向地方
政府以及中央政府爭取劃設該公園，然而法條上並沒有社區參與的相關規定，
留下許多灰色空間，遊憩區也有過度開發的風險。總而言之，國家自然公園源
起於社區實踐，但法律上卻無社區參與的規定。

　　下節先介紹美濃國家自然公園概況，再整理愛鄉遭受哪些批評，並討論這
些批評背景，藉此分析 2000 年以後社造長期化、農村空間變化之後的社造所
出現的問題。

---

隨著都市化，瓦斯與電力取代薪炭能源，它視為已不要的資源。這 2、30 年，當這
些里山常常面對開發的壓力，其價值從社區參與、外地人賞綠地、土底與人的情感
等新價值重新被檢討。同時，它也面對誰在什麼規則或正當性下管理資源，管理里
山的過程中，什麼價值產生，然後這個價值如何被承認。關於日本里山以及共同管
理問題，請參見宮內泰介（2006）。愛鄉提出里山是「現代生活中都市人放鬆」的
空間，也是「人與土地依存的濃厚情感，也是生物多樣性展現的舞台。」但這篇文
章中，尚未提及除非都市人，誰可以在里山放鬆，或誰可以管里山。關於愛鄉的里
山概念，請參見 http://meinong-satoyama.blogspot.jp/。取用日期：2016 年 8 月 12 日。

## 七、批評國家自然公園的論述

上節討論了國家自然公園立法背景以及條文內容。接下來，筆者將檢討美濃國家自然公園概況，再整理愛鄉所推動的該公園目前有哪些批評，並考察目前臺灣農村社造的問題點。

首先，如壽山國家自然公園一般，美濃國家自然公園基本上也立基於民間的推動力。愛鄉國家自然公園定案期末報告書提及該公園規劃緣起如下：

1990 年代初期，政府計畫於美濃地區興建美濃水庫，引發地方組織、在地社群發展出以「反水庫」為訴求的社區自主運動，同時試圖以保存農村文化地景與自然生態為觀點，試圖提出「黃蝶翠谷生態公園」之概念，作為替代水庫的發展構想；2002 年起，美濃地方組織開始引介社區林業的計畫，試圖藉由與林務單位的伙伴關係建構鋪陳黃蝶翠谷的保育框架，並於 2004 年成為首個自主進入社區林業第二階段的示範社區，社區林業計畫雖有共同管理的構想，但在林務局的體系中缺乏制度性法規的支持；2011 年，隨著國家公園法的修正與壽山國家自然公園的正式設立，美濃地區的在地社群亦開始思考，能否藉由國家自然公園或是保護區等制度性的治理工具，銜接黃蝶翠谷的保育及周邊社區的發展議題（美濃愛鄉協進會 2013：12-13）。

由此可知，愛鄉自 2002 年開始獲林務局補助推動社區森林計畫，但在〈國家公園法〉修正後，將補助單位改為內政部營建署。據愛鄉表示，當時政府曾計畫將營建署、環保署等單位整編為「環境部」，聽到此消息，愛鄉有討論是否改找資源較多的單位，結果於 2011 年愛鄉決定脫離林務局的補助，將補助單位改為營建署[39]。愛鄉的框架中，規劃意義除了反水庫以來的保育運動歷史以

---

[39] 社造資深工作者 C 訪談紀錄，2013 年 9 月 20 日。

外，還包括客家傳統文化。報告書也寫到，「現有的國家自然公園均是閩南、
原住民聚落所在，美濃開庄近三百年，是臺灣重要的客家傳統文化區，具有重
要示範意義」（美濃愛鄉協進會 2013：21）。站在長期生態保育與客家文化社
造經驗，愛鄉積極推動將美濃當做「臺灣重要的客家傳統文化區」的論述，以
美濃黃蝶翠谷加值為「臺灣首座客家地區國家自然公園」。

其次，美濃國家自然公園規劃範圍如何？它規劃範圍為黃蝶翠谷、
美濃山，[40] 並涵蓋美濃富有的客家有形和無形文化資產（美濃愛鄉協進會
2013:26）。黃蝶翠谷指為：

> 以美濃溪上游為主體，黃蝶翠谷泛指產業橋以內之土地，涵蓋
> 46-52 林班地，總面積 2,928.56 公頃，其中，公有地 2,803.85 公頃，
> 占 95.74%；私有地 124.71 公頃，占 4.26%。本規劃範圍以公有地為
> 主，並將水體納入保育範圍，河谷兩側私有地納入與否，則需兼顧
> 生態價值、環境敏感度以及地主意願，並在公部門與地主雙方具有
> 共識的情況下才將其土地納入。（美濃愛鄉協進會　2013：26）

如前所述，據〈國家公園法〉第 9 條，政府得在國家公園「區域內私有土
地，在不妨礙國家公園計畫原則下，准予保留作原有之使用。但為實施國家公
園計畫需要私人土地時，得依法徵收」，因此報告書對私有地有所保留。

劃設美濃國家自然公園的實際步驟為何？愛鄉開無數次的讀書會、說明會
之後，先於 2013 年 3 月向高雄市政府都市發展局送案，高雄市都市發展局參考

---

40 國有財產局、44-45 林班地。將美濃山系海拔 120 公尺以上之區塊亦納入延伸規劃範
　圍，加上黃蝶翠谷面積的 2,928.56 公頃，總面積有 4,352.446 公頃（美濃愛鄉協進會
　2013：27）。

此報告再向內政部提案，愛鄉提案之後，都發局及內政部審查過程可以脫離愛鄉的報告內容，經過多次審查，最後由內政部劃設美濃自然公園。到 2014 年 3 月為止，該公園可行性評估二度送入國家公園委員會專案小組審查。[41] 從報告書可以看到，愛鄉凝聚共識的過程裡，推動觀光的企業人士、環保人士都支持該公園。如第三節所述，由於社造手續是愛鄉跳過地方政治體制直接與高雄市政府提案，其過程中並沒有地方政治人物的參與。也因為此社造手續的關係，高雄市政府都市發展局態度也並不積極推動該公園，其態度反而傾向接受愛鄉的提案，該局報告書也提及是愛鄉推動該公園，如「隨著國家公園法的修正與壽山國家自然公園的正式設立，美濃地區的在地社群亦開始思考，能否藉由國家自然公園活是保護區等制度性的治理工具，銜接黃蝶翠谷的保育及周邊社區的發展議題」（高雄市政府 2013a：6）。

愛鄉如此推動國家自然公園，面對了什麼樣的批評？批評大約分為以下三個方面。首先，法律灰色空間問題：第一，上述遊憩區被幾個社造工作者[42] 視為國家自然公園有過度開發的風險，甚至美濃水庫也會跟著重蹈覆轍。對此，都發局回答「美濃國家自然公園不設置遊憩區」。[43] 然而，是否設置遊憩區是由內政部營建署來決定，並不是愛鄉或都發局來決定；第二，規劃範圍問題。愛鄉提規劃範圍案如圖 3 北部粗線範圍。

透過高雄市政府都發局規劃案（如圖 4）可知，高雄市政府一併刪除了私有地與中間國有財產局土地，因為據說此地將由財團承租。[44] 雖然經過內政部

---

41 http://e-info.org.tw/node/98168。取用日期：2014 年 9 月 25 日。
42 愛鄉自己也在報告書中登載反對國家自然公園聲明（美濃愛鄉協進會 2013：598）。包括田野調查中，有幾個工作者直接與筆者提到此問題。
43 《中國時報》，2013 年 3 月 3 日。
44 社造資深工作者 C 訪談紀錄，2013 年 9 月 20 日。

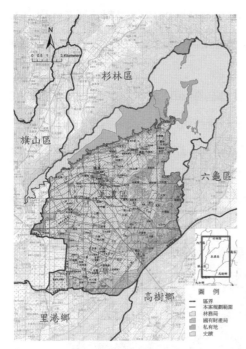

圖3 愛鄉版國家自然公園規劃範圍
圖片來源：美濃愛鄉協進會 2013：171

圖4 高雄市政府版美濃國家自然公園規劃範圍
圖片來源：高雄市都市發展局 2013：4-2

國家自然公園計畫委員會專案小組第一次審查，2014 年規劃範圍又回到原本
規劃範圍（圖5），仍有人批評，即使愛鄉規劃多好，一旦有了國家自然公園，
不知最後弄成如何。

第二方面，當地地主溝通問題：愛鄉自從 2011 年 5 月 17 日召開美濃國家
自然公園公聽會起，[45] 開了無數次的讀書會、研討會以及說明會，以推動國家
自然公園理念（美濃愛鄉協進會 2013：3）。然而，據報導指出於 2013 年 3
月在高雄市政府國家自然公園舉辦第三場說明會，黃蝶翠谷內私有地地主邱先
生抗議並主張對私有地的權益，質疑八成地主未受邀與會。[46] 儘管報告書上都

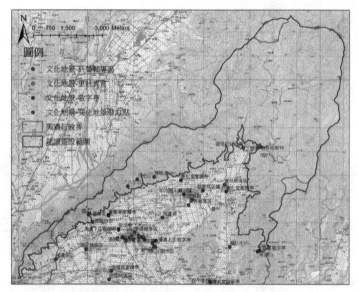

圖 5　高雄市政府版美濃國家自然公園規劃範圍
圖片來源：高雄市都市發展局 2014：1-23

---

45 《月光山雜誌》，2011 年 5 月 29 日。
46 《中國時報》，2013 年 3 月 3 日。

有寫到溝通過程，這樣的抗議又為何會發生呢？因為愛鄉說跟地主「有」說明，地主說愛鄉「沒有」跟他說明，彼此主張呈平行線，本文無法論斷誰是誰非，唯一能斷定的就是地主彼此間溝通不良。那麼，地主不想被愛鄉、政府把自己的土地規劃成公園，該如何訴求呢？儘管手續上，反對國家自然公園的人士無法參與愛鄉向市政府提國家自然公園的過程，但提出了「反對美濃國家自然公園聲明」（美濃愛鄉協進會 2013：598-600），以表明反對意見。值得注意是，此名單裡有里長、社區發展協會理事長及前縣議員，但幾乎沒有現任市級政治人物。雖然有市議會議長與朱新強（前美濃市議員）聯營服務處副主任，但他並不是朱本人。[47]政治體制重編之後，最接近居民的鎮代、里長失去以往的政治溝通能力，社區居民難以找市級政治人物跟政府溝通。相對地，愛鄉較了解如何與上級政府溝通，而且愛鄉還有承接政府計畫案規劃國家自然公園的正統性，在尋求政府管道溝通的部分，地主相對於愛鄉，明顯處於不利的地位。以上情況下，有幾個社造工作者異口同聲地說，[48]如國家自然保護區一般，國家自然公園起點是保育，但愛鄉與當地人溝通的方法是「由上而下」。

第三部分則是社造方法的問題。一個社造資深工作者 B 指出：

> 我並不是說愛鄉的方法（突然走出林務局的支援，找營建署的方法：
> 筆者註）是不對的。有資源可以去找，這個對愛鄉來說是個合理的

---

47 不過，朱信強在《月光山雜誌》（2016 年 9 月 29 日）投稿，指出美濃農會長期舉辦的「白玉蘿蔔季」被客委會列入「客家十二大節慶」之後，主辦單位換成美濃區公所，辦得亂七八糟，對美濃過於觀光化發出警聲。雖然該文重點在美濃農會失去了「白玉蘿蔔季」主導權，但他也間接批評美濃過於觀光化，而這同時牽涉到美濃國家自然公園問題所帶來的美濃觀光化後果。

48 有幾個社造工作者與筆者提及這個問題。對於社造從地方政治體制區辨化的省思，請參見星純子（2009）的「挑戰兩個政治」概念。

方法。但是，林務局長期對愛鄉那麼好，說一下再走，不是做人的
道理嗎？[49]

　　由此可知，這個社造資深工作者認為社造需要「做人的道理」。對社運而
言，政府補助以外的資源很少，它又要面對難以短期以內解決的問題。社造既
然要長期化，那民間團體一邊與政府打架，一邊也要與政府建立良好的關係，
這是現在社造團體的默契。愛鄉的做法基於社造專業訊息：愛鄉長期與林務局
合作過程中，逐漸累積社造知識，也從過程中看出林務局能力、經費不足等侷
限。既然身為有經驗的社造團體，愛鄉可以主動選擇合作單位，那向營建署求
助是經濟上頗為合理的選擇。然而這個做法違反社區營造長期化以後的默契，
引發其他社造工作者的反彈。愛鄉長期從事社造，其政府溝通經驗以及文化知
識相當專業，但過於專業化反而忽視「跟政府單位握手」這個大原則。

　　從這三個層面對愛鄉的批評可看出，社造專業化時代的矛盾。第一，農村
空間變化以後的問題。美濃城鄉距離縮小，不管來自都市或美濃本地，消費者
花錢用各種方式消費美濃這個客家村空間：飲食、賞花、採蘿蔔、「美濃是臺
灣客家村示範」般的文化論述等等。消費過程當中，文化論述也是商品之一，
因此，當這些消費者用錢擴大其權力，文化論述權力也增加了。民間團體拿著
政府補助拼命書寫論述，以挪用於對抗權力的論述，但社造與政府共謀之下做
出來的文化論述愈來愈增加其權力，開啟了傳統政治人物與社區居民無法接觸
的政治領域。

　　第二，里山老問題：誰有正統性管理、規劃黃蝶翠谷？規則又是如何？愛
鄉反水庫運動以來，持續 20 年不斷關心黃蝶翠谷，與林務局合作，以超越地

---

49 2015 年 6 月 2 日，訪談紀錄。

方政治對立推動社區林業。它也舉辦黃蝶祭展現愛鄉保育黃蝶祭的傳統與正統性。然而，了解這些補助與活動需要一定的文化資本與遊戲規則，但並不是所有的社區居民都了解這個規則，因此，愛鄉用高度文化資本及上級政府的補助與地方政治區辨開來試圖建立公共平台，[50] 但國家自然公園論述對當地居民而言仍是無法了解的論述。對居民而言，它反而會危害居民傳統土地權利。用上級政府補助與專業知識超越地方政治，再舉辦象徵性活動，可否建立規劃人家土地的正統性？誰有正統性統治「里山」？美濃經驗讓我們思考這個問題。

第三，地方政治框架重編也加速了這個農村後生產主義問題。傳統地方政治的私下管道，如里長、縣議員等地方政治人物在縣市合併之後失去能力，連帶地方居民（尤其無法接觸文化資本頗高的社造的居民）也失去了政治管道。美濃國家自然公園問題顯示了地方政治縮小後，居民尋找新政治管道的問題。

本節整理美濃國家自然公園概況，再檢討此案面對何種批評。愛鄉用政府補助跳出地方政治對立，用社造與黃蝶祭呈現自己在黃蝶翠谷的公共角色。按照長期社造專業經驗，愛鄉主動走出長期合作的林務局而尋找新的單位。然而，它從法律灰色空間、當地居民溝通方法以及社造方法等不同層面，都面臨到社造工作者與地主的批評。城鄉距離縮小，農村愈來愈受消費者（觀光旅客）的注目與影響，甚至社造書寫的文化論述也商品化，以增加其權力，開啟了政府與社造團體之間的黑箱作業領域。地方政治體制限縮，面對此黑箱作業，若社區居民尚未有社造所要求的文化資本戲碼，社區居民將難以找到適合的解決管道。

---

50 當然，本文所整理的愛鄉從地方政治體制區辨化過程，仍然只是一個過程而已。既然社造是「永不停止的社區運動」，此後的過程還是開放的，其後的發展是否如本文所討論的社造方式，仍有待觀察。

# 八、結語

本文考察臺灣民族主義之下社造長期化的發展，農村空間變化如何影響社造統治正統性。官方臺灣民族主義在臺灣的國際社會困境下，為了展現國家族群認同，強化族群文化的補助，客家補助也不例外。一旦愛鄉獲得補助，它可以陸續獲得補助，沿著政府政策需求來展現客家文化，並挪用於自己的目的。愛鄉如此建立了政府與社運團體的互惠關係之後，陸續再現客家、生態文化議題，並推動農村空間商品化，以處理「時代任務」。結果，在地方政治體制縮小下，愛鄉相對地加強了自己的文化論述力量，也跨過地方政治，加強與居民直接跟政府溝通從事文化事業的能力。培力的社造甚至可以比較、選擇各政府機關的資源和做法。愛鄉推動美濃國家自然公園，是專業社造團體選擇較有資源的政府機關的結果。

但也正因社造長期化的發展，社造人士認為愛鄉過度的專業化，反而破壞了社造長期化所需要的社運團體與政府之間的信任關係，開始批評愛鄉。再來，這些文化事業的力量雖然相對增加，但也造成了解文化遊戲規則的人與不了解的人之間的差距：對不具高度文化解碼（code）的居民而言，將自己的土地劃入國家自然公園內是如徵收土地般的威脅。在地方空間框架重編中，地方政治體制限縮，傳統非正式政治管道也消失，更加深這個威脅感。在此情況下，美濃國家自然問題的發展也越來越激烈。

美濃這個案例是政府補助（包括政府客家補助）的集中點，筆者也並不認為其客家補助金額能代表臺灣。然而，美濃接受政府補助與愛鄉槓桿操作為「臺灣客家代表」的整個過程，反映了全臺灣社造的補助機制問題與其對地方所造成的衝擊；也透過這個過程，美濃展現了「臺灣客家」代表性。

今後，我們需要思考兩點：第一，美濃國家自然公園問題重新提示了一個復古彌新的命題，即「誰在統治社區？」及「社造是否打造了地方正統性？」

社造長期化的發展，社造與上級政府建立了互惠關係，但不見得能與地方政治
體制正面溝通，反而打造了與地方政治體制平行的文化論述政治空間。農村後
生產主義下，此空間不斷的膨脹，然而一旦接觸現有地方政治體制與不在文化
論述政治空間的人民，這個政治空間將失去其根本正統性。第二，也要重新考
慮社造的兩義性：社造確實提升了農村文化、打造出農村的價值，但它也會擴
大文化資本之間的貧富差距。地方政治空間限縮中，這個差距後果更加嚴重。

當整個農村空間商品化、地方框架重編，政府文化補助如何改變社區？社
運團體用社造機制如何建立自己的公共角色？如何面對文化資本的貧富差距？
這些問題有待日後進一步考察。[51]

## 參考文獻

八色鳥協會，1999，《大家來寫龍肚庄誌》。臺北：文化建設委員會。

川瀨光義，2004，〈第7章地方自治「精省」後の自治体財政〉。頁101-
　　114，收錄於佐藤幸人、竹内孝之編《陳水扁再選台湾総統選挙と第二期
　　陳政権の課題》。千葉：アジア經濟研究所。

王金壽，2007，〈政治市場開放與地方派系的瓦解〉。《選舉研究》14(2)：
　　25-51。

中興工程顧問社，1989，《台灣地區南部區域美濃水庫可行性規劃專題報告
　　（三）水庫運用研究》。經濟部水資源統一規劃委員會委託報告。

---

51 美濃朋友以及各界先進百忙中抽空受訪／討論，在此深致謝意。第4屆臺灣客家研
　究國際研討會中，評論人洪馨蘭教授，以及各位先進、朋友（包括美濃朋友）也給
　筆者許多建議，再謝兩位審查委員，由此再銘謝。

田上智宜，2007，〈『客人』から客家へ――エスニック・アイデンティティーの形成と変容―〉。《日本台湾学会報》9：155-176。

石垣直，2007，〈現代台湾の多文化主義と先住権の行方――台原住民族>による土地をめぐる権利回復運動の事例から〉。《日本台湾学会報》9：197-216。

竹内孝之，2011，〈台湾における「五都」の成立〉《アジ研ワールド・トレンド》186：45-52。

何明修、蕭新煌，2006，《臺灣全志社會志社會運動篇》。南投：臺灣文獻館。

何明修，2006，《綠色民主：臺灣環境運動的研究》。臺北：群學。

吳音寧，2007，《江湖在哪裡？臺灣農業觀察》。新北：印刻。

吳介民，1990，〈政治轉型期的社會抗議：臺灣 1980 年代〉。國立臺灣大學政治學研究所碩士論文。

松田ヒロ子，2013，〈台湾における日本統治期の遺構の保存と再生――台北市青田街の日本式木造家屋を中心に〉頁 833-865，收錄於蘭信三編著，《帝国以後の人の移動　ポストコロニアリズムのグローバリズムの交錯点》。京都：勉誠出版。

松本充豊，2004，〈台湾『二重の移行』と『黒金政治』〉。頁 133-154，收錄於岸川毅、岩崎正洋編《アクセス地域研究 1 民主化の多様な姿》。東京：日本經濟評論社。

洪馨蘭，1999，《菸草美濃：美濃地區客家文化與菸作經濟》。臺北：唐山。

范雲，2010，〈說故事與民主討論：一個公民社會內部族群對話論壇的分析〉。《台灣民主季刊》7(1)：5-105。

美濃愛鄉協進會，1998，《永安聚落生態博物館輔導美化傳統建築空間計畫高雄縣美濃鎮永安路聚落歷史空間與生活環境美化營造結案報告》。未出版。

_____，2013，《國家自然公園定案期末報告》。未出版。

美濃鎮誌編纂委員會，1997，《美濃鎮誌》。美濃：美濃鎮公所。

前野清太朗、田中求、井上真，2015，〈台湾「コミュニティづくり」団体への公的支援の対応――台湾中部農村の団体運営事例から〉。《村落社会研究ジャーナル》43：1-12。

前野清太朗，2016，〈「いなか」と制度的「むら」の間に揺れる地域社会――ポスト 2000 年代の台湾南部農村の事例にみる〉（第 18 回日本台湾学会学術大会、2016 年 5 月 21 日、宇都宮：宇都宮大學）

若林正丈，1992，《台湾分裂国家と民主化》。東京：東京大學出版會。

宮内泰介編，2006，《コモンズをささえるしくみ：レジティマシーの環境社
　　会学》。東京：新曜社。

原山浩介，2005，〈『地域活性化』言説における多重な消費の構造──優良
　　事例として消費される農村〉。頁 161-200，收錄於日本村落研究學會編
　　《【年報】村落社会研究 41　消費される農村：ポスト生産主義下の「新
　　たな農村問題」》。東京：農山漁村文化協會。

莊雅仲，2014，《民主台灣：後威權時代的社會運動與文化政治》。香港：香
　　港中文大學出版社。

高雄市政府都市發展局，2013，《美濃國家自然公園可行性評估報告》。未出版。

_____，2014，《美濃國家自然公園可行性評估報告》。未出版。

星純子，2009，〈挑戰『兩個政治』：現代臺灣社會運動、社區總體營造與地
　　方社會〉。頁 405-445，收錄於若林正丈、松永正義、薛化元主編《跨域
　　青年學者臺灣史研究續集》。臺北：國立政治大學臺灣史研究所。

_____，2012，〈県市合併後の地域政治変動と社会運動─高雄市美濃区にお
　　けるローカルレジーム再編の初歩的考察─〉。《日本台湾学会報》14：
　　1-23。

_____，2013，《現代台湾コミュニティ運動の地域社会学：高雄県美濃鎮に
　　おける社会運動、民主化、社区総体営造》。東京：御茶の水書房。

_____，2015，〈台湾の商品作物における「技術の語り」：台中市東勢区の
　　寄接ナシ栽培を例に〉。第 17 回日本台湾学会学術大会、2015 年 5 月 23
　　日。仙台：東北大學。

陳明通著，1995 若林正丈監訳，《台湾現代政治と派閥主義》。東京：東洋
　　経済新報社（《派系政治與台灣政治變遷》臺北：月旦出版社。）

楊弘任，2007，《社區如何動起來？區黑珍珠之鄉的派系、在地師傅與社區總
　　體營造》。新店：左岸。

_____，2012，〈行動中的川流發電：小水力綠能技術創新的行動者網絡分
　　析〉。《台湾社会学》23：51-99。

壽山國家自然公園籌備處，2012，《南岬歲月：壽山人文環境教育篇》。高雄：
　　壽山國家自然公園籌備處。

蔡晏霖，2014，〈農作為方法：「以農為本」的抵抗政治〉。《文化研究》
　　18：217-226。

トゥレーヌ、アラン ，1978=1983，『声とまなざし：社会運動の社会学』梶田孝道訳、新泉社） Touraine, Alain, *La voix et le regard—Sociologie permanenete 1—*, Seuil.

Bain, Irene C. ,1993, *'From Here to Modernity': Agricultural Reform in Taiwan*, Hong Kong: the Chinese University Press.

Bruce Jacobs, J., 2008, *Local Politics in Rural Taiwan under Dictatorship and Democracy*, Norwalk: East Bridge.

Cohen, Myron L., 1976, *House United, House Divided: A Chinese Family in Taiwan*, New York: Columbia University Press.

Ilbery, Brian and Ian Bowler, 1998, "From Productivism to Post-productivism"in Brian Ilbery ed., *The Geography of Rural Change*, Essex: Harlow, Pearson, 57-84.

Lu, Hsin-yi( 呂欣怡 ) ,2002, *The Politics of Locality: Making a Nation of Communities in Taiwan*, New York: Routledge.

Pasternak, Burton, 1983, *Guests in the Dragon: Social Demography of a Chinese District,* 1895-1946, New York: Columbia University Press.

Stone, Clarence N., 1989, *Regime Politics: Governing Atlanta*, 1946-1988, Lawrence: University of Kansas Press.

Tarrow, Sidney, 2011, *Power in Movement 3$^{rd}$ Edition*, Cambridge: Cambridge University Press.

# 社會創業與凋敝社區再生：
## 探究美濃客家青年的社會創業歷程

東海大學大學社會責任(USR)計畫博士後研究員　林慧音
文藻外語大學國際事業暨文化交流研究所教授　高明瑞

## 摘要

　　社會創業被視爲在社區發展過程中，社會創業者透過新產業、新組織或社區動員，讓凋敝社區再生發展。過去 10 年，相關探討社會創業如何促進社區發展的研究有明顯成長，相關研究也顯示在地創業行動，常常是啓動地方發展的重要吸子。因此，本文通過社會創業者的敘說，探究在地創業實作歷程，來勾勒凋敝社區再生的具體脈絡。研究者們以美濃社區爲田野，探討在臺灣農村再生中，客家返鄉青年的社區創業行動，如何與客家特有社會文化脈絡互動？運用 Brooks 的分析架構，呈現兩位返鄉青年如何回應經濟衰敗的農村？如何透過跨組織的社會創業帶動社區產業發展。最後，通過創業者從尋找各種可能性，到創造經濟與社會價值的歷程中，歸納出三點社會創業的成功關鍵因素。

**關鍵字**：社會創業、敘說探究、社會創業歷程、美濃、返鄉青年

# 一、前言

近年來在政府相關政策推動下，臺灣社區型組織蓬勃發展。然而，社會創業者（social entrepreneur）如何透過努力讓社區回歸成長與繁榮？什麼是社會創業（social entrepreneurship）？社會創業又是如何有利於社區發展似乎沒有答案也被忽略。本研究希望結合既有社會創業研究、凋敝社區（depleted community）概念，對社會創業現象進行理解，並且以美濃農村為關懷場域，透過對客家返鄉青年創業歷程的探究，打開社會創業如何有利於凋敝社區再生（regeneration）的黑盒子。

過去 10 年，相關探討社區創業、社會性與社會創業如何促進區域再生發展的研究有明顯成長（Hemingway 2005；Peredo and Chrisman 2006）。例如：Johnstone 與 Lionais（2004）提出「凋敝社區」指涉在全球化與後工業化時期的演進過程中，某些地區由於未能順利銜接產業的轉變而沒落，或者是社區資源耗竭、產業外移的影響而成為經濟邊緣化的區域。這些被稱為「凋敝社區」的區域，過去存在某種經濟資源使其經濟活動得以發展，但是因為社區經濟資源喪失、產業或創業活動受到發展限制，使得該地區無法進行經濟再生。

對於這些經濟邊陲區域而言，若站在經濟觀點下進行社區發展觀察與討論，很容易就否定與忽視這些區域再生發展的可能性（李慶芳、利尚仁、Mansour Amjadi 2008），然而在許多國內、外的實際案例中，卻有了不一樣的觀察。這些凋敝地區，仰仗著某種機制的運作獲得更新與再生，例如：2014 年 11 月 26 日《商業周刊》「美濃逆轉勝關鍵：番茄蘿蔔經濟學」內容報導：

> 美濃於 2002 年面臨加入世界貿易組織（WTO）的衝擊，農民賴以為生、產值逾 10 億元的主要現金作物一夕頓減。12 年後，透過返鄉青年的努力，2014 年農會存款突破 60 億元，5 年來逆勢成長

43%，在全臺灣農村中不多見。

　　什麼樣的社區創業精神，讓美濃再次重現生機？這個因為經濟全球化造成產業衰敗的凋敝農村再生的成功案例，引發我們進入返鄉青年敘說的社會創業故事，探究美濃到底仰仗著什麼運作機制獲得再生的原因。

　　因此，著眼於社會創業發展和凋敝再生歷程探究，本文結構安排如下。第一部分為前言，概述本文研究契機。第二部分採 Zahra 等學者們（2009）對社會創業的定義：「社會創業為社會創業者為了提高社會財富，藉由創造新企業或是在既有的組織，以創新的方式，發現、定義、挖掘機會的活動與歷程。」探究在社區再生歷程，社會創業的活動、不同公民創業家類型與說明 Brooks（2009）的社會創業歷程分析架構。第三部分說明如何運用敘說探究方法開採返鄉青年的社會創業歷程。第四部分我們將田野收集返鄉青年在美濃的社會創業歷程，以 3 個情節的方式呈現在「返鄉青年社會創業歷程敘說」。第五部分「探究的發現與管理的意涵」運用 Brooks 的架構，分析兩位客家返鄉青年如何回應經濟衰敗的農村，又如何透過跨組織的社會創業歷程，帶動美濃社區的再生與發展。最後歸納與說明本個案社會創業的三點關鍵成功因素。

# 二、文獻回顧

## （一）探索社會創業與社會創業者

　　社會創業（social entrepreneurship）為社會創業者（social entrepreneur）為了提高社會財富，藉由創造新企業或是在既有的組織，以創新的方式，發現、定義、挖掘機會的活動與歷程（Zahra、Gedajlovic、Neubaum、Shulman 2009）。社會創業強調創業者從既有社會問題出發，透過創新的思維與行動

創造社會價值的過程。例如：Henton（1997）將研究聚焦在個人的社會創業，研究在非營利和營利單位組織工作的創業者對社區發展貢獻，提出公民創業家（civic entrepreneurs），並且定義社會創業為：「公民創業家們，辨識機會並且推動其他人為了集體的利益而努力。」

　　Zahra 等學者們（2009）認為社會創業者如何定義創業機會、看待他們的使命、獲取資源和對如何解決社會問題的不同而有差異，因而辨識出不同社會創業者類型。 第一類型的社會拼湊者通常注重探索及關注當地小規模的社會需求，例如：泰國社會創業者 Stephen Salmon 支援農村人口和山區少數民族，於泰國當地創立泰國工藝協會，提供穩定的收入來源，發展山區部落的工藝銷售，藉由小股份營業收益，來保存泰國多元化的工藝傳統。第二類型的社會創業者，為了向廣大的社會系統引進改革和創新，透過填補不當顧客的差距，開發機會和解決市場失靈問題，一個知名的案例如：菲律賓社會創業者 Mark Ruiz 創辦微型創業基金會（Micro Venture Foundation），鎖定菲國鄉村婦女提供企業管理和個人發展教育課程，藉由對鄉村婦女的培力發展機會，改善家庭經濟，逐步豐富家庭飲食、健康，讓兒童有機會接受教育，而由婦女所創業經營的微型便利商店不斷在菲律賓各地複製擴散，目前已達 100 萬家的市場規模，讓菲國貧窮家庭逐步做到幸福與富足，實際解決菲律賓社區貧窮循環問題。

　　第三種類型的社會創業者創業規模最大，從國家到國際範圍皆有，社會工程師辨識出現存在社會結構中的系統問題，試圖建立挑戰現存秩序的持久架構，引進革命性的改變。最知名的例子是孟加拉的社會創業者——尤努斯教授。尤努斯教授透過創新的微型金融機制在孟加拉當地實施擴展，讓婦女們將貸得的資金集合運用，創造出許多微型新創事業，為孟加拉整體國家的發展帶來了曙光。尤努斯進一步將成功的社會創業經驗，於經濟邊陲國家設置尤努斯中心，推動社會企業教育、推動研究計畫以及知識傳播。目前尤努斯中心已經成為開

發中國家重要獨立開放平臺，提供公部門、私部門、學術單位及綠色企業交換資訊與意見，關注如何解決貧窮問題，提供區域經濟永續發展顧問諮詢服務。

　　創造社會財富是社會創業的結果，這三類型的社會創業者，不論如何定義機會、看待他們的使命、獲取資源和解決不同的社會問題，其社會創業皆被視為於一種創造社會財富（social wealth）── 包含有形經濟與無形財富 ── 的過程。本研究將探究第一種類型的社會創業者，以兩位返鄉青年── 溫仲良與鍾清輝為個案，探究兩位分別在 2000 年前後返鄉的社會創業者，當返鄉後必須面對傳統產業凋零、農村人口老化、經濟衰敗所造成美濃農地休耕與賣地潮等挑戰，前者進入美濃農會體制內工作，後者則在 NPO（非營利組織）工作，本研究將 2006 年至 2014 年的跨組織合作歷程透過社會創業者的敘說將探究返鄉青年透過什麼樣的創業努力歷程，讓新的冬季裡農作物 ── 美濃特有小蘿蔔取代傳統的菸葉作物，讓凋敝農村回歸成長與繁榮？其社會創業歷程是什麼？其社會創業歷程又創造什麼經濟收益與社會價值讓社區再生發展。

## （二）社會創業的歷程觀點

　　以歷程（process）的方式來理解創業，一直是創業研究學者所提倡的創業研究取向（Shane & Venkataraman 2000）。奠基於此基礎上，我們將創業的歷程視為一種社會價值創造的過程，強調在概念上，社會創業不同於傳統意義上的商業創業。社會創業包含社會面和創業面兩個面向（Mair and Marti 2006），前者著重社會創業行動所依存的社會文化與政治制度（Martinelli 2004），後者則強調創業思維、過程與步驟（Brooks 2009）。社會創業的主要目的是創造社會財富，因此社會創業歷程是社會創業者創造社會價值的過程，是從既有的社會問題或有待滿足的社會需求出發，透過創新的方法提供新產品或服務，或是以創新的思維重新定義社會問題和社會需求（高明瑞、黃章育 2013）。

　　本研究返鄉青年社會創業歷程分析方式，採取 Brooks（2009）提出社會創業過程歷程與發展概念為分析架構。Brooks 將社會創業過程與發展，大致分為五個步驟：機會確認、概念發展、資源取得、事業開創、目標達成與超越。透過社會創業歷程理論對話與分析，我們可以清楚理解社會創業者的社會創業過程。

　　社會創業過程與發展的第一個步驟：機會確認，係指尚待解決的社會問題和有待滿足的社會需求，此階段是社會創業者投入社會創業的機會起點。社會創業發展第二個步驟：概念發展，指社會創業者針對所欲解決的社會問題與需求，界定社會創業的價值主張，並且發展可行的創新構想。社會創業發展第三個步驟：資源取得，即社會創業者針對創新構想計畫，動員、籌資取得各項可用資源與資本，包含財務資源、人力資源與人力資本等。社會創業第四個步驟，為事業開創和成長步驟，即社會創業者有效運用資源來創造新價值，並且在產生社會價值與經濟價值之間求取平衡。

　　目標達成和超越是社會創業歷程的第五個步驟。社會創業為一種創造社會價值的過程，因此社會價值的創造是社會創業歷程的結果。

　　社會創業是為了提高社會財富（social wealth），藉由創造新企業或是在既有的組織，以創新的方式，發現、定義、挖掘機會的活動與歷程（Zahra et al. 2009）。本研究除了通過 Brook 的社會創業歷程視角探究返鄉青年的社會創業行動外，也將透過社會投資報酬率（Social Return on Investment, 簡稱 SROI），評估返鄉青年在其社會創業歷程的第五個步驟。SROI 是近年來，社會創業實務上大多採羅伯特企業發展基金（Robert Enterprise Development Fund）所發展的社會創業歷程而帶出的社會價值，在社會創業研究上，學者普遍認同創業是一個創造新價值的過程，目標達成和超越是社會創業的第五個步驟，評估階段性的社會創業成果是否達成預期的使命目標，所創造的新價值是

否已經達成穩定的服務均衡，或者是從中發現新問題，必須重新調整社會創業發展的方向。Brooks 的社會創業分析優勢，不僅能夠將社會創業歷程串連成一個具有時間序列的活動整體，並且能夠同時納入社會創業的社會意涵與創業歷程（高明瑞、黃章育 2013），因此後續將運用此架構分析美濃返鄉青年在其冬季裡農作物推展過程中，所帶給社區共同經濟收益，所影響的社區相關利益關係人，以及各利害關係人所獲得預期與非預期的經濟和社會價值。

## 三、研究方法

### （一）敘說探究

由於本研究問題關切「如何」（How）的問題，即探究社會創業者，如何（How）透過新組織、新產業或社區動員，促使社區再生發展的經驗。敘說探究（narrative inquiry）是在詮釋論下所發展出來的一種研究取向，此研究取向也是了解人類經驗的一種方式（Clandinin and Connell 2000），個人乃是藉由自我的一套意義系統來理解世界，想要譜繪人類經驗中的真實，就必須經由詮釋與語言結構來理解這套意義系統，才能掌握住行動的深層結構（Polkinghorne 1988），而敘說（narrative）正是這種意義系統開展的方式之一。因此，研究者們採取敘說探究方法，透過美濃返鄉青年的社會創業歷程敘說，探討在地創業行動歷程，進而勾勒凋敝社區再生發展的具體脈絡。

### （二）研究場域

本研究場域美濃，位於南臺灣高雄，一個人數約 4 萬人的農業小鎮。自日治時期的美濃即以農業為主要產業，1936 年美濃在日本人引進之下開始種植菸草。當時政府規定菸草必須與稻米輪作，且採以契作方式收購菸草，因此，

菸草逐漸成為美濃在稻米和養豬業外的三大經濟來源之一（高明瑞、蔡敦浩、林慧音、張采綾、張承米 2015）。2002 年 1 月 1 日，因應國際間貿易自由化，臺灣歷經 12 年入會諮商談判後，終於成為世界貿易組織（簡稱：WTO）第 144 個會員。加入 WTO 後，政府不再實施農業保護政策，美濃稻作首當其衝。除了稻米受到衝擊外，在加入 WTO 後不久，政府也取消實行百年的菸、酒公賣制度，擁有「菸草王國」之稱的美濃因此大受影響。2002 年，菸酒公賣局最後一次向美濃收購菸草，也就在短短二、三年間，美濃就失去稻米、養豬與菸草三大經濟來源。

美濃做為農村，她的衰敗在反水庫運動期間逐漸被注意。美濃一位返鄉青年張正揚曾自述：

> 猶記數年前，曾帶領一名平面媒體記者在高雄縣美濃鎮進行採訪——這即是我與我父母、還有他們的家族所居住的地方。時值盛夏酷暑，放眼望去盡是雜草叢生的休耕農田，因噴灑除草劑到處顯得枯黃蕭瑟。這幅景象極大程度違背美濃小鎮長期予以外界「富麗農村」的想像。記者半晌不出一語，開又便說：「如果農地不種作物，農人如何維生？連美濃尚且如此，其他更邊緣的農村又該如何？」他瞠目結舌卻又感嘆萬千的表情，我如今仍深植腦海。（張正揚 2010）

這個讓返鄉青年難以忘懷且深植腦海的情景，充分反映出在經濟自由化下美濃農業發展的演變與困境。

對於這些經濟邊陲區域而言，若站在經濟觀點下進行社區發展觀察與討論，很容易就否定與忽視這些區域再生發展的可能性（李慶芳、利尚仁、

Mansour Amjadi 2008），然而在許多國內、外的實際案例中，卻有了不一樣的
觀察。2014 年 11 月 26 日《商業周刊》〈美濃逆轉勝關鍵：番茄蘿蔔經濟學〉
內容報導：

> 美濃於 2002 年面臨加入世界貿易組織（WTO）的衝擊，農民賴
> 以為生、產值逾 10 億元的主要現金作物一夕頓減。12 年後，透過
> 返鄉青年的努力，2014 年農會存款突破 60 億元，5 年來逆勢成長
> 43%，在全臺灣農村中不多見。

什麼樣的社區創業精神，讓美濃再次重現生機？這個因為經濟全球化造成
產業衰敗的凋敝農村再生的成功案例，引發我們進入返鄉青年敘說的社會創業
故事，探究美濃到底仰仗著什麼運作機制獲得再生的原因。

## （三）敘說探究的過程

本研究自 2013 年 7 月開展，到 2015 年 10 月止，以將近兩年半，28 個月
的時間進行研究收集。我們的田野工作主要是理解返鄉青年在美濃社會創業的
經驗，研究者採以自然探索的方式進行資料收集，資料來源包括：文獻檢閱與
分析，以建立美濃返鄉青年社會創業者類型的理論基礎；收集與分析次級資料，
包括美濃農村發展歷史資料整理、社會創業者報導、相關組織出版品、組織網
站資訊，以及相關利害關係人報導資料，以建立個案社會創業者類型的基本資
料與社會財富創造背景資料；最後藉由敘說訪談、實地拜訪與觀察等，探究分
析社會創業者如何尋找創業機會與社會創業過程，爬梳出促使美濃社區再生的
成功關鍵因素。

本研究主要想去探究社區發展歷程與返鄉青年創業歷程，在敘說探究的過
程可分為 4 個階段：逐字稿（敘說素材）、故事化（現場文本）、辯證方式的

推理（中期文本）、重新組織並加入理論觀點（研究文本）等 4 個層次。透過這樣的寫作歷程我們才逐漸整理成下一章節的深度描寫（thick description）。4 個層次的過程簡要說明如下：

第一、在敘說素材蒐集階段，以 28 個月（2013 年 7 月到 2015 年 10 月）進行社區資料收集。這個階段一開始由研究者帶領兩位碩士生進行社區參與觀察，透過資料收集美濃重要事件、美濃相關碩博士論文、社區重要節慶活動參與，來對所要研究的社區與幾位潛在研究參與者有深度的認識與初步發現。2014 年年底，《商業周刊》報導引發我們的興趣，於是我們將研究焦點放在主要行動者：溫仲良、鍾清輝與其他三位利益關係人。敘說素材蒐集階段總共在美濃，進行兩次溫仲良訪談、一次鍾清輝訪談與三位利益關係人訪談、每次約 2.5 至 3 小時，並且整理成訪談逐字稿（敘說素材），共計 5 份。

第二、故事化（現場文本）階段，我們將時間順序或主題轉化成有意義的「故事」，透過這樣的整理，將散落於個體敘說中意義片斷且破碎的逐字稿，依他們提及的創業中的重要發生事件後，獲得了一個暫存的整體結構，又以受訪者為第三人稱整理成現場文本。現場文本幫助研究者發展出故事軸線，並且產出下一階段的中期文本。

第三、進行辯證方式的推理，透過對現場文本的反覆閱讀、與自己的經驗對話，現場文本透過研究者的想法而重新連結成有意義的表述，並且浮現對青年返鄉創業現象的反思，這一階段所產出的中期文本從原先的客觀變成主觀，同時也逐漸萌生出幾個理論構念（constructs），例如：社會創業機會、資源、社區發展、社區價值創造。

第四、透過反覆閱讀中期文本，此階段也慢慢浮現理論觀點：「社會創業歷程」觀點。在敘說探究法中，理論提供研究者從敘說文本中發現兩位返鄉青年有意義的故事線，並且做進一步的開採與詮釋。Brooks 的社會創業歷程提

供本研究者進行觀看與詮釋兩位返鄉青年故事的輔助工具，輔助研究者得以在
「中期文本」中進行開採，讓有意義的經驗與敘說浮現出來。研究者在「中期
文本」與理論的來回式辯證與對話歷程中，開展與深化故事並具體化理論，此
階段透過「社會創業歷程」觀點視角協助我們將創業敘說的產出下一章節的深
度描寫（thick description）的「研究文本」。下一章透過「社會創業歷程」觀
點視角，分別以「情節一、社會創業的初期——尋找創業機會和發展概念」、
「情節二、社會創業的起步——踏上創新旅程的挑戰」、「情節三、創造社區
的公共財富」三段情節，來呈現鍾清輝與溫仲良社會創業歷程敘說的故事軸線
的研究文本。

# 四、敘說返鄉青年社會創業歷程

## 情節一、社會創業的初期——尋找創業機會和發展概念

1936 年，美濃在日本人的引進之下開始種植菸草。當時政府實施菸、酒
公賣制度，採契作方式收購菸草，因此，菸草逐漸成為美濃當地在稻米和養豬
業外，三大經濟來源之一，也擁有「菸草王國」之稱。2000 年，美濃被劃入
高屏溪水源水質保護區，必須施行離牧政策。2002 年，我國加入 WTO，政府
不再實施農業保護政策，美濃稻作首當其衝。在臺灣加入 WTO 後不久，政府
亦取消實行百年的菸、酒公賣制度。2002 年，菸酒公賣局最後一次向美濃收
購菸草，短短二、三年間美濃就失去稻米、養豬與菸草三大經濟來源。

經濟的衰敗造成美濃農地休耕和賣地潮。根據溫仲良在美濃的經驗，每塊
農地每年的產值倘若沒有辦法達到市價約 10% 到 15%，農民賣土地的意願是
很高的。當稻米是一個低產值的作物，若僅僅只是種植稻米，產值沒有辦法達

到上述標準,所以當時農民不再有意願耕種,賣地的意願高漲。於是,農地被鋪上水泥,過去隨處可見稻穀搖曳的良田,逐漸被一棟棟水泥房舍取代。如何解決美濃賣農地風潮和農村荒蕪問題?要尋找什麼高產值的作物,提高農民耕種意願?要引進什麼新產業,讓美濃再生發展?這些都是返鄉青年必須面對的挑戰。

當思考美濃該何去何從時,溫仲良與幾位關心農村發展的朋友,討論政府推動區域發展的幾種模式和做法:

> 首先,找一塊土地,畫一個工業區,引進新產業,蓋工廠,然後地方就有工作機會。有工作就會有收入,生產消費可以帶動周邊區域的發展,這是一個帶動地方繁榮的傳統發展模式。除了傳統發展模式之外,在都市裡面又有另外一種做法。以百貨商場概念,引進一個百貨公司,或是蓋一個更大的購物商場,就像造鎮的概念,創造更大規模的投資。規劃工業區、引進大型商場,設法帶動周邊區域的發展,這樣的做法產值很容易評估,創造多少就業機會也很清楚。引進多少廠商進駐、廠商提供多少工作職缺、發了多少薪水,這些薪水透過員工的生活消費,可以透過食衣住行的消費,來計算有多少是分配在社區裡面,社區可以受惠多少。這樣回歸到國家政策面來看,就成為政府為了引進投資、強力徵收土地的正當性,因為可以規劃更多工業區、更多產業園區,讓廠商進駐,因為這樣可以帶動產值和創造就業機會,一般做法大致是這樣子。(口訪時間:2015/2/24)

溫仲良反覆思索著:

或許政府有可能扶植一些有競爭性的產業，然後以新產業來帶動整
個中、下游，創造就業機會發展地方。可是資本會移動，如果今天
某個產業不行了，變成夕陽產業，或是資本家找到更廉價的勞動力，
廠商就有可能外移。一旦產業外移，地方馬上會陷入空洞化的危機。
如果社區已經跟產業形成強烈的依賴關係，產業如果移走，那社區
不就跟著垮掉。（口訪時間：2015/2/24）

研究所念都市計畫的溫仲良也思考著：

歷史上很多地方都有類似的案例，當工業區裡某個產業不行，當工
廠外移或是資本外移，地方馬上發生危機，最大的案例就是美國底
特律，因爲汽車工業外移，一夕之間整個經濟消頹。（口訪時間：
2015/2/ 24）

當時溫仲良正在 NPO 工作，那時候他比較多是用第三部門的思維，看待地方
如何發展這件事情。溫仲良試圖思考一個可能性，有沒有可能尋找一種產業，
剛開始勞力跟資本都不是密集在某一個組織，或是某種產業型態。有沒有可能
以系統性的概念去建構一種產業，這個產業是奠基在美濃傳統產業基礎上，透
過一些創新手段或創新研發來創造產值，這些產值利潤不會特別集中在少數人
或是造成資本集中化的問題，創造出來的公共財富會依循整個系統分配在美濃
社區，可以讓美濃均衡、永續發展。

在 2002 至 2004 年初期，溫仲良一方面把重心放在如何延續美濃傳統菸業
上，另一方面，溫仲良理解到光憑 NPO 運作、地方社團喊喊口號，或是幾個
人下去實作，其實是沒有辦法有效推動改革或根本性的解決產業發展問題，因

此，他也積極尋求與美濃農會跨部門合作的機會。溫仲良思考到成立於日治時期的美濃農會，屬於農民合作社，股東都是農民會員，農會與農民關係緊密，於是溫仲良嘗試成為農會的合作夥伴。合作初期，溫仲良與當時同在第三部門工作的夥伴，協助農會撰寫計畫與申請政府補助計畫，在彼此跨部門合作過程中，溫仲良讓當時美濃農會高層看到，NPO 有能力協助農會提出政策性的計畫，慢慢地，農會逐漸成為溫仲良的產業推動平臺。

　　起初，溫仲良以朝向遊說地方募資自建製菸廠，或是保存菸業文化資產的方式，尋求建立「美濃菸」的可能性，但延續菸業的這條軸線面臨許多問題與考驗。倘若要自製「美濃菸」，便要有製菸廠才可行，他想到或許可以尋求臺灣菸酒公司在特定期間租借一條生產線來生產「美濃菸」，或是利用舊有菸農繳交菸葉給公賣局的「菸葉輔導站」來建置菸廠，但是，左思右想，這兩個方案都需要龐大資金，資金的來源便是一個很嚴峻的挑戰。除此之外，在摸索自製「美濃菸」過程中，溫仲良也發現：

> 臺灣的菸葉是屬於基底菸，基底菸必須和香料菸葉按照特定的比例
> 混合，才是能夠完整上市販售的捲煙，缺少關鍵配方，便沒有辦法
> 調製成捲煙。（口訪時間：2015/2/24）

除此之外，溫仲良也面臨許多道德上的壓力，於是轉而尋找其它替代產業。

　　2004、2005 年美濃小蘿蔔開始進入鍾清輝和溫仲良的視角內。美濃蘿蔔這種小而細長的蘿蔔，是美濃人生活的一部分，農民多會利用稻田旁畸零地種植小蘿蔔，當時任職農會推廣股股長的鍾清輝也觀察到：

> ……以前種菸草旁邊會剩下一些畸零地就會種一些蘿蔔……，所以

在這過程之中，我們想說那我們美濃從以前就會有這個蘿蔔會種，
這個蘿蔔種來自己吃，吃不完的話，就醃製或送給親朋好友，那是
一個我們秋冬很特殊的景觀，家家戶戶都會在那邊洗蘿蔔，我們
就在想這個蘿蔔能不能讓它更具有市場上的價值。（口訪時間：
2015/2/26）

種植蘿蔔除了是美濃人生活的一部分，溫仲良也希望種一輩子稻的老農，在失
去菸葉這個重要經濟來源後，可以有一個新的冬季裡作多少貼補生計，讓老農
們可以安養晚年。再者，相較其它經濟作物，這個作物更容易種植，不需要勞
力密集，也不需要高技術門檻，非常適合老農栽種。於是，鍾清輝與溫仲良的
想法開始有了交集。

## 情節二、社會創業的起步——踏上創新旅程的挑戰

在一次執行田野調查專案中，溫仲良無意中看見美濃傳統客家正廳祀奉
「土地龍神」前的對聯：「土中生白玉，地內出黃金」，溫仲良想了想覺得：

「地內出黃金」應該是指在美濃土地上生長的稻穗，而「土中生白
玉」應該就是白色的小蘿蔔。（口訪時間：2015/2/24）

於是他靈機一動，將美濃小蘿蔔的新名字取名為「白玉蘿蔔」。有了「白玉蘿
蔔」的名稱後，接下來，鍾清輝和溫仲良面臨美濃小蘿蔔不具市場價值的難題。
美濃小蘿蔔的特性與一般常見的蘿蔔不同，小蘿蔔水分多又脆口，美濃人非常
喜歡吃，無論是生鮮或是醃漬，美濃人的生活總缺少不了它。然而卻也因水分
多、不易保存，採收後二、三天內便會腐壞，從採收到上架販賣只有短短幾天，
因此小蘿蔔不具備市場價值。不具市場性的這個問題該如何處理？鍾清輝與溫

仲良想到，或許可以以客家醃漬加工推廣白玉蘿蔔。

　　醃漬加工是美濃的生活傳統，家家戶戶每一位客家伙房媽媽都有與眾不同的口味和手藝，因此，一開始，鍾清輝與溫仲良想到可以採取醃漬文化做為推廣白玉蘿蔔的方式。但是，鍾清輝和溫仲良進一步再細想，要建立醃漬產業就必須面對衛生和口味統一化的問題，這當中，有許多技術問題需要克服之外，也會窄化客家伙房媽媽醃漬加工的多樣性。另外，如果要建立一個醃漬工廠，資本會集中在少數人手上，這樣就違背創業初期，希望在推動產業的過程中，每個美濃人都可以受惠的初衷。透過這些思考與摸索，鍾清輝與溫仲良轉而思考其它可能性。不如就讓美濃農會幫農民到城市去行銷小蘿蔔，鍾清輝回憶道：

> 我們就帶一大群人到臺北市場去賣我們的小蘿蔔，但當時臺北市場那些販仔都認為我們這是次級品，長不大、不健康的蘿蔔，因為那麼小跟我們一般市面的大蘿蔔外型上就差那麼多，不過後來我們跟他們講說這不是次級品，我們的形狀就是這樣……。（口訪時間：2015/2/26）

眼看把農產品運到城市販售的傳統銷售方式，或是將白玉蘿蔔醃漬後販售，都沒有辦法開展冬季農作的產業，再加上農民年齡普遍老年化，白玉蘿蔔採收也有勞力不足的問題。苦思不解時，鍾清輝與溫仲良想到：或許可以換個方式思考，讓消費者自己來拔蘿蔔，讓遊客在第一時間把新鮮蘿蔔帶回家。

　　2006 年的「白玉蘿蔔季」是溫仲良第一次與農會合作，由當時溫仲良所任職的 NPO 負責策劃，「美濃農會推廣股」負責執行與擔任資源整合平臺。2006 年首次倉促舉辦，在沒有妥善規劃情況下，活動舉辦半天就草草結束。儘管初登場的情況，看起來並不怎麼完美，但鍾清輝與溫仲良卻也著實邁開往

前進的步伐了。有了 2006 年初體驗經驗，第二年鍾清輝與溫仲良提早擬定活動計畫書，向當時高雄縣政府、客委會爭取經費，讓「白玉蘿蔔季」活動能夠舉辦一天。2008 年美濃農會更是編列活動經費，與農會體系下的農民產銷班，簽訂契約承租蘿蔔田，讓活動更加完善。

溫仲良認為 2006 至 2008 年是「白玉蘿蔔季」累積知名度的關鍵起步期，有了這 3 年的經驗和知名度累積後，2009 年溫仲良與農會便開始與「高雄市城鄉導覽協會」合作，為來訪的遊客提供美濃農村旅遊活動。有別於過去 3 年頂多收支打平，2009 年「白玉蘿蔔季」第一次有農民賺到錢。隨著活動越來越完備，參與遊客人數逐年增加，眼見種蘿蔔有利可圖，其他沒有參與的農民，也在 2010 年投入蘿蔔種植。然而，就在種植面積倍增，蘿蔔產量過剩下，2010 年白玉蘿蔔價格崩跌。那年，溫仲良看著擔任農會總幹事的鍾清輝被罵得半死，當時溫仲良很注意觀察鍾清輝的心情，他覺得不能讓總幹事打退堂鼓，總幹事的信心不能垮臺，不能讓鍾清輝說不要推白玉蘿蔔，因為不要推就等於失敗（口訪時間：2015/2/ 24）。

溫仲良滿懷愧疚的面對鍾清輝遭遇眾多農民的罵聲，甚至自己也不斷地自省是否犯了推廣上的錯誤。但當時有一個觀察讓他決定還是可以再堅持一、兩年試試看。那個觀察就是在溫仲良的產季訪談中，他發覺白玉蘿蔔的市場接受度有顯著增加，只是當年生產面積增加幅度太大，遠遠超過市場擴增速度，因此價格才會崩跌。溫仲良判斷只要渡過產銷崩跌的必然陣痛期，讓部分投機性格較高的農民收手，讓生產面積和價格的比值回復比較合理的範圍，還是可以賭賭看。再加上推廣股組員們，在面對很多第一線農民反應的訊息，或者農會內部對相關政策的判斷，很多時候是與溫仲良形成非常重要討論與互動。在鍾清輝面臨農民罵聲高漲最低潮時，是推廣股組員們與溫仲良成為農會內外夥伴關係，在心理上彼此相互支持、心情互相慰藉下，才撐過 2010 年的低潮期。

為了解決產量過剩的問題，農會不得不大量向農民收購，儘管由農會收購生產過剩的蘿蔔並沒有辦法讓價格回穩，但這樣的行動可以安撫農民，讓農民對白玉蘿蔔不喪失信心。2010 年除了產銷失衡外，還出現白玉蘿蔔種子被炒作的事件。不只白玉蘿蔔種子價格飆高，種源也非常混亂，無論高矮胖瘦的蘿蔔，都自稱是「白玉蘿蔔」。鍾清輝深怕這樣的情況會壞了「白玉蘿蔔」這塊招牌，於是，2011 年在規劃的「白玉蘿蔔季」時，同時推動「白玉蘿蔔」種植登記制度，並且進一步由農會負責販賣「白玉蘿蔔」種子，以控制種源的方式，來確保美濃獨特小蘿蔔的品質和品種。鍾清輝回憶當時執行種子與種源控制時的情形：

> 我們的種子那由我們農會來一包補助你一百塊，一包蘿蔔種子可以撒一分地……原本是四百塊，那我們補一百塊就三百塊，讓他（農民）可以跟外面的市價，就是那些選種比較不好的蘿蔔種子可以價格上的抗衡，那價格上的抗衡完了以後，我們跟農民講說來，你來我這邊買……你買下來以後那我可以給你登記，把你的住址、電話登記起來，那你們召集來，我白玉蘿蔔要怎麼管理、怎麼種植，我們上面生產管理的講習，至少我知道是哪些人買了蘿蔔種子，至少我知道我要教育訓練的對象在哪裡。（口訪時間：2015/2/26）

除了透過農會補助策略來控制種子價格和種源，透過種子購買者資料庫的建立，農會可以建立蘿蔔生產管理的教育訓練工作之外，在控制「白玉蘿蔔」種植面積上，鍾清輝也做好「白玉蘿蔔」產量預測與控制：

> 蘿蔔種子我一直賣，那賣到，譬如說我今年預計兩百公頃，那已經

到這面積了，我也沒種子了，因爲我們先前就是已經跟我們的種苗
公司已經講好説，我今年要多少，我明年要多少，我們都先已經跟
他講好了。那弄完以後，我們就會跟他（農民）講説，欸不行哦，
這項作物目前種植的門檻已經到了，我建議你們不要再種植。（口
訪時間：2015/2/26）

透過種子、種源、生產面積控制機制，鍾清輝終於有效控制住白玉蘿蔔供需失
衡、種源混亂與品質不良的問題。為了進一步拉近消費者與農民之間的距離，
2011 年，農會也首次推出白玉蘿蔔個人股東制，開放消費者出資加入股東會，
認養小塊農地，當白玉蘿蔔收成時，股東就能親自下田拔蘿蔔。由於個人股東
制獲得極大迴響，2013 年農會再推出「企業認股」制。

## 情節三、創造社區的公共財富

2014 年 9 月 30 日媒體與報紙，紛紛報導 10 月 1 日開放「2014 美濃白玉
蘿蔔」認股活動，其中呈現參與 2014 年契作的 7 位農夫達人，以跳蘿蔔舞熱
情邀請股東加入的照片，最吸引消費者的注意。鍾清輝指出：

「白玉蘿蔔股東會」活動自從 2011 年推出以來，廣受好評， 2014
年農民種植「白玉蘿蔔」的面積已經達到百餘公頃了。（口訪時間：
2015/2/26）

因此，2014 年農會與美濃 7 位達人農夫合作，由資深農民帶領年輕農民，投
入白玉蘿蔔契作。

農會與農夫契作白玉蘿蔔後，會把田區畫設成小面積區塊，以每分地 50
股為原則。每一股入股金額為新臺幣 550 元，大約 5 坪大小的農地，每一股至

少可採收 40 台斤至 50 台斤左右的白玉蘿蔔。「白玉蘿蔔股東會」區分為「個
人股東」與「企業股東」,個人股東以 1 股為單位認購,企業股東每單位則以
25 股、也就是 0.5 分地認購。「白玉蘿蔔股東會」活動期間,農會會派「蘿蔔
小天使」記錄每一個田區蘿蔔成長過程,股東可以透過臉書、部落格來觀察農
夫耕種「白玉蘿蔔」的情況。2014 年農會也結合在地特色產業商家、民宿業
者、高雄市城鄉導覽協會規畫豐富的小旅行,包括百遊或兩日遊的套裝遊程。
如果個人股東想要邀請親朋好友,企業股東想要犒賞員工,農會還提供專屬邀
請函,讓股東們可以當主人,邀請好朋友一起拔蘿蔔。

　　2014 年 7 位參與「2014 美濃白玉蘿蔔季」契作的農夫達人,總共也提供
27.4 分的認購面積,農夫達人、田間名稱和實際被認購的股數如下:

表 1　2014 年「白玉蘿蔔季」7 位農夫達人田區認購面積、實際認購股數與契
　　　作收入

| 農民 | 田區名稱 | 最高可認購面積 | 實際認購股數 | 認股股金總額/元 | 契作收入總額/元 |
|---|---|---|---|---|---|
| 曾雪梅 | 快樂田 (A) | 3 分 | 148 股 | 81,400 | 60,000 |
| | 快樂田 (B) | 2 分 | 78 股 | 42,900 | 40,000 |
| 曾啟尚 | 白兔田 (A) | 4 分 | 181 股 | 99,550 | 80,000 |
| | 白兔田 (B) | 2 分 | 94 股 | 51,700 | 40,000 |
| 傅志剛 | 驚喜田 | 2.7 分 | 124 股 | 68,200 | 54,000 |
| 馮欽賢 | 彩虹田 | 3 分 | 147 股 | 80,850 | 60,000 |
| 鍾紹文 | 同心園 | 3.7 分 | 176 股 | 96,800 | 74,000 |
| 黃偉宸 | 尋寶田 | 3 分 | 130 股 | 71,500 | 60,000 |

表 1　2014 年「白玉蘿蔔季」7 位農夫達人田區認購面積、實際認購股數與契
作收入（續）

| 農民 | 田區名稱 | 最高可認購面積 | 實際認購股數 | 認股股金總額／元 | 契作收入總額／元 |
|---|---|---|---|---|---|
| 溫枘貴 | 沿山蘿蔔 | 2 分 | 91 股 | 50,050 | 40,000 |
| | 沿山蘿蔔 | 2 分 | 101 股 | 55,550 | 40,000 |
| 總計 | | 27.4 分 | 1270 股 | 698,500 | 548,000 |

資料來源：整理自「美濃區農會」與「美濃農村田野學會」提供資訊

　　記者會結束後不到幾天，7 位農夫達人的 27.4 分的田區，總共獲得 1,270
股的認購數，以每一股入股金額 550 元換算，7 位農夫達人創造 698,500 元的
認股收入，7 位農夫達人也可獲得每分地 20,000 元，總計 548,000 元的契作收
入。

　　2014 年「白玉蘿蔔季」在短短 7 個假日天為 7 位農夫達人帶來 548,000 元
的契作收入外，以每一股參與人數約為 5 人到 7 人計算，短短 7 個假日天也吸
引約 6,350 人到 8,890 人，包含：家庭、親朋好友、企業員工等大大小小遊客
來到美濃拔蘿蔔與旅遊，依據過去交通部觀光局統計，臺灣國民旅遊每人每日
旅遊平均消費約為 1,252 元計算，美濃「白玉蘿蔔季」帶動美濃周邊消費總額
為 7,950,200 元至 11,130,280 元。當然，伙房媽媽的醃漬蘿蔔也成為美濃當地
特色伴手禮，面對拔蘿蔔觀光客的到來，伙房媽媽們個個發揮自己與眾不同的
手藝和口味，強力推銷自己獨特的滋味。

　　白玉蘿蔔的成功不僅替過去勤奮耕種的老農，帶來晚年有尊嚴的生活，對
年輕農民來說，「白玉蘿蔔季」創造的冬季產季氛圍，也延續到橙蜜蕃茄。這
樣的現象是出乎溫仲良的意料之外：

當時候我們用蘿蔔這種氛圍就是為了要帶動氣氛，然後那個氣氛後
來就發現有些人，在那個過程裡面有人開始試種橙蜜蕃茄。（口訪
時間：2015/2/24）

橙蜜蕃茄產值與收益比白玉蘿蔔高出近 10 倍多，起初，溫仲良還很擔心橙蜜
蕃茄會壓縮白玉蘿蔔的種植，會沒有誘因吸引農民參與「白玉蘿蔔季」，但是
後來發現橙蜜蕃茄的成功並沒有影響到白玉蘿蔔的種植，農民反而會特地種一
塊蘿蔔田來招待親友，把採蘿蔔這個活動當作是建立顧客關係、建立宅配通路
的重要來源。這個直接銷售的創新，老實說，倒是出乎他們的意料之外。

　　白玉蘿蔔的成功為美濃農會帶來可觀的收益，儘管如此，美濃區農會未來
仍面臨一些挑戰。成立於日治時期（1919）的美濃區農會，隨著美濃農業的發
展，已經逐漸成為農村金融中心，目前約有 7 千位農民會員。2002 年當政府
不再實施農業保護政策，美濃農會也開始參與農業推廣，隨著公部門的補助
逐年減少、農村人口外移與出生率下降，農會也面臨財務與人力資源不足的
問題。未來鍾清輝希望能將有限資源放在美濃農產品專屬「MIM」（Made in
Meinong）品牌建立與通路拓展上。要建構自有品牌，極需要一套嚴謹的認證
系統，來確保農產品品質，讓消費者信賴。目前農會努力希望透過農會產銷
班，對農民用藥進行前端控管，從種植開始就替消費者把關，來創造和維護
「MIM」的品牌價值。因此，鍾清輝認為在未來農會必須加強政策宣傳，讓
農民在農會保障收益不減少的情況下，願意接受政策的改變。

　　對於農會內部，他也向組織內的成員表達他對農會角色的期許：

我會一直告訴他們，就是農會存在的價值在哪，我說如果我們這些
價值都沒有了，只把自己擔任成一個金融業務的角色去扮演的時

候，我說其實農會是走不長遠的。因爲農村根本就不可能會活起
來……。（口訪時間：2015/2/26）

讓農村活起來、讓成立近百年的農會跳脫傳統金融業務角色、與農民共同打造
「MIM」品牌價值，鍾清輝知道自己還有好長一段路需要與溫仲良一起攜手
合作，而未來的挑戰也正等待著他們。

## 五、探究發現與管理意涵

　　這是一個社會創業的個案，在概念上，社會創業不同於傳統意義上的商業
創業，社會創業包含社會面和創業面兩個面向（Mair and Marti 2006），前者
著重社會創業行動所依存的社會文化與政治制度（Martinelli 2004），後者則
強調創業思維、過程與步驟（Brooks 2009）。社會創業的主要目的是創造社
會價值，因此社會創業歷程是社會創業者創造社會價值的過程，是從既有的社
會問題或有待滿足的社會需求出發，透過創新的方法提供新產品或服務，或是
以創新的思維重新定義社會問題和社會需求（高明瑞、黃章育 2013）。

　　因此，本個案社會創業歷程分析方式，採取 Brooks（2009）提出社會創
業過程歷程與發展概念為分析架構。Brooks 將社會創業過程與發展，大致分
為 5 個步驟：機會確認、概念發展、資源取得、事業開創、目標達成與超越。
透過與 Brooks 社會創業歷程理論對話與分析，我們可以清楚理解個案兩位返
鄉青年社會創業過程的 5 個步驟，分別為以下：

### 步驟 1：機會確認

　　社會創業過程與發展，第 1 個步驟：機會確認，係指尚待解決的社會問題
和有待滿足的社會需求，此階段是社會創業者投入社會創業的機會起點。美濃
返鄉青年們的社會創業機會將其以圖示分析如下：

| **外部因素** |
|---|
| **政治變動**：2002 年我國加入世界貿易組織（WTO），政府不再實施農業保護政策；政府取消菸酒公賣制度與鼓勵減少稻作，使美濃失去菸葉與稻米經濟來源；2006 美濃因被劃入自來水水質質量保護區，必須施行離牧政策，美濃再失去畜牧業的經濟來源。3 項政策影響下，美濃菸業、稻作與畜牧業失去前景，使得美濃農地面臨大量休耕潮與賣地所引發，農地水泥化問題。 |
| **需求**：美濃需要新產業與增加農地產值，解決農地休耕與水泥化問題。 |

| **啟動美濃青年的社會創業行動** |
|---|
| **回應**：美濃農會與 NPO 跨組織的合作與社會創業的行動。 |

| **內部因素** |
|---|
| **美濃青年作為社會創業者：**關懷家鄉、憂慮農村地景水泥化、關懷老農收入遞減問題、 美濃新產業發展、農會新價值追求、社會創業傾向等。 |

圖 2　促發美濃返鄉青年的社會創業行動的內部與外部因素
資料來源：本研究整理，修改自高明瑞，蔡敦浩，林慧音，張采綾（2015）

### 步驟 2：概念發展

社會創業發展第 2 個步驟：概念發展，指社會創業者針對所欲解決的社會問題與需求， 界定社會創業的價值主張，並且發展可行的創新構想。將其以圖示表示如下：

表 2　個案社會創業機會和社會創業使命

| 機會：問題／需求 | 使命 ：目標／主張 |
|---|---|
| 解決農地休耕與水泥化問題。 | 增加農地的產值。 |
| 農夫人又老化，如何增加老農收入，讓老農可以安養晚年。 | 尋找老農容易種植，不需要勞力密集與高技術門檻的冬季農作。 |
| 美濃需要引進新的產業，讓美濃再生與發展。 | 奠基美濃傳統產業基礎，透過創新手段或創新研發來創造公共財富，讓美濃均衡、永續發展。 |

資料來源：本研究修改與整理自「美濃農村田野學會」所提供之資訊。

### 步驟 3：資源取得

　　社會創業發展第 3 個步驟：資源取得，即社會創業者針對創新構想計畫，動員、籌資取得各項可用資源與資本，包含財務資源、人力資源與人力資本等。個案社會創業資源取得分析將其以圖示表示如下：

表 3　個案社會創業資源取得

| 年代 | 財務資源 | 人力資源 | 人力資本 |
|---|---|---|---|
| 2006 年 | | ·農會推廣股工作人員<br>·美濃農村田野學會工作人員 | ·美濃返鄉知識青年<br>·NPO 產業田野調查能力 |
| 2007 年 | ·高雄縣政府經費補助<br>·行政院客委會經費補助 | ·美濃農會推廣股工作人員<br>·美濃農村田野學會工作人員 | ·美濃返鄉知識青年<br>·NPO 計畫撰寫能力<br>·NPO 產業田野調查能力與知識累積 |

表 3　個案社會創業資源取得（續）

| 年代 | 財務資源 | 人力資源 | 人力資本 |
|------|----------|----------|----------|
| 2008 年 | ・高雄縣政府經費補助<br>・行政院客委會經費補助<br>・農會自行編列活動經費 | ・農會推廣股工作人員<br>・美濃農村田野學會工作人員<br>・農民產銷班／農會家政班 | ・美濃返鄉知識青年<br>・NPO 產業田野調查能力與知識累積<br>・老農種植「白玉蘿蔔」的知識與田間管理能力 |

資料來源：本個案整理

**步驟 4：事業開創**

　　事業開創與成長是步驟社會創業發展第 4 個步驟，即社會創業者有效運用資源來創造新價值，因此，社會價值的創造是社會創業過程的結果，也是本個案返鄉青年為了提高社會財富（social wealth），藉由創造新企業或是在既有的組織，以創新的方式，發現、定義、挖掘機會的活動與歷程（Zahra et al. 2008）。近年來，社會創業實務上大多採羅伯特企業發展基金（Robert Enterprise Development Fund）所發展的社會投資報酬率（Social Return on Investment, 簡稱 SROI），SROI 分析各專案相關利害關係人、與利害關係人所獲得預期／非預期的經濟與社會價值，個案社會創業歷程所帶出社會價值。在本個案中我們整理出個案社會創業歷程中，相關利益關係人所獲得預期或非預期的經濟與社會價值，以下以表 4 表列：

表 4　個案社會創業歷程中相關利益關係人與獲得經濟與社會價值分析

| 相關利害關係 | 參與工作 | 獲得預期／非預期的經濟與社會價值 |
|---|---|---|
| 農夫 | ・參與農會契作<br>・種植白玉蘿蔔 | ・獲得白玉蘿蔔契作收入<br>・額外增加其它農作物販售收入<br>・獲得農園知名度提升<br>・建立宅配通路<br>・消費者關係管理（CRM） |
| 蘿蔔小天使 | ・股東聯繫工作<br>・紀錄與報導蘿蔔田種植過程 | ・獲得期間專職收入<br>・建立消費者認股流程<br>・田間報導、紀錄 |
| 股東 | ・投入股金<br>・參與採蘿蔔活動 | ・獲得新鮮現採蘿蔔<br>・獲得田園體驗樂趣<br>・增進家人親友關係<br>・擴大農村人際友誼<br>・深入體驗瞭解農村特色 |
| 在地商家 | 在地餐飲、住宿、伴手禮、農作物販售與服務提供 | 因白玉蘿蔔季帶動美濃當地休閒觀光消費額外增加收入 |
| 伙房媽媽 | ・參與蘿蔔初期加工、醃製與販售工作 | ・獲得醃蘿蔔及其他醃漬品銷售收入<br>・醃蘿蔔文化在夥房媽媽之間保存<br>・飲食手藝受肯定提升社會自信 |
| 美濃農會 | ・在地農夫教育訓練與輔導<br>・整合資源與活動執行 | ・獲得白玉蘿蔔品牌知名度<br>・帶動其他通路白玉蘿蔔銷售<br>・增加契作收入<br>・增加白玉蘿蔔加工品銷售<br>・增加其它農作物販售<br>・帶動美濃休閒旅遊<br>・增加美濃產地知名度<br>・提升耕作意願帶動資材及融資需求<br>・農民儲蓄增加<br>・增加與會員間關係與向心力 |

表 4 個案社會創業歷程中相關利益關係人與獲得經濟與社會價值分析（續）

| 相關利害關係 | 參與工作 | 獲得預期 / 非預期的經濟與社會價值 |
|---|---|---|
| 美濃農村田野學會 | ·負責活動企劃與田野調查工作 | ·獲得專案收入<br>·累積田野調查能力及在地知識<br>·培訓有志投入農村的青年工作者 |
| 高雄市城鄉導覽協會 | ·負責活動期間遊客導覽與解說工作 | ·獲得導覽解說收入<br>·帶動導覽解說培訓參與意願 |

資料來源：本研究修改整理自「美濃農村田野學會」所提供之資訊。

在個案經濟價值的創造上，建議可以採 2014 年 7 位參與「2014 年『白玉蘿蔔季』農夫投入與產出分析」，來探究社會創業歷程所帶給農民的經濟收入，我們整理成表 5 如以下：

表 5 2014 年「白玉蘿蔔季」7 位農夫達人田區認購面積、實際認購股數與契作收入

| 農民 | 田區名稱 | 最高可認購面積 | 實際認購股數 | 認股股金總額 / 元 | 契作收入總額 / 元 |
|---|---|---|---|---|---|
| 曾雪梅 | 快樂田 (A) | 3 分 | 148 股 | 81,400 | 60,000 |
| | 快樂田 (B) | 2 分 | 78 股 | 42,900 | 40,000 |
| 曾啟尚 | 白兔田 (A) | 4 分 | 181 股 | 99,550 | 80,000 |
| | 白兔田 (B) | 2 分 | 94 股 | 51,700 | 40,000 |
| 傅志剛 | 驚喜田 | 2.7 分 | 124 股 | 68,200 | 54,000 |
| 馮欽賢 | 彩虹田 | 3 分 | 147 股 | 80,850 | 60,000 |
| 鍾紹文 | 同心園 | 3.7 分 | 176 股 | 96,800 | 74,000 |
| 黃偉宸 | 尋寶田 | 3 分 | 130 股 | 71,500 | 60,000 |

表 5　2014 年「白玉蘿蔔季」7 位農夫達人田區認購面積、實際認購股數與契
作收入（續）

| 農民 | 田區名稱 | 最高可認購面積 | 實際認購股數 | 認股股金總額／元 | 契作收入總額／元 |
|------|----------|----------------|--------------|------------------|------------------|
| 溫柄貴 | 沿山蘿蔔田 | 2 分 | 91 股 | 50,050 | 40,000 |
| | 沿山蘿蔔田 | 2 分 | 101 股 | 55,550 | 40,000 |
| 總計 | | 27.4 分 | 1270 股 | 698,500 | 548,000 |

資料來源：本研究修改與整理自「美濃農村田野學會」所提供之資訊

　　個案社會創業歷程所帶美濃社區經濟價值的創造，可以採「2014 年『白
玉蘿蔔季』股東帶動美濃當地休閒觀光消費統計」，來探究社會創業歷程所帶
給美濃社區經濟價值。例如 2014 年實際認購股數為 1,270 股，根據田野調查
每一股可容納參與人數約為 5 至 7 人，將其與參與遊客總人數和每人每日旅遊
平均費用相乘後，可以得出在 2014 年「白玉蘿蔔季」股東會所帶動的美濃周
邊消費總額。如下以表 6 表示：

表 6　2014 年「白玉蘿蔔季」股東帶動美濃當地休閒觀光消費

| 實際認購股數 | 每股可容納參與人數 | 參與遊客總數 | 每人每日旅遊平均費用 | 帶動美濃周邊消費總額 |
|--------------|--------------------|--------------|----------------------|----------------------|
| 1,270 股 | 約為 5 至 7 人 | 約為 6,350 至 8,890 人 | 1,252 元 | 7,950,200 至 11,130,280 元 |

資料來源：本研究修改與整理自高明瑞，蔡敦浩，林慧青，張采綾，張丞玉（2015）

**步驟 5：目標達成與超越**

在社會創業研究上，學者普遍認同創業是一個創造新價值的過程，目標達成和超越是社會創業的第 5 個步驟，評估階段性的社會創業成果是否達成預期的使命目標，所創造的新價值是否已經達成穩定的服務均衡，或者是從中發現新問題，必須重新調整社會創業發展的方向。社會創業為一種創造社會價值的過程，是透過創新的方法提供新產品或服務，或是以創新的思維重新定義社會問題和社會需求，在個案中，透過「白玉蘿蔔季」帶動與整合至其他事業，包含：帶動其他農產品銷售、帶動觀光、建立通路、建立美濃在地品牌等，在社會創業歷程第 5 個步驟，在研究以表 7 整理如下：

表 7　「白玉蘿蔔季」帶動與整合其它事業表

| 事業整合 | | |
|---|---|---|
| 1 | 帶動其他農產品銷售 | ·白玉蘿蔔初級加工品<br>·橙蜜番茄<br>·冬季蔬菜 |
| 2 | 帶動觀光 | ·休閒農業體驗<br>·客家文化旅遊<br>·農村生態旅遊 |
| 3 | 建立通路 | ·宅配通路建立<br>·消費者直接銷售通路<br>·顧客關係管理與維護 |
| 4 | 建立美濃在地品牌 | ·美濃「MIM（Made in Meinong）」品牌<br>·美濃「白玉蘿蔔」品牌<br>·美濃「橙蜜番茄」品牌 |

資料來源：本研究修改與整理自高明瑞，蔡敦浩，林慧青，張采綾，張丞玉（2015）

# 六、結論與建議

本研究視社會創業為一種創造社會財富的活動與歷程，奠基於社會創業概念的創業歷程觀與社會價值創造觀點，本文以美濃客家返鄉青年的社區創業歷程作為個案研究對象，運用 Brooks 的分析架構，呈現兩位客家返鄉青年從尋找各種可能性到社會創業所帶出社會價值創造歷程。通過上章節「探究發現與管理意涵」，我們歸納出以下 3 點個案社會創業的關鍵成功因素：

## （一）成功的社會創業初始（start-up），源自於創業者明確辨別出能創造社會價值的機會

Brooks 指出社會創業和商業創業最主要的差異，並不在於創業過程本身，而在於創業訴求的歸屬上，因此社會創業者必須辨別出能夠創造社會價值的創業機會。在本個案中，返鄉青年觀察到，當稻米是一個低產值的作物，若僅僅只是種植稻米，產值是沒有辦法達到上述標準，所以當時農民不再有意願耕種，賣地的意願高漲。於是，農地被鋪上水泥，過去隨處可見稻穀搖曳的良田，逐漸被一棟棟水泥房舍取代。如何解決美濃賣農地風潮和農村荒蕪問題？要尋找什麼高產值的作物，提高農民耕種意願？要引進什麼新產業，讓美濃再生發展？這些都是返鄉青年必須面對的挑戰與機會。

在本個案社會創業發展第二個步驟：概念發展，是社會創業者針對所欲解決的社會問題與需求，必須界定出社會創業的價值主張，發展可行的創新構想。在表 2：個案社會創業機會和社會創業使命，研究者整理出返鄉青年意識到的美濃農村發展問題，也就是社會創業者在社會創業機會初始想要解決的社會問題，包含：解決農地休耕與水泥化問題；農夫人口老化，如何增加老農收入，讓老農可以安養晚年；美濃需要引進新的產業，讓美濃再生與發展。

返鄉青年明確辨識的三項社會問題後，引領出後續的創業行動，包含：以

增加農地的產值，提高農民耕作意願來根本解決美濃在 WTO 後，所造成的大量農地休耕與農地被拋售後因為興建假農舍而良田水泥化的問題。因此，為了提高耕種意願，社會創業者於是尋找老農容易種植，不需要勞力密集與高技術門檻的冬季農作——美濃特有小蘿蔔。透過邊做邊反思的創業機會尋找過程，返鄉青年以推展白玉蘿蔔的地產地銷取代原本規劃蓋菸廠、蓋醃製工廠的創業概念。因此，本個案成功關鍵源自於清楚的釐清社區問題，以及後續以解決社區發展問題延伸的社會創業之價值主張，因而讓在地特有的白玉蘿蔔讓美濃在後菸葉時代逆轉勝。 因此，成功地創業初始必須明確界定社區發展問題與創業的價值主張後，再開展接下來的創業行動。

## （二）成功的社會創業歷程，源自於創業者跳脫資源限制，以跨組織 合作帶動農村創新與創業

溫仲良理解到光憑 NPO 運作、地方社團喊喊口號、或是幾個人下去實作，其實是沒有辦法有效推動改革或根本性的解決產業發展問題，因此，他也積極尋求與美濃農會跨組織合作的機會。溫仲良思考到成立於日治時期的美濃農會，屬於農民合作社，股東都是農民會員，農會與農民關係緊密，於是他嘗試成為農會的合作夥伴（口訪時間：2015/2/24），而他也了解NPO的資源很有限，於是嘗試與美濃農會合作，透過跨組織合作也讓溫仲良跳脫資源限制。

因此，溫仲良除了有 NPO 組織本身具備的人力資本，包含：美濃返鄉知識青年、NPO 計畫撰寫能力、產業田野調查能力與知識累積外，透過跨組織合作美濃農會所挹注的財務資源，與所屬管理單位包含：高雄縣政府經費補助、行政院客委會經費補助，和兩個組織的人力資源共同投入，包含：農會推廣股工作人員、美濃農村田野學會工作人員等資源，讓取代菸草作物發展新的冬季農作產業，有了實現的可能性。因此，成功的社會創業歷程，源自於創業者跳脫資源限制，以跨組織合作取得財物、人力資源與人力資本，推展農村創新與

創業的過程。

## （三）成功的社會創業歷程，源來自於以 SROI 評估所創造的社會價值

商業創業與社會創業的主要差異，在於前者評估標準為是否獲取最大投資報酬率（Return on Investment），後者則強調社會價值的創造是社會創業歷程的結果。即社會創業發展第四個步驟，為事業開創和成長步驟，即社會創業者有效運用資源來創造新價值。在社會創業初期，當時溫仲良試圖思考一個可能性：

> 有沒有可能尋找一種產業，剛開始勞力跟資本都不是密集在某一個組織，或是某種產業型態。有沒有可能以系統性的概念去建構一種產業，這個產業是奠基在美濃傳統產業基礎上，透過一些創新手段或創新研發來創造產值，這些產值利潤不會特別集中在少數人或是造成資本集中化的問題，創造出來的公共財富會依循整個系統分配在美濃社區，可以讓美濃均衡、永續發展。（口訪時間：2015/2/24）

返鄉青年的創業結果是否有達到創業初期預期的結果呢？

本研究透過 SROI 分析，檢視本個案社會創業歷程的結果。例如：在返鄉青年其社會創業歷程中，所影響相關利益關係人、與利益關係人所獲得預期與非預期的經濟與社會價值，透過表 4 研究者整理出本個案所影響的利益關係人，包含：農夫、蘿蔔小天使、股東、在地商家、伙房媽媽、美濃農會、美濃農村田野學會、高雄市城鄉導覽協會，以及不同利益關係人所參與的工作，分別獲得預期或非預期的經濟與社會價值。除了評估創業結果所影響相關利益關係人外，本研究也透過表 5 檢視返鄉青年在其社會創業歷程所帶給農民的經濟

收入。和以表6檢視2014年「白玉蘿蔔季」股東帶動美濃當地休閒觀光消費，探究個案中的社會創業歷程所帶給美濃社區經濟價值。

透過以上評估，研究者們也發現成功的社會創業歷程，源來自於以 SROI 評估所創造的社會價值，這樣的評估結果似乎也回應 Zahra 等學者們（2009）對社會創業的定義：「社會創業為社會創業者為了提高社會財富，藉由創造新企業或是在既有的組織，以創新的方式，發現、定義、挖掘機會的活動與歷程」，在本個案中，返鄉青年成功的社會創業初始，源自於創業者明確辨別出能創造社會價值的機會，並且跳脫創業者本身資源限制，透過跨組織合作帶動農村整體創新與創業，以及以 SROI 評估所創造的社會價值之社會創業路徑，讓返鄉青年們仰仗著社會創業歷程的實作行動，讓原本產業沒落的美濃再次重現生機與活力了。

## 參考文獻

李慶芳、利尚仁、Mansour Amjadi，2008，〈一個不可能的任務？：凋敝地區的再生發展〉。《創業管理研究》3（4）：73-92。

洪馨蘭，2002，《高雄縣美濃鎮菸業主題調查計畫：菸樓、輔導區》。高雄：高雄縣政府文化局。

高明瑞、黃章玉，2013，〈家園或組織？一個臺灣社會創業組織之發展歷程分析〉，《輔仁管理評論》20（1）：1：22。

高明瑞，蔡敦浩，林慧音，張采綾，張丞玉，2015，〈白玉蘿蔔與美濃農村：一個社會創業歷程的探究〉。《中山管理評論》23（3）：847-875。

張正揚，2010，《小農的地方知識與變遷適應：旗美社區大學「有機」實踐之敘事分析》。國立高雄師範大學客家文化研究所碩士論文。

Brooks, A. C., 2009, Social Entrepreneurship: A Modern Approach to Social Value Creation, New York, Pearson Education, Inc..

Hemingway,　C. A., 2005, "Personal Values as A Catalyst for Corporate Social Entrepreneurship", *Journal of Business Ethics*, 60(3):233-249

Johnstone, H. & Lionais, D., 2004, "Depleted communities and community business entrepreneurship: revaluing space through place", *Entrepreneurship & Regional Development*, 16:217–233.

Mair, J. and Marti, I., 2006, "Social Entrepreneurship Research: A Source of Explanation, Pre- diction, and Delight," *Journal of World Business*, 41(1): 36-44.

Martinelli, A., 2004, "The Social and Institutional Context of Entrepreneurship" in Corbetta, G.,M. Huse and D. Ravasi (eds), Crossroads of Entrepreneurship, Boston, Kluwer Academic Publishers, 53-74.

Peredo, A. M. and Chrisman, J.J., 2006," Toward a Theory of Community-Based Enterprise",*Academy of Management Review*, 31(2):309–328..

Shane, S and S. Venkataraman, 2000, "The promise of entrepreneurship as a field of research",*Academy of Management Review*, 25(1):217-26

Zahra, S. A., Gedajlovic, E., Neubaum, D. O., & Shulman, J. M., 2009, "A Typology of Social Entrepreneurs: Motives, Search Processes and Ethical Challenges," *Journal of Business Venturing*, 24(5):519-532.

【南向】

# Family Language Practices of Chinese Hakka in East Malaysia

Senior Lecturer, Faculty of Languages and Linguistics,
University of Malaya   **Seong Lin Ding**
Professor, Faculty of Economics and Administration,
University of Malaya   **Kim Leng Goh**

## Abstract

Language maintenance and language shift are central topics in sociolinguistics. With the objective of adding further understanding to this field in Malaysia, this paper focuses on the language practices of the Hakka families in Sabah and Sarawak, East Malaysia. The data collected from both communities suggest that changes in family language use started in the 1962–1989 generation. Mandarin (and English) seems to be preferred over Hakka and is used among the 1990–2001 generation. This study confirms the general trend in today's Malaysian Chinese society that the younger generation has a tendency to reduce their heritage language use and adopt Mandarin (or English) as their primary language of communication, even in the family domain. This is perhaps because of parents' preference and choice of language, which has affected their children's language use and ability to speak Hakka. The findings show that although many Hakka claim to have strong feelings toward their mother tongue and value it to a great extent, they do not make a sufficient effort to ensure its survival (i.e. most of the time, they do not use it with their children). Nevertheless, despite their imperfect knowledge of Hakka, many young semi-speakers claim Hakka as their mother tongue and continue to speak it, an indication that Mandarin (or English) has still not become dominant. Nevertheless, the fact that Mandarin (or English) has now moved into the family domain indicates a clear—if not alarming—sign of language shift.

*Keywords*：language maintenance, language shift, family language practice, Hakka, East Malaysia

Since the publication of Fishman's seminal paper (1964), language maintenance and language shift have been a central topic in sociolinguistics (e.g., Eira, 2002; Gal, 1979; Huffines, 1980; Pauwels, 2005; Schüpbach, 2009). However, the literature has focused on a relatively restricted number of languages, many of which are comparatively high status languages internationally and have national language status, large communities of speakers in the source country or countries, and significant resources to draw on to support heritage language maintenance efforts (Borland, 2005). By contrast, there are minority groups who speak other subethnic languages that face more complicated pressures in terms of language maintenance, such as the various Chinese dialect groups in Malaysia and Southeast Asia. To enhance the understanding of this subject matter, this paper focuses on the language practices of the Hakka families in the states of Sabah and Sarawak, East Malaysia.

Fishman (1991) views family as the main domain for heritage language use. Supportive policies and educational provisions are of value only if the family initiates mother tongue acquisition and provides a practice ground for its continued use. In other words, Fishman (1991) emphasizes the power of family and places intergenerational mother tongue transmission at the center of his argument, indicating that language maintenance is not possible without intergenerational mother tongue transmission—as language that is not transmitted cannot be maintained. Moreover, the degree of endangerment of a language is related to intergenerational language transmission. For example, a language is considered vulnerable when most children speak it, but only in certain domains (e.g., the home); additionally, a language is definitely endangered if children no longer learn the language as the mother tongue in the home (Moseley, 2010). The situation becomes even more critical when a heritage language does not receive any official or semiofficial recognition, as proposed by Lewis (2006) in his parameters of endangerment.

Consequently, the family is seen as the last domain for language maintenance (Appel & Muysken, 1987; Coulmas, 2005; Fasold, 1984; Fishman, 1972). García (2003) suggests that use of the ethnic language in family and friendship networks and its transgenerational transmission remain crucial. Studies have also highlighted how families play an important role in the context of bilingualism (Alba, Logan, Lutz, & Stults, 2002; Fishman, 1996; Scanlan, 2011; Spielman, 2001; Wong Fillmore, 2000). Considering the threats of globalization, Fishman (2001) has even concluded that although the mother tongue as the threatened language may share some of the functions of the nonthreatened language, the informal domains of intimacy, and especially the home, must be reserved solely for the threatened language.

Several studies have been conducted on language maintenance and shift among the Chinese communities in Malaysia (for example, 陳湘琳、辜秋瑩, 2015; 郭熙, 2003; 洪麗芬, 2008, 2010; Kow, 2003; 林冬梅, 2010; Puah & Ting, 2015). Following this line of research, we consider the main factors for successful and unsuccessful heritage language maintenance in the family, as identified through our case study.

According to Fishman (1991), three key aspects should be considered in an "informed evaluation" of language maintenance and shift: habitual language use, behavior toward language, and sociocultural change processes. We designed the present study to address all three aspects; however, the main focus was on the first aspect, with an emphasis on both a preference for and the use of the heritage language (i.e., the Hakka language) under the current sociocultural change in the context of East Malaysia.

The study was conducted among three age groups, spanning three to four generations of the Hakka community in Sabah and Sarawak, East Malaysia. The respondents represent the Hakka community, who are descendants of the early Chinese migrants in the nineteenth century. The Hakka language is used broadly, although it is not the language of schooling. Three towns in the state of Sabah (i.e., Inanam, Menggatal, and Telipok [IMT]) and the district of Bau in the state of Sarawak were selected for the case study. These areas were chosen because they are dominated by Hakkas, thus exhibiting a high degree of language homogeneity.

## Background

The Hakkas immigrated to Sabah and Sarawak in the early nineteenth century from China. Table 1 shows the overwhelming number of Hakkas within the Sabah Chinese community. Their predominance in Sabah distinguishes them from other Chinese communities in Southeast Asian countries, where the Hokkien or Teochew communities usually constitute the majority.

In 2000, the Hakka population in Sabah was 148,000, or 58% of the Chinese community in the state (Department of Statistics Malaysia, 2003); the Hakka population in Sarawak was 162,000, or 31.5% of the Chinese community in the state (Table 2).

Until the mid-twentieth century, a resident of Malaysia could sustain a lifestyle that operated largely within a community that was virtually monodialectal, despite being situated in a multiethnic enclave. This was particularly true of the Chinese community, where different dialect groups had their own identifiable settlements in various parts of the country. In accordance with the ongoing Chinese national consciousness and patriotic movements (Wong, 1998), Mandarin was introduced as the medium of instruction in Chinese primary schools after the end of World War II (Han, 1975, p. 179).

Due to Malaysia's language-differentiated educational system, the generations of Chinese born between 1900 and 1970 gradually became linguistically diverse. Those who were educated during that period could be identified as either a Chinese-educated speaker fluent in Mandarin or an English-educated Chinese person who speaks English fluently. Dialects such as Cantonese, Hokkien, and Hakka served as the lingua franca between these two groups of Chinese people.

Today, the ability to speak at least two languages with varying degrees of proficiency is the norm in Malaysia, rather than the exception. In fact, as the consequences of the education system in Malaysia, virtually all Chinese are bilingual, if not multilingual. Moreover, most Chinese Malaysians usually acquire a first, second, third, and even fourth language at the same time and do not distinguish them as such because they grew up learning and using two, three, or more languages. The same applies to the Hakka community in East Malaysia.

The problem of language maintenance arises, however, because the use of two or more languages within one community is usually dependent on each language serving a function that the other does not. Hence, if two languages could be used interchangeably on all occasions by all speakers, one would be superfluous and ultimately dropped from the repertoire of languages. In other words, it is the fulfillment of separate functions by different languages that permits persistent bilingualism (or multilingualism) within the community (Fishman, 1972). In East Malaysia, the change of the medium of instruction from English to Malay in the national primary schools by 1985 (Hashim, 2003) discouraged many English-educated Chinese from sending their children to the national schools, but to Chinese primary schools instead. This indirectly contributed to the change of the lingua franca for the younger generation (i.e., from dialects to Mandarin). When Mandarin (and English) is used widely within schools, religious places, businesses, and the family, the question of maintenance of dialects, including Hakka, becomes a critical issue.

## Methodology

This study is based on a survey conducted on more than 900 Chinese Hakkas in IMT, Sabah, and Bau, Sarawak, for a period of 2 years. A questionnaire consisting of 60 questions was made available in two languages: Chinese and English. Information including personal and family data, educational background, frequency of and preference for Hakka use in different domains, and Hakka language proficiency was gathered. Sampling was based on referrals made by informants and respondents. Three cohorts were grouped by birth year (1922–1961, 1962–1989, 1990–2001). Based on this categorization, the first generation was approximately 55–95 years of age (the great grandparent and grandparent generation), the second cohort was approximately 28–54 years of age (the parent generation), and the third was approximately 16–27 years of age (the younger generation). We chose the year 1990 because it is the landmark year when Malaysians were allowed, for the first time since 1949, to visit, work, or study in China. Hence, the spread of Mandarin among the Chinese community became more prevalent (Ding, 2016).

## Analysis

The questionnaires solicited data on language use and preferences for Hakka compared with Mandarin or English in the aforementioned localities. Five categories of language practices, ranging on a continuum from "almost always in Hakka" to "almost always in Mandarin or English," were devised to measure the frequency of language use and preference for using Hakka with 13 interlocutors. The findings suggested that Hakka is still the dominant language compared with Mandarin (or English), although the use of Mandarin or English as the home language has increased. In terms of location, the frequency of Hakka use differs between Bau (Sarawak) and IMT (Sabah): Hakka use is marginally higher in Bau (p = 0.064) (Table 3).

Table 4 details the language use of the Hakka respondents in IMT and Bau across the three age groups, as indicated by the preference for and use of Hakka almost always in communication with different interlocutors. The number of frequent Hakka users evidently declines progressively across the generations.

The data suggest that changes in family language use started in the parent generation (the 1962–1989 cohort). While there are speakers in every age group who prefer to use languages other than Hakka in various domains, a significant change in favor of Mandarin (or English) occurs when respondents of the 1962–1989 birth cohort report on preference and use in conversations with their spouses and children.

Only 58.5% of the Hakkas from the 1962–1989 birth cohort in IMT and 62.4% of the same cohort in Bau choose to speak "almost always in Hakka" with their spouses, and the percentage drops drastically to 13.9% (IMT) and 24.1% (Bau) for communication with their children.

In both communities, Mandarin (or English) is preferred and used among the 1990–2001 generation. These figures confirm the general trend in Malaysian Chinese society today, whereby the younger generation has a tendency to reduce their heritage language use and adopt Mandarin (or English) as their primary language of communication, even in the family domain.

On the basis of the study by Hayden (1966), we analyzed the data on the direction of differences between frequencies of preference and frequencies of use. By using signs to denote the actual use of Hakka compared with the preference for the language, an index of Hakka constraint and facilitation was devised. Specifically, if the frequency of actual use is lower than the frequency of preference (indicated by the minus sign [−]), the use of the heritage language is considered "constrained," indicating that some negative factors are at play in society that result in Hakka being used less often than the speakers would prefer. The use of the heritage language is considered "facilitated" if the frequency of use is higher than the frequency of preference (indicated by the plus sign [+]), suggesting that some facilitating factors have elicited greater use of Hakka than expected or preferred. When the percentages of both use and preference are identical, there is agreement (indicated by the number zero [0]) between the frequencies of actual Hakka usage and the preference for it.

Table 5 shows the indices for various communities, interlocutors, and generations.

In both communities, the use of Hakka is constrained far more frequently than it is facilitated for the older generation (1922–1961 cohort), especially in Bau. In other words, the preference for the heritage language may be so strong as to cause older respondents to prefer to use it on more occasions than is practical or necessary. By contrast, those who were born between 1962 and 1989 use Hakka on more occasions than they would like to. Apparently, the 1962–1989 cohort is more likely to use nonheritage languages compared with the older generation, as their preference for Hakka usage is much lower than their actual usage. Thus, although there are some facilitating factors that prompt the 1962–1989 cohort to use Hakka more than they intend to, the initial preference for using less Hakka might lead to an unfavorable effect on Hakka language maintenance.

While considerable facilitation appears to be the norm for the 1962–1989 cohort in both IMT and Bau, particularly in connection with family members, there is one exception: using Hakka with their own children. In other words, parents use Hakka more frequently than they would like to in their communication with family members, apart from their children. This situation is perhaps attributable to the so-called internalized preferences suggested by Hayden (1966)—not so much for English in this case, but for Mandarin. For the parents, constraint clearly occurs not because of a strong preference, as in the older generation, but because of the extremely low usage of the Hakka language between parents and children.

Concerning the young respondents, the findings show a slight difference between IMT and Bau. The 1990–2001 cohort from Bau shows agreement between their preference for and use of the Hakka language, whereas the use of Hakka in IMT is somewhat constrained, implying that this young generation uses less Hakka than they would like to.

Ultimately, the parents' language practices and their preferences may have affected the ability of their oldest children to speak Hakka (Table 6). Clearly, children's Hakka language ability increases with the frequency of Hakka language use among the parents. Among the parents (of both birth cohorts) who use the language frequently, 63.3% of the children have good or very good ability to speak Hakka. The corresponding proportion of 17.7% is significantly lower among those whose parents use the language infrequently. Again, the impact of parents' language use on their children's language ability has diminished over time. Among the members of the 1922–1961 cohort who use the language frequently, 81.8% of their children can speak Hakka well. However, the corresponding proportion has dropped to 38.6% for those from the 1962–1989 birth cohort (Ding, 2016).

## Discussion and Conclusion

Our study clearly shows that family language practices play a major role in influencing children's language use and proficiency. As Huffines (1980) posits, the perceptions held by speakers of heritage languages and their abilities to use them are of major concern if the heritage language is to be transmitted to the next generation. Our findings appear to agree with Dorian (1981), who describes the typical phenomenon where bilingual speakers use their minority language and resent disloyalty toward it, but *do not use it* with their children.

Many of the respondents in the survey learned Hakka from their parents and grandparents. However, this did not necessarily occur in the interaction between parent and child or grandparent and grandchild. Parents frequently speak to each other in Hakka, and grandparents speak to parents in Hakka, but many parents speak to their children in Mandarin. Hakka is a heritage language that children can choose to pursue or not—and many do not.

In Fishman's (1972) view, different domains of language use are needed for different purposes. For most respondents in the present study, Hakka has very limited domains of use. Today, Hakka is usually used within the intimate domain (i.e., with family and friends) and in business transactions between members within the Bau and IMT community. Although some parents intend to maintain their heritage language in the family domain because of sociocultural forces, the majority express their fear that speaking Hakka might hold their children back in school, because it is not the medium of instruction. In other words, the children's upbringing and welfare are always at the forefront of the parents' consideration. Issues of heritage and language as part of that heritage have always related to broader educational and life outcomes and thereby contribute to opportunities and success in life (Borland, 2005). This eventually has elicited the decrease in Hakka language users, a generally less favorable attitude toward the heritage language, and a corresponding decline in Hakka language ability.

Moreover, many parents in the present study report using both Hakka and Mandarin or English within the family. While this type of bilingualism results in more effective communication between older and younger generations, it may also have contributed to the declining proficiency in Hakka. This indicates the importance of the notion of the "semi-speakers," which Dorian (1973, 1977, 1981) raised in her discussion on the death of East Sutherland Gaelic, a Scottish Gaelic dialect. It highlights what it means to have only ***partial*** or ***imperfect*** knowledge or competence in a language.

Our findings show that although many Hakka families claim to have strong feelings and value their mother tongue to a great extent, they do not make an effort sufficient to ensure its survival; that is, most of the time, they do not use it with their children at home. We also argue that most Hakka speakers from the young cohort are unable to speak Hakka fluently, not to mention generate arguments and sophisticated ideas using the Hakka language. Nevertheless, despite the imperfect knowledge of Hakka, many young semi-speakers, especially those from Bau, claim Hakka as their mother tongue and use Hakka more than they would prefer to. These linguistic behaviors of young semi-speakers who choose to continue speaking in imperfect Hakka indicate that Mandarin (or English) has not yet become completely dominant. However, the language shift may soon become more rapid and far-reaching in all domains (Li, Saravanan, & Ng Lee Hoon, 1997) if Hakka families continue their current family language practices.

To conclude, the language environment in East Malaysia has undergone change in recent years, and consequently the linguistic repertoires of families and individuals have been substantially adjusted. Mandarin (or English) has now moved into the family domain, deemed the traditional Hakka speaking territory. This is a clear—if not alarming—sign of language shift.

**Table 1**　Chinese Population in Sabah According to Dialect Group

| Year | Chinese | | Hakka | | Cantonese | | Hokkien | | Teochew | | Others | |
|---|---|---|---|---|---|---|---|---|---|---|---|---|
| | Total | (%) | Total | (%) | Total | (%) | Total | (%) | Total | (%) | Total | (%) |
| 1921 | 39,256 | 100 | 18,153 | 46.24 | 12,268 | 31.25 | 4,022 | 10.25 | 2,480 | 6.32 | 2,333 | 5.94 |
| 1931 | 50,056 | 100 | 27,424 | 54.79 | 12,831 | 25.63 | 4,634 | 9.26 | 2,511 | 5.02 | 2,656 | 5.31 |
| 1951 | 74,374 | 100 | 44,505 | 59.84 | 11,833 | 15.91 | 7,336 | 9.86 | 3,948 | 5.31 | 6,752 | 9.08 |
| 1960 | 104,542 | 100 | 57,338 | 54.85 | 15,251 | 14.59 | 11,924 | 11.41 | 5,991 | 5.73 | 14,038 | 13.43 |
| 1970 | 138,512 | 100 | 78,500 | 56.68 | 21,365 | 15.42 | 16,706 | 12.06 | 7,631 | 5.51 | 14,310 | 10.33 |
| 1980 | 153,981 | 100 | 90,478 | 58.76 | 19,184 | 12.46 | 24,604 | 15.98 | 7,990 | 5.19 | 11,725 | 7.61 |
| 1991 | 199,140 | 100 | 113,628 | 57.06 | 28,769 | 14.45 | 26,303 | 13.21 | 10,350 | 5.20 | 20,090 | 10.09 |

Note. Source: Jones (1962), Department of Statistics Malaysia (1976, 1980a, 1995).

**Table 2**   Chinese Population in Sarawak According to Dialect Group

| Year | Chinese | | Hakka | | Foochow | | Teochew | | Hokkien | | Others | |
|---|---|---|---|---|---|---|---|---|---|---|---|---|
| | Total | (%) | Total | (%) | Total | (%) | Total | (%) | Total | (%) | Total | (%) |
| **1947** | 145,158 | 100 | 45,409 | 31.28 | 41,946 | 28.90 | 12,892 | 8.88 | 20,289 | 13.98 | 24,622 | 16.96 |
| **1970** | 239,569 | 100 | 89,383 | 37.31 | 50,650 | 21.14 | 27,372 | 11.43 | 35,213 | 14.70 | 36,951 | 15.42 |
| **1980** | 359,884 | 100 | 116,694 | 32.43 | 117,900 | 32.76 | 31,079 | 8.64 | 48,236 | 13.40 | 45,975 | 12.77 |
| **1991** | 445,548 | 100 | 142,743 | 32.04 | 149,293 | 33.51 | 36,062 | 8.10 | 59,322 | 13.31 | 58,128 | 13.05 |
| **2000** | 512,426 | 100 | 161,552 | 31.53 | 178,261 | 34.79 | 38,120 | 7.44 | 68,935 | 13.45 | 65,558 | 12.79 |

Note. Source: Noakes (1950), Department of Statistics Malaysia (1970, 1980b, 1991, 2010).

**Table 3**    Frequency of Hakka Use in IMT and Bau

| Community | Mean | N | Std. Deviation |
|---|---|---|---|
| IMT | 3.4860 | 460 | 1.18748 |
| Bau | 3.6211 | 486 | 1.05103 |
| Total | 3.5554 | 946 | 1.12090 |

Note. The F statistic (p value) to test for differences across groups is 3.44 (0.064).

**Table 4**    Hakka Retentiveness for Different Age Groups in IMT and Bau

| Age Group | Interlocutor | | Community | | Total |
|---|---|---|---|---|---|
| | | | IMT | Bau | |
| 1922-1961 | Grandparents | Prefer | 115 (95.8%) | 114 (95.0%) | 229 (95.4%) |
| | | Use | 116 (97.5%) | 112 (94.9%) | 228 (96.2%) |
| | Father | Prefer | 122 (93.8%) | 117 (95.1%) | 239 (94.5%) |
| | | Use | 126 (96.2%) | 119 (96.7%) | 245 (96.5%) |
| | Mother | Prefer | 126 (95.5%) | 121 (96.0%) | 247 (95.7%) |
| | | Use | 131 (97.8%) | 118 (95.9%) | 249 (96.9%) |
| | Siblings | Prefer | 120 (89.6%) | 115 (91.3%) | 235 (90.4%) |
| | | Use | 119 (88.8%) | 110 (88.7%) | 229 (88.8%) |
| | Spouse | Prefer | 112 (84.2%) | 107 (87.0%) | 219 (85.5%) |
| | | Use | 107 (81.1%) | 102 (84.3%) | 209 (82.6%) |
| | Own Children | Prefer | 101 (76.5%) | 86 (68.3%) | 187 (72.5%) |
| | | Use | 95 (71.4%) | 73 (58.4%) | 168 (65.1%) |
| | Own Grandchildren | Prefer | 59 (63.4%) | 60 (50.0%) | 119 (55.9%) |
| | | Use | 32 (45.7%) | 23 (30.7%) | 55 (37.9%) |
| | Close Relative | Prefer | 113 (81.9%) | 109 (85.8%) | 222 (83.8%) |
| | | Use | 115 (83.3%) | 104 (81.9%) | 219 (82.6%) |
| | Friends | Prefer | 99 (72.3%) | 96 (75.6%) | 195 (73.9%) |
| | | Use | 87 (64.0%) | 97 (76.4%) | 184 (70.0%) |
| | Acquaintances | Prefer | 91 (66.4%) | 97 (76.4%) | 188 (71.2%) |
| | | Use | 76 (55.9%) | 87 (68.5%) | 163 (62.0%) |

| Age Group | Interlocutor | | Community | | Total |
|---|---|---|---|---|---|
| | | | IMT | Bau | |
| 1922-1961 | School Mate/ Colleague | Prefer | 83 (61.0%) | 88 (70.4%) | 171 (65.5%) |
| | | Use | 69 (51.1%) | 74 (59.7%) | 143 (55.2%) |
| | Sales Person | Prefer | 67 (49.6%) | 51 (40.5%) | 118 (45.2%) |
| | | Use | 52 (38.5%) | 23 (18.3%) | 75 (28.7%) |
| | Member of Religious Group | Prefer | 92 (67.6%) | 77 (63.6%) | 169 (65.8%) |
| | | Use | 84 (62.2%) | 75 (63.6%) | 159 (62.8%) |
| 1962-1989 | Grandparents | Prefer | 126 (85.1%) | 135 (86.0%) | 261 (85.6%) |
| | | Use | 130 (87.8%) | 135 (90.0%) | 265 (88.9%) |
| | Father | Prefer | 129 (76.8%) | 147 (81.7%) | 276 (79.3%) |
| | | Use | 134 (79.8%) | 156 (87.6%) | 290 (83.8%) |
| | Mother | Prefer | 136 (78.2%) | 149 (81.9%) | 285 (80.1%) |
| | | Use | 146 (83.9%) | 159 (87.8%) | 305 (85.9%) |
| | Siblings | Prefer | 123 (73.2%) | 139 (76.4%) | 262 (74.9%) |
| | | Use | 126 (74.6%) | 144 (79.6%) | 270 (77.1%) |
| | Spouse | Prefer | 79 (58.1%) | 101 (62.3%) | 180 (60.4%) |
| | | Use | 72 (58.5%) | 78 (62.4%) | 150 (60.5%) |
| | Own Children | Prefer | 37 (28.0%) | 58 (36.3%) | 95 (32.5%) |
| | | Use | 16 (13.9%) | 28 (24.1%) | 44 (19.0%) |
| | Own Grandchildren | Prefer | 18 (40.9%) | 53 (39.6%) | 71 (39.9%) |
| | | Use | 4 (57.1%) | 5 (50.0%) | 9 (52.9%) |
| | Close Relative | Prefer | 111 (63.8%) | 119 (65.4%) | 230 (64.6%) |
| | | Use | 113 (64.9%) | 121 (66.9%) | 234 (65.9%) |
| | Friends | Prefer | 78 (44.3%) | 88 (48.1%) | 166 (46.2%) |
| | | Use | 77 (43.8%) | 92 (50.3%) | 169 (47.1%) |
| | Acquaintances | Prefer | 58 (33.1%) | 79 (43.2%) | 137 (38.3%) |
| | | Use | 47 (26.9%) | 76 (41.5%) | 123 (34.4%) |
| | School Mate/ Colleague | Prefer | 58 (33.0%) | 72 (39.3%) | 130 (36.2%) |
| | | Use | 48 (27.3%) | 63 (34.4%) | 111 (30.9%) |
| | Sales Person | Prefer | 34 (19.5%) | 44 (24.0%) | 78 (21.8%) |
| | | Use | 25 (14.5%) | 20 (11.0%) | 45 (12.7%) |
| | Member of Religious Group | Prefer | 68 (40.2%) | 73 (40.6%) | 141 (40.4%) |
| | | Use | 67 (39.9%) | 68 (37.8%) | 135 (38.8%) |

| Age Group | Interlocutor | | Community | | Total |
|---|---|---|---|---|---|
| | | | **IMT** | **Bau** | |
| 1990-2001 | Grandparents | Prefer | 52 (44.4%) | 99 (64.3%) | 151 (55.7%) |
| | | Use | 56 (50.9%) | 105 (70.5%) | 161 (62.2%) |
| | Father | Prefer | 42 (30.2%) | 93 (54.4%) | 135 (43.5%) |
| | | Use | 45 (32.4%) | 102 (60.0%) | 147 (47.6%) |
| | Mother | Prefer | 38 (27.9%) | 93 (53.8%) | 131 (42.4%) |
| | | Use | 38 (28.6%) | 101 (58.4%) | 139 (45.4%) |
| | Siblings | Prefer | 35 (25.2%) | 74 (43.0%) | 109 (35.0%) |
| | | Use | 40 (29.4%) | 81 (48.5%) | 121 (39.9%) |
| | Close Relative | Prefer | 31 (22.1%) | 68 (39.1%) | 99 (31.5%) |
| | | Use | 28 (19.9%) | 76 (43.7%) | 104 (33.0%) |
| | Friends | Prefer | 11 (7.7%) | 40 (23.0%) | 51 (16.1%) |
| | | Use | 6 (4.2%) | 32 (18.4%) | 38 (12.0%) |
| | Acquaintances | Prefer | 7 (4.9%) | 35 (20.1%) | 42 (13.3%) |
| | | Use | 3 (2.1%) | 26 (14.9%) | 29 (9.2%) |
| | School Mate/ Colleague | Prefer | 8 (5.6%) | 28 (16.2%) | 36 (11.4%) |
| | | Use | 4 (2.8%) | 20 (11.6%) | 24 (7.6%) |
| | Sales Person | Prefer | 6 (4.7%) | 19 (11.3%) | 25 (8.4%) |
| | | Use | 2 (1.6%) | 11 (6.7%) | 13 (4.5%) |
| | Member of Religious Group | Prefer | 13 (9.8%) | 29 (17.6%) | 42 (14.1%) |
| | | Use | 13 (9.8%) | 21 (13.0%) | 34 (11.6%) |

**Table 5**   Direction of Differences between Expressions of Preference for Hakka and Its Use

| Community | Interlocutor | 1922-1961 | 1962-1989 | 1990-2001 |
|---|---|---|---|---|
| IMT | Grandparents | + | + | + |
|  | Father | + | + | + |
|  | Mother | + | + | + |
|  | Siblings | - | + | + |
|  | Spouse | - | + | NA |
|  | Own Children | - | - | NA |
|  | Own Grandchildren | - | + | NA |
|  | Close Relative | + | + | - |
|  | Friends | - | - | - |
|  | Acquaintances | - | - | - |
|  | School Mate/Colleague | - | - | - |
|  | Sales Person | - | - | - |
|  | Member of Religious Group | - | - | 0 |
|  | Agreement | 0% | 0% | 10% |
|  | Constraint: Percent (-) | 69.2% | 46.2% | 50% |
|  | Facilitation: Percent (+) | 30.8% | 53.8% | 40% |
|  |  | 100% | 100% | 100% |

| Community | Interlocutor | 1922-1961 | 1962-1989 | 1990-2001 |
|---|---|---|---|---|
| Bau | Grandparents | - | + | + |
| | Father | + | + | + |
| | Mother | - | + | + |
| | Siblings | - | + | + |
| | Spouse | - | + | NA |
| | Own Children | - | - | NA |
| | Own Grandchildren | - | + | NA |
| | Close Relative | - | + | + |
| | Friends | + | + | - |
| | Acquaintances | - | - | - |
| | School Mate/Colleague | - | - | - |
| | Sales Person | - | - | - |
| | Member of Religious Group | 0 | - | - |
| | Agreement | 7.7% | 0% | 0% |
| | Constraint: Percent (-) | 76.9% | 38.5% | 50% |
| | Facilitation: Percent (+) | 15.4% | 61.5% | 50% |
| | | 100% | 100% | 100% |

Note. Signs denote (use) − (preference)

**Table 6**    Association between Frequency of Hakka Use by Parents and Hakka Speaking Ability of the Oldest Child

| Hakka use by parents | Hakka speaking ability of oldest child | | | | | Total |
|---|---|---|---|---|---|---|
| | Very good | Good | Moderate | Little | None | |
| Birth Cohort 1922-1961 | | | | | | |
| Low use | 0.0% | 50.0% | 50.0% | 0.0% | 0.0% | 100.0% |
| Moderate use | 4.8% | 33.3% | 38.1% | 19.0% | 4.8% | 100.0% |
| High use | 31.8% | 50.0% | 12.7% | 4.5% | .9% | 100.0% |
| Total | 29.2% | 48.6% | 15.2% | 5.8% | 1.2% | 100.0% |
| Birth Cohort 1962-1989 | | | | | | |
| Low use | 6.7% | 6.7% | 26.7% | 6.7% | 53.3% | 100.0% |
| Moderate use | 4.0% | 18.0% | 16.0% | 44.0% | 18.0% | 100.0% |
| High use | 14.5% | 24.1% | 34.3% | 23.5% | 3.6% | 100.0% |
| Total | 11.7% | 21.6% | 29.9% | 26.8% | 10.0% | 100.0% |
| Both birth cohorts | | | | | | |
| Low use | 5.9% | 11.8% | 29.4% | 5.9% | 47.1% | 100.0% |
| Moderate use | 4.2% | 22.5% | 22.5% | 36.6% | 14.1% | 100.0% |
| High use | 24.4% | 38.9% | 22.0% | 12.7% | 2.1% | 100.0% |
| Total | 20.7% | 35.4% | 22.4% | 16.0% | 5.5% | 100.0% |

Note. The chi-square values (p values) for the test of association are 25.64 (0.001), 57.40 (0.000), and 115.19 (0.000) for the 1922–1961 cohort, 1962–1989 cohort, and both birth cohorts, respectively.

# References

Alba, R., Logan, J., Lutz, A., & Stults, B. (2002). Only English by the third generation? Loss and preservation of the mother tongue among the grandchildren of contemporary immigrants. *Demography*, 39(3), 467–484.

Appel, R., & Muysken, P. (1987). *Language Contact and Bilingualism*. London: Edward Arnold.

Borland, H. (2005). Heritage languages and community identity building: The case of a language of lesser status. *International Journal of Bilingual Education and Bilingualism*, 8(2-3), 109–123.

Coulmas, F. (2005). *Sociolinguistics: The Study of Speakers' Choice*. Cambridge: Cambridge University Press.

Department of Statistics Malaysia. (1970). *1970 Population and Housing Census of Malaysia*. Kuala Lumpur: Department of Statistics Malaysia.

Department of Statistics Malaysia. (1976). *1970 Population and Housing Census of Malaysia*. Kuala Lumpur: Department of Statistics Malaysia.

Department of Statistics Malaysia. (1980a). *State Population Report: Sabah*. Kuala Lumpur: Department of Statistics Malaysia.

Department of Statistics Malaysia. (1980b). *Population and Housing Census of Malaysia 1980, State Population Report, Sarawak*. Kuala Lumpur: Department of Statistics Malaysia.

Department of Statistics Malaysia. (1991). *Population and Housing Census Malaysia 1991, State Population Report, Sarawak*. Kuala Lumpur: Department of Statistics Malaysia.

Department of Statistics Malaysia. (1995). *Population and Housing Census of Malaysia 1991, State Population Report, Sabah*. Kuala Lumpur: Department of Statistics Malaysia.

Department of Statistics Malaysia. (2003). *Population of Chinese Dialect Groups of Malaysia, 2000* (unpublished data from the 2000 Population and Housing Census). Putrajaya: Department of Statistics Malaysia.

Department of Statistics Malaysia. (2010). *Year Book of Statistics Sarawak 2010*. Kuching: Department of Statistics Malaysia Sarawak.

Ding, S. L. (2016). The role of parents in heritage language maintenance in Malaysia. *Malaysian Journal of Chinese Studies*, 5(1), 15–27.

Dorian, N. C. (1973). Grammatical change in a dying dialect. *Language, 49*, 413–438.

Dorian, N. C. (1977). The problem of the semi-speaker in language death. *International Journal of the Sociology of Language*, 12, 23–32.

Dorian, N. C. (1981). *Language Death: The Life Cycle of a Scottish Gaelic Dialect*. Philadelphia, PA: University of Pennsylvania Press.

Eira, C. (2002). Language maintenance at the micro level: Hmong Ex-refugee communities. In D. Bradley & M. Bradley (Eds.), *Language Endangerment and Language Maintenance* (pp. 230–256). London: Routledge Curzon.

Fasold, R. (1984). *The Sociolinguistics of Society*. Oxford: Blackwell.

Fishman, J. A. (1964). Language maintenance and language shift as a field of inquiry. *Linguistics*, 9, 32–70.

Fishman, J. A. (1972). *The Sociology of Language: An Interdisciplinary Social Science Approach to Language in Society*. Rowley, MA: Newbury House.

Fishman, J. A. (1991). *Reversing Language Shift. Theoretical and Empirical Foundations of Assistance to Threatened Languages*. Clevedon, UK: Multilingual Matters.

Fishman, J. A. (1996). What do you lose when you lose your language? In G. Cantoni (Ed.), *Stabilizing Indigenous Languages* (pp. 80–91). Flagstaff, AZ: Northern Arizona University.

Fishman, J. A. (Ed.). (2001). *Can Threatened Languages Be Saved?* Clevedon, UK: Multilingual Matters.

Gal, S. (1979). *Language Shift: Social Determinants of Linguistic Change in Bilingual Austria*. New York: Academic Press.

García, M. (2003). Recent Research on Language Maintenance. *Annual Review of Applied Linguistics*, 23, 22–43.

Han, S. F. (1975). *The Chinese in Sabah East Malaysia*. Taipei: The Orient Cultural Service.

Hashim, A. (2003). Language policies and language education issues in Malaysia. In J. Lindsay & T. Y. Ying (Eds.), *Babel or Behemoth: Language trends in Asia* (pp. 93–102). Singapore: National University of Singapore Press.

Hayden, R. G. (1966). Some community dynamics of language maintenance. In J. A. Fishman, V. C. Nahirny, J. E. Hofman, R. G. Hayden, M. E. Warshauer, H. Kloss, H. B. Lemaire, C. Chester, J. Christian, & N. Glazer (Eds.), *Language Loyalty in the United States: The Maintenance and Perpetuation of Non-English Mother Tongues by American Ethnic and Religious Groups* (pp. 190–205). The Hague: Mouton & Co.

Huffines, M. L. (1980). Pennsylvania German: Maintenance and shift. *International Journal of the Sociology of Language*, 25, 43–57.

Jones, L. W. (1962). *North Borneo, Report on the Census of Population Taken on 10th August, 1960*. Kuching: Government Printing Office.

Kow, Y. C. K. (2003). Language shift and language maintenance in mixed marriages: A case study of a Malaysian-Chinese family. *International Journal of the Sociology of Language*, 161, 81–90.

Lewis, M. P. (2006). Evaluating endangerment: Proposed metadata and implementation. In K. A. King, N. Schilling-Estes, L. W. Fogle, & J. J. Lou (Eds.), *Sustaining Linguistic Diversity: Endangered and Minority Languages and Language Varieties* (pp. 35–49). Washington DC: Georgetown University Press.

Li, W., Saravanan, V., & Ng, J. L. H. 1997. "Language shift in the Teochew community in Singapore: A family domain analysis". Journal of Multilingual and Multicultural Development, 18(5): 364-384.

Moseley, C. (Ed.). (2010). *Atlas of the World's Languages in Danger*. Paris: UNESCO Publishing. Retrieved from http://www.unesco.org/culture/en/endangeredlanguages/atlas

Noakes, J. L. (1950). *A Report on the 1947 Population Census*. Kuching: Government Printer.

Pauwels, A. (2005). Maintaining the community language in Australia: Challenges and roles for families. *International Journal of Bilingual Education and Bilingualism*, 8(2–3), 124–131.

Puah, Y. Y., & Ting, S. H. (2015). Malaysian Chinese speakers' attitudes towards Foochow. Hokkien and Mandarin. *Journal of Multilingual and Multicultural Development*, 36(5), 451–467.

Scanlan, M. (2011). How school leaders can accent inclusion for bilingual students, families, and communities. *Multicultural Education*, 18(2), 5–9.

Schüpbach, D. (2009). Language transmission revisited: Family type, linguistic environment and language attitudes. *International Journal of Bilingual Education and Bilingualism,* 12(1), 15–30.

Spielman, J. (2001). The family photography project: 'We will just read what the pictures tell us'. *Reading Teacher*, 54(8), 762–770.

Wong, D. T. K. (1998). *The Transformation of an Immigrant Society: A Study of the Chinese in Sabah*. London: Asean Academic Press.

Wong Fillmore, L. (2000). Loss of family languages: Should educators be concerned? *Theory into Practice*, 39(4), 203–210.

林冬梅，2010，〈從馬來西亞華裔家庭用語看華語方言的興衰：以森美蘭州文丁新村的實際調查為例〉。中國浙江大學碩士論文。

洪麗芬，2008，〈試析馬來西亞華人母語的轉移現象〉。《華僑華人歷史研究》1：32-41。

_____，2010，〈馬來西亞華人家庭語言的轉變〉。《東南亞研究》3：73-84。

陳湘琳、辜秋瑩，2015，〈馬六甲新村客家群體的口語使用、語言態度與方言群認同〉。頁59-97，收錄於張維安編《客家文化、認同與信仰：東南亞與台港澳》。桃園：中央大學出版中心。

郭熙，2003，〈馬來西亞檳城華人社會的語言生活〉。《中國社會語言學》1：125-134。

# Contribution of the Hakka Entrepreneur Chang Pi Shi to the Development of the Singapore Chinese Chamber of Commerce :

## Revisiting the Origins of the Chamber of Commerce

Associate Professor, Faculty of Foreign Studies,
University of Kitakyushu   **SHINOZAKI Kaori**

## Abstract

It is widely believed that the Chinese government initiated the foundation of the Singapore Chinese Chambers of Commerce (SCCC). According to previous studies, the aim of its establishment was to promote Chinese nationalism and pro-government feelings among the Chinese population in Malaya, in order to mobilize its capital. In order to implement this policy, Chang Pi Shi ( 張弼士 ), a Chinese official, was sent to Malaya by the government. It has been explained that the Chinese in Malaya, who were emotionally attached to China and who, in the prevailing colonial situation, were being discriminated against, sough ties with the Chinese government, and favoured the new policy. It is doubtful, however, that Chang was merely a loyal agent appointed by the government to implement its policy. This paper argues that the major driving force behind the foundation of the SCCC was Chang himself and the Chinese community in Singapore, who needed some system that offered security for any dealings with China. Chang, a wealthy entrepreneur of Hakka descent, who had made a fortune in Southeast Asia, planned to expand his business into China. Chang obtained concessions from the Qing government by promising that he would collect money from wealthy Chinese overseas. For that purpose, Chang proposed that the Chinese in Singapore establish the SCCC, through which they could join the networks of chambers of commerce in cities in China and connect with the Board of Commerce directly to secure protection in China. The Chinese in Singapore, incorporating additional intentions of their own to Chang's proposed, established the SCCC.

*Keywords*：Chinese Chambers of Commerce, Singapore, Chang Pi Shi

The establishment of the Chinese Chambers of Commerce, which were founded in major ports in Southeast Asia at the beginning of the twentieth century, has often been regarded as the start of the close relationship between the overseas Chinese community and the mainland Chinese government.[1] According to the history of Malaya, the leading figure in the establishment of the earliest chamber of commerce in Malaya was Chang Pi Shi ( 張弼士 , alias Cheong Fatt Zte),[2] a commissioner of the Qing government; thus, most studies have highlighted the motives and roles of the Qing government in the process of the formation of the chambers (Godley, 1980; Heng, 1988; Yen, 2002; Yong, 1992; 莊 , 1989). Lee and Meng (2012) identified this tendency and suggested the necessity of conducting additional studies that focus on the motives and roles of the local Chinese community by investigating the case of the Singapore Chinese Chamber of Commerce.

Huang (1993) and Visscher (2007) have highlighted the motives of the Chinese community in Malaya. Huang (1993) explained that the formation of the Singapore Chinese Chamber of Commerce was a result of both the initiative of the state and the demands of the Chinese community in Singapore; since the end of the nineteenth century, this community had been seeking an environment to facilitate investment in China for their economic interest and social reputation in both Singapore and their hometown. Visscher (2007) descred that the formation of

---

1 For a review of the research trend in this field, see ( 朱 , 鄭 , 魏 , 2013).
2 Chang also has other aliases: Thio Thiau Siat ( 張兆燮 ) and Chang Chin Hsun ( 張振勳 ). In this paper, Pinyin is used to spell the names of Chinese persons and places in China, except when other spellings are already common. The spelling of 張 弼 士 in Pinyin is "Zhang Bishi." However, the spelling "Chang Pi Shi" is widely used both generally and academically.

the Singapore Chinese Chamber of Commerce was the local response of the Chinese merchants in Singapore to the rapid economic modernization of Singapore, which became highly exposed to the world economy, and to the colonial implementation of representational channels. Visscher (2007) deliberately avoided a China-centered interpretation, which seems to limit his scope within the context of Singapore. From the perspective of the Chinese community in Singapore, additional studies should provide explanations on how and why the community established a relationship with the Qing government through the chambers.

This paper focuses on the motives and roles of the Chinese community in Malaya[3] by using the case of the Singapore Chinese Chamber of Commerce (SCCC; 新嘉坡中華商務總會 ), established in April 1906. This paper considers Chang and the Chinese community in Singapore to be independent agents with their own intentions, distinct from those of the Qing government.

Thus, the first part of this paper revisits Chang's profile and his background when he was appointed as a commissioner of the Qing government. Originally, Chang was not a full-time regular official who had passed the Imperial examination ( 科舉 ). Instead, he was a temporary official appointed based on his economic influence in Southeast Asia. Chang had his own ambition to expand his business in China. Thus, he attempted to establish a close relationship with the authorities in China so that he could be granted favors to develop his business in China. Moreover, this business expansion required capital from wealthy Chinese

---

3 The author discussed the case of the Penang Chinese Chamber of Commerce in the same context in a previous study. See Shinozaki (2006).

merchants in Southeast Asia.

The second part of this paper discusses the distrust and dissatisfaction of the Chinese community in Singapore toward the security situation in China, the greatest obstacle to Chang's business expansion plan. Fully understanding the feelings of this community, Chang developed ideas and reached the conclusion that the SCCC was one effective practical measure to provide a sense of security to this community when they returned to China. The third paper of this paper discusses Chang's ideas and actions toward the protection of returnees. The last part before the conclusion discusses the intentions of the community in the establishment of the SCCC. This paper clarifies that this community had two main intentions: securing protection in China and tracing debtors who absconded to China.

This paper draws materials from 《光緒朝東華錄》, Lat Pau ( 叻報 ),[4] Penang Sin Poe ( 檳城新報 ),[5] "Report on the Working of The Bankruptcy Ordinance 1888," and other sources.

---

4 *Lat Pau* was a Chinese newspaper launched in 1881 in Singapore by See Ewe Lay ( 薛有禮 , 1851–1906), who was from a wealthy Straits Chinese family and worked as a comprador in Hong Kong and Shanghai (Chen, 1967, p. 24–53).

5 *Penang Sin Poe* was a Chinese newspaper that started publication in 1895 by Criterion Press in Penang. Criterion Press was established by Lim Hua Chiam ( 林 花 鐳 ), an influential community leader in the Chinese community in Penang. His son Lim Seng Hooi ( 林成輝 ) started the publication of *Penang Sin Poe*. Criterion Press also started the publication of the Malay newspaper *Chahayah Pulau Penang* in 1900 and the English newspaper *Straits Echo* in 1903.

## Chang's Economic Influence in Southeast Asia and His Business Expansion Plan to China

### 1. Chang's Visit to Singapore in December 1905

The SCCC was revealed to be established under the initiatives of Shi Chuqing ( 時楚卿 ) from the Board of Commerce, the Qing government, and Chang, who was the then-Commissioner for Commerce to Investigate Foreign Ports ( 考察外埠商務大臣 ); Chang visited Singapore in December 1905. Chang's speech on December 14, 1905, at Tong Chai Hospital ( 同濟醫院 ) was also revealed to add momentum to the establishment of the SCCC. Chang stated that "the establishment of the chamber of commerce will enable you to work with chambers of commerce in cities in China" ( 叻報 , 18 December 1905). Chang also said that "it is important for the Chinese in Singapore to be united regardless of dialects: for this unity, the establishment of the chamber of commerce will be an effective measure" ( 叻 報 , 16 December 1905). Chang donated 3,000 yuan to cover the expenses of establishing the SCCC ( 叻報 , 27 December 1905). On December18, just 4 days after his speech at Tong Chai Hospital, a meeting to discuss the establishment of the SCCC was held. Thus, Chang's visit did indeed promote the establishment of the SCCC.

However, the notion that Chang was merely a conveyer of the Qing government's intentions is incorrect. No clear indications of the Qing government's initiative in the establishment of the SCCC are available. Instead, the materials clearly show Chang's strong personal initiative.

## 2. Chang's Emergence as an Influential Entrepreneur

Chang was of Hakka descent and was born in Dabu District, Chaozhou Prefecture, Guangdong Province, in 1841 ( 檳榔嶼客屬公會 , 1979, p. 737). After receiving a traditional education in China, he migrated to Batavia at the age of 18 years. In Batavia, he worked as a shopkeeper for a rice merchant, whose daughter he married (Lee & Chow, 1997, p. 10). With the help of his in-laws, he established his first business in Batavia at the age of 19 years. He mainly traded in foodstuffs and became a provisioner for the Dutch army and navy. By gradually gaining the favor of colonial authorities, he made successful bids for numerous monopolies, including those for opium, tobacco, and spirits, in Western Java. By recruiting labor from China, Chang also provided labor forces for the development of plantations and resources in response to the demand of the Dutch colonial authorities and companies (Godley, 1981, p. 10–11). At the age of 25 years, in Batavia, he established Yoo Hop Company (Lee & Chow, 1997, p.10) or Sjarikat Yu Huo Tidak Terhad (Godley, 1981, p. 11) 裕和無限公司 ( 檳榔嶼客屬公會 , 1979, p. 737), with the aim of developing coconut and rice plantations (Godley, 1981, p. 11).

After the Dutch government shifted their attention to the conquest of Sumatra, Chang also expanded his business to Aceh in 1875 and continued to conduct labor contracting and revenue farming. During the Aceh war, Chang was appointed as a provisioner for the Dutch army and navy. The Dutch government allowed Chang to conduct opium farming in Aceh and also permitted him to possess a vital monopoly on coastal shipping. In Aceh, Chang established Kwang Hock Kongsi, a shipping company (Lee & Chow, 1997, p. 10). Chang's first steamship, the SS Rajah Kongsee Atjeh, made profit all along the west coast in 1879 (Godley, 1981, p. 11). In 1886, he established Ban Yoo Hin ( 萬裕興 ), which operated the steamships Pegu, Rajah, and Hok Canton (Lee & Chow, 1997, p. 10). These steamships were reported to dominate trade in that area (Godley, 1981, p. 11).

Chang extended his business to other parts of Sumatra island, namely Deli (now Medan), an emerging city that had grown rapidly since the initiation of tobacco plantation in 1863. In 1880, he established a branch in Deli to develop coconut, rubber, and tea plantations with his nephew Tjong A Fie (alias Tiong Yiauw Hian: 張耀軒 or Chang Hang Nan: 張鴻南 ).[6] He also established Deli Bank in that city (Lee & Chow, 1997, p. 11).

Around the same time of his business expansion to Sumatra, Chang extended his business to Malaya and established Li Wang Kongsi ( 笠旺公司 ) in Penang in 1875 in partnership with Kapitan Cina of Batavia (Godley, 1981, p. 11; Wright & Cartwright, 1908, p. 777–778). Chang started a steamship company in Penang, with his steamships running along the Sumatra and Malaya coasts between Penang Perak and Deli (Godley, 1981, p. 11). Chang joined opium farming syndicates in Penang and Singapore between 1895 and 1897 (Trocki, 1990, p. 192, 196–197). In 1898, Chang partnered with another Hakka entrepreneur, Cheah Choon Seng ( 謝春生 ) from Penang, and Loke Yew ( 陸佑 ) from Kuala Lumpur to start Tong Hin Mining Company in Bentong, Pahang. He was also involved in tin mining activities in Selangor (Lee & Chow, 1997, p. 10).

---

6 Tjong A Fie was born in Maixian, Guangdong Province, in 1859 (or 1861). He moved to Deli in 1880 and developed his business based in the city. He was appointed as Lieutenant in 1888, Kapitein in 1890, and Majoor in 1911 by the Dutch colonial government, and he acted as the head of the Chinese community in Deli (Leo, 1995, p. 210).

One factor underlying the success of Chang's business in Southeast Asia was his close relationship with colonial governments. Chang's business expansion began with the concession from the Dutch government. On the basis of this experience, Chang might have recognized that establishing close relationships with authorities was crucial to ensuring that he was granted favors for the success of his business.

Chang received high recognition not only from the Dutch and British governments but also from the Qing government. The Qing government appointed Chang as the first Chinese Vice-Consul for China in Penang in March 1893, and Chang served in this office until July 1894. Chang was promoted to the Consul-General for China in Singapore in July 1894, and he served in this office until 1897.

## 3. Business Expansion to China

Having laid the foundations of his fortune in Southeast Asia, Chang expanded his business to mainland China around 1895. As was the common perception among Chinese entrepreneurs in Malaya,[7] Chang regarded China as an attractive market for expanding his business. During a court audience, Chang stated that China was a huge country with abundant natural resources and thus represented an attractive business opportunity to foreigners ( 東華錄 , 1904).

At the start of his business in China, Chang partnered with Sheng Xuanhuai ( 盛宣懷 ), a prominent entrepreneur appointed as an executive officer to government-

---

7 For example, Cheah Choon Seng, Foo Choo Choon ( 胡子春 ), and Leong Fee ( 梁 輝 ), who were all Hakka entrepreneurs based in Penang and Perak, were involved in railway projects and mining industries in China. Lim Boon Keng, a Straits Chinese intellectual from Singapore, strongly encouraged Chinese merchants in Malaya to gain entry into the China market (Lim, 1903, p. 98–100).

owned companies and who worked as an aide to Li Hong Chang ( 李鴻章 ). Invited by Sheng, Chang established Chang Yu Pioneer Wine Company ( 張裕釀酒公司 ) in Yantai ( 煙臺 ) in September 1895. Chang was bestowed with exclusive rights to sell wine for 15 years and received a tax exemption for 3 years (Godley, 1981, p. 85). Following Sheng's appointment as the President of the Bureau of Railways ( 鐵 路總公司 ) in 1896, Chang was appointed as the Chief Executive Officer (CEO) in the project for railway construction between Canton and Hankou; the office of this project was located in Guangzhou. Chang was ordered to raise funds for the project and thus visited Malaya in the summer of 1898. At the end of the same year, Chang established a branch in Singapore to sell the stock of the railway company. Chang was also appointed as the CEO of the Imperial Bank of China ( 中國通商銀行 ) in 1897, which had been established by Sheng (Godley, 1981, p. 88; 莊 , 1989, p. 272).

For his business expansion to mainland China, in addition to railway projects, Chang intended to develop his business in other industries such as manufacturing, mining, and agriculture. Thus, he sought a close relationship with the higher authority in the Qing court. At the beginning of 1903, Chang donated 200,000 *tael* to the Bureau of Railways and the Bureau of Mining for the establishment of a school attached to the bureau. The court was extremely pleased with this donation and invited Chang to have an audience with Empress Dowager Cixi and Emperor Guangxu; thus, Chang was bestowed with the titles of Sanpin Jingtang Houbu ( 三 品京堂候補 )[8] and Shilang ( 侍郎 )[9] ( 實錄 , 1903; 叻報 , 30 June 1903). However,

---

8 The official rank of *Pin* ( 品 ) had nine levels, each of which was subdivided into two upper ( 正 ) and lower ( 從 ) levels. The rank decided the bureaucratic position ( 臨時臺灣舊慣

these were honorary titles without authority.

With the assistance of the Department of Commerce, Chang received another opportunity to have an audience with Empress Dowager Cixi and Emperor Guangxu on October 21, 1904. During this audience, Chang appealed for the necessity of the involvement of overseas Chinese merchants, who had considerable capital and experience in business operations, in the development of commerce and industry in China. He also stated that initial efforts should aim to attract investment from Chinese merchants in Fujian and Guangdong provinces, the hometowns of many successful overseas Chinese merchants. Chang proposed that the empress and emperor should appoint a prominent Chinese merchant, who had received fame and reputation from the overseas Chinese community, as the Commissioner for Commerce. This commissioner would investigate foreign ports and supervise the development of agriculture, industry, and mining in Guangdong and Fujian; the commissioner would also be vested with the authority to protect Chinese merchants ( 東華錄 , 1904).

Consequently, Chang himself was appointed to the very post he had proposed. However, it was a temporary appointment. The court had set the condition that "the post will be continued and the system under the post will be extended from south to north if the Board of Commerce proves the effectiveness of the posts based on results of an evaluation, which was to be issued after three years. Otherwise, the

---

調查會 , 1914, p. 187). *Jing Tang* ( 京堂 ) meant that the holders of the title were eligible to the ranks of "Third Pin ( 三 品 )" or "Fourth Pin ( 四 品 )," but this rank was a mere honorable title without authority. *Hou Pu* ( 候補 ) meant that the holders of the title were eligible to get into office when posts were vacant ( 臨時臺灣舊慣調查會 , 1914, p. 229).
9 *Shi Lang* ( 侍郎 ) was a rank as high as a deputy minister in the central government.

board will discontinue the temporary post" ( 東華錄 , 1904). The success of Chang's business in China depended on his performance over 3 years. To be successful, he must attract investment from wealthy Chinese merchants in Southeast Asia.

However, attracting such investment would be extremely difficult because Chinese merchants in Singapore, one of Chang's main targets, were reluctant to invest in China at that time. A letter from "a Chinaman," which was contributed to the Straits Times and concerned the railway project in Canton, stated as follows:

> … the Chinese neither in this colony nor, I dare venture to say, that of Hong Kong will afford support to any concession or scheme that is under the control of Chinese officialdom. It is not because there is any lack of money available for investment or because investors are afraid of incurring the ordinary risks of investing; but it is because investing money into anything under Chinese control, they feel certain of losing that money. No guarantee of ordinary care being taken of the interests of investors: indeed it is quite the other way. In the short term, it is quite safe to say that the Chinese in this colony have no confidence in any work, speculation, or scheme in the land of mandarins (ST, 17 February 1898).

Thus, the Chinese community in Singapore regarded China as a dangerous place, where they might lose not only their money but also their lives. Thus, they naturally hesitated to invest in such a dangerous place.

# Returnees Considered Passage to China as Dangerous

## 1. Security Situation in China Resulted in Suffering of Returnees

Overseas Chinese people returning to mainland China (i.e., returnees) were not guaranteed protection from officials in China. This was because the decrees issued by Emperors Kangxi ( 康熙帝 ), Yongzheng ( 雍正帝 ), and Qianlong ( 乾隆 帝 ) mandated severe punishments, including beheading, for subjects who stayed overseas for a long time or permanently. Having experienced the resistance movement led by Zheng Chenggong ( 鄭成功 ) and his offspring from 1661 to 1683, the Qing government feared that the overseas Chinese community would become a potential threat. This experience led the emperors to implement this severe policy toward overseas subjects (Yen, 1985, p. 19–22). After the suppression of the movement, the coastal border in Guangdong and Fujian was under the control of the Qing government. However, due to the spurt in cross-border trade activities in these areas in the eighteenth century, the Qing government gradually lost control of these areas from the late eighteenth century onward. In Guangdong and Fujian, the number of small traders engaging in cross-border trade activities, mostly opium smuggling, rapidly increased. The Qing government feared and hated these small traders who had connections outside China and regarded them as the cause of disorder (Yen, 1985, p. 21–31; 村上 , 2013). Such fear and hatred of the government were often extended to normal people returning to Guangdong and Fujian.

The Qing government's severe policy toward overseas Chinese subjects changed during the reign of the Emperor of Tongzhi ( 同治帝 , 1862–74). Recognizing the economic influence of overseas Chinese people, the government recognized that it should mobilize the capital from overseas Chinese people for domestic development ( 莊 , 1989, p. 259–260). Thus, all decrees mandating punishment for overseas subjects were lifted in January 1894 ( 叻報 , 26 April 1894). In the same year, the Consul-General for China in Singapore started to issue Certificates of Protection ( 護 照 )[10] to those who returned to China.

However, this move did not result in significant changes in the situation of returnees. Many returnees were still punished by local custom officials for unfounded accusations such as tax evasion and prohibited imports. Furthermore, many cases of extortion of money from returnees occurred, in which local officials were involved. If returnees refused to pay money, their graves would be damaged or destroyed, or the returnees would be forced to clear the debts of their ancestors based on false contracts, sued on the basis of false accusation, or framed for murder ( 檳城 新報 , 24 Dec 1895).

A Chinese person residing in Penang visited his relatives in China in 1893 and was imprisoned based on false accusations made by vicious figures with whom local officials were associated. Although his family and friends appealed his innocence and asked for his release, this case was still not settled in 1895. Some Chinese residents in Singapore were aware of this case and approached the Consul-General

---

10 *Huzhao* ( 護 照 ) in today's Chinese language means passport. Currently, passports have multiple functions, not only to secure protection from the home government when overseas but also for immigration control both abroad and home. *Huzhao* used from the end of the nineteenth century to the early twentieth century did not have the function of immigration control. Instead, at that time, the function of *Huzhao* was solely limited to securing protection from the home government in the home country. Therefore, *Huzhao* is translated in this paper as "Certificate of Protection."

for China in Singapore to express their dissatisfaction with the local officials in China, who were not only unwilling to settle the case but also associated with the vicious figures. They also requested the consul to settle the case（檳城新報, 29 May 1895).

At that time, Chang himself was serving as the Consul-General for China in Singapore. Chang acknowledged that the Chinese people residing in Singapore feared returning to China and were not confident of the reliability of officials in China. Chang also acknowledged that instructions from higher-ranking officials were not always performed by lower-ranking officials in China. Daoyuan（道員）, in the Circuit of Dingzhou, Zhangzhou, and Longyan（汀漳龍道）,[11] which was Chang's counterpart in China, responded quickly to Chang's questions and requests. However, disruptions occurred between Daoyuan and lower-ranking officials, which hindered the identification of a solution to the problem.

In 1896, a decree was issued to prohibit fraud and extortion against returnees （檳城新報, 17 March 1896). However, the decree was ineffective. Even in 1899, reports revealed that many Fujian merchants in Singapore experienced fraud and extortion after returning to China, and that the security situations in Zhangzhou（漳州）and Quanzhou（泉州）in particular were extremely bad（檳城新報, 25 May 1899).

---

11 *Daoyuan*（道員）were in charge of circuits, *dao*（道）, which comprised several prefectures（府）, independent departments（直隸州）, independent subprefectures（直隸廳）, and counties（縣）. The circuit of Dingzhou, Zhangzhou, and Longyan（汀漳龍道）comprised Dingzhou Prefecture（汀州府）, Zhangzhou Prefecture（漳州府）, and Longyan independent department（龍岩州）in Fujian Province.

## 2. Bureau for the Protection of Merchants in Amoy

In this context, the Bureau for the Protection of Merchants in Amoy ( 廈門保 商局 ), the first official institution tasked with protecting returnees, was established in May 1899. The role of the bureau included issuing Certificates of Protection, handling luggage, and investigating cases involving fraud and extortion against returnees. The bureau also requested that *Daoyuan* should instruct local officials to investigate the past crimes of returnees and ensure their protection ( 叻報 , 12 June 1899). It was also decreed that the same bureau should be established in coastal provinces other than Fujian Province ( 東華錄 , 1899). The bureau was established in Shantou ( 汕頭 ) in September 1899 ( 叻報 , 29 September 1899) and in Guangdong in February 1900 ( 檳城新報 , 2 April 1900; 東華錄 , 1900).

Although the Chinese community in Singapore had a high opinion of the establishment of the bureau, they were generally skeptical about its effectiveness. The unreliability of local officials was revealed to be the main cause of insecurity for returnees to China; however, these local officials also directed the bureau ( 叻報 , 7 June 1899). Some members of the aforementioned community who were skeptical about the intentions of establishing the bureau even inquired at the Consulate of China in Singapore ( 叻報 , 10 June 1899). In a letter to Penang Sin Poe, one Chinaman complained that most of the staff members of the bureau were officials, and that extremely few unofficial civilian staff members were present in the bureau ( 古梅鈍 根生 , 1899a). The same writer expressed that the bureau should be managed by local merchants, who returnees could really rely on because returnees had neither a good command of Mandarin, the dialect spoken by local officials, nor appropriate manners and behavior to interact with local officials ( 古梅鈍根生 , 1899b).

The same writer also questioned the power and authority of the Consul-General for China in Singapore, providing the details of an episode that involved a merchant who returned to China with a Certificate of Protection issued at the Consulate of China in Singapore: The merchant showed the certificate at the Bureau for the Protection of Merchants in Amoy and was told by the staff of the bureau that he should ask local influential merchants to write the same type of certificate, because his Certificate of Protection would have little effect. The writer questioned whether the Certificate of Protection issued by the consul, an agent of the government, was inferior in power and authority to the one issued by merchants in Amoy ( 古梅鈍根生 , 1899a).

In November 1899, reports revealed that the aforementioned bureau was faced with financial difficulties ( 檳城新報 , 3 November 1899). The bureau secured financial resources from the U.S. Consul-General in Amoy. The consul collected US$7 ( 圓 ) from each emigrant to Luzon island and paid US$2.5 ( 圓 ) to the bureau, which was the main financial resource used for bureau operations. However, the U.S. Consulate changed its system and stopped providing financial resources to the bureau. Faced with financial difficulties, it was rumored that the bureau would close down ( 檳城新報 , 27 December 1899). Eventually, to meet its operational costs, the bureau decided to collect US$1 ( 洋一元 ) from every returnee, regardless of their port of embarkation ( 叻報 , 13 March 1902).

Dissatisfied with this decision, the Chinese people residing in Singapore who returned to Amoy petitioned the Consul-General for China in Singapore in December 1902.[12] The petitioners stated that the collection of their money by the bureau was unacceptable, particularly because the bureau had been failing to protect returnees, who consequently were still victims of frequent crimes. The petitioners complained that they had nothing to rely on to survive in China. When they became victims of crimes in China, they could ask local officials to investigate the crime; however, such an investigation would often bring more troubles in that they may be asked to pay exorbitant amounts of money or bribes. They often considered it wiser to contain their anger and remain silent ( 叻報 , 11 December 1902).

In relation to this situation, one article stated the following:

I do not dare to return to my hometown. I only think of handing over business and fortunes built in a foreign country to my children. We consider the passage to China as dangerous ( 視中國爲畏途 ). It is the fault of inefficient officials failing in their duties to bring comfort and relief by cracking down on bandits severely. We are drifting away from China day by day. ( 漁古 , 1902, p. 21)

## 3. Involvement of the Board of Commerce in Protection of Returnees

The Board of Commerce ( 商部 ) was established in September 1903. After its establishment, the board addressed the throne many times to request the issuance of decrees to protect returnees. The board proposed that the Bureaus for the Protection of Merchants should be abolished because of their many harmful effects ( 叻報 , 22 January 1904; 檳城新報 , 26 January 1904; 東華錄 , 1903). Instead, the Board of Commerce suggested that bureaus of commerce ( 商 務 局 ) should be established

---

12 The petition was sent to the Board of Foreign Affairs in Beijing.

in every province under the supervision of the board, and that the board should be responsible for recruiting staff for returnee protection. The throne accepted these proposals and issued decrees between November and December 1903 that instructed the governors of provinces to implement regulations to ensure the protection of returnees ( 叻報 , 23 January 1904; 檳城新報 , 27 January 1904; 東華錄 , 1903).

However, the governors were extremely slow to respond. The Board of Commerce reported that between May and June 1905, "One year has passed since the issuance of decrees, but no news has been heard from any provinces, except from the governors of Guangdong and Guangxi ( 兩廣總督 ), who sent copies of the regulation of the Bureau for the Protection of Merchants ( 東 華 錄 , 1905)." As shown by this report, no effective official systems were developed to protect returnees, either in central or local governments, even up until 1905.

Around the same time, the Chinese community in Singapore expressed dissatisfaction with the Consul-General for China in Singapore. Fengyi ( 鳳 儀 ), the then-consul, was criticized for behaving in a bureaucratic manner, having lost contact with Chinese merchants over the years, pretending not to hear their cries for help, ignoring troubles in towns that were caused by his subordinates, and having doubled the fee for the issuance of Certificates of Protection, so that officials could divide the extra money among themselves. This community complained that "the evil conduct, with which the Chinese in Singapore are all dissatisfied, stands out here" ( 檳城新報 , 25 March 1905).

# Chang's Ideas and Actions toward Protection of Returnees

## 1. Ideas Projected in the Twelve-Point Memorial

Fully understanding the fear and distrust of the Chinese community in the Straits Settlements regarding the safety of returnees to China, Chang acknowledged that it was necessary to establish systems and institutions in China that could ensure the protection of the lives and fortune of returnees and their families in China. This was also essential for the development of Chang's business in China, which completely depended on capital from overseas Chinese merchants. Regarding specific measures, Chang drafted a Twelve-Point Memorial ( 條陳十二事 )[13] and submitted it to the throne by the end of July 1903 ( 叻報 , 29 July 1903). Notably, Chang often referred to examples of the colonial governments in Southeast Asia to point out the measures that can be established for returnee protection.

First, Chang identified the problems contributing to the distance between Qing government officials and the people. Chang criticized the arrogant attitude of government officials, which was the underlying reason for their failure to protect returnees, eventually preventing the inflow of capital from wealthy overseas merchants ( 益智錄 , 29 December 1905). Chang proposed that returnees should

---

13 The 12 points are outlined as follows: (1) encouragement of investment in agriculture, industry, railways, and mining; (2) development of agriculture and mining; (3) reclamation of agricultural land; (4) reclamation of mining land; (5) and (6) irrigation; (7) establishment of companies lending fertilizer and seeds; (8) development of industry and labor contracting; (9) construction of railways; (10) attracting investment from overseas merchants; (11) standardization of scales and measures; (12) appointment of Commissioners of Commerce. Godley (1981) discussed these 12 points in detail.

be registered at an appropriate department of the government, and in the event of problems, they should be able to bring the problems to the notice of the department to secure protection from officials. Chang cautioned officials that they should treat returnees with courtesy and should not ask them for additional fees or for genuflection in the presence of officials ( 益智錄 , 23 December 1905).

Chang cited the Dutch Indies and British Malaya colonies as examples that the Chinese government could refer to. The Dutch government conferred honorable titles such as *kapitan* and lieutenant to deserving Chinese merchants, whereas the British government conferred the title of Justice of the Peace to merchants, which authorized them to act as protectors of Chinese residents. Chang proposed that China should confer the same type of honorable title to Chinese merchants embarking on joint enterprises in China, which would authorize them to serve in juries ( 益智錄 , 23 December 1905).

On the basis of Chang's proposal, Chinese residents overseas and many wealthy Chinese merchants overseas also became eligible to serve in juries. In the 1870s, the Qing government started to confer honorable titles to Chinese people overseas as rewards for their donations or investment in China. In the 1890s, the government also started to openly sell titles. For example, in Malaya, 290 honorable titles were conferred through purchase between 1877 and 1912 (Yen, 1970, p. 24).

Chang also proposed that a Board of Commercial Matters ( 商 務 部 ) should be established as an institution to prevent crimes and troubles relating to commercial activities. This board should act separately from the existing institution responsible for maintaining public order, which was supervised by local officials. The board should be in charge of four levels of appointments. The first level was

Commissioners of Commerce ( 商務大臣 ). Appropriate persons with knowledge of commerce should be appointed to this post; they would exercise jurisdiction over trading ports in two or three provinces. The second level was a Chief Constable of Commerce ( 商按察 ) appointed to each province, whose rank was the same or higher than Daoyuan, under the commissioners ( 益智錄 , 28 December 1905). The third level was Chief Superintendent of Commerce ( 商同知 ) for countries and prefectures ( 府廳州縣 ), and the fourth level was Inspector of Commerce ( 商巡檢 ) ( 益智錄 , 29 December 1905). In response to Chang's proposal, the throne stated that it was not necessary to appoint Chief Superintendents of Commerce or related lower officers because it would increase the fiscal burden on the government. Chang insisted that these lower ranks of officers were necessary if the commissioner was to be able to perform his responsibilities. Chang said that commerce would determine the fate of the world, and that it was reckless to be stingy in protecting it. Chang even proposed that the operational cost could be collected from merchants themselves ( 益智錄 , 29 December 1905).

Chang emphasized the importance of laws, regulations, and rules for the development of agriculture and mining. Chang indicated that because laws and regulations related to land leasing for mining or cultivation were established in foreign countries, overseas Chinese people were willing to participate in land development. Chang also stated that the development of once-desolate lands in Nanyang was extremely rapidly within years of colonization by the European government, who used borrowed capital and labor from China. By contrast, no such regulations or rules were established in China. In the absence of these regulations and rules, disputes between cultivators and developers were frequent. Chang proposed that the Commissioners of Commerce or Chief Constables of Commerce should take charge of surveys and registrations of land, grant licenses for land development, and supervise the progress of land development ( 益智錄 , 7 December 1905).

## 2. Implementation of Ideas

Following his appointment as the Commissioner for Commerce to Investigate Foreign Ports in October 1904, Chang began to implement his ideas. Through the Board of Commerce, he appealed to the throne to establish Fujian and Guangdong Agriculture, Industry, and Railway Company ( 福建・廣東農工路礦總公司 ), which was allowed in December 1904. Chang explained that this company would invite wealthy merchants, ask their opinions about developing commerce and industry, and request the Board of Commerce to legislate laws and regulations on their behalf, if necessary ( 檳城新報 , 4 January 1905; 叻報 , 5 January 1905). Chang also explained that returnees could visit the company at any time if they became victims of crimes in order to file complaints on their cases. Chang promised that the company would investigate crimes thoroughly so that offenders could be brought to justice ( 叻報 , 2 March 1905).

In January 1905, Chang established a reception office[14] for the company, in accordance with the regulation of the Board of Commerce. The office was open from 10 am to 12 pm and from 2 pm to 4 pm every day except Sunday and accepted complaints and petitions. Staff members at the office were instructed to treat visitors with courtesy, irrespective of manners or formalities ( 叻報 , 2 March 1905).

---

14 The reception office was established in Shanghai in 1904 by the Board of Commerce ( 劉 , 2002, p. 48–49).

　　Around the same time, Chang expressed his opinion about the Certificates of Protection. Chang proposed that the certificate should be issued by influential overseas merchants, rather than consuls, to cut costs and avoid problems derived from the distance between government officials and normal people ( 檳城新報 , 21 March 1905; 叻報 , 28 March 1905).

　　After the regulation concerning chambers of commerce, drafted by the Board of Commerce, was allowed by the throne on January 11, 1904 ( 光緒二十九年十一月二十四日 ), chambers of commerce were established in major commercial cities across China.[15] The chambers of commerce were under the government's supervision, which implied that the board defined the conditions for establishing the chambers of commerce and had a direct channel of contact with the chambers. However, the chambers were also independent bodies operated by merchants themselves, without instructions or orders from officials.[16] Chang was involved in the establishment of the chamber of commerce in Guangdong Province and was involved in the drafting of regulations ( 叻報 , 1 September 1905). Chambers of commerce that were supervised and operated by merchants could match the needs of Chinese people residing in Singapore, who distrusted the protection offered by officials in China.

---

15 The number of chambers of commerce in China increased rapidly, with 19 in 1904, 19 in 1905, 92 in 1906, and 700 in 1911 ( 倉橋 , 1976).

16 The question of whether the state or society initiated the development of the chambers of commerce in China is controversial. However, researchers agree that the chambers of commerce in China were managed and operated by merchants and not the state ( 曾 田 , 1975, 1991; 倉橋 , 1976; 陳 , 1996, 2016).

## Intentions of Chinese People in Singapore in the Establishment of SCCC

Chinese people residing in Singapore understood that the aim of Chang's visit to Singapore was to raise funds.[17] They responded positively to Chang's proposal to build networks with chambers of commerce in major cities in China and to strengthen the relationship with the Board of Commerce through the establishment of a chamber of commerce. They expected that the establishment of a chamber of commerce would help them solve two problems. First, they can protect themselves after returning to China, which was known to Chang. Second, they can chase debtors who absconded to China, which Chang never mentioned. The first meeting to discuss the establishment of the SCCC was held on December 18, 1905, at Tong Chai Hospital and was attended by more than 100 people. During this meeting, Goh Siew Tin ( 吳壽添 ),[18] Yeh Chi Yun ( 葉季允 ),[19] and Chan Teow Lam ( 曾兆南 ) explained the merits of establishing chambers of commerce by using Hokkien, Cantonese, and Teochew dialects. They said that the Chinese community in

---

17 For example, a local newspaper reported that Chang would visit Southeast Asia for commercial investigation and fund raising after he had finished the project for railway construction between Fujian and Guangdong ( 檳城新報 , 1904).

18 Goh Siew Tin was born in 1854. His father Goh Siew Swee ( 吳秀水 ) established a firm that owned small steamships plying between Singapore and the neighboring Dutch and British settlements. He also owned tin mines and a sawmill in Kallang, Singapore. Goh Siew Tin took over his father's business in 1892 and mainly traded with Java. He was a member of Po Leung Kuk ( 保良局 ) from 1896 (Song, 1984, p. 143–144).

19 Yeh Chi Yun was born in Anhwei ( 安徽 ) in 1851 but was brought up in Guangdong; his father moved to this province for conducting trade. Yeh was a reporter for *Chung Ngoi San Po* ( 中外新報 ) in Hong Kong and moved to Singapore, where he was invited by See Ewe Lay to be the editor-in-chief of *Lat Pau* ( 叻報 ). Yeh served this role for 40 years after the establishment of Lat Pau (Chen, 1967, p. 31).

Singapore could be united regardless of dialect, and chambers of commerce would resolve business troubles and implement measures to avoid bankruptcy. More importantly, they indicated the merits of establishing chambers of commerce, as follows:

It is possible to work with the chambers of commerce in cities all over China. If you are cheated by a vicious merchant, who eventually absconds to China, you can ask chambers of commerce in China for help through the SCCC to chase the merchant to pay back your money.

There have been crimes of extortion, fraud, and blackmail in China for a long time. Once the SCCC is established, it will be able to issue certificates of protection and request the chamber of commerce in your hometown in China to provide you with protection in the event of problems.

If we establish the chamber of commerce before Mr. Chang leaves, we can ask him to address the throne to confer us an official seal ( 關防 ), through which we can contact the Board of Commerce directly to make our voices heard by the board without disruption ( 叻報 , 20 December 1905).

The same topics were discussed at the second meeting on December 26, 1905. During this meeting, it was revealed that the chambers of commerce should be registered with both the Straits Settlements government and the Qing government ( 叻報 , 27 December 1905).

The problem regarding the protection of returnees to China is already discussed in the preceding sections. This section focuses on the background of the problem relating to debtors absconding to China. The Straits Settlements government published an annual report on bankruptcy under The Bankruptcy Ordinance 1888.

This ordinance regulated the following procedures: It examined petitions presented by a creditor or a debtor. If the court proved that the debtor had committed an act of bankruptcy, it could make a receiving order against the debtor to distrain the debtor's properties. The official assignee could be constituted as the receiver of the property and arrange how to deal with the debtor's property with a creditor. The annual reports on the working of The Bankruptcy Ordinance 1888 showed the numbers of debtors who were given receiving orders and the number of those who absconded before a receiving order was given, including information about their ethnic backgrounds.[20] The numbers of debtors between 1891 and 1906 are presented in Table 1.

Table 1 shows that the total number of Chinese debtors considerably increased from 1903 onward. The table also indicates that approximately one-quarter to one-third of Chinese debtors absconded. Thus, a considerable number of absconders escaped to China. The annual report in 1905 stated the following: "A warrant under Section 103 of the Bankruptcy Ordinance was issued against a bankrupt who had absconded to China before the receiving order was made. Extradition was asked for and great expense was incurred by the creditors in the extradition proceedings but without success, the bankrupt was well protected by his friends at Court in China (Report, 1905)."

The numbers of absconders could possibly be much higher than those shown in the table, and the reasons for this are outlined as follows. First, considerable numbers of private claims were made. The annual report in 1891 stated that, "it would not be an excessive estimate to say that the claims by creditors in 1891, under

---

20 The ethnic categories were divided into European, Eurasian, Arab, Indian, Malay, and Chinese.

private compositions, were approximately equal in amount to the claims proved during the year under the bankruptcy ordinance" (Report, 1891). Second, partners of failed firms were observed to have absconded with no trace. The registration of firms was not compulsory in the Straits Settlements. In relation to this, the annual report in 1903 stated the following: "The official assignees … spend a large amount of time trying—rarely with success—to trace partnerships (of failed firms) either to obtain payment—often payment in full—for the creditors or merely with the view to adjudicate" (Report, 1903). Third, some people might have absconded before reaching the condition of bankruptcy.

After six meetings, the SCCC was established on April 8, 1906, and comprised 800–900 members. The chamber was exempted from registration in the Straits Settlements under the Society Ordinance ( 叻 報 , 19 April 1906). The chamber applied to the Board of Commerce of the Qing government for registration in July 1906 ( 檳城新報, 20 July 1906), which was accepted around September ( 檳城新報 , 16 September 1906). The SCCC drafted regulations on the issuance of Certificates of Protection and submitted them to the Board of Commerce ( 新加坡中華總商會 , 1964, p. 150). These regulations were accepted by the board in the same year ( 叻報 , 7 November 1906).

Goh Siew Tin, a leading figure who promoted the establishment of the SCCC and became its first president, was robbed after returning to China. Dissatisfied with the ability of a local official to prevent crimes and settle the case, Goh reported the name of the official to the Board of Commerce and requested the board to remove the official from office. Similar requests were made successively by the Chinese community in Singapore ( 商部 , 1906).

Before the establishment of the SCCC, this community brought the complaint to the notice of the Consul-General for China in Singapore. The consul either made a petition to the governors in China to resolve the complaint or bought the complaint to the notice of the throne through the Board of Foreign Affairs, in which case, the throne provided instructions to the governors ( 臨時臺灣舊慣調查會 , 1914, p. 59–60). Although the Board of Commerce, similar to the Board of Foreign Affairs, had no authority to provide instructions to the governors, the community regarded the SCCC as advantageous, because they secured a direct communication channel to the Board of Commerce, the shortcut to the throne.

## Conclusion

The Chinese community in Singapore regarded the passage to China as dangerous, and members of the community were concerned that they might lose their properties and lives. They felt strong distrust toward Chinese officials. To attract investment from overseas Chinese people for domestic development, the Qing government had been implementing measures to improve the security situation in China from the 1890s; however, these measures were unsuccessful.

Around the same time, at the end of 19th century, Chang Pi Shi emerged as an influential entrepreneur who accumulated fortunes in Southeast Asia and had a vision to extend his business to mainland China. Chang obtained concessions from the Qing government by promising that he would raise funds from wealthy overseas Chinese merchants. Thus, Chang proposed that the Chinese merchants in Singapore should establish the SCCC, through which they could build networks with chambers of commerce in cities in China and connect with the Board of Commerce directly to secure protection after returning to China. The Chinese community in Singapore, incorporating their intentions in addition to Chang's proposal, established the SCCC.[21]

## Table 1

Number of Insolvencies in Singapore, 1891–1906

|  | Number of debtors | Chinese debtors | Number of absconders | Chinese absconders |
|---|---|---|---|---|
| 1891 | 65 | 26 | 19 | 16 |
| 1892 | 41 | 23 | 9 | 5 |
| 1893 | 29 | 18 | 7 | 6 |
| 1894 | 19 | 10 | 4 | 2 |
| 1895 | 15 | 11 | 5 | 4 |
| 1896 | 36 | 26 | 5 | 5 |
| 1897 | 41 | 21 | 1 | 1 |
| 1898 | 34 | 20 | 7 | 4 |
| 1899 | 41 | 21 | 8 | 6 |

21 The author would like to thank the anonymous reviewers for their helpful and constructive comments that greatly contributed to improving the final version of the paper. This work was supported by Next Generation Leadership Fellowship, Japan Foundation (FY2002), and Research study grants, Resona Foundation for Asia and Oceania (FY 2004). This manuscript was edited by Wallace Academic Editing.

| | Number of debtors | Chinese debtors | Number of absconders | Chinese absconders |
|---|---|---|---|---|
| 1900 | 35 | 21 | 0 | 0 |
| 1901 | 38 | 22 (5) | 7 | 7 |
| 1902 | 34 | 22 (4) | 11 | 8 |
| 1903 | 46 | 35 (8) | 10 | 7 |
| 1904 | 84 | 62 (22) | 20 | 15 |
| 1905 | 92 | 46 | 19 | 12 |
| 1906 | 76 | 53 (21) | 10 | 8 |

Notes. The numbers in parentheses represent the number of debtors of Straits Chinese descent.

Source: Report on the working of The Bankruptcy Ordinance 1888, 1891–1906.

# References

**English materials**

Chen, M. H. (1967). *The Early Chinese Newspapers of Singapore 1881–1912*. Singapore: University of Malaya Press.

Cushman, J. W., & Wang, G. (Eds.). (1988). *Changing Identities of the Southeast Asian Chinese since World War II*. Hong Kong: Hong Kong University Press.

Godley, M. R. (1981). *The Mandarin-capitalists from Nanyang: Overseas Chinese enterprise in the modernization of China 1893–1911*. Cambridge: Cambridge University Press.

Heng, P. K. (1988). *Chinese Politics in Malaysia: A History of the Malayan Chinese Association*. Singapore: Oxford University Press.

Keng, L. B. (1903). The role of the Babas in development of China. *Straits Chinese Magazine*, 7(3), 98–100.

Lee, K. H., & Chow, M. S. (1997). *Biographical Dictionary of the Chinese in Malaysia*, Petaling Jaya, Malaysia: Pelanduk Publications.

Leo, S. (1995). *Prominent Indonesian Chinese: Biographical Sketches*. Singapore: Institute of Southeast Asian Studies.

Shinozaki, K. (2006). The foundation of the Penang Chinese Chamber of Commerce in 1903: Protecting Chinese business interests in the two states. *Journal of Malaysian Branch of the Royal Asiatic Society*, 79(1), 43–65.

Song, O. S. (1984). *One Hundred Years' History of the Chinese in Singapore*. Singapore: Oxford University Press.

Trocki, C. A. (1990). *Opium and Empire, Chinese Society in Colonial Singapore, 1800-1910*, Ithaca: Cornell University Press.

Visscher, S. (2007). *The Business of Politics and Ethnicity: A History of the Singapore Chinese Chamber of Commerce & Industry*. Singapore: NUS Press.

Wright, A., & Cartwright, H. A. (Eds.). (1908). *Twentieth Century Impressions of British Malaya: Its History, People, Commerce, Industries, and Resources*. London: Lloyd's Greater Britain Publishing.

Yen, C. H. (1970). Ch'ing's sale of honours and the Chinese leadership in Singapore and Malaya (1877-1912). *Journal of Southeast Asian Studies*, 1(2), 20–32.

Yen, C. H. (1985). *Coolies and Mandarins: China's Protection of Overseas Chinese during the Late Ch'ing Period (1851-1911)*. Singapore: Singapore University Press.

Yen, C. H. (2002). Ch'ing China and the Singapore Chinese Chamber of Commerce, 1906-1911. In *The Ethnic Chinese in East and Southeast Asia: Business, Culture and Politics* (pp. 307–337). Singapore: Times Academic Press.

**Official Documents**

東華錄，1899，《光緒朝東華錄》153，光緒 25 年 4 月 (10 May–7 June 1899)。

東華錄，1900，《光緒朝東華錄》158，光緒 26 年 1 月 (31 January–28 February 1900)。

東華錄，1903，《光緒朝東華錄》184，光緒 29 年 11 月 (19 December 1903–16 January 1904)。

東華錄，1904，《光緒朝東華錄》190，光緒 30 年 11 月（7 December 1904–5 January 1905）。

東華錄，1905，《光緒朝東華錄》193，光緒 31 年 5 月 (3 June–2 July 1905)。

實錄，1903，《清光緒朝實錄》516，光緒 29 年 5 月 (27 May–24 June 1903)。

商部，1906，〈商部奏參保護回籍華商不力官員摺〉，《商務官報》6、光緒 32 年閏 4 月 25 日 (16 June 1906)。

Report: "Report on the Working of The Bankruptcy Ordinance 1888", 1891–1906.

Periodicals SE: *Straits Echo*.

ST: *Straits Times*.

《檳城新報》

《叻報》

《益智錄》（newspaper supplement of《檳城新報》）


## Chinese materials

古梅鈍根生，1899a，〈廈門保商局宜商辦不宜官辦論〉。《檳城新報》1899 年 11 月 30 日。

_____，1899b，〈廈門保商局宜商辦不宜官辦論　續前稿〉。《檳城新報》 1899 年 12 月 1 日。

朱英、鄭成林、魏文享，2013，〈南洋中華商會研究：回顧與思考〉。《華中 師範大學學報》2013 年第 3 期。

李秉萱、孟慶梓，2012，〈新加坡中華商會研究現狀述評〉。《海南師範大學 學報 ( 社會科學版 )》2012 年第 3 期第 25 卷 ( 總 119 期 )：102-106。

莊國土，1899，《中國封建政府的華僑政策》。廈門：廈門大學出版社。

黃建淳，1993，《晚清新馬華僑對國家認同之研究：以賑捐投資封爵為例》。 臺北：中華民國海外華人研究學會。

新加坡中華總商會，1964，《新加坡中華總商會大廈落成紀念刊》。新加坡： 新加坡中華總商會。

漁古，1902，〈論華官保商不力之弊〉。《叻報》，1902 年 12 月 18 日。

檳榔嶼客屬公會，1979，《檳榔嶼客属公会四十周年記念刊》。檳城：檳榔嶼 客屬公會。

**Japanese materials**

村上衛，2013，《海の近代中国：福建人の活動とイギリス・清朝》，名古屋大學出版會。

倉橋正直，1976，〈清末の商会と中国のブルジョアジー〉。《歴史学研究別冊特集　世界史の新局面と世界史像の再検討》438，117–126。

陳來幸，1996，〈清末民初の商会と中国社会〉。《現代中国》70：172–185。

_____，2016，《近代中国の総商会制度：繋がる華人の世界》。京都大學學術出版會。

曽田三郎，1975，〈商会の設立〉。《歴史学研究》422，43–55。

_____，1991，〈清末における「商戦」論の展開と商務局の設置〉。《アジア研究》38(1)：47–78。

臨時臺灣舊慣調查會，1914，《清国行政法 臨時台湾旧慣調査会第一部報告第壹卷下》，臨時臺灣舊慣調查會。

劉世龍，2002，《中国の工業化と清末の産業行政：商部・農工商部の産業振興を中心に》，溪水社。

# 生榮和死哀：

## 論東南亞客家富商的跨域人際網絡和類型

新加坡國立大學文學暨社會科學院中文系副教授　黃賢強

## 摘要

　　19 世紀末到 20 世紀初，原籍廣東大埔的張弼士（1840-1916）和廣東梅縣的張鴻南（1860-1921）可說是東南亞客家兩大豪門，活躍於南洋和中國各地。他們的人際網絡分別由地域、族群、政商等關係交織組成，網絡面既廣闊又複雜。本文以張弼士的榮哀錄和張鴻南生前的紀念特刊爲主要材料，整理和分析其等之跨域人際網絡，並試圖回答相關研究問題：爲何同在一個時代並且有多重交集的這兩個客家領袖，他們的人際網絡會有明顯的差異，而且分屬不同的富商類型？其中一個與祖國的政商各界保持非常緊密的關係，屬於「歸根型」富商；另外一個則融入僑居社會比較深刻，而且與自己的客家族群及在地社會有更緊密的聯繫，屬於「扎根型」富商。此外，什麼內在的因素和外在的客觀條件導致這種跨域人際網絡的差異也是本文關心的重點。

**關鍵字**：張弼士、張鴻南、南洋富商、客家、人際網絡

# 一、前言

　　19 世紀末至 20 世紀初，張弼士和張鴻南可說是東南亞客家兩大富商，活躍於南洋和中國各地。他們的地域、族群、行業和政商交織的跨域網絡繁雜，不易梳理清楚。本文以張弼士的哀思錄和張鴻南生前的榮耀集為基本資料，整理和分析他們的跨域人際網絡，並試圖回答以下的研究問題：為何同處在一個時代並有多重交集的兩個客家富商，他們的人際網絡會有明顯的差異？其中一人與祖國的政商各界保持非常緊密的關係，另外一人則在地化比較明顯，並與自己的客家族群及在地社會有更緊密的關係。本文也將進一步追問，是什麼內在因素和外在客觀條件導致他們的人際網絡有所差異，並因此可歸類為不同的南洋富商類型？

　　在本文聚焦的時代，南洋華人社會與傳統中國社會其中一個明顯不同之處，就是他們的領導階層。[1] 傳統中國社會以「士農工商」排序，領導階層都是由士階級的讀書人構建而成，而南洋移民社會，則是由經商致富者位居領導地位，[2] 客家富商張弼士和張鴻南就是其中兩位顯赫的領導人物。過去的研究偏向將他們歸屬同一類的華僑富商，比較強調他們的共同點。[3] 其實他們也有

---

1 有關 19 世紀和 20 世紀初新加坡和馬來亞華人社會領導人物的介紹和分析，可參考楊進發（2007）的《新馬華族領導層的探討》。
2 王賡武教授認為早期新馬華人社會主要有「工、商」兩個階級，顏清湟教授則認為有「工、商、士」三個階級。
3 有關張弼士研究的資料相當豐富，包括韓信夫、楊德昌主編，2009，《張弼士研究專輯》；廣東歷史學會張弼士研究專業委員會編，2006，《張弼士研究資料》第 1-5 輯；有關張弼士的研究概況，參見黃賢強，〈歷史書寫與文化記憶——以張弼士為例〉，收入鄭培凱、陳國球編，2008a，《史跡、文獻、歷史：中外文化與歷史記憶》，頁 98-113。英文的資料則包括 Michael R. Godley（1981），*The Mandarin-capitalists from Nanyang: Overseas Chinese Enterprise in the Modernization of China, 1893-1911*。有關張鴻南的研究相對比較少，且多與張煜南的研究一併研究和討論，例如黃浪華（2011），《華僑之光：張榮軒張耀軒張步青學術研討會論文集》；有關張鴻南後人對其回憶，見 Queeny Chang（1981），*Memories of a Nonya*。

明顯不同之處，筆者甚至主張將他們作不同的歸類。以下先討論其不同類型。

## 二、「歸根」與「扎根」：兩個南洋客家富商的類型

張弼士（1840-1916，名振勳，原名肇燮，大埔客家人）是為人熟悉的南洋富商，他曾在南洋開墾種植、經營礦業、船運業和金融業等，也在中國投資釀酒業、礦業、鐵路建設等，可謂當時最有名的跨地域和跨事業的紳商。張弼士「商優而入仕」，成為清末的紅頂商人，並先後受任命為大清國駐檳城副領事、駐新加坡總領事、清朝督辦鐵路大臣、商部考察外埠商務大臣、閩粵兩省農工路大臣等職。張鴻南（1860-1921，號耀軒，又名阿輝，梅縣客家人）在中國近代史上的知名度比不上張弼士，是因為他沒有長期回去中國當官，但他在中國也有一些投資（如投資建設潮汕鐵路）和慈善事業（如捐款救濟陝西旱災，順直飢荒等）。與張弼士比較，張鴻南在南洋的事業版圖不遑多讓，尤其在荷屬東印度的蘇北地區長期耕耘，並繼承其兄（張煜南）穩固的事業和崇高的地位，可謂獨霸一方。

張弼士和張鴻南雖然年齡相差 20 年，但他們都活躍於 19 世紀末至 20 世紀初，在很多方面也有類似的背景。首先，他們都是從家鄉南來打拼的客家人。張弼士來自廣東大埔縣（當時屬潮州府，現屬梅州市）西河鎮，張鴻南則來自鄰近的嘉應州（現屬梅州市）梅縣松口鎮。張弼士的父親張蘭軒為讀書人，為村裡的私塾老師，也行醫治病。張弼士在四兄弟中排行第三。由於家境清寒，在 1858 年 18 歲時，張弼士隨著移民的浪潮，遠赴南洋的荷屬巴達維亞（今印尼雅加達）打工謀生。由於張弼士勤勞又肯吃苦，得到老板的賞識，甚至把女兒許配給他。不久，張弼士繼承岳父的事業和遺產，並大展宏圖，擴張店鋪和經營酒行。數年之內，他先後創設和經營多家商號和公司，並且從地區性的經

營慢慢發展為跨區域企業。而且,張弼士善於經營人際關係,他取得荷屬東印度公司殖民政府官員的信任,獲得授權承包其兵營的糧食供應,[4] 也獲准承包一些地區的酒稅、典當稅和鴉片煙稅。由於商業活動盈利豐厚,張弼士很快地晉升為鉅富。從 1866 年起,他先後開辦裕和、笠旺、萬裕興等墾殖公司,東興礦務公司,以及廣福、裕昌輪船公司等,堪稱南洋首富。

如果說張弼士發跡的貴人是他的老板(即後來的岳父),張鴻南的貴人則是他的哥哥張煜南(1850-1911,號榕軒)。原來張煜南在年少時就因家貧南來謀生,至 1879 年時,張煜南已經在棉蘭闖出一番大事業,為當地首屈一指的鉅富,並先後受荷印政府委任為當地華人領袖「雷珍蘭」(Lieutenant)和「甲必丹」(Kapitan),最後晉升為當地職位最高的「瑪腰」(Major)官職。此時,坐困家鄉的張鴻南受召來南洋協助哥哥經營和發展事業,換言之,張鴻南是在哥哥鋪好的平坦道路上起步衝刺。張鴻南很快掌握經商的本領,並將張氏兄弟的事業推到另一高峰。當張煜南突然於 1911 年病逝時,張鴻南很快地被荷印殖民政府重用,接任棉蘭地區的瑪腰一職。殖民地政府中的華人領袖瑪腰一職並非世襲制,所以張鴻南繼任為瑪腰,可見他的才能和財富受到荷印政府的高度的賞識。張鴻南的事業版圖也是多元的,主要包括墾殖業和金融銀行業。由於張氏兄弟與張弼士的私交也很好,都受過張弼士的提攜,[5] 也一起合伙做生意。張弼士於 1898 年回祖國發展時,其在南洋的事業,主要交由張鴻南管理。張弼士逝世前,先後於 1912 年 5 月和 1916 年 7 月寫好遺囑和修正遺囑,將張鴻南立為遺產信託人和遺囑執行人之一。[6] 可見他對張鴻南的充分信任。

---

4 有關張弼士在巴達維亞的商業活動,尤其是承包荷印政府兵營糧食和物資的記錄,參閱包樂史(Leonard Blusse),2012,《公案簿》。
5 張煜南剛到南洋爪哇島謀生時,曾受僱於張弼士的公司。

其次，張弼士和張鴻南的另外一個共同點是他們都曾回祖國投資。張弼士不只是最早被清朝政府徵召擔任海外使節的華僑之一，[7]也是最早響應祖國號召回國投資，以實業興邦的南洋華僑領袖。如上所述，他在中國投資事業包括釀酒業、礦業、鐵路建設等。由於張弼士的雄厚財力和影響力，他也是最早被任命為朝廷大臣的華僑領袖，擔任過多個與他的事業貢獻及海外影響力相關的職務，包括粵漢鐵路總辦、商部考察外埠商務大臣、閩廣農工路礦督辦等。張弼士在1898年至1904年間，曾三次受慈禧太后和光緒皇帝召見，可見其受重視程度。

另一方面，張鴻南雖然沒有像張弼士般擔任朝臣，他本人也沒謁見過慈禧太后和皇帝，但他對祖國的貢獻和資助也有跡可循。張煜南和張鴻南兄弟手足情深，在哥哥張煜南1911年逝世前，很多貢獻和資助，都是兄弟聯名的，例如他們兄弟先後捐鉅款資助清政府擴充海軍力量、救濟中國災荒等。對於家鄉的文化教育事業也予多方資助，如捐助松口中學的建校費用，資助出版歷代嘉應名人詩選及出版嘉應州地方志等。此外，對香港大學和廣州的嶺南大學都有慷慨捐款或捐建校樓。1910年南京舉辦中國首次的博覽會——南洋勸業會，張氏兄弟由哥哥領銜，捐款30萬元，為這個博覽會的圓滿結束和善後作出貢獻，並獲得朝廷的獎敘（《商務官報》1910年9月25日）。張氏兄弟對中國實業的貢獻，最為人稱道的還是興建潮汕鐵路一事。

上述張弼士和張鴻南的事跡多為人所熟悉，他們這些南洋富商也多被人籠

---

6 張弼士於逝世前兩個月，即1916年7月26日作過一次遺囑的修正補充，內容變動不大，張鴻南的遺囑信託人和執行人地位沒有變動。另外一個遺產執行人是張弼士的侄子。有關遺囑影印本，現展示在檳城的「藍屋」（張弼士故居）。

7 在南洋地區的華僑只有新加坡的胡璇澤（1878至1880年擔任清國駐新加坡首任領事）比張弼士更早受委任官職。

統地歸為同類——實業興邦的愛國華僑。但如果深層分析，張弼士和張鴻南可說是兩種不同的華僑類型，筆者分別稱之為「歸根型」和「扎根型」南洋華僑富商。所謂「歸根型」，是指將事業重心移歸祖國發展的模式，「扎根型」則是將事業扎根於在地社會。張弼士顯然是歸根型的代表，因為自 1898 年回國擔任朝官後，他陸續在中國開展他的企業，包括釀酒業、鐵路建設等交通業、金融業等。而他在海外的企業，也逐漸交給張鴻南管理，淡出南洋的實業版圖。張鴻南的事業軌跡則不同，他跟隨哥哥在南洋發跡後，就一直以南洋為中心發展他的事業版圖。他在中國的顯著投資，就是與哥哥出資興建潮汕鐵路，除此之外，主要是慈善捐款為國家（如南洋勸業會）和地方（如嘉應州）作出貢獻。或者應該如此說，張煜南和張鴻南兄弟情深，張鴻南是跟隨或響應哥哥在中國的投資和慈善事業。當張煜南於 1911 年逝世後，張鴻南便比較少在中國進行投資活動。

## 三、生榮與死哀：從哀思錄和榮耀集來分析華商的人際網絡

張弼士和張鴻南同樣是過番的客家移民，同樣是曾活躍於 19 世紀末和 20 世紀初的南洋地區富商，但為何最終「分道揚鑣」，一個根歸祖國，另一個則扎根異鄉？本節借助兩部文獻當作論析的材料，其中一部是《張弼士君生平事略——附榮哀錄》（以下簡稱《榮哀錄》）（鄭官應 1972a），另一部是《張耀軒博士拓殖南洋卅年紀念錄》（以下簡稱《紀念錄》）（黃警頑編 1921），從中梳理出他們的人際網絡，並討論其中影響他們歸根和扎根決定的因素。

榮哀錄，亦稱哀思錄，一般上是大人物逝世後，後人編輯而成。張弼士的《榮哀錄》是由其生前好友鄭官應編輯，收錄在他撰寫的張弼士生平事略之後。

《榮哀錄》收錄上百個人、團體和機構（包括商號）的輓聯和悼念詞。雖然不是所有張弼士的親人、朋友和有關係的個人和組織都名列其中，尤其是比張弼士早逝者更不可能出現在其榮哀錄中，但從榮哀錄的名單中，可相當清晰地了解張弼士的人際網絡，為研究張弼士的社會和政商關係的一個重要材料。

　　《紀念錄》則是研究張鴻南的一手材料，尤其是張鴻南逝世後不見「榮哀錄」。《紀念錄》是張鴻南晚年，即 1916 年適逢他在荷印政府服務 30 周年的時刻，在棉蘭舉辦了一場為期一星期的盛大紀念慶典活動的記錄。那次的慶典為當地空前熱鬧的大事，據目擊者報導：「連日棉蘭街市，劇增數萬人，綠女紅男，馬龍車水，笙歌沸地，煙火迷天。蓋自設棉蘭商埠以來，未有如此次［之］熱鬧者。」（蕭惠長 1921）為了這個慶典，張鴻南委託遠在廈門鼓浪嶼的兒女親家林爾嘉推薦有學識之士到棉蘭為他撰寫傳略和編輯紀念刊物，結果這位臺灣板橋林家的接班人林爾嘉推薦其詩社的成員許南生（即許地山之父）前往執行編撰任務。許南生也是時在棉蘭的林景仁（林爾嘉之子，也是張鴻南女婿）之好友，他們樂於異鄉作伴。許南生在棉蘭一年餘，尚未完成紀念特刊的編輯工作，便不幸染上熱帶疾病，客死南方。數年後，黃警頑在許南生的編輯基礎上，增補和出版了《紀念錄》。《紀念錄》收錄了序文、題字、頌詞、頌聯、頌詩、傳略等數百則及照片上百幀，[8] 無疑為張鴻南在世時的榮耀集，也是了解張鴻南生平交往錄之珍貴資料。

　　張弼士之《榮哀錄》和張鴻南之《紀念錄》的性質雖然不盡相同，主要差別在於前者是彙集了對已經逝世者的追悼和哀思的文詞和頌聯，後者則是對尚

---

8 據初步統計，《紀念錄》內容包括題字 36 人、序文 8 篇、頌聯一百餘對、頌詞 25 則、頌幛 8 軸、頌詩上百首、照片 163 幀、行述 1 長篇、傳略 1 篇、跋 3 篇、題辭 2 則（附法文）、紀事 1 則（附荷文）等。

在世者的贊頌和記錄。但兩者的內容都有助於了解主人翁的交往對象和人際網絡，因為《榮哀錄》的哀文和《紀念錄》的頌詞作者都是與主人翁有一定的私人情誼或公務關係。

由於篇幅有限，無法羅列所有在《榮哀錄》和《紀念錄》出現的作者。以下僅歸納有關作者的身分特點及討論如何從《榮哀錄》和《紀念錄》看出張弼士和張鴻南的人際交往特點，並從這個視角推論他們為何作出「歸根」或「扎根」的決定。

張弼士於 1916 年 9 月 12 日逝世，當時他正在荷屬東印度的巴達維亞出席一個晚會。他身體突感不適，急救無效，病逝異鄉，享年 76 歲。其後張弼士的靈柩隆重地船運回大埔故里，途經檳城、新加坡、香港、汕頭等地。靈柩運抵香港之時，英港政府下半旗致哀，港督及香港大學監督均親臨執紼（鄭官應 1972c：19）。靈柩寄厝於九龍灣之大灣數月之久，後運返故里舉行公祭。時任大總統的黎元洪特遣廣東省省長朱慶瀾致祭並頒賜大總統祭文（鄭官應 1972d：23-24）和大總統碑文（鄭官應 1972d：24-28）。

如上所述，張弼士的《榮哀錄》是由政商摯友鄭觀應彙整而成。鄭官應（1842-1921）比張弼士年輕兩歲，又名觀應，祖籍廣東香山縣。鄭官應是中國近代活躍的思想家、實業家、教育家和文學家等。他與盛宣懷、李鴻章等政商名人交往密切，與張弼士也有非常親密的關系。鄭官應高度評價張弼士一生，曾率子輓聯曰，弼公「多才多藝，匪惟富國，尤善交際。費數百萬，振興工商，葡萄制釀，鐵路銀行，鹽田沙磚，玻璃布廠，南洋各島，開墾尤廣，豐功偉業，名播五洲」（鄭官應 1972d：80-81）。鄭官應總結張弼士一生事跡後，認為應該為他鑄塑銅像，並建祠堂，以垂諸後世（鄭官應 1972d：81）。但鑄塑銅像和建築祠堂需宗族和家屬同意，非鄭官應個人意願所能實行。因此，鄭官應只好為已故好友撰寫一篇傳記和編輯一冊《榮哀錄》。正如《張弼士君生

平事略》序所言，他與張弼士「舊交也，蘭誼也，亦道侶也」。張弼士歸道山後，
他將「其生平、事略、榮典、挽章彙集成帙，付諸梨棗，以志景慕，亦聊盡友
誼」（鄭官應 1972b：3）。但由於張弼士突然逝世後，「外洋各埠，內地各省，
人思表揚、言哀之作甚多，聯語詞文抄錄恐有未全」（鄭官應 1972d：81）。
即使鄭官應所編的《榮哀錄》也無法將所有輓聯收錄齊全，但從收錄的輓聯已
可以相當清楚張弼士的人際交往情況。

　　如果將《榮哀錄》內的輓詞和輓聯作者作個粗略分類的話，可分為宗族與
同鄉、經商同業和政治同僚三類。第一類的宗族與同鄉有數十人題輓聯和輓
詞，主要是張氏宗親世侄和大埔的客家親友，包括負責經營張裕釀酒公司的張
成卿等人。宗親情誼容易理解，他們的哀文和輓聯的出現也不需多作解釋。

　　第二類的經商同業類可以看出張弼士在商業和經濟領域的人際網絡特點，
即他有豐沛的商業人脈，尤其是與祖國商會及其領導人的關係。例如，廣州總
商會領導陳勉畬（總理）、胡頌棠（協理）、酈拔民（坐辦）與商董屈湘平、
秦祥光、郭翰臣和高俊臣聯名輓聯，另外還有多位商董個別題名輓聯者，包括
鄧德周、梁載南、梁佩唐、梁漢台、韓翼樓、廖養吾、黃心存、劉友豪、黃顯芝、
楊海山、鄭德銘、陳樹榮等人。此外，出現在《榮哀錄》的中國商會還包括：
京師總商會、奉天總商會、哈爾濱總商會、山東濟南總商會、湖南總商會、寧
波總商會、汕頭總商會和雲南總商會等，可說是遍布全國的主要商會都做出哀
悼的表示。其中原因是張弼士曾先後擔任廣東總商會總理和全國商會聯合會會
長等職。另外一方面，由於張弼士生前眾多事業中也包括中藥業，所以國內的
兩粵廣仁善堂、廣濟醫院和光華醫社等也有輓聯哀悼。南洋方面，有一些商號
具名哀悼，主要包括同屬會豐集團的各地商號，即荷屬東印度的三寶壟會豐商
店、棉蘭埠會豐商店、以及馬來亞的太平商埠會豐商店、庇能埠（今之檳城）
會豐商店、金堡埠會豐商店、壩羅埠（今霹靂州怡保）會豐商店、以及八打威

（即巴達維亞，今之雅加達）三昌公司、[9] 和荷屬泗水中華公司等。

　　第三類政治同僚類，更可以看出張弼士的政治人脈非比尋常。除了上文提到黎元洪頒賜的〈大總統祭文〉和〈大總統特頒前參政院參政張振勛碑文〉外，《榮哀錄》還收錄了廣東省省長朱慶瀾、廣東財政廳長嚴家熾、粵海道尹王典章和警察廳長王順存等政府高層的輓聯，以及清末民初政治活躍名人章太炎[10]、呂海寰[11] 等人的輓聯。另外，還有三位對張弼士影響深遠的清末重要政治人物，一位是對張弼士有知遇之恩的駐英公使龔照瑗（1836-1897），他因公務途經檳榔嶼時認識張弼士。龔照瑗與張弼士詳談後，認為他是國家英才，將他引入仕途。另外一位是重用張弼士的李鴻章（1823-1901）。李鴻章曾安排張弼士覲見慈禧太后，還先後任命張弼士擔任多項官職。第三位是李鴻章推動洋務運動的一個大將盛宣懷（1844-1916），曾擔任清廷天津海關監督、辦理中國第一家輪船航運企業輪船招商局、創辦中國通商銀行的盛宣懷和與回國投資的張弼士有很多業務投資上的合作，如保障張弼士在煙台的葡萄釀酒廠享有 3 年免稅和 15 年專利的特殊待遇等。盛宣懷在清末也先後被任命為工部左侍郎、會辦商務大臣、郵傳部右侍郎等職務，與曾受任命為考察外埠商務大臣的張弼士有官場上的同僚關系。可惜龔照瑗、李鴻章、盛宣懷這三位政治上極具影響力的人物比張弼士早逝，當然無法出現在張弼士的《榮哀錄》。但鄭官應所寫的張弼士生平事略中，對他們的交往關系有清楚的敘述。

---

9 連鎖的會豐商店和三昌公司的創辦人為何華生（廣東順德人），他是香港華人藥業的先驅者。
10 章炳麟（1869-1936），號太炎，浙江余杭人。清末民初民主革命家、思想家、著名學者，著述甚豐。曾和蔡元培等合作，發起光復會，後參加同盟會，主編《民報》等刊物。晚年在蘇州主持章氏國學講習會。
11 呂海寰（1842-1927），字鏡宇，山東掖縣（今萊州市）人。清末著名外交家、中國紅十字會創始人，歷任駐德國、荷蘭兩國公使，工部尚書、欽差商約大臣、兵部尚書、外部尚書、督辦津浦鐵路大臣，中國紅十字會會長、名譽會長等職。

　　進入民國之後，張弼士的財力和影響力同樣受到民國的先後領導人孫中山
和袁世凱等的敬重。張弼士是一位懂得順應歷史潮流的人，他目睹清末動亂的
政治和社會局勢，也觀察到孫中山革命運動的發展。他對孫中山革命運動的暗
地支持體現在他支持次子張秩君加入孫中山成立的同盟會。此外，當革命黨人
在海外秘密活動時，張弼士曾進行秘密援助，通過胡漢民向孫中山捐贈 30 萬
銀兩作為其革命經費（韓信夫、楊德昌編 2009：8）。1912 年 8 月 21 日，孫
中山應袁世凱之邀北上，途經煙台，參觀了張裕葡萄釀酒公司，並題字「品重
醴泉」贈予張弼士（韓信夫 2009a：94）。孫中山百忙之中還能親臨張裕葡萄
釀酒公司，品嘗葡萄酒並題詞，由此可見，這既是對張裕公司美酒佳釀的讚許，
又是對張弼士個人的褒獎，可見兩人關系匪淺。袁世凱掌權後，同樣很賞識張
弼士，不僅任命他為總統府顧問、工商部高等顧問、南洋宣慰使，立法會議議
員、參政院參政、全國商會聯合會會長，還授予張弼士二等嘉禾勛章。袁世凱
比張弼士早逝三個月，所以不可能看到他給張弼士的題輓。孫中山是否有題輓
則有待考證，但沒有出現在鄭官應所編輯的《榮哀錄》中。

　　簡言之，從張弼士的生平事略和《榮哀錄》可以看出張弼士商政關係亨通，
其人際交往的特點是與祖國的商會及與清末民初的中國政界領導人的關係網絡
鋪設得很繁密。張弼士雖然早年到南洋謀生發跡，成為南洋首屈一指的富商僑
領，但他從沒有忘記要回國貢獻。從張弼士和他的「伯樂」龔照瑗的一段對話
可以看出端倪。事緣光緒 29 年（1892）龔照瑗在檳榔嶼初遇張弼士，經過一
段交談後，龔照瑗認定張弼士不只是商界中人，而是「天下奇才」，並嚴肅
地問張弼士：「現中國貧弱，盍歸救祖國乎？」張弼士回答：「懷此志久矣」。
於是，龔照瑗將張弼士推薦給李鴻章，「力言君才可大用，即奏派檳榔嶼領事
官，此為君服官祖國之始」（鄭官應 1972c：12）。1894 年張弼士被調升為清
廷駐新加坡代總領事。1898 年應清廷之召回國，並受到慈禧太后和光緒皇帝

召見。1900 年奉大學士李鴻章奏調回國（韓信夫 2009b：286-287），辦理商務事宜，確定了他此後長期在祖國的「歸根」事業。

另一方面，張鴻南是同時期另外一種南洋富商模式。相較於張弼士的「歸根」意識濃厚，張鴻南的「扎根」傾向非常明顯。所謂「扎根型」的南洋富商，是指致富後的華商領袖並不是以回歸祖國做出貢獻為首要考慮，而是在當地繼續鞏固和發展他們的事業。他們仍然關愛祖國，但只是以間接的方式（並沒有長期留在中國境內）或以部分的精力和財力貢獻祖國。上文提到，張鴻南的事業主要是在荷屬東印度的棉蘭（舊稱日里或日麗），事業版圖擴及蘇門答臘島其他地方和爪哇島各地，以及英屬馬來亞等地。他在中國的投資和慈善事業，主要是追隨哥哥張煜南的步伐，投資興建潮汕鐵路及賑災等方面作出貢獻。張鴻南自從過番南洋發展事業後，就很少往返祖國，甚至沒有資料顯示他曾去過廈門鼓浪嶼會見他的兒女親家——板橋林家後裔林爾嘉，也不曾上京覲見皇上和太后或民國總統。

從《紀念錄》收錄的頌詞（包含頌聯和頌詩）的作者身分背景來分析，可以印證張鴻南「扎根」南洋的特點。首先，在經商同業類的頌詞者中，可以看出張鴻南的商業人脈網絡集中在南洋地區，而非中國內地。提供頌詞的中國境內的商會只有汕頭商務總會（總協理蔡明南和李彩臣具名）和家鄉松口商務分會同人。商號方面有經營藥業的汕頭延壽堂（總經理李海珊等 6 人具名）和潮州西關外百忍堂（司理張潤生具名）。另外一方面，提供頌詞的南洋商會、商團、商號和商人則明顯比較多，包括張鴻南的根據地棉蘭（日里）地區的「日麗農工商學各界」、「日里屬工商學各界全體」、「日里閣屬各工團」、「文華行」（金業）、「革履團」、「縫業團」，「鐵業團」、「棉蘭各商號和商人」（共計 131 人或商號或商團具名）等。另外還有吧城的「南茂公司」，以及荷屬印尼各地的「鑒江丁宜紳商工學界」、「浮盧巴煙眾僑商」、「吧噉埠」72

商號和商人、「牙隴埠」51 商號和商人、「浮盧壩埠」30 商號和商人、「段
葡干埠」41 商號和商人、「禾岸埠」21 商號或商人、「丹戎不老哇甘江媽那」
11 商號和商人、「峇丁貴埠」22 商號和商人、「昔里隴埠」25 人和商號、「丹
容不勝蛙埠」25 商號和商人、「班兜老武埠」31 商號和商人等。此外，還有「僑
居英屬商學界同人」（馬來亞）計 46 人，英屬地（石叻／新加坡）的商號和
商人計 13 人。由此可見張鴻南在南洋商界耕耘深厚，其在南洋的商業人脈關
係遠遠超過其在中國的商業網絡。

　　其次，在政治人物類的題字和頌詞方面，《紀念錄》也有不少當時中國的
政要題字祝賀，包括三位先後擔任臨時大總統或總統的孫中山（臨時大總統任
期：1912 年 1 月至同年 2 月）、黎元洪（總統任期：1916 年 6 月至 1917 年 7 月；
1922 年 6 月至 1923 年 6 月）及徐世昌（總統任期：1918 年 10 月至 1922 年 6
月）。張鴻南與孫中山的關係，可追溯到反滿革命時期，張鴻南因為松口同鄉
謝逸橋是革命活躍分子的關係，私下捐鉅款給孫中山進行革命事業。民國建立
後，孫中山親書「博愛」條幅致贈，表達對他的感謝。但沒有記錄顯示張鴻南
和孫中山曾見面或有直接的接觸。張鴻南與黎元洪及徐世昌總統同樣沒有直接
的交集，這兩位民國初年的總統題字出現在《紀念錄》，主要是編者的用心安
排。因為有總統的題字，能凸顯張鴻南崇高的社會地位，另外一方面，張鴻南
畢竟是或曾是南僑極具影響力的富商，基於公關的考慮，總統也樂於給他一定
的尊榮。

　　與張鴻南有實際業務關係的政治人物，是兼具實業家身分的張謇（民初曾
任北洋政府工商總長）和湯壽潛（清末曾任浙江全省鐵路公司總理及孫中山當
政時候的南洋勸捐公債總理），他們分別為《紀念錄》做序。此外，其他比較
有分量的政治人物包括為《紀念錄》題字的吳稚暉（民國政壇元老）、王正廷
（曾任國會副議長、署理外交總長）、朱慶瀾（時任廣東省長）和唐繼堯（時

任雲南督軍兼省長）。

　　與張弼士的《榮哀錄》比較，張鴻南《紀念錄》中的中國政要名單並不遜色，但《紀念錄》更顯著的一個特點，就是多了許多南洋地區的政治人物。在殖民地時代，荷蘭和英國統治者任命南洋華人領袖為「僑長」、「雷珍蘭」、「甲必丹」和「瑪腰」等來協助管理當地華人事物，其中在荷屬地區又以「瑪腰」為最高頭銜。張鴻南本身就是棉蘭地區的瑪腰。在《紀念錄》題頌詞的華僑領袖，計有棉蘭、老武漢埠、明禮埠、火水山埠、打埠、丁宜埠、巴鑒埠、海口埠、亞沙漢、岑岸亞貝、右尾登宜和岑都拋勝等地的雷珍蘭；日麗棉蘭、籠葛埠、望加里的甲必丹；另外還有 10 個小埠的僑長。從如此多的地方僑領奉獻頌詞，可知張鴻南在南洋地區有豐厚的政治影響力和人脈關係。此外，張鴻南在南洋的政治網絡，也擴及中國駐南洋各地的領事官，除了自己的侄兒所擔任的駐棉蘭領事（張步青）外，還包括駐泗水領事（王樹善）、駐蘇門答臘巴東領事（余祐番）、駐爪哇總領事（歐陽庚）、駐新嘉坡總領事（胡維賢）和駐檳榔嶼領事（戴培元）等。這些跡象同樣顯示張鴻南在南洋扎根的深厚。

　　張鴻南「扎根」南洋，但他沒有完全「忘根」。相反地，他與原鄉的聯繫以及他的客家情結還是很濃厚的。從《紀念錄》中可看到不少客家原鄉親友的頌詞。除了親友外，他和家鄉的文教界的關係特別密切。他曾和兄長張煜南對嘉應州的文化教育事業鼎力資助，包括捐鉅款為松口中學建校，捐助出版宋、明至清末時期嘉應州歷代名人詩選——《梅水詩傳》13 卷，以及資助《光緒嘉應州志》的編纂等。從《紀念錄》可以看到這方面的痕跡。文教界的頌詞作者包括嘉應州的楊沅（曾任嘉應州學務公所所長）、吳眉尹（松口仁發學校校長）、卜偉民（與張鴻南等人創建松口溪南學校並擔任創校校長）。嘉應州客家人且活躍於南洋文教界的頌詞作者則有謝碧田（梅縣人，曾於新加坡活動和蘇島亞齊辦學）、劉士木（興寧人，曾任蘇島中華學校校長及上海中華拓殖民

研究會研究員）、饒芙裳（梅縣松口人，曾任檳城時中學校校長，廣東教育司司長）等。

　　張鴻南對於文教事業的關心和支持，也得到中國多位知名教育家的回應，包括為《紀念錄》題字的蔡元培（1868-1940，北京大學校長）和郭秉文（1880-1969，時任南京高等師範學校 [12] 教務長、校長）、袁希濤（1866-1930，清末民初教育家），以及貢獻頌聯的李登輝（1872-1947，荷印華僑，時任復旦公學、復旦大學校長）。除了李登輝與南洋關係密切外，汪鳳翔（1906 年廣東學務處派汪鳳翔為荷印勸學總董兼視學專員）、余佩皋（1888-1934，時任新加坡南洋女子師範學校校長）也是與南洋有關係的中國教育界知名人士。

　　簡言之，從《紀念錄》可清楚看到張鴻南「扎根」南洋的痕跡。張鴻南的商業網明顯是南洋為重心，他的政治網絡雖然觸及中國政要，但還是南洋各地的僑領聯絡網比較密集。他對家鄉的關心，對客家族群文化事業的支持，可以說明他雖然「扎根」南洋，但不是從祖國完全「脫根」。只是他不像張弼士般，以歸國的行動，完全投入祖國的服務和貢獻。

## 四、討論：歸根型和扎根型華商的形成因素

　　從《榮哀錄》和《紀念錄》的初步剖析，可以發現過去學界對南洋富商的理解和印象過於簡單和籠統。同一個時期的南洋富商，儘管表面上有許多共同點的張弼士和張鴻南（例如他們的客家族群背景、過番發跡的經歷、回饋祖國的熱心等），經過更細緻的比較和分析，還是可以分辨出他們分屬於「歸根型」

---

12 1921 年南京高師升格為國立東南大學，1928 年更名中央大學，1949 年更名南京大學。

和「扎根型」的華僑富商。到底是什麼因素左右了，甚至是決定了這兩位客家富商的行動取向呢？

首先從內在因素（生活態度和個人志向）而言，張弼士有濃厚的傳統中國士大夫和富人的特質，他雖然出身貧寒，但勤奮向上，在海外闖出一片天地後，其生活方式和態度與傳統中國的紳商沒有很大的差別。他在南洋和家鄉都蓋有大房屋，以彰顯財富和地位。此外，張弼士共有7個妻妾（也有論者說是8個），子女成群。[13] 根據他的遺囑有關子女的遺產繼承權的內容來看，重男輕女的觀念明顯，只有男嗣有財產繼承權。個人志向方面，張弼士過番是逼不得已的選擇，累積財富是他取得成功和晉升的手段，他的終極目標還是回國發展，在官商兩途上大展宏圖。所以當駐英公使龔照瑗問他是否願意為祖國效力時，他毫不猶豫地回答說「懷此志久矣」。他的仕途很快地從駐檳城副領事到駐新加坡代總領事。不久，他將南洋的商業交代給張鴻南管理，踏上歸國的道路，成為最早回國並受任命為朝官的南洋華僑。從張弼士的事跡，尤其是從《榮哀錄》裡分析出來他的政商人脈網絡以及其網絡的地域分布來看，可以理解張弼士很用心地經營他在祖國的事業，甚至最後鞠躬盡瘁。

張弼士歸國的外在因素，或歷史和政治的時代背景又是如何呢？張弼士崛起的時代，正好是海外華僑的財力開始被重視的時代，或者說是被清朝政府垂涎的時代，因為內憂外患的清廷需要依靠華僑的財富來紓困。1893 年清朝解除海禁，為華僑歸國打開合法的大門。清朝政府自鴉片戰爭以來，屢戰屢敗，不只領土和主權受到侵蝕，還要向外國一而再地賠償戰敗軍費。張弼士的財力和在南洋僑界的影響力受到清朝官員的重視，將他引入仕途，協助招商引資，他的職務由留駐海外的領事到清政府中央部會主管。個人的意願和時代的契機

---

13 張弼士除了髮妻在中國家鄉外，其他的妾侍都在南洋各地，其子女也多生於海外，所以家庭因素對張弼士最終選擇「歸根」的決定，影響不大。

決定了張弼士的行動取向，造就了這個「歸根型」南洋富商的先驅。

　　張鴻南的行動取向為何又有不同呢？上文提到張鴻南和張弼士的出洋動機和發跡歷程有許多相識之處，也同樣活躍在 19 世紀末和 20 世紀初的大時代。先以內在因素來論，張鴻南也是因在家鄉沒有出路而過番南來。不同的是，在南洋已經發跡的哥哥為張鴻南鋪好了道路，所以他很快地出人頭地，事業和財富都緊隨哥哥張煜南，為人處事也深受兄長的影響，甚至長女張福英的婚姻大事也是由張煜南作主安排（Chang 1981：69）。私領域方面，兩兄弟富貴之後，也在南洋和家鄉分別修建大房屋。婚姻方面張氏兄弟相對保守，除了在家鄉都各有一個妻子之外，張煜南在南洋只有另外一個妻子，而張鴻南在南洋則有妻妾兩名，與張弼士的 7 個妻妾相差甚遠。志業方面，張煜南和張鴻南兩兄弟都把事業重心放在南洋，尤其是荷屬棉蘭地區，他們可以說是當地的開埠先驅和功臣。張煜南曾被張弼士推薦繼任清廷駐檳城副領事。[14]但做了一年餘，便以無法兼顧棉蘭的事業，而辭官回去棉蘭。張鴻南也曾被安排代理駐檳城副領事，但顯然地他也無意正式擔任檳城的官職。張氏兄弟不是輕視中國的官職，而是他們在棉蘭已經扎穩根基，並且長期受到荷印政府的重用，分別擔任荷印政府委任的瑪腰和甲必丹職務，即棉蘭地區最高和次高的華僑領袖官銜。[15]從張鴻南的《紀念錄》看到他在南洋地區的政商和事業人脈網絡，亦可明顯看到他在

14 張弼士推薦張煜南為繼任的檳城副領事，除了因為張煜南曾經是張弼士的部屬外，他們都是客家人的身分也是其中的一個因素。有關客家人經由壟斷清朝駐檳城副領事一職來加強他們在檳城的勢力和地位，以突破檳城華人社會長期以來被福幫（主要閩南人）和廣幫（主要是廣府人和潮州人）所壟斷的局面，可參閱拙作〈檳城華人社會領導階層的第三股勢力〉，收錄於《跨域史學：近代中國與南洋華人研究的新視野》（黃賢強 2008b），本文不再贅述。
15 荷屬東印度的殖民政府也和英屬馬來亞政府類似，採取「間接管理」的方式管理殖民社會，即重用華人領袖來協助管理華人社會。除非會造成社會的動盪或會影響到他們的統治權威，否則殖民統治者是不會直接干涉華人的事務。

南洋的扎根成果。

　　張鴻南還有一些特點與張弼士不同，甚至與他的哥哥也不一樣，那就是他的多元族群人際關系及西化程度。《紀念錄》收錄上百幀照片顯示，參與祝賀張鴻南在棉蘭從政 30 年紀念慶典的不只是華人的官、商、學、工界群體，還包括歐籍男女來賓近百人、馬來人商學界數十人、瑪腰署馬來書記及其家屬數十人、印度人鉅商數十人，以及各橡膠園丘和椰園的數百爪哇島工人等。另外，他對歐洲人的能力、價值觀和語言也很重視。張鴻南僱用一個荷蘭籍的歐洲白人負責總管他的數十個園丘業務。他對子女的教育也沒有性別歧視，不只兒子，連女兒也可以得到良好的歐語教育。例如大女兒張福英從小就被特別安排進入荷語學校，另外還請英語補習老師培養女兒的英語能力。正因為如此，張鴻南後人的日常應用語言主要是歐語和當地語言，而非華語或客家話。他的後人的生活圈子也相當西化，子女大部分都曾在歐美留學，到目前這一代已經完全不能聽、講和寫華文了。

　　外在因素方面，張鴻南所處的時代背景和政治環境與張弼士的情況很類似。華僑回國投資興國的呼聲仍然很大。經過張弼士的遊說，張鴻南曾和張煜南於 1903 年回祖國投資興建潮汕鐵路，1906 年完工通車。過去討論到張煜南和張鴻南投資興建潮汕鐵路，都將它視為華僑回國投資實業興邦的成功案例。但其實張煜南和張鴻南在興建潮汕鐵路的過程中也遭到不少波折，包括徵收土地的困難、破壞風水的民怨，以及因為被懷疑引入日本資金而受到民族主義高漲的國人的質疑和反對。[16] 這些困難和挫折也影響張鴻南不願將事業重心移轉祖國的決定。當然最重要決定「扎根」的因素還是他們在棉蘭的地盤已經穩固，並受到荷印殖民地政府的重用和信任。

---

16 有關籌建潮汕鐵路遇到的困難，參見顏清湟〈張煜南與潮汕鐵路（1904-1908）：華僑從事中國現代企業的一個實例研究〉，載氏著《海外華人史研究》，1992。

　　解讀張弼士的《榮哀錄》和張鴻南的《紀念錄》的人脈網絡，可以歸納出
兩種不同的南洋華商模式，即張弼士的「歸根型」模式和張鴻南的「扎根型」
模式。如果進一步剖析，「歸根型」的張弼士的中國情意結是高層次的或中央
層次的，是要為國家和中央政府貢獻所能。張弼士出任督辦鐵路大臣，可以為
中國的鐵路交通總藍圖把脈，他出任考察南洋商務大臣，可以透過他在南洋的
威信協助國庫空虛的清朝政府招商引資。另外一方面，「扎根型」的張鴻南的
中國情意結是屬草根層次或客家原鄉層次，是要為家鄉和地方做出貢獻。張鴻
南對嘉應地區的學校建設和資助客家名人詩文集的出版，嘉惠了這個客家地區
的文教事業。興建潮汕鐵路的動機主要也是為了改善客家原鄉（包括嘉應州和
大埔地區）至出海口（汕頭）的人流和貨運交通，以促進原鄉的經濟和方便原
鄉人口往返南洋。因為長期以來從粵東地區的客家人從松口鎮渡口上船，再順
著韓江南下也只能抵達潮州，從潮州到汕頭的水路不通，因為韓江河口三角洲
地區河床淺，不適合船隻川行。

　　當然，南洋客家富商不只有「歸根型」和「扎根型」兩類，有許多富商或
游移或交叉兩者之間而可歸納為第三種或第四種類型，這些都有待進一步的深
入研究和廣泛的取樣。但本文的論述已經說明不應將所有南洋富商簡單地歸入
一種相同的模式。以《榮哀錄》和《紀念錄》為史料而歸納出張弼士的「歸根
型」模式和張鴻南的「札根型」模式的分類和研究，悉屬拋磚引玉。總結而言，
張弼士的歸根思維和人際網絡以及張鴻南的扎根思維和人際網絡都受到內在人
物性格和志向的形塑，以及外在的時局和機遇的制約。[17]

17 本文為新加坡國立大學（NUS）學術研究基金（ARF）資助的研究項目 R-102-000-
　 092-112 的部分研究成果。感謝研究生許績綜、張韻茹、廖筱紋在資料整理等方面的
　 協助。此外，也感謝匿名審稿人的評審意見。文責由作者自負。

# 參考文獻

〈兩江總督張人駿奏南洋勸業會期滿閉會情形等摺〉，1910。《商務官報》25
　　期，9 月 25 日。

黃浪華編，2011，《華僑之光：張榮軒張耀軒張步青學術研討會論文集》。北
　　京：中國華僑出版社。

黃賢強，2008a，〈歷史書寫與文化記憶：以張弼士為例〉。頁 98-113，收錄
　　於鄭培凱、陳國球編，《史跡、文獻、歷史：中外文化與歷史記憶》。桂林：
　　廣西師範大學出版社。

_____，2008b，〈檳城華人社會領導階層的第三股勢力〉。頁 102-116，收錄
　　於《跨域史學：近代中國與南洋華人研究的新視野》。廈門：廈門大學出
　　版社。

黃警頑編，1921，《張耀軒博士拓殖南洋卅年紀念錄》（又名《張公耀軒從政
　　三十年紀念錄》）。上海：上海商務書局。

楊進發，2007，《新馬華族領導層的探討》。新加坡：青年書局。

廣東歷史學會張弼士研究專業委員會編，2006，《張弼士研究資料》（第 1-5
　　輯）。廣東：廣東歷史學會張弼士研究專業委員會。

鄭官應，1972a，《張弼士君生平事略：附榮哀錄》。臺北：文海出版社影印本。

_____，1972b，〈序〉。頁 3，收錄於《張弼士君生平事略：附榮哀錄》。臺北：
　　文海出版社影印本。

_____，1972c，〈張弼士君生平事略〉。頁 5-20，收錄於《張弼士君生平事略：
　　附榮哀錄》，臺北：文海出版社影印本。

_____，1972d，〈榮哀錄〉。頁 21-82，收錄於《張弼士君生平事略：附榮
　　哀錄》，臺北：文海出版社影印本。

蕭惠長，1921，〈張瑪腰耀軒先生服官三十年紀念連日各界致賀紀事〉。紀事：
　　1，收錄於《張耀軒博士拓殖南洋卅年紀念錄》。棉南：出版社不詳。

韓信夫，2009a，〈客屬華僑實業興邦的先驅者張弼士〉，頁 88-97。收錄於韓
　　信夫、楊德昌編，《張弼士研究專輯》。北京：社會科學文獻。

_____，2009b，〈張弼士年表〉，頁 285-293。收錄於韓信夫、楊德昌編，《張
　　弼士研究專輯》。北京：社會科學文獻。

韓信夫、楊德昌主編，2009，《張弼士研究專輯》。北京：社會科學文獻。

顏清湟，1992，〈張煜南與潮汕鐵路（1904-1908 年）：華僑從事中國現代企業的一個實例研究〉。收錄於《海外華人史研究》。新加坡：新加坡亞洲研究學會。

Blusse, Leonard（包樂史）、聶德寧、吳鳳斌校注，2012，《公案簿》（第 11 輯）（吧城華人公館檔案叢書）。廈門：廈門大學出版社。

Chang, Queeny, 1981, *Memories of a Nonya*. Singapore: Eastern Universities Press.

Godley, Michael R., 1981, *The Mandarin-capitalists from Nanyang: Overseas Chinese Enterprise in the Modernization of China, 1893-1911*. New York: Cambridge University Press.

# 印尼華人女性的跨國婚姻與維持家戶福利：
## 以西加里曼丹省山口洋市為案例

日本滋賀縣立大學助理教授　横田祥子

## 摘要

　　印尼西加里曼丹省山口洋市因華人人口集中而出名，也被稱爲「美女之鎮」。此名稱也意謂這座城市已成外國男性尋找新娘的據點。自 1970 年代後期以來，山口洋輸出龐大規模的華人新娘到臺灣、香港以及馬來西亞。由於政府的排華政策，特別是 1967 年由達雅人所發動的驅逐華人事件，這個現象才興起。因爲驅逐事件，大約 70,000 名華人淪爲難民。除了這些政治因素之外，1970 年代以來席捲亞洲的「再生產勞動之跨國分工化」也促使印尼華人女性嫁到國外。本文針對山口洋婚姻移民的動機，「家戶福利的全球性維持」（global householding） 以及當地女性們實踐的「道義經濟」（moral economy） 進行探討。筆者在原難民營進行調查。筆者透過 3 個個案描述以下 4 個特徵。第一、婚姻移民女性來自相對性貧困家庭。當她們失去如丈夫或父親等經濟支柱時，她們才會爲了經濟上的保障而選擇跨國婚姻。第二、一個家族會送出複數婚姻移民或跨國移工到國外。第三、姐妹們傾向長幼順序嫁給外國人。第四、雖然一個家族有複數成員到國外工作或結婚，但婚姻移民對維持家戶的福利貢獻最大，持續時間也長。

**關鍵字：**印尼華人、婚姻移民、再生產勞動之分工化、家戶福利的全球性維持、
　　　　　道義經濟

# 一、緒論

本文之目的為探討印尼西加里曼丹出身的華人婦女之跨國婚姻歷史，以及探討其道義經濟之實踐。主要探討對象為跨國婚姻當事人及當地華人社會。

印尼自 1970 年代後期以來，便輸出跨國移工以及跨國婚姻移民（marriage migrant）到中東和亞洲（Hugo 2005: 56-57）。跨國移動潮流剛好與自 1970 年代後期以來在東亞進行的再生產勞動之跨國分工化（global division of reproductive labor）同行。再生產勞動之跨國分工化指圍繞人的再生產、再生產經濟、扶養、照顧、人才的再生產、社會體系的維持以及再生產等再生產勞動（Truong 1996: 33）在先進國家和第三世界之間分工。隨著全球化的進展和先進國家之勞動結構以及生活方式的變化，先進國家逐漸缺乏再生產勞工（Sassen 2002: 254）。尤其在全球城市，隨著對高薪專業勞工的需求增加，同時對輔助專業勞工的非技術勞工之需求也同時增大。因此，迄今未加入勞動市場的婦女和海外移民被編入非技術勞動部門（Sassen 2002: 255）。

因為再生產勞動在很多社會傳統上屬於女性領域，所以先進國家對女性移工的需求特別高，這導致移民的女性化現象（feminized migration）發生。這些再生產勞工包括跨國婚姻（cross-border marriage）的配偶、家庭幫傭、服務業勞工和性工作者（Truong 1996: 33）。

來自第三世界的再生產勞工有些在先進國家結婚而成為家庭成員，有些做為家庭幫傭或看護工成為無血緣關係的家戶成員。她們提供家務或照顧給先進國家的家族／家戶，對家族的「福利」貢獻很大。本文中，「福利」是指生活品質的提升以及為此所需的社會協助與自助。

另一方面，再生產勞工同時匯款給原生家庭，以便另一個家族過更好的生活。也就是說，再生產勞工對兩邊家族的福利有很大的貢獻。如上述，充實家族／家戶福利的實踐已經全球化了。Douglas 將這種實踐稱做「家戶福利的全

球性維持」（global householding）（Douglas 2006; 2010）。

再生產勞工的主角──女性不但在經濟上對原生家庭和出身社會付出，而且對出身國家也有很大的貢獻。Ong 應用道義經濟（moral economy）認定這些女性的貢獻也屬於道義經濟。道義經濟在文化人類學中意指「經濟行為和支撐其行為的行動倫理中含有道義的時候，根據那些原理所運作的經濟活動以及實踐」（cf. スコット 1999）。Ong 用道義經濟的概念指出移民女性的經濟活動實踐基於親屬結構、宗教規範、族群等。假如出生社會的經濟仰賴於海外匯款，道義經濟會是女性移民的移民動機（オング 2013: 296-298）。本文也參考 Douglas 和 Ong 的概念來分析跨國婚姻的動機和透過匯款對原生家庭的貢獻，以及原生家庭的生存戰略。

關於印尼移工研究，印尼正好乘上生產勞動分工化的潮流，因此也累積了大量的相關研究。其中提及印尼西加里曼丹省華人女性婚姻移民的，有歷史學家 Somers Heidhues 和臺灣社會學家夏曉鵑的研究。Somers Heidhues 在建構西加開發史和族群關係的書中指出，跨國婚姻潮之背景在於 1967 年時達雅人（Dayak）所發動的驅逐華人事件（紅頭事件）（Somers Heidhues 2003）。另外，夏在批評臺灣社會對跨國婚姻的真實建構之書分析過西加華人移民的動機（夏曉鵑 2002）。雖然這兩個研究都提供重要資料，可是關於當事人的跨國移動，她們的出身家庭等資料缺乏詳細的描述，也沒有跟上時代的變遷。

在印尼當地，西加跨國婚姻潮被認為是嚴重的社會問題而重複地報導（cf. Anonymous 1995: 51-65; Bima Beketiati and Hermien Y. Kleden 2001: 67-80）。這些報導傾向將原因歸至貧困，批評婚姻仲介制度缺乏人性。可以說西加跨國婚姻潮在當地常被描述成令人皺眉的現象，很少學術研究探討過。

回顧華人女性移民史，大部分移民的動機被描述成家族團聚或留學。關於華人女性單身移民的研究，除了「廣東媽姐」（保持單身的家庭幫傭）的研究

以外（cf. 順德會館媽姐研究組 2015）非常少見。

　　本文在這些過去研究的基礎上，針對 1970 年代後期以來，西加華人女性的婚姻移民的變遷以及維持家戶福利的實踐加以探討，以彌補研究上的空缺。

　　本文根據筆者在送出婚姻移民之中心山口洋市做的調查結果進行分析。包括於 2011 年 8 月、2012 年 1 至 2 月和 9 月、2013 年 3 月與 9 月在印尼進行調查，但主要依據 2011 年 8 月、2012 年 2 月、2013 年 9 月之調查結果討論。調查時使用語言為普通話、印尼話，翻譯用客家話。

　　本篇的章節如下：第一節為印尼西加里曼丹省山口洋市的跨國婚姻概述跨國婚姻概略和婚姻移民的特徵、調查概要。第二節為個案研究，透過原難民營的個案討論人們透過跨國婚姻或跨國移工充實原生家庭和個人的福利。


## 二、印尼西加里曼丹省山口洋市之跨國婚姻

　　本節概述山口洋市概略、婚姻移民的特徵、調查概要。

### （一）山口洋市概略

　　山口洋市（Singkawang）位於西加里曼丹省省都坤甸的北北西側，離坤甸遠約 155 公里。山口洋市鄰接三發縣（Sambas）、孟加影縣（Bengkayang）。面積為 50,400 公頃（Pemerintah Kota Singkawang 2011:1）。2011 年山口洋市人口為 190,801 人（男 98,117 人、女 92,684 人）（Pemerintah Kota Singkawang 2011: 28）。

　　山口洋市主要族群為華人、馬來人（Melayu）、達雅人。根據 2006 年統計，華人約占 40.26%、馬來人 36.61%、達雅人 7.16%。另外，布吉人（Bugis）和爪哇人合計有 3.46%、人口 1% 以下的族群總計 12.51%〔La Ode 2012:18〕。

在山口洋，華人在人口上占優勢，因此被描述成「山口洋與坤甸以及棉蘭一樣依然保持中國的價值觀，是實踐中國傳統習俗的城市之一」（Dawis 2009: 28, 83）。山口洋另有「上千寺廟之城」（Kota Seribu Kelenteng）之異名，這也能說明華人文化在此特別強勢。如同這個稱呼表示，無數的中國寺廟遍布山口洋，道教信仰和佛教信仰也相當盛行。另外，祭典儀式或婚喪喜慶等習俗與華南地區和臺灣有很多共同點。

山口洋華人的祖先於 19 世紀從中國廣東省揭陽縣河婆鎮、海豐縣、陸豐縣、豐順縣及惠來縣來到此地當金礦礦工（Somers Heidhues 2003: 36）。當今山口洋華人主要操客家話（河婆話）和印尼話，也有不少人會說普通話。普通話使用者包括 1960 年代初為止學過中文的老人，以及 2000 年以後在重新開辦的華文學校就讀的年輕人。[1] 其他族群操印尼話、馬來方言、達雅話。

山口洋的經濟長期以來以農業和林業為主，橡膠、椰果、棕櫚油為大量種植農業的主要作物（Badan Pusat Statistik Kota Singkawang 2010: 145-146）。目前除了農業以外，沒有大規模的工業發展。

筆者認為 1967 年發生的紅頭事件在經濟上也是一個重要的轉折點。從內陸逃難的難民在坤甸或山口洋等大都市定居下來，在郊區有的開始種菜謀生，有的只是蓋房住。1970 年代森林開始開發，三分之二男性難民就從事伐木業。

紅頭事件發生時，橡膠、椰果、棕櫚油依然是主要作物，在華人之間，橘子也開始成為重要經濟作物。小盤華人農民喜歡種橘子，1980 年代初橘子的商業生產已經上軌道了。橘子的市價也相當好，當時橘子還賣到爪哇島。

木材和橘子給當地經濟帶來了不少恩惠，可是這些作物的市價在 1990 年

---

1 蘇哈托政權成立以後，與共產主義相關的事物均被禁止，使用漢字和華文教育也不例外。2000 年以後，政府取消對華人文化傳承的限制，華文教育於是復活。

代中葉因為蘇哈特時代的裙帶關係和主公制度而下降。木材供過於求,加上膠合板被鄭建盛(Bob Hasan)壟斷,導致伐木業陷入危機(Somers Heidhues 2003: 253, 262)。橘子和丁香的市場也被蘇哈特兒子 Tommy Hutomo Mandala Putra 壟斷,使這些市價下降。因此,華人農民成為政策的受害者。尤其在山口洋,1996 年時被拋棄的橘子樹到處看得到(Somers Heidhues 2003: 260-262)。從此可以推測,亞洲金融風暴前夜伐木業和柑橘種植的蕭條已經深深影響到當地經濟,使得華人居民生活相當困難。

呼應經濟,華人婦女的待遇也有所變化。雖然客家婦女以女性地位相對高而出名,可是在這個時代受到不同待遇。紅頭事件發生後,華人逃難到其他地區或中國時,女兒們常常被拋棄。女幼兒和少女被賣出,較年長的女孩子被迫嫁出去。之後到了 1980 年跨國婚姻潮才開始,不少華人女性嫁給臺灣的退役軍人(Somers Heidhues 2003: 253-254)。

## (二)跨國婚姻移民的特徵

山口洋市另稱「Kota Amoy」,原意指美女之鎮,但其意思逐漸轉為輸出新娘之鎮等貶義。那麼,到底有多少女性與外國人結婚?

表 1 表示自 2005 年至 2011 年 8 月 25 日在山口洋登記的跨國婚姻數及外籍配偶按出身國別分類之人數。[2] 根據表 1,可以看出跨國婚姻者女性居多,而外籍丈夫以臺灣人居多。

---

2 本表依據筆者 2011 年 8 月 26 日在山口洋市政府民事登記局所得資料作成。然而,2004 年以前的資料尚未公開。

圖 1　西加里曼丹省山口洋市的位置
資料來源：筆者繪圖

　　另一方面，根據同時期的臺灣統計資料，2014 年 1 月 1 日居住臺灣的原
／現印尼籍配偶有 27,974 人，其中女性有 27,474 人，占 98.21%。[3] 由此可推
論印尼－臺灣組合的跨國婚姻以印尼女性和臺灣男性的組合為居多。但是，因
為這個統計資料沒有按照出身省別計算，而無法得知來自山口洋的婦女人數。
更詳細的資料需要繼續收集。

　　雖然原來筆者的田野調查以移民到臺灣之華人為主，可是調查當中發現一
個家庭同時送出複數家庭成員至臺灣、香港、馬來西亞。再加上訪談對象的所
有家庭均送過成員到海外／國內其他地區。

---

3 內政部入出國及移民署〈各縣市外裔、外籍配偶人數按性別及原屬國籍分 76 年 1 月
　至 103 年 1 月分〉。http://www.immigration.gov.tw/。取用日期：2016 年 3 月 31 日。

表 1 在山口洋登記的跨國婚姻數按配偶（2005 年至 2011 年）

| 年 | 夫／妻 | 出身國 | | | 計 |
|---|---|---|---|---|---|
| | | 臺灣 | 馬來西亞 | 其他 | |
| 2005 年 | 夫 | 4 | — | — | 4 |
| | 妻 | — | — | — | — |
| 2006 年 | 夫 | 9 | 2 | 1 | 12 |
| | 妻 | — | — | — | — |
| 2007 年 | 夫 | 47 | — | — | 47 |
| | 妻 | 1 | — | — | 1 |
| 2008 年 | 夫 | 47 | — | 3 | 50 |
| | 妻 | — | — | — | — |
| 2009 年 | 夫 | 76 | — | 1 | 77 |
| | 妻 | — | — | — | — |
| 2010 年 | 夫 | 70 | 4 | — | 74 |
| | 妻 | 1 | — | — | 1 |
| 截至 2011/8/25 | 夫 | 80 | 2 | — | 82 |
| | 妻 | — | — | — | — |
| 合計 | | 335 | 8 | 5 | 348 |

資料來源：根據山口洋市政府民事登記局資料整理

　　因表 1 所引述之數據僅限 2005 至 2011 年 8 月，所以無法知道跨國婚姻長期以來的趨勢。如果在了解數據上的不足之餘還要推測變化的話，跨國婚姻在 2005 至 2006 年減少，於 2007 年以後突然增加。尤其在 2011 年 8 月為止跨國婚姻已高達 80 件。這種跨國婚姻件數的變動因什麼原因而起，將來值得探討。另外，外籍配偶的國籍以臺灣最多，馬來西亞次之。

　　接著，圖 2 表示 2010 年跨國婚姻之結婚年齡。[4] 臺灣男性年齡從 20 至 50

---

4 本圖依據筆者 2011 年 8 月 26 日在山口洋市政府民事登記局所得資料。

幾歲，但印尼華人女性的年齡集中於 15 至 23 歲左右。結婚時的平均年齡，臺
灣男性為 35.8 歲，印尼華人女性為 23.1 歲。關於婚姻移民的族群，據下一章
提及的婚姻仲介得知，他們介紹的所有婚姻移民婦女均為華人。不過，據筆者
的訪談，有些婚姻移民是華人和達雅人的混血。

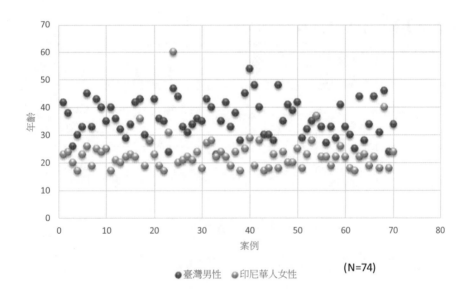

圖 2　結婚時配偶的年齡（2010 年）

資料來源：根據山口洋市政府民事登記局資料整理

## （三）調查概要

　　本節將介紹調查地點山口洋市 S 村 A 鄰的概況。S 村（Kelurahan S）之
居民主要由華人和達雅人所組成。2011 年時總人口為 8,785 人（男 4,717 人、
女 4,068 人），共有 2,149 戶（Pemerintah Kota Singkawang 2011: 44）。筆者

於 S 村訪問 46 戶，在 A 鄉訪問了 11 戶。A 鄉之形成背景比較特殊。達雅人在 1967 年發動紅頭事件後，山口洋市為了收容華人難民，成立了 4 所難民營，A 鄉就是難民定居的地區之一。筆者之所以選 A 鄉為調查地點，是因推測紅頭事件帶來長期的經濟蕭條，也可能造成了跨國婚姻的推因。

表 2　A 鄉輸送跨國移民／國內移動狀況

| No | 名稱 | 年齡 | 家族形態 | 同居人數 | 子 | 序列 | 年代 | 年 | 住居地 | 移民方式 | 學歷 | 職業 | 夫職業 |
|---|---|---|---|---|---|---|---|---|---|---|---|---|---|
| 1 | LNC | 79 | | 2 | 7 | 長女 | 1977 | 58 | 桃園市龜山 | 仲介 | 小 2 | 家庭主婦 | 被丈夫遺棄→軍人 |
| | | | | | | 二女 | 1982 | 52 | 苗栗縣 | 姐姐介紹 | 無 | 家庭主婦 | 木工 |
| | | | | | | 三女 | 1983 | 48 | 臺灣 | 仲介姐姐介紹 | 小 2 | 開雜貨店 | 農夫→軍人 |
| 2 | TSF | 50 | 核心 | 3 | 10 | 妹妹 | 1982 | 48 | 臺灣 | 仲介 | 無 | 不明 | 不明 |
| 3 | YCH | 66 | 核心 | 2 | 8 | 長女 | 1994 | 41 | 嘉義市 | 仲介 | 小學 | 不定 | 鐵工 |
| | | | | | | 次男 | 2012 | 43 | 雅加達 | | ？ | 布印刷 | |
| | | | | | | 三女 | 2012 | 30 | 雅加達 | | 小學 | 布印刷 | |
| | | | | | | 五男 | 2012 | 24 | 雅加達 | | ？ | 布印刷 | |

表 2　A 鄰輸送跨國移民／國內移動狀況（續）

| No | 名稱 | 年齡 | 家族形態 | 同居人數 | 子 | 序列 | 年代 | 年 | 住居地 | 移民方式 | 學歷 | 職業 | 夫職業 |
|---|---|---|---|---|---|---|---|---|---|---|---|---|---|
| 4 | PCK | 62 | 直系 | 5 | 8 | 長女 | 1997 | | 竹北市 | 仲介 | 初中 | 打工 | 木工 |
| | | | | | | 次女 | 2005 | | 臺中市大肚區 | 仲介 | 初中 | 工廠 | 工場 |
| | | | | | | 三女 | 2012 | | 馬來西亞 | | 初中 | 服務生 | |
| | | | | | | 長男 | 2012 | | 竹北市 | | 初中 | 工廠 | |
| | | | | | | 次男 | 2012 | | 坤甸 | | 初中 | 廚師 | |
| 5 | LHQ | 36 | 直系 | 8 | 6 | 長女 | 1997 | 36 | 臺中市沙鹿區 | 仲介 | 初中 | 服務生 | 工廠 |
| 6 | HXL | 36 | 直系 | 5 | 6 | 長女 | | 39 | 香港 | 親戚 | ？ | 家庭主婦 | 上班族 |
| | | | | | | 次女 | 1994 | 37 | 臺灣 | 打工 | 高中 | 家庭主婦 | 上班族 |
| | | | | | | 三女 | 1994 | 36 | 平鎮市 | 打工 | 高中 | 家庭主婦 | 上班族 |
| | | | | | | 四女 | 2007 | 23 | 臺北市 | 留学 | 大學 | 學生 | |
| | | | | | | 長男 | 2012 | 41 | 雅加達 | | ？ | | |
| 7 | HSK | 59 | 核心 | 2 | 5 | 長女 | 2000 | 34 | 馬來西亞 | 仲介 | 小學 | 家庭主婦 | 工廠 |
| | | | | | | 次女 | 1999 | 30 | 臺灣 | 仲介 | 小2 | 家庭主婦 | 工廠 |
| | | | | | | 長男 | 2012 | 32 | 馬來西亞古晉 | | 小2 | 工廠 | |
| 8 | CRK | 57 | 直系 | 5 | 6 | 長女 | 2003 | 30 | 馬來西亞柔佛州 | 仲介 | 初中 | 家庭主婦 | 工廠 |

表 2　A 鄰輸送跨國移民／國內移動狀況（續）

| No | 名稱 | 年齡 | 家族形態 | 同居人數 | 子 | 序列 | 年代 | 年 | 住居地 | 移民方式 | 學歷 | 職業 | 夫職業 |
|---|---|---|---|---|---|---|---|---|---|---|---|---|---|
| 9 | XYM | 59 | 直系 | 3 | 5 | 長女 | 2009 | 35 | 臺灣 | 仲介 | 高中 | 家庭主婦 | ? |
| | | | | | | 長男 | 2012 | 35 | 臺灣 | | 高中 | 工廠 | |
| | | | | | | 三男 | 2012 | 26 | 桃園市 | | 初中 | 工廠 | |
| 10 | ZHT | 50 | 核心 | 5 | 4 | 次女 BSS | 2010 | 18 | 花蓮市 | 仲介 | 小 4 | 服務生 | 工廠 |
| | | | | | | 長女 | 2012 | 22 | 馬來西亞美里 | | 初中 | 服務生 | |
| 11 | ZMM | 18 | 直系 | 7 | 6 | 次男 | 2012 | 25 | 臺北市 | | ? | 工廠 | |

資料來源：筆者訪談整理

　　移民至臺灣的 18 人裡有 14 位女性，13 位因結婚而移民。其他 4 位包括 3 位男性勞工，1 位投靠已婚姐姐以留學生身分居住臺灣的女性。移民至馬來西亞的有 5 位，2 位女性為跨國婚姻，3 位（1 位男性、2 位女性）跨國移工。總體來說，跨國婚姻移民的目的地主要是臺灣、馬來西亞柔佛州、香港。另一方面，國內移工目的地主要是雅加達，國外移工之目的地則是馬來西亞砂勞越州古晉和美里。

　　比較原生社會和接待社會的主要族群區別，便可看出族群性質上的類似。Oxfeld（2005）曾報告過加拿大華人男性跨國尋找新娘時顯示出對女性的族群性有偏好。根據她的研究，加拿大華人男性到廣東省梅縣尋找客家女性為對象時，他們預想當地客家女性與他們共有「中國人性」或「客家人性」等次族群性。他們以此想像為挑選對象的標準（Oxfeld 2005）。

　　類似現象也出現在臺灣男性和印尼華人女性的跨國婚姻。雖然臺灣的婚姻
仲介能介紹中國大陸、泰國、越南、菲律賓等國女性給臺灣男性，但有些臺灣
的客家男性在擇偶時對客家女性──印尼華人有偏好。根據筆者的調查，一位
居住臺中的客家男性（結婚時 39 歲）考慮到母親只會說客家話，因此決定赴
山口洋尋找新娘。如考慮婆媳溝通和客家話的傳承，「客家女性」會成為重要
擇偶條件。

　　另外，在馬來西亞砂勞越州古晉市、美里和柔佛州，客家華人的人口規模
不小。山口洋華人的跨國移動和客家人性究竟有沒有關聯，值得調查。

　　接著探討結婚時的年齡。受訪的女性結婚年齡最年輕的是 17 歲，最年長
的是 32 歲，平均 20.23 歲。2012 年 2 月筆者調查時婚姻移民的年齡，最年輕
20 歲、最年長 58 歲，平均 38.85 歲。1970 年代跨國婚姻的有 1 件，1980 年代
有 3 件，1990 年代有 7 件，2000 年代有 5 件。

　　關於婚姻移民的學歷，沒有上過學的有 2 位、小學肄業 4 位、小學畢業 2
位、初中畢業 4 位，高中畢業 3 位，不詳 1 位。也許有人質疑她們從學校畢業
到結婚相隔時間過長，但因不少華人學童沒有按照學齡唸書，所以許多事例中
小學畢業時已經 15、16 歲。因此，10 幾歲就結婚的話，從學校畢業到結婚只
隔幾年。

　　關於移民後的工作，家庭主婦有 9 位，開雜貨店的有 1 位，打工 2 位，餐
廳服務生有 2 位，不詳 1 位。

　　至於婚姻移民的居住地是桃園市、新竹縣、苗栗縣各有 4 位，臺中市有 2
位，嘉義縣有 1 位，花蓮縣有 1 位，不詳 5 位。移民到香港的 1 位，到馬來西
亞的有 2 位。有一對姐妹兩人都移民到臺灣，但她們居住於不同城市，且沒有
住得很近。

## 三、婚姻仲介制度

婚姻仲介業者擁有的人脈及商業策略大大影響著希望跨國婚姻的女性之移住國家、地區以及配偶的選擇。接著將根據筆者至目前為止的調查以及山口洋中重要的婚姻仲介 T 公司之訪談結果來介紹其機制。

T 公司創立者曾有臺灣留學經驗，他在 1960 年代聽從父親的話留學臺灣，回國後曾經營旅行社。因居住臺灣的友人委託外省退伍軍人尋找新娘之契機，在得到了預想之上的高額禮金之後，1980 年代時正式開始婚姻仲介的事業。事業初期，最初募集的女性多為有離婚經驗之女性。退伍軍人男性與離婚女性的跨國婚姻事例將於次節詳細介紹。這樣的婚姻仲介接著在臺灣擴散到本省男性。另外，印尼這邊嫁出之女性類型則從離婚者轉為單身且年紀輕之女性。

在 T 公司之後新的仲介業者在 1990 年代的臺灣和西加里曼丹州如雨後春筍般的出現。之後在香港、馬來西亞、新加坡等國也出現同類的業者，他們開始與 T 公司等山口洋的業者合作。T 公司除了與臺灣各地十幾家婚姻仲介有合作關係以外，也與香港、馬來西亞、新加坡和越南的仲介合作。T 公司為典型的家族企業，社長和兒子 3 人，分駐於送出女性的山口洋與辦理簽證手續的雅加達，辦理各種業務。另外，T 公司還在山口洋、邦戞（Pemangkat）、三發（Sambas）等地僱用了十幾名的約聘人員，他們負責募集有跨國結婚意願的女性，讓仲介隨時可以介紹跨國新娘。

圖 3 表示婚姻仲介與雙方家庭的關係。仲介費用由外國男性全額負擔，新娘這邊不需付介紹費給仲介。幫臺灣男性仲介時，顧客需支付新臺幣 25 至 60 萬（≒ 90 至 250 萬日幣）給臺灣的仲介（橫田 2011：143）。臺灣仲介會帶顧客去山口洋相親旅行，他們在幫當地業者介紹顧客時支付禮金。

當地仲介在約聘人員介紹女性時支付 Rp.1,000,000（≒ 8,462 日幣[5]）的禮

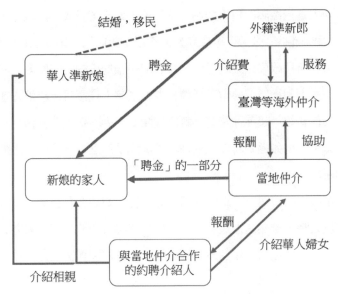

圖 3　印尼—臺灣之間的婚姻仲介的關係

金。然後當地業者支付一部分的聘金給新娘的家人約 Rp.5,000,000（≒ 42,310
日幣[6]）。新娘的家族會再要求購買船、買機車以及整修房子的費用（約
Rp.100,000,000 ≒ 846,242 日幣[7]）。聘金的金額會因新郎的年齡和身體狀況而
不同。例如：新郎的年紀遠大於新娘，或是新郎有身心上的障礙時，聘金會因
而變高。

　　相親旅行大約會持續一星期。第一天，臺灣顧客由雅加達轉機坤甸後，搭
車前往山口洋。第二天，臺灣顧客與山口洋的女性見面，如兩人中意彼此便在

5 依據 2011 年 12 月 31 日的匯率 Rp.1=0.008462 日幣來算出。
6 如同註解 5。
7 如同註解 5。

附近觀光。兩人透過翻譯問對方問題。第三天,如雙方達成結婚協議,便和女性的家人針對聘金協議。第四天,在新娘的家或是飯店舉行婚宴。第五天以後,前往山口洋市政府民政局做結婚登錄,接著前往雅加達的駐印尼臺北經濟文化代表處進行面試,然後新郎會留下新娘獨自回臺灣。幾個月後新娘會在拿到結婚簽證後與其他新娘一起前往臺灣,就這樣開始夫妻的新生活。通常婚姻仲介的服務到此結束,但如遇到新娘在前往臺灣前或是到達臺灣後馬上失蹤時,會幫新郎介紹新的女性。

　　以上便是印尼新娘與臺灣新郎結婚時的過程。如顧客為香港人、馬來西亞人或是新加坡人時,雖然過程幾乎相同,但香港與新加坡只有在男方的居住地進行結婚登記。因此在山口洋並不會留下紀錄,在把握詳情上有困難。


## 四、維持家族與個人的福利

### (一)原難民營 A 鄰的個案

　　本節根據調查結果描述婚姻移民的動機以及原生家庭的狀況。請參考表 2。

**案例 1、夫妻離異,到臺灣去尋找新的依靠**
**　　　　——跨國婚姻潮初期的移民女性**

　　LNC(2012 年 79 歲,客家人,女性)和妹妹一起住在橡膠林中,狹小的房子被橡木與豬圈圍繞(表 2 標號 1)。她先生於 1982 年 50 歲時過世。育有 7 子(男性 1 名,女性 6 名)。3 個女兒都嫁去臺灣。長女在小學 2 年級輟學以後,因沒有工作而待在家裡。她與坤甸華人有一個孩子,但孩子出生前父親便拋棄了她們。長女在 23 歲生產 3 至 4 個月之後,她(1977 年)就決定嫁給臺灣的軍人(榮民)。「(與臺灣人結婚)是不得已的」。LNC 把孫子照顧

到 8 歲，接著長女把他帶到臺灣去了。長女和臺灣女婿之間沒有孩子。因女婿在軍隊的職位很高，福利較好，所以大女兒能夠在家當主婦。

二女兒與堂姐妹一起到臺灣之後，1982 年透過大女兒安排和苗栗縣的本省人結婚，二女兒的丈夫為木工。三女兒原本成為雅加達華人的養女，後來被朋友帶去臺灣，也在 1983 年與貧農結婚。此時長女出面讓三女兒離婚，接著讓她嫁給榮民。三女兒現在經營雜貨店，每年回山口洋一次。三女兒的兒子（27歲）已經和空姐結婚。

四女兒和五女兒都夭折，六女兒與山口洋華人結婚，有 3 個孩子。六女兒女婿以採集橡膠為業，六女兒本身為家庭主婦。最後么子有 9 個孩子，他們夫妻以加工咖啡豆維生，生活相當窮苦。

現在整個家計依靠 3 個住在臺灣的女兒之匯款。LNC 還從寄過來的錢中掏出一些資助兒子。LNC 在 2008 年靠 3 個女兒的資助蓋了一棟新房子（水泥造，2 間臥室、1 間客廳、廚房、廁所）。

當跨國婚姻潮在山口洋興起時，像「長女」一樣被丈夫遺棄或離婚，死別的婦女們開始往臺灣移民。報導當時跨國婚姻的資料還留在臺灣。下面引用為中華民國在外公館向外交部之報告內容。

> 1970 年代末期及 1980 年代初期，由於我退伍同袍覓偶心切，少數
> 在臺印尼歸僑逐媒介西加供給，仲介商乘機而入，隨即愈演愈烈，
> 在供需迫切下一波波之印尼西加婦女遭仲介商送赴臺待售而沽，向
> 榮民兜售新娘，其中不乏風塵女子亦不少假結婚為名移民為實造成
> 社會不安。（夏曉鵑 2002：58）

文中榮民之所以期待跨國婚姻，是因軍中曾限制下級軍人結婚。當時軍隊

擔心共產黨女間諜與軍人結婚，因此不少榮民錯過了適婚年齡無法成婚。再加上文中「印尼歸僑」指 1950 至 1960 年代到臺灣留學的留學生，或同時期逃難到臺灣的歸國華僑 。[8]

對印尼華人女性來說，榮民是不錯的結婚對象。因為榮民每個月能領取年金（新臺幣 15,000 元）和米、調味料等食物。[9]除此之外，榮民在住宅和醫療上也受到保障。這些政府提供的福利吸引山口洋出身的失婚婦女和寡婦與他們成婚。

如個案 1 所示，山口洋華人的婚姻包含著許多不確定因素。筆者認為 2013 年調查時當地婚姻還有一夫多妻制的傾向。儘管如此，鮮少有男性有能力扶養複數妻子。因此，山口洋華人認為取消同居同於實際上的離婚，丈夫拋棄妻子的例子也不罕見。儘管有一夫多妻制傾向，「女人應被男人撫養」的想法仍然強固。因此，山口洋華人女性為了生存而需要結婚，但婚姻關係也不穩定，這導致山口洋華人女性處於很弱勢的狀態。

本個案中的「長女」結婚之 1970 年代後期，國內／國外移工尚未盛行，除了婚姻移民以外，恐怕沒有其他有效的解決方式。加上像「女人應被男人撫養」的社會規範相當強，此時跨國婚姻剛好能滿足經濟上的需求和規範。跨國婚姻潮初期，華人女性為了自己和孩子的福利不得已選擇跨國婚姻。下面將舉跨國婚姻的範圍擴大到未婚且年輕女性之例。

### 案例 2、身為長女
#### ——長期負擔家計的女性

YCH（66 歲，客家人，女性）的家在 A 鄰入口處（表 2 標號 3）。YCH

---

8 臺灣在 1954 至 1961 年之間接受美援，接受海外華僑到臺灣 11,432 名留學生。在此期間，共有 599 位印尼華僑／華人畢業生（楊·藍 2006：12）。

9 年金到 2011 年 12 月 31 日為止，每個月發放新臺幣 15,000 元。

在 21 歲時達雅人發動紅頭事件時，她從內陸逃難至當時的 A 難民營。她後來的丈夫也是難民。她們自 1960 年代末期以來一直租用土地和房子，並於 2008 年時終於買下土地蓋了新房。2012 年調查時，A 鄰大部分居民在租地蓋房居住，能夠買下土地蓋房的可以解讀成是她們的女兒從海外寄錢回來。

YCH 的工作是製作和販賣糕點。在山口洋一帶，不分族群，每逢節慶時人們必須準備糕點招待客人，因專門店的糕點非常昂貴，所以婦女們要用瓦斯烤箱做各種各樣的點心。YCH 的丈夫生前時從事理髮業，他騎著自行車到處幫人理髮。

她們夫妻有 5 男 3 女。長子曾經結過 3 次婚，他目前和第三任達雅人太太，還有小孩住在邦戛（Pemankat）。前 2 次結婚對象都是華人。長子的第 1 任太太與他離婚後，父母逼她再嫁給香港人。長子與第 1 任太太生過一個孩子，可是那孩子已經失蹤。長子與第 2 任太太生了一個男孩，第 2 任太太因病而過世。YCH 與孫子住一起。

二兒子過去在雅加達做布的印刷。他因病而過世後，妻子帶著 2 個孩子回喃吧哇（Mempawah）的娘家住。三兒子有重度智障，由 YCH 照顧。四兒子已經過世，五兒子和三女兒在雅加達從事布印刷。

長女是唯一嫁給臺灣人的。她從小學畢業後便幫母親做家事和製作糕點，1994 年 23 歲時嫁給嘉義的臺灣人。丈夫是鐵匠，夫妻生了 2 男 1 女。她本身還有打工，收入不穩定。但她從微薄的薪水中撥出支助娘家購買土地和房子的費用。她每 5 年才能回山口洋探一次親，YCH 平常和她只透過電話聯絡。大女兒常說看到飛機便想飛回山口洋。

YCH 的房屋鋪著藍色和綠色的磁磚，只有一層樓，打掃得非常乾淨。她的房子由露臺、一間客廳、一間臥室、廚房、廁所、洗衣房等房間構成。這種結構的房子在山口洋非常普遍。客廳牆壁上掛著長女的結婚照。

　　長女自從結婚以後便負擔大半 YCH 和弟弟，侄子等人的生活費。長子提供一些薪水和米，其他女兒們有時候寄錢回家。YCH 流著眼淚說「（長女嫁給臺灣人）都是因為我們很窮苦，沒有辦法。就是因為她嫁給臺灣人，我們才能蓋房子住」。

　　長女結婚時，剛好逢臺灣跨國婚姻潮的中期。如上述，1990 年代初在山口洋，農民愛種的橘子價格開始下降，使農民生活困難。

　　個案 2 顯示在 8 個小孩中長女的貢獻特別顯著。她不但資助智障的弟弟和侄子，且她幾乎一個人湊出購買土地和蓋房子的費用。這件個案也表現出在山口洋華人社會婚姻關係不穩定的狀況，因此女人需要找出路。長子的第 1 任太太與他離婚後嫁給香港人，這個例子像個案 1 一樣，女性失婚後會選擇跨國婚姻。

　　另外，大兒子第 3 次結婚的時候，與達雅人結婚。一般來說，一對華人結婚的話，聘金需要 50,000,000 印尼盾（約新臺幣 150,000 元）以上，可是華人娶達雅人的話聘金只需 1,000,000 印尼盾（約新臺幣 3,000 元）。看與那個族群婦女結婚，聘金金額會有很大的差別。相對來說，貧窮的華人男性傾向娶達雅女性結婚。

　　最後要介紹 2010 年代與臺灣人結婚的年輕女孩之案例。Somers Heidhues 曾指出：後蘇哈特時代可能會改善西加省的經濟情況，可是長期的經濟機會恐怕分配不到華人小盤農民和華人小本生意人（Somers Heidhues 2003：263-264）。個案 3 是蘇哈特政權下臺後的移動的例子，也代表跨國婚姻依然是個重要生活戰略。

　　個案 3 不像上面兩個例子，道義經濟並沒有順利運作。從個案 3 看來，跨國婚姻的動機與尋找就業機會差不多。

### 案例 3、尋找新工作
#### ——2010 年代移民的例子

ZHT（50 歲、客家人、男性）與妻子（36 歲）、三女兒（16 歲、高中

生）、大兒子（13 歲、初中生）以及姪女（16 歲、2 歲）住在一起（表 2 標號 10）。大女兒（22 歲）在馬來西亞砂勞越州美里打工，二女兒 BSS（18 歲）17 歲就嫁給臺灣人。他家房子為木造，沒有冷氣。家裡有露臺、1 間客廳、1 間臥房、廚房、洗澡間。就寢時，女性睡在臥房，男性睡在客廳。ZHT 在工地工作，妻子在家種植自家用的米。

　　BSS 在小學 4 年級中輟以後，以幫家人做家事或當服務生過日子。她 17 歲時透過仲介與臺灣人結婚，移民至花蓮市。但結婚不久，她便發現丈夫無法控制情緒且會施暴。「他連自己的母親也敢打。如果他對我不錯的話，我也沒有必要逃走」。最後她因受不了丈夫對她施暴，在沒有攜帶任何物品的狀態下從夫家逃走。幸好，她投靠了住在竹北市的叔母，仲介安排了素食餐廳的工作給她。在山口洋的家人很擔心她，因此透過筆者希望能給予她協助。筆者在 2012 年 3 月到新竹市見到她時，她已經換新工作。她被換到新竹市的素食餐廳工作。2012 年春節，叔母因非法工作而被逮捕。接著 BSS 也失去了住所。她到處投靠同鄉，新的雇主提供她食宿。她的同事都是印尼華人女性，有的像她一樣離開臺灣丈夫，也有非法勞動的女性。

　　見到 BSS 時，她染著頭髮、穿著短褲和運動鞋。衣著和同年齡的臺灣少女一樣。她的薪水約新臺幣 28,000 元，工作內容為結帳和打掃。如果警察來買便當的話，她需趕緊躲至後面，以免身分被發現。外籍配偶在中華民國結婚後能得到合法的工作權，但因她把所有證明身分的證件都留在夫家，所以她怕無法證明她不是非法勞工。更令她困擾的是，她聽說丈夫報警指控她偷東西。她不知可以向誰求助，筆者告訴她社工組織的聯絡方式，但她還想留在臺灣工作一陣子。之後過了一年多，她終於向社會局求助，奪回了她的證件。她辦了離婚，用自己賺來的錢買機票回山口洋。當時她在臺灣有男友，打算下一年回臺灣和他結婚。可是，她回到印尼幾個月，便在 facebook 上發現男友已另結

新歡。她在失戀的同時，也失去了再回臺灣的動機。

筆者於 2013 年 9 月再次拜訪 BSS，她看起比在臺灣時更年輕，也放下了警戒心。但一談到工作，她稚嫩的臉上則顯示著焦慮和不安。「工作很難找。就算有，薪水也都太低了。但還是有些人願意接這種工作，所以雇主不會加薪」。因為她的學歷只有小學中輟，所以能做的工作有限。當鎮上有婚喪喜慶時，BSS 就在宴會上當服務生打工。除此之外，她和家人在家幫人加工農作物，例如果物去殼等代工。可是這些工作不穩定，沒有安定的收入。

有一次筆者和她拜訪一家華人，家中男性娶了達雅人女性。我們作客時，剛好遇到兩位從孟加影來的達雅人女性。她們打算在山口洋的咖啡店打工。BSS 聽了後便感到焦急。她嘆氣地說「等春節時，應該會有很多工作可做。我得先打工等到春節」。當時才 9 月，離春節還有 4 個月。她對找工作這件事很悲觀。隔年 1 月春節前，她突然宣布要嫁給香港人。她沒等春節找工作，而是決定再次透過婚姻仲介嫁到外國。

個案 3 顯示年輕女性，尤其是學歷較低的女性在當地很難找到工作。雖然BSS 沒有對筆者說她是為了家人而嫁到國外。但 BSS 的原生家庭實際上成員很多，包括還在唸書的弟妹，甚至還有表妹們。從她為工作煩惱的樣子看來，筆者察覺到她的經濟情況相當困難。她可能把自己和家人的安穩生活寄託在新的婚姻上。

在此概括一下山口洋華人女性的生活周期。因為華人女性從學校中輟之事並不罕見，所以高中畢業的學歷在山口洋能被視為高學歷。假如華人女性的學歷只有小學或初中畢業，便只能做服務性工作，例如在市場或雜貨店顧店，或在咖啡店當服務生。如果有高中畢業以上學歷，便有機會做白領階級。要是有大學畢業學歷，會被認為是地方的菁英，也有機會在大銀行或跨國企業工作。

就算中輟而沒有完成義務教育，仍有辦法得到薪水不錯的工作。此時中文

能力是關鍵。假如上華文學校把中文學好，她們就可以在雅加達當翻譯。再加上如果在華文學校成績優秀的話，便有機會領取中國政府的獎學金並前往中國留學受訓成為華文老師。

話說回來，在山口洋女性的就業機會非常有限。根據筆者調查，大部分的年輕華人女性從事非技術性工作。週休 1 日，每天工作時間從上午 8 點到下午 6 點，月薪只有 Rp.500,000（約日幣 5,000 圓）。年輕女性從學校畢業，工作幾年後才結婚。她們一般在結婚或懷孕時辭職，成為家庭主婦。接著，她們一邊照顧小孩，一邊在家裡接代工或製作和販賣糕點。

如個案 3，在相對的貧困家庭中，夫妻於經濟上分工。丈夫賺錢，而妻子種田種菜。另一方面，假如家裡做生意，夫妻會攜手經營，把部分家事交給傭人。在山口洋，20 至 24 歲為適婚年齡，如女性過了 25 歲未婚便會被貼上剩女的標籤。更使女性困難的是，過了 25 歲很難找到服務生等單純勞動的工作。因此，對山口洋華人女性而言，結婚是條保障生活之路，她們背負著相當大的結婚壓力。

不甘將一絲希望寄託在結婚的女性會前往雅加達或馬來西亞砂勞越州工作。在雅加達，她們從事山口洋華人占優勢的紡織業，或者在手機店、美容院等顧客群為同鄉的小店工作。除此之外，她們一般在貿易公司當翻譯。在馬來西亞砂勞越州，她們當網路咖啡店或餐廳的店員。網路咖啡店的工作就是與客人聊天，並提供一種言語上的性服務。這些移動方式出現在跨國婚姻潮發生之後。跨國移工和跨國婚姻的差別在於後者在國外共組家庭所發生的權利和義務。選擇婚姻移民或跨國移工？當正式家庭成員或非正式臨時家庭成員？兩者中的權利和義務之差別最後如何影響選擇移動方式時人們的決定，相當值得探討。

## （二）總結

根據以上個案，筆者試著歸納山口洋跨國移動的特徵。第一、三個移動的

主體都是貧困家庭出身。跨國婚姻以前的家庭狀況，有的是丈夫拋棄母子，有的失去了經濟支柱，以及兄弟姊妹的增加。每個案例均需突破經濟上的困境。一旦與外籍丈夫結婚，她們馬上就能得到聘金收入，且能長期利用經濟規模的差距匯款資助原生家庭。因此，跨國婚姻是一種有力的生存戰略。

第二、一個家族內有複數成員嫁給外國人（個案1、3）。兄弟到國外移工的有2個家族（個案2、3），不單只有婚姻移民的女性資助，男性也靠海外工作資助家計。可是筆者的調查結果顯示，嫁去國外的女兒對家計的貢獻最大。

Douglas 指出今日人們為了組織和維持家戶，或為了充實家族的福利，維持家戶的實踐展現得全球化。他將「家戶組織和維持涵蓋人生循環的所有階段，超越家族範圍而擴大。這種在社會再生產進行的動態」稱為「家戶福利之全球性維持」（global householding）（Douglas 2006:421）。在3個個案中，複數成員在海外結婚或工作，她們維持家戶福利的實踐很全球化。

第三、在姊妹中，較年長的先移民至國外。個案1、2表示長女先進行跨國婚姻。個案2，她們父親過世等於失去了經濟支柱，導致長女需要代替父親負責家計。但在個案3，長女在國外工作，二女兒卻反覆地嫁給外國人。

第四、婚姻移民長期匯款回家（個案1、2）。結婚時外籍丈夫送了不少聘金聘禮，比如說房子、船、摩托車和房子裝修費（油漆費）等。加上一般來說，婚姻移民每月能寄約新臺幣15,000元回家，補貼父母和年少弟妹的生活費。因婚姻移民提高了生活水平，而她們的弟妹學歷通常高於婚姻移民本人的學歷。即便每個月匯款，結婚後過了很長時間，婚姻移民才有機會送一棟房子給原生家庭。但是，個案3沒有達到能資助原生家庭的程度。

以上四點可說是自從跨國婚姻在山口洋市開始以來，當地印尼華人婚姻移民所展開的家戶維持之實踐。根據當地婚姻習俗和女性的就業狀況，跨國婚姻並不是特殊的選擇，而是在生命歷程中不得不考慮的選項。

　　同時男性也頻繁地出國打工，男女透過不同方式移民或移工已是常態，維
持家戶的福利實踐已經全球化了。需強調的是，與男性相較，女性所發揮的道
義經濟對家戶維持的貢獻最大。


## 跋

　　關於印尼華人的跨國婚姻已在當地雜誌及報紙被重覆地報導，但一直缺乏
人類學的個案研究。全球化以及再生產勞動之跨國分工化必然影響了華人的海
外移動。但據筆者所知並沒有把這些現象與華人移民史一起探討之研究。為了
彌補研究上的空缺，本文針對華人女性的移民和跨國婚姻之實踐，考慮普遍性
和族群性後進行探討。以上個案顯示一、婚姻移民出身於較貧困的家庭，失去
主要家計負擔者才選擇跨國婚姻。二、一個家族中有複數跨國婚姻或海外移工
的成員，家族／家戶的福利靠多種方式維持著。三、按照長幼之序年長的姐妹
優先移民到國外（尤其是以跨國婚姻方式），可見得長女對家族的福利需背負
較大的責任。四、根據前述，在一些個案中年長的女兒對原生家庭的經濟援助
長達 30 年以上。最後，筆者想強調的是，華人女性的道義經濟實踐不只資助
了山口洋的家族，甚至對山口洋整體的經濟有貢獻。

　　本文所探討的現象可以給華人移民史再添一頁。如筆者在文獻回顧中提
到，過去華人女性移動研究主要探討過留學家庭團聚或廣東媽姐等單身再生產
勞工。在再生產勞動之跨國分工時代裡，印尼西加里曼丹省也輸出華人女性廣
義的再生產勞工，也就是說該地區華人女性的移民潮完全符合全球移民浪潮。
可是，族群性的因素依然在移民的實踐上發揮重要的作用。她們接待社會的族
群人口結構還是與華人人性、中國人性或客家人性很有關聯性。

　　最後，筆者想對今後西加里曼丹省山口洋市一帶的跨國婚姻現象提出看

法。該地區產生的跨國婚姻潮，根據主要移民目的地臺灣的情況，可推測它的巔峰時期在 1990 年代初期至 2000 年代中葉。如上述，1990 年代初橘子市場被壟斷，農民失去了這個經濟來源。加上 1990 年代中葉伐木業的出口失敗，西加省的經濟在亞洲經濟危機前夜就已經蕭條了。這種當地經濟狀況恐怕影響到婚姻移民潮。1998 年黑色五月暴動等政治因素也可能刺激山口洋華人的婚姻移民潮，可是筆者訪談時沒有得到表示直接關聯的口述。1998 年時印尼蘇哈特政權倒台，2000 年代以後做為公民，印尼華人之處境漸漸地改善。在山口洋市，經過當地華人政治家的爭取，華人在文化上、政治上得到了比較完整的公民權。也因此可以推測，2000 年代以後華人因政治因素而移民的可能性有降低。

雖然在後蘇哈特時代華人的處境改善了許多，可是如個案 3，依然有不少華人沒有分配到經濟上爬升的機會，仰賴於跨國婚或跨國移工。自 1970 年代以來，印尼政府強力推行輸出跨國移工政策，西加省的華人也大量地外移到鄰近國家和雅加達。年輕人赴雅加達謀生早就成為一條移工路線。換言之，跨國婚姻並不是唯一移民的現象。

那麼將來會有一天停止婚姻移民嗎？假如女性的就業機會增加，就業結構變化，或者婦女們排斥跨國婚姻的選項而選國內外移工，跨國婚姻可能消滅。可是筆者仍認為跨國婚姻短期內會是重要選項之一。像 3 個個案顯示，年長女兒透過婚姻充實家族福利的機制會繼續維持。其理由是跨國婚姻當事人能帶給家族大規模的經濟援助，這是一般勞工提供不了的。其他成員以姐姐寄來的金錢為經濟基礎，靠此援助接受教育、買摩托車甚至支付結婚時的聘金。年少成員逐漸改善生活水準，有的甚至能前往雅加達做生意。以 2013 年的就學和就業狀況來說，透過跨國婚姻以維持家戶福利的情況還會維持一段時間。

30 年以來的跨國婚姻潮肯定給當地華人之間的婚姻帶來了很大的衝擊。

比如說，外籍丈夫所帶來的昂貴聘金以及耐用消費財可能提高了山口洋的聘金金額，使當地華人男性難以娶華人女性，促使他們娶不需昂貴聘金的達雅女性。今後，筆者將針對透過跨國婚姻帶來的家戶福利之全球性對當地傳統婚姻習俗的影響進行研究。[10]

# 參考文獻

李國梁，2015，《廣東媽姐》。新加坡：順德會館。

松村智雄，2013，《西カリマンタン華人とインドネシア国家、1945-2012 年―「国家の外部者」から政治参加への軌跡―》。東京大學大學院總合文化研究科博士學位論文。

_____，2017，《インドネシア国家西カリマンタン華人：「辺境」からのナショ ナリズム形成》。東京：慶應義塾大學出版會。

夏曉鵑，2002，《流離尋岸：資本國際化下的「外籍新娘」現象》。臺北：唐山。

楊聰榮、藍清水，2006，〈從歸僑到外籍：印尼臺灣人移民的歷史過程、兼談客家文化的影響〉。發表於《第三屆跨界流離國際學術研討會》，臺北：世新大學主辦。10 月 7-8 日。

橫田祥子，2011，〈負債関係に働く力学―台湾中部の地方都市における国際ブローカー婚の互酬性〉。《白山人類学》14: 133-156。

A・オング，2013《《アジア》、例外としての新自由主義：経済成長は、いかに統治と人 に突然変異をもたらすのか？》、作品社。（Ong, A. 2006. *Neoliberalism as Exception*, Duke University Press.）

---

10 本篇文章原載於日本華僑華人研究學會的期刊《華人華僑研究》13 期（日本，2016 年 11 月）發表過。筆者已取得該會的許可而翻譯成中文。

Anonymous , 1995,"Dari Singkawang Mencari Cinta," *Gatra* 10 Juni 1995: 51-65.

Badan Nasional Penempatan dan Perlindungan Tenaga Kerja Indonesia (2016) *Data Penempatan dan Perlindungan Tenaga Kerja Indonesia Tahun 2015.*

Badan Pusat Kota Singkawang, 2010, *Kota Singkawang Dalam Angka 2010*, Jakarta: Badan Pusat Statistik.

Bima Bektiati and Hermien Y Kleden , 2001, "Mimpi Jadi Cinderella di Singkawang,"*Tempo* (25 Maret 2001) 67-80.

Dawis, Aimee, 2009, *The Chinese of Indonesia and Their Search For Identity: the Relationship Between Collective Memory and the Media.* New York: Cambria Press.

Douglas, Michael, 2006, "Global Householding in Pacific Asia". *Idpr* 28(4).

_____, 2010, "Globalizing the Household in East Asia". *The Whitehead Journal of Diplomacy and International Relations*, Winter/Spring 2010.

Hugo, Graeme , 2005, "Indonesian International Domestic Workers: Contemporary Developments and Issues", in Shirlena Huang, Brenda S.A. Yeoh and Noor Abdul Rahman (eds.) *Asian Women as Transnational Domestic Workers.* Singapore: Marshall Cavendish Academic.

J・スコット，1999，《モーラル・エコノミー：東南アジアの農民反乱と生存維持》。東京：勁草書房。（Scott, J. C. 1976. *The Moral Economy of the Peasant: Rebellion and Subsistence in Southeast Asia*, Yale University Press.）

La Ode , 2012, *Etnis Cina Indonesia Dalam Politik: Politik Etnis Cina Pontianak dan Singkawang di Era Reformasi 1998-2008.*, Jakarta: Yayasan Pustaka Obor Indonesia.

Oxfeld, Ellen , 2005)," Cross-Border Hypergamy? Marriage Exchanges in a Trasnational Hakka Community," *in* Constable, Nicole (eds.) Cross-Border *Marriages: Gender and Mobility in Transnational Asia*. Philadelphia: Unversity of Pennsylvania Press.

Pemerintah Kota Singkawang , 2011, *Database Kota Singkawang Tahun* 2011. Singkawang.

Truong,Thanh-dam , 1996, " Gender, International Migration and Social Reproduction: Implications for Theory, Policy, Research and Networking," *Asian and Pacific Migration Journal* ,.5-1.

Sassen, Saskia , 2002, "Global Cities and Survival Circuits," in Ehrenreich, Barbara and and Arlie Russell Hochschild (eds.) *Global Woman: Nannies, Maids, and Sex Workers in the New Economy*. New York: Owl Books.

Somers H, Mary , 2003, *Golddiggers, Farmers, and Trades in the "Chinese Districts" of West kalimantan, Indonesia*. Ithaca, New York: Cornell University.

# 馬來西亞砂拉越吻龍福德公廟初探

馬來亞大學中國研究所高級講師　潘碧絲
馬來亞大學中文系博士生　　　　馬瑛

## 摘要

　　福德正神（大伯公）信仰，是馬來西亞客家人中極爲重要的神祇信仰，其宗教影響現已遍及整個馬來西亞華人社會。吻龍福德公廟，是砂拉越供奉福德正神的廟宇中較爲著名的一間，位於馬來西亞砂拉越三馬拉漢省吻龍半島，由當地客家人創立，距今約 30 餘年的歷史。本文從吻龍福德公廟的建立及歷史沿革、建築模式及特點、理事會的組織及信仰活動的管理、慶典活動及社會功能 4 個方面展開論述，通過對該廟宇的走訪與探究，考察當地客家人的信仰現狀，分析當地客家人佛儒道「多神供奉」等的信仰特徵，爲馬來西亞客家及華人社會的宗教信仰研究提供相關的史料依據。本文爲馬來亞大學研究基金研究項目（UMRG：RP007B-14HNE）階段性成果。

關鍵字：福德正神、砂拉越、大伯公

## 一、前言

　　福德正神，又稱大伯公、土地神、福德老爺、土地公公、社神等，是中國民間信仰中的地方保護神，是具有福德的善鬼神。在中國原鄉，中華民國時期及之前，凡有漢人群居住的地方就有供奉土地神的現象。在中國傳統文化中，祭祀土地神即祭祀大地，現代多偏於祈福、求財、保平安、保農業收成之意。

　　福德正神（大伯公）信仰，是馬來西亞華人社會中極為重要的神祇信仰，以供奉福德正神為主的廟宇遍布整個馬來西亞。在東馬來西亞的砂拉越，福德正神的祭拜更是遍及整個州屬有華人聚居的角落。據統計，砂拉越地區有接近70間廟宇的主祀神是福德正神，還有一些無法統計數目的廟宇，也可見到福德正神的奉祀（吳詩興 2009：97）。吻龍福德公廟，是砂拉越供奉福德正神的廟宇中較為著名的一間，位於馬來西亞砂拉越三馬拉漢省吻龍半島，距今有35 年的歷史。

　　馬來西亞華人社會對福德正神的信仰與敬祀，除了希望神明保佑初期移民者之外，也滿足了華人移民信仰在異地生活的宗教需要。有關馬來西亞福德正神信仰的起源與演變已有很多研究成果問世，主要涉及 4 種類型：（一）人格神的化身（開山地主或會黨領袖）；（二）航海家祭祀的水神傳播；（三）客家土地公信仰；（四）財神等說法（吳詩興 2009：110）。 張維安、張翰璧、利亮時（2014：11-138）在〈神的信仰、人的關係與社會的組織：檳城海珠嶼大伯公及其祭祀組織〉一文中，對馬來西亞大伯公的來源做了分類梳理， 請參見以下表格：

表 1　學者對大伯公來源起源的説法

| | | |
|---|---|---|
| 溫雄飛（1929）；關楚樸（1939）；許雲樵（1951） | 都是根據 J. D. Vanghan 在 The Manners and Customs of the Chinese in Straits Settlements（1879）書中的資料，認為「大伯公」就是張理。 | 大伯公＝張理 |
| 韓槐準（1940） | 原屬水神，故其祠多建於濱海之區，古代航海之華僑必禱祀此神，惟後則蛻變為求財問安，而更及巫下之神祇。……古代航海時迷信神祇之一證，大伯公亦為古代航海者深為迷信之一神，今雖已失時代性，然古代我先人南進之成功或利賴焉。 | 大伯公≠福德正神，而是南洋地區的華人信仰 |
| 關楚樸（1939） | 大伯公是姓張名理。其後我又輾轉訪問一位福建的老客，從前曾和洪門團體發生過相當關係的，他說，大伯公原是洪門會黨内的一種最高職位，即如長江青紅幫的所謂大龍頭，或老大哥。又如兩粵，洪門的所謂先生、師爺、紙扇或舅父。由此我可以假定大伯公是洪門會黨領袖的稱謂而拜大伯公。 | 大伯公＝幫派領袖 |
| Purcell（1948） | 在《東南亞華僑史》（The Chinese in Southeast Asia）中亦持相同的看法：「大伯公不過是華僑先驅的象徵，並不如三寶公確指為誰，所以無法查根詢究。」 | 大伯公＝華人先驅的象徵 |
| 鄺國祥（1950） | 在《三談海珠嶼大伯公》一文談到，大伯公是由大陸東南客家區域的「伯公」（客家的土地神）信仰演變而來。 | 大伯公＝土地公演變而來 |
| 許雲樵（1951） | 因為大伯公通稱：「福德正神」，各幫各有各的大伯公，簡直就是土地公，所以南洋只有城隍廟和福德祠（大伯公廟），而沒有土地堂。 | 福德正神是大伯公的通稱＝土地公 |

表 1 學者對大伯公來源起源的說法（續）

| 陳志明（2001） | 認為這應是依各特殊之地方性所產生的大伯公來源，而非東南亞諸多大伯公共同的歷史，檳城海珠嶼大伯公是一個地方性的特殊大伯公，並非中國與東南亞華人所廣泛崇拜的福德正神。 | 大伯公≠福德正神，是地方特殊性的產物 | | |
|---|---|---|---|---|
| 高偉濃（2002） | 認為大伯公一詞源自中國境內，含有祖先與土地神之雙重含義（以祖先之意為主）。華人移居海外後，採用造神法，而將某地華人先驅封為大伯公，爾後祖先之意逐漸淡化，土地神之意日漸加重，大伯公逐漸變成只有土地神之意。 | 大伯公＝華人先驅，後只有土地神的意思 | | |
| 陳波生、利亮時（2006） | 認為大伯公信仰屬性與內涵，主要有兩種觀點，一為地區守護神的土地崇拜，一為華人先驅的祖靈崇拜。 | 大伯公 | 土地神 先驅 祖靈 | |
| 張維安、張翰璧、利亮時（2014） | 眾多大伯公之中有些就是臺灣所理解的土地公、福德正神，我們在檳城極樂寺的附近一個仙岩嶼，發現這個客家人祭拜很久的大伯公，具有這樣的性質，詩巫永安亭所祀的大伯公也有相似之處，其金身還是直接從中國原鄉坐船到詩巫，其性質與臺灣各地在田頭、水尾或大樹下，立石祭拜的土地神意義相同。但是，東南亞有些大伯公背後則有具體的人物，這個人可能是對地方開發或建設有貢獻，受到人們所懷念的人物。 | 大伯公 | 土地公 華人 先驅 | |

資料來源：張維安（2014）

另外，張維安、張翰璧（2012：102）在〈馬來西亞砂拉越大伯公節意義初探〉一文中，將砂拉越大伯公原神及神像的來源整理如下：

表 2　大伯公原神及神像來源

| 廟名 | 神與神像來源 | 地區 |
|---|---|---|
| 石角八港路福德宮 [1] | 賴托從河婆帶來大伯公神像 | 南砂古晉區 |
| 文丹福德正神廟 | 陶瓷神像來自家鄉 | 南砂古晉區 |
| 古晉十七哩新生村福德宮 | 大伯公原是該宮乩童的家神 | 南砂古晉區 |
| 古晉二十四哩大富村水口伯公廟 | 印尼華僑王佳帶來的伯公香火 | 南砂古晉區 |
| 古晉三十二哩巴基道德廟 | 醒獅隊臨時設置二十四哩的大伯公保平安，後來大伯公托夢要留在當地坐鎮 | 南砂古晉區 |
| 古晉三十五哩打叻鹿水口伯公廟 | 原來是山上一顆像老人的石頭 | 南砂古晉區 |
| 短廊福德祠 | 從老梯頭分香過來 | 南砂古晉區 |
| 寧木龍山廟 | 據說分爐自浮剎的浮龍廟 | 中砂區 |
| 加帛福隆亭 | 大伯公金身在中國塑造 | 中砂區 |
| 烏也三安宮 | 老伯公神像是由中國帶來的 | 中砂區 |
| 詩巫永安亭 | 從廈門迎來 | 中砂區 |
| 浮剎浮龍廟 | 早期以紅紙書寫「福德正神」，1954 年至潮州請金身安奉 | 中砂區 |

資料來源：張維安（2012）

---

1 在筆者田調過程中，彭國良先生糾正此廟名應為「古晉（五哩）八港路福德宮」。

　　吻龍福德公廟中所供奉的大伯公，應屬人格神的類型，但並不是開山地主或會黨領袖，有其自身信仰的特點。大伯公原神為唐代開元年間進士林進源，生於唐玄宗開元四年（西元 716 年），卒於唐天寶四年（西元 745 年），原籍廣東省揭陽縣千家村，今為揭西縣錢坑鎮（彭國良編 2013：190）。林進源父親名林忠信，母親楊氏，育有三男一女，世居林氏千家村。林忠信是村裡的第一個員外，善施好德，施健了一座慈悲庵，取名「天竺岩庵」。伯公原神林進源英年早逝，魂歸「天竺岩」，受人間煙火 49 年後由慈悲娘娘法光點護，封為林氏大伯公，坐鎮在林氏千家村百花河，河口水口伯公。後來，中國十年浩劫，廢除各地神宮廟宇，伯公林進源無所寄寓，觀音娘便帶了他，移居砂拉越海口三巴叻恩德廟內。[2]

**緣起**

古晉吻龍福德公廟于 2002 年 5 月 19 日托梦偈诗谕曰：

　　一得虔诚成相惜
　（路到天竺古岩寺）
　　顺心如意迎福履
　　风采团员欢乐旅
　（前迎寻根赴福地）
　　程门立雪诚敬意
　　万家生佛广泽济
　　里薮功德无量际

于公元 2002 年 5 月 21 日。吻龙如意福德正神座下19名治子奉谕寻根朝圣赴中国广东省揭西县河婆镇莲花山脉揭阳岭明山天竺古岩。

（圖片來源：天竺岩古寺簽詩）

---

　　廟中理事楊新民敘述，楊家與伯公有淵源，是因為伯公母親姓楊。1962年，他與母親到三巴叻恩德廟去拜神，三奶娘娘要楊家安神坐鎮保平安，並選了一個黃道吉日，為楊家設神爐，迎三奶娘娘、慈悲娘和福德伯公。楊家是吻龍周邊第一個供奉大伯公的家庭，1979 年，吻龍信眾去拜三奶娘娘求平安，廟中乩童說需安立大伯公，於是吻龍信眾將楊新民家大伯公請到最早修建的木板伯公廟（吻龍福德公廟籌建會 1989：35-37）。

## 二、吻龍福德公廟的建立及歷史沿革

　　吻龍福德公廟是馬來西亞砂拉越三馬拉漢省最具規模的華人神廟，座落在吻龍半島三馬拉漢河畔，與甘榜達柔渡口遙遙相對，是三馬拉漢省華裔社會的精神支柱與宙宇典範，也是吻龍半島的地標所在。

　　相傳，「吻龍」半島的得名源自於一個類似「刻舟求劍」的故事，最早當地居民都擅於造船，常常使用一種叫「Beliong」的造船工具，有位居民在造船時不小心將「Beliong」掉入河裡，隨即在船身畫上記號，準備工作結束後去找，殊不知船已離開了原來的河面，苦尋無果。從此這個神話流傳開來，「Beliong」島因此得名，華語直譯為「吻龍」。另一個說法，這裡有兩個因三馬拉漢河水衝擊形成的沙丘，因為形狀像兩隻躺著的龍，於是將此地命名為「Vut Leung」，即「被困住的龍」。[3]

　　吻龍半島坐落在砂拉越與三馬拉漢河口之間，面積約 7 千多英畝，總人口

---

[3] 彭俊城在 2012 年 9 月 23 號的 Borneo Post，第 19 頁發表了一篇介紹文龍的文章。關於馬來版本的由來，他採訪了當地村長（Tua Kampung）Sani bin Basah，其家族自 1840 年就已經在吻龍居住。

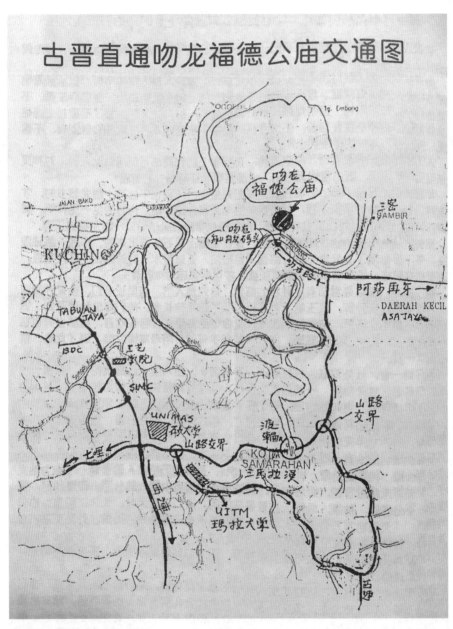

圖1　福德公廟地理位置
圖片來源：福德公廟

約 4200 人。建廟之初，島上華人人口比例約占 30%，現華人總數不到 200 人，占人口總數的 5%，馬來人占 90%，當地土著達雅人約占 5%。島上華人祖籍多為廣東揭西，除通婚原因外基本都為客家人，早年從中國揭陽市揭西縣河婆移民至此落地生根，且其中有八、九成皆為楊姓。吻龍半島開埠約百

圖 2　Beliong
圖片來源：彭俊成

年，最早到吻龍的客家人是楊伯仁，在吻龍務農，主要種植椰子，據史料記載 1917 年時，島上已有私塾。隨著島上客家人的南來定居，也將祖籍地的客家習俗、文化以及信仰帶到了島上，並創辦了吻龍中華公學。目前當地居民仍主要以務農為生，種植椰子、可可、蔬菜及水果等（星洲網 2016）。[4]

　　1945 年，吻龍當地居民為鎮邪保平安，前往三巴叻三奶娘娘廟中祈求三奶娘娘，後奉三奶娘娘指示在河邊安立「阿彌陀佛」木碑，這是吻龍當地居民最早的守護神。三奶娘娘又稱臨水李奶夫人，是中國漢族民間信奉的女神，道教閭山道三奶派祖師陳靖姑的結拜姐妹李三娘，是保護婦女兒童的女仙。「阿彌陀佛」木碑後來被一個瘋漢砍掉，吻龍居民從此失去守護神。1979 年 2 月，當地居民徐伯祿、楊漢光、楊新瑞、傅任宏、徐玉華等人於河畔商議建吻龍福德公廟，1979 年 3 月 18 日廟宇竣工，占地僅 12 方尺，屬臨時搭建為居民提

---

4 星洲網，http://www.sinchew.com.my/node/926773。取用日期：2016 年 2 月 10 日。

供膜拜及尋求庇佑的伯公廟，供奉從楊新民家請來的大伯公福德正神（大伯公）。1988 年 8 月伯公廟遷到現址重建，並在 1989 年 10 月 13 日正式落成，包括廟堂及忠信堂兩座建築。2003 年後，分階段進行擴建，包括二十四孝牌樓、狀元樓皇天塔、十八羅漢院及八仙蓬萊閣等多項建築。廟地迄今共占地約 4.5 英畝。吻龍福德公廟建廟發起人及現任廟中理事絕大多數都為客家人，信眾則來自四面八方，包括沙巴、西馬、印尼、汶萊等地，信眾種族有華人、印度人、洋人等等，而華人信眾也不僅僅侷限於客家人，海南、潮州人等都有。迄今為止，吻龍福德公廟已經發展成為馬來西亞砂拉越州三馬拉漢省最具規模的華人神廟（彭國良 2013：7-8）。

圖 3　1979 年的吻龍大伯公廟
圖片來源：吻龍福德公廟落成特刊
　　　　（1989）

圖 4　1989 年的吻龍大伯公廟
圖片來源：吻龍福德公廟落成特刊
　　　　（1989）

## 三、吻龍福德公廟的建築模式及特點

### （一）建築模式

　　1. 在傳承中國廟宇傳統建築樣式的基礎上，結合馬來西亞當地的建築特徵，形成了自身獨特的風格。

　　福德公廟的建築，匯納了中國古代廟宇的建築藝術精粹，尤其是石雕、木雕、壁畫彩繪等。廟中建築基礎部分都由當地工人來完成，而塔樓的許多材料都由中國進口。比如「慈雲觀」的琉璃瓦、磚塊、內部設施和裝潢，如石雕神像、木質神龕、石獅、石雕十八羅漢、十二生肖、九龍壁、騰龍圖、塔樓欄杆琉璃窗戶等，都是從廣東泉州惠安訂製；琉璃瓦和金磚從中國佛山進口；木雕藝術工藝由中國福建省惠安承製；「三陽開泰」的全部建材則是用中國太湖石板村的太湖石雕製而成。至於裝配鋪設琉璃瓦、外部裝飾、雕樑畫棟等工作都由中國工匠來完成。從 1989 年始至 2005 年間，吻龍福德公廟進行了大規模擴建，廟宇建築包括：「福德龍虎門」、「三品開門見山」、「裕祥樓」、「感恩亭蓮花池」、「雙壽鶴月亭」、「功德無量共沐鴻恩牌樓半邊天」、「出入平安坪」、「恩德橋」、「旺天爐」、「拿督公廟」、「福德鳳凰台」、「富貴橋」、「富貴彩梁」、「鴛鴦橋」、「雙珠龍並翠山玉泉」、「葫蘆門」、「金玉滿堂通道」、「千子萬孫福祿柱」、「幸福橋」、「雙龍展祥圖」、「感恩亭八角畫」、「幸福橋雙鳳奇緣畫」、「福祿壽喜金聲玉振鐘」、「十八蓮花瓣」、「恩德橋十二生肖」、「蓮花池幸福橋與朔圖」、「前程千萬裡路」等（國際時報 2010 年 12 月 1 日）。「天聖宮」和「慈雲觀」殿堂廊橋恢弘大氣、錯落有致，建築繪畫光影琉璃、熠熠生輝。至於「親善大會堂」，從命名上看，即可得知其角色與作用；從建築構造來看，則是典型的馬來西亞建築物，拿督公廟凸顯了馬來人的建築特徵。吻龍福德公廟可說是砂拉越州最具有華人文化和華人神廟特色，而又融合了當地色彩的神廟經典之作。

　　2. 部分建築以中國特定地點的建築為原型修建。

　　廟中「萬壽塔」沿用中國普陀山萬壽塔原型，正在籌建的「白雲觀」、「元辰殿」也模仿北京白雲觀建築特徵，「開門見山」則以山東曲阜孔廟建築為原型。入口大門成品字排列，東南第一入口為「福德門」，西北第二口「鶴月亭

## 吻龍福德公廟佈局平面圖

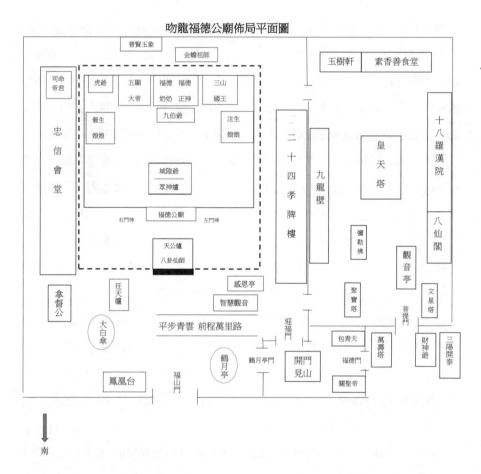

供奉神明共 19 座。1.天公（1）　2.智慧觀音（0）3.包青天（0）4.關聖帝（0）5.八卦仙師（1）6.左門神（1）7.右門神（1）8.眾神爐（3）9.福德正神 10.福德奶奶（3）11.三山國王（1）12.五顯大帝（1）13.注生娘娘（1）14.催生娘娘（1）15.九伯爺（1）16.虎爺（1）17.拿督公（1）18.金蟾祖師（1）19.司命帝君（1）

圖片來源：作者自製

門」，東北第三口「迎福門」，三口大門之中設立「開門見山」，具有特別意義，解釋為品字三德立天地，開門見山訪賢仕，人欲頂天立地，全要靠三口成品，有品德修養兼三德（立功，立言，立德），則能夠永垂不朽（彭國良2003：75）。有緣人若想晉謁神明，必須開門見山、虔誠、心無雜念。

3. 寓教育於建築之中。

在該廟中，每棟建築都會有相應的偈詩、對聯、其它文字或圖畫，對所見之人進行教導。據廟中理事稱，任何建築從開始籌建到設計草圖，再到施工建設都由伯公以偈詩通過靈媒傳音授意。建築上的對聯、文字也都是出自伯公，並托夢靈媒寫出。如廟裡議事廳「忠信會堂」：

堂中對聯：
　　忠仁義正品廉濟，
　　信誠形於德重高。
前後門上：
　　忠仁爲莫爲我爲私爲名爲利，
　　信誠爲善爲德爲眾爲民爲公。
　　會逢其適無常感德成相聚議，
　　堂堂正大光明磊落顯義濟氣。　「藏頭：忠信會堂」

再如「福德門」門柱的對聯：
　　福慧亞顯龍鳳呈祥第
　　德善傳引虎步登豪門

強調了借德善行爲傳導指引，方能步上富貴之門，此對聯也清楚地標示了吻龍

福德公廟的宗旨。廟裡的庭院門樓、百草千花、百獸千禽、壁畫彩繪、雕樑畫柱、對聯偈詩，處處蘊藏了教育教化的智慧。福德正神更偈詩諭旨在 2020 年完成建設「白雲觀」、「元辰殿」和「望江樓」，將吻龍福德公廟建設為一個「道德文化村」。

## （二）特點

1. 多神供奉，將儒、釋、道三家精神在廟宇中融會貫通。

吻龍福德公廟中共請神 150 多位，有真身的神佛約 20 尊。在福德天聖宮中主要供奉：主神福德正神大伯公、伯婆、三山國王、五顯大帝（華光佛）、注生娘娘（柳三姑）、催生娘（周一娘）、九伯爺、城隍爺、虎爺。福德天聖宮外供奉的其他神佛有：門神：秦叔寶（胡國公）和尉遲恭（鄂國公）、八卦仙師（姜太公子牙）、金蟾祖師（於瑤池修煉成仙）、六牙大象（普賢玉象）、灶君爺（司命帝君張揮）、拿督公兩尊、財神、八仙、十八羅漢等。凡廟宇有新建工程都會請奉魯班仙師（設計、測繪）、楊松筠仙師（風水師）和曲尺仙師（品質監督）。

（1）道：吻龍福德公廟中所祀奉神明多來自道家，也有非常典型的客家神明三山國王，廟中理事稱，伯公訓令誦念道德經，認為無為即是無所不為，強調自然道德。

（2）儒：廟中來自儒家的建築及神明主要有二十四孝牌樓、開門見山（孔廟代表）、五常樓、包公、關帝等，用對儒家神明的信奉及儒家思想來規範個人行為，提倡行孝道，百善孝為先，由孝道推及師道，做人需公正廉明、忠義仁勇，並學習怎樣瞭解天下道理。

（3）釋：吻龍福德公廟來自佛教的神明有觀音、彌勒佛、四大天王、十八羅漢等。廟中理事稱，伯公訓令誦念佛經，主要是大方廣

佛華嚴經和大般若波羅蜜多經，希望通過佛經瞭解宇宙真相、
增長智慧、眾善奉行，學為人師，行為示範，樹立正確的人生
觀及價值觀。

　　吻龍福德公廟將儒、釋、道三家的神明同堂供奉，將其精神各取所長、為
我所用、融會貫通，並弘揚上蒼唯一、宗教同源及世界大同、人類一家的宗教
理念，教化眾生平等對待、仁慈博愛、和睦共處、共存共榮。

　　2. 將唐番土地神祇信仰結合，與周邊其他信仰和諧共存。

　　廟宇中除了供奉上述神佛外，還設有象徵非華人的土地神信仰「拿督公」，
這顯示了吻龍福德公廟信仰崇拜的多元特色，也是馬來西亞大伯公廟的普遍特
色。華人「大伯公」和馬來人「拿督公」信仰的混合祭祀現象，可說是馬來西
亞華人與馬來人土地神祇信仰的文化融合象徵。馬來西亞華人社會對於「拿督
公」信仰主要有兩種說法，一種是華人認同的外來神明，源自非回教傳統的馬
來人地方保護神「柯拉邁」（Datuk Keramat）；一種是當地華人自己創造的
本土神明崇拜，與「柯拉邁」無關。「拿督公」的稱呼源自馬來語的「拿督」
和華語的「公」，都可解釋為馬來人和華人「祖父」或「神明」的尊稱，當地
華人將馬來語的「拿督」和華語的「公」結合後就產生了中馬混合語「拿督公」
特殊土地神信仰，屬於唐人的「大伯公」與象徵番人的「拿督公」混合祭祀崇
拜，皆具有共同守護土地的信仰文化意義（吳詩興 2009：125-126）。

　　吻龍福德公廟中供奉著兩位拿督公，與上述普遍的馬來西亞拿督公信仰有
所不同，本身具有非常鮮明的地方特色。兩位拿督公與主神大伯公的供奉相
似，皆有原神且年代久遠。其中，一位是英國未殖民前的砂拉越王（信仰伊斯
蘭教），是砂拉越當地早期統治權利的象徵；另一位是百多年前吻龍鎮第一位
到麥加朝聖的哈吉依‧本尼，是吻龍鎮伊斯蘭教中最德高望重、受人尊敬的
人物。比較特別的是，廟宇周邊幾百米就有清真寺、再遠一點是基督教堂，互

相距離很近，每天誦經聲互聞，融
洽祥和。據廟中理事，有時馬來人
也會進廟參觀和拍照，廟裡也是非
常歡迎，來者不拒。伊斯蘭教開齋
節和哈芝節時，廟中也會舉辦相應
的慶祝活動。

　　3. 廟中靈媒以偈詩傳音。

　　值得一提的是，在一般廟宇中，
信眾跟神明溝通的方式大都是通過
乩童下乩或卜卦的方式，但吻龍福
德公廟卻大為不同，大伯公托夢靈
媒書寫偈詩，明示信眾疑難所在並
指點迷津。廟中擔任傳音的靈媒是
吻龍福德公廟神事管理委員會總理

圖片來源：吻龍福德公廟建廟十周年紀念
特刊（1999）

楊玉深先生。他也是當年的建廟發起人之一，小學文化程度，早年以務農為生，
深居於吻龍半島內陸的椰林，1979 年受福德正神托夢擔任廟中靈媒。廟中信
眾如有所求，只需將生辰姓名寫於紙上，在福德正神前誠意跪拜，將欲求指點
迷津之事一一傾訴，廟中負責人自會傳去福德公賜予的偈詩，如何解迷津盡在
其中。如：[5]

---

5 為尊重相關人士，特隱去原名。

圖 5　偈詩 1
圖片來源：福德公廟

圖 6　偈詩 2
圖片來源：福德公廟

　　廟中的各項重大事務及決策也皆由福德公的偈詩指引完成，如 2002 年 7 月 6 日，福德正神托夢偈詩，明示要建「禪定亭」，偈詩如下：

福光普照顯天地
立恩彌陀半世紀
禪和福德平坐起
定上香火凋零熄
亭返天竺觀音祇
淵遠尋根固相惜
源引萬千扶相持
流傳坐鎮歸龍裡
長時囑咐六載期
福前靈媒莫遲疑。

（彭國良 2003：119）

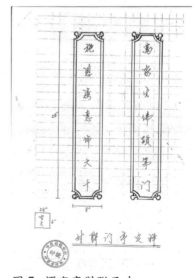

圖 7　禪定亭對聯尺寸
圖片來源：福德公廟

又如「慈雲塔」建築期間，一些技術性的工程問題，福德公也偈詩委任 9 名由工程師、地質勘探師、測繪師、品質評估師等所組成的工程督查組研究解決，偈詩如下：

福澤廣被眾治子
托仁義舉功果締
工欲善其顯永逸
程任國就久陞次　（陳國就、劉久升）
師表彪光錦麟趾　（林彪光、何錦麟）
監護儒華文光啓　（胡儒華、沈文光）
督察捷平娘坤地　（沈捷平、楊娘坤）
組合石新相助力　（張石新）
啓塔慈雲狀元第
卜庇功德無量濟。（彭國良 2013：58）

再如在採購石雕事宜上，籌建委成員各持己見，會議難以取捨與定奪，其中一員即席提議執行以少數服從多數程式，但又不被會議接納。伯公對此，於 2006 年 6 月 11 日賜予該名委員偈詩，以示警戒：

X 氏越權行爲舉
X 施恭兩動向啓
青紅皂白不分釋
主見囂浮軌曲移
持論公允誤措施

　　舉作禁忌導電體

　　手勢搖曳群理事

　　表彰欠德庶幾意

　　決策方略表現居

　　議顯和洽態和氣（彭國良 2013：89-90）

　　偈詩中用藏頭的方式明確指出「ＸＸ青主持舉手表決議」，隨後，福德公偈詩諭示，建委不必對採辦事務規章立制處理，直接遵從福德公偈詩指點，因此，福德公指定由廣東省泉州惠安的信志盛石業廠、三義興木雕工廠及佛山廠商量身訂製石雕、木雕藝術品及琉璃瓦等物資，而解決了有關爭議。

## 四、組織及信仰活動的管理

　　1979 年 2 月，徐伯祿、楊漢光、楊新瑞、徐玉華等人在吻龍星海茶室商討籌建福德公廟事宜，後決定通過募捐，在河畔建立吻龍福德公廟。草建的伯公廟在 1979 年 3 月 18 日完工，後恭請三巴叻三奶娘娘乩童下乩作法，並安立伯公香火坐鎮吻龍。當時的建廟發起人有楊玉深、楊新瑞、楊新才、徐伯祿、傅任宏、徐玉華、楊和順等。1984 年，吻龍福德公廟遷址重建，成立了以徐玉華為首的重建委員會，展開各項籌建工作。在委員會的努力和建築界鄭樺遠先生的協助下，於 1986 年獲得首席部長拿督巴丁宜丹斯裡哈志阿都泰益瑪目首肯撥出距現吻龍華人商鎮一塊占地 0.58 畝地段充作建廟用途。1987 年，當時的首長公署部長陳康南醫生代表州政府將正式地契發給吻龍福德公廟委員會（彭國良 2013：7）。

　　與此同時，吻龍區輪值舉行 1985 年海口區籃球邀請賽，籌委們借機拍賣

禮籃籌得近萬元，再向州政府申請撥款 2 萬元，加上眾善信捐獻，共籌得 10 萬餘元。新廟宇於 1988 年 8 月動工重建。除了建廟外，還在廟右側建造一座忠信堂，兩項工程共耗資 20 萬元。1989 年 10 月 13 日，兩座建築物竣工（彭國良編 2013：8），並在 10 月 15 日舉行落成開幕典禮。隨後，經由吻龍福德公廟理事會決策，先後進行了其它多項工程的擴建，發展極具規模後，理事會便向社團註冊局註冊，成為合法性的宗教團體。1981 年吻龍福德公廟選出首任理事會，理事會由 15 人組成，並訂立章程規定理事會成員必須是當地居民。1991 年之前，理事會三個要職，即主席、財政和秘書都由廟中神明托夢與靈媒委任，其餘則通過會員大會票選而組成。之後，吻龍福德公廟中所奉大伯公偈詩諭旨，理事會及各項慶典活動籌委會，一律由吻龍福德公廟大伯公偈詩點名組成。理事會首任主席由楊漢光先生擔任，並在 16 年後隱退讓賢，1997 年由汪木傳先生接任理事會主席至今。

吻龍福德公廟也設有由 47 人組成的神事管理委員會，舉凡建設工作和慶典活動，皆由神事管理委員會處理籌辦。神事管理委員會成員都由如意福德正神欽點，成員可以是吻龍以外的居民。委員會每 3 年改換一次，現任總理為楊玉深，副總理是李偉城，劉久勝則受如意福德正神欽點為總顧問。

## 五、吻龍福德公廟的慶典活動及社會功能

### （一）主要活動

會議記錄顯示福德公廟曾經活躍舉辦各種活動，包括重陽節安排去敬老院慰問老人和辦懇親會，踐行孝親敬老；中秋節組織猜燈謎等娛樂活動，加強信眾之間的交流溝通；每年頒發會員子女獎勵金、資助貧寒子弟學雜費，積極協助學校發展。時代變遷，大量會員子女離島外遷，致使中華公學學生以外族學

生為主，福德公廟不再頒發會員子女獎勵金或撥款資助貧寒子弟。福德公廟近年也因著重發展建設「白雲觀」、「元辰殿」和「望江樓」而停辦孝親敬老懇親會和中秋節廟會。目前，福德公廟的兩大活動是：

1. 慶祝神誕日

福德公廟裡供奉約 20 尊神明，每尊神明皆有一個爐主，爐主將全權負責各別神明神誕所有事宜。每逢眾神聖誕千秋，都會舉行敬香祝壽儀式，如意福德正神及眾神爐下弟子、金束弟子、福員生、紅白蓮花生都會參與拜壽之禮。福德公廟另一大特色是將開齋節和哈芝節列為廟宇的重要節日活動。

2. 農曆新年迎神接福

每逢農曆正月初四月子夜迎神接福祿，是福德公廟的一大活動。新春伊始，如意福德正神便會按例偈詩名譜點立金束治子、福員生、紅白蓮生逾百人，齊集神廟迎接福祿，納福迎祥。來自四面八方的信眾們從農曆年初三晚 9 時許開始集聚在廟前四周，虔誠膜拜等待至年初四子夜，集體迎接財神爺與眾神明下凡，可說是吻龍福德公廟的一大特色。

**吻龙福德天圣宫·皇天塔**

※甲午（2014）年神诞庆典表※

| 列 | 星期 | 公元 | 农历 | 摘要 | 炉主 | 备注 |
|---|---|---|---|---|---|---|
| 1 | 一 | 03.02.2014 | 正月初四 | 子时迎神接福 | | |
| 2 | 六 | 08.02.2014 | 正月初九 | 天公宝诞 | | |
| 3 | 日 | 02.03.2014 | 二月初二 | 虎爷宝诞 | | |
| 4 | 一 | 03.03.2014 | 二月初三 | 文昌帝君宝诞 | 刘久陞 | |
| 5 | 三 | 19.03.2014 | 二月十九 | 智慧观音圣诞 | 李伟城 | |
| 6 | 四 | 27.03.2014 | 二月廿七 | 三山国王宝诞 | 刘久陞 | |
| 7 | 二 | 22.04.2014 | 三月廿三 | 天上圣母宝诞 | 李伟城 | |
| 8 | | 28.04.2014 | 三月廿九 | 五方天圣娘娶伯公宝诞 | 杨玉荣 | |
| 9 | 二 | 28.04.2014 | 三月廿九 | 五方天圣如娶伯婆宝诞 | 朱银妹 | |
| 10 | 三 | 11.06.2014 | 五月十四 | 註生娘娘宝诞 | | |
| 11 | 二 | 15.07.2014 | 六月十九 | 慈悲观音圣诞 | 郑海源 | |
| 12 | 一 | 28.07.2014 | 七月初二 | 拿督公开斋节 | 刘燕峰 | |
| 13 | 二 | 19.08.2014 | 七月廿四 | 城隍爷宝诞 | | |
| 14 | 三 | 27.08.2014 | 八月初三 | 司命帝君宝诞 | 黄记松 | |
| 15 | 一 | 08.09.2014 | 八月十五 | 月娘/金蟾祖师宝诞 | | |
| 16 | 四 | 02.10.2014 | 九月初九 | 九伯爷宝诞 | | |
| 17 | 日 | 05.10.2014 | 九月十二 | 哈芝节 | 刘燕峰 | |
| 18 | 日 | 12.10.2014 | 九月十九 | 九品观音出家日 | 郑海源 | |
| 19 | 日 | 19.10.2014 | 九月廿六 | 五显真君宝诞 | 洽义 曾琪峰 陈国就 李国维 张孙兴 | |
| 20 | 一 | 29.12.2014 | 十一月初八 | 催生娘娘宝诞 | | |
| 21 | 三 | 07.01.2015 | 十一月十七 | 阿弥陀佛宝诞 | 汪木传 沈文言 | |

圖 8　2014 年福德公廟神誕慶典表
圖片來源：福德公廟提供

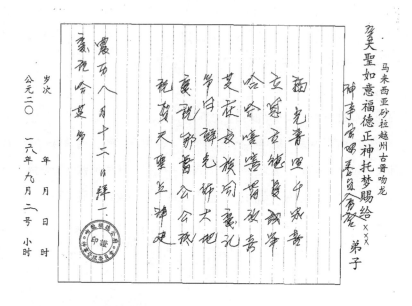

圖9　2016年「哈芝節」偈詩
圖片來源：福德公廟提供

3. 承辦 2013 年砂拉越大伯公節

　　砂拉越大伯公節，由砂拉越詩巫永安亭大伯公廟主席本固魯孫春富在 2007 年 9 月 22 日該廟慶祝重建 110 周年慶典時倡議提出。從 2009 年起，砂拉越大伯公日慶典由各廟宇輪值舉辦，成為砂拉越地區一年一度的盛會（彭國良 2013：164）。吻龍福德公廟在 2013 年 5 月 17 至 19 日承辦了該節日慶典，弘揚中華道德文化。

（二）社會功能

1. 教育功能

　　廟中常常會舉辦一些講座、輔導及各項活動，旨在教化人們積極向善、仁

慈博愛，強調中華文化傳承及包容精神。理事會積極舉辦、參加各種研討會（全球範圍），至今共印刷出版吻龍福德公廟會刊 4 本，其他小刊物 3、4 本。

2. 救濟功能

除佈施外，吻龍福德公廟還積極參加各種公共救濟服務，幫助弱勢群體，每年捐款資助中華公學 1000 元，支持當地教育。

3. 帶動當地經濟發展

現今，吻龍福德公廟名氣很大，很多信眾慕名而去，每年的節日慶典及紀念活動也吸引了不少遊客和信眾參加，成為當地著名的旅遊景點，帶動了吻龍半島旅遊業及經濟的發展，吻龍福德公廟也已發展成為馬來西亞砂拉越三馬拉漢省最具規模的華人神廟。


# 六、結語

吻龍福德公廟設立於 1979 年，雖然迄今只有數十年的歷史，不過卻是一座極具特色的廟宇。最早由生活在島上的客家人所建，是當地客家人最重要的心靈護佑和精神紐帶。而島上華人祖籍多為廣東揭西河婆，除通婚原因外基本都為客家人。廟中所奉大伯公，原神為唐代開元年間進士林進源，生於唐玄宗開元四年（西元 716 年），卒於唐天寶四年（西元 745 年），原籍廣東省揭陽縣千家村，今為揭西縣錢坑鎮（彭國梁編 2013：190）。廟宇的建築模式在傳承中國廟宇傳統建築樣式的基礎上，結合馬來西亞當地的建築特徵。遍布各處的對聯和文字，將教育寓於建築之中，形成了自身獨特的風格。吻龍福德公廟將儒、釋、道三家的神明同堂供奉，也設有拿督公廟，更在開齋節和哈芝節時共慶佳節，顯示了吻龍福德公廟信仰崇拜的多元特色。福德公廟秉承弘揚上蒼唯一、宗教同源及世界大同、人類一家的宗教理念，教化眾生要平等對待、仁

慈博愛、和睦共處、共存共榮，期望在 2020 年將福德公廟建立成一個「道德
文化村」。這凸顯了福德公廟不僅是當地的保護神，更是一個具有教育家角色
的神明。簡言之，吻龍福德公廟大伯公信仰不但具有宗教屬性，也具有社會教
育屬性。這正是時代變遷底下大伯公信仰的社會功能與角色變革的內涵。[6]

## 參考文獻

吳詩興，2009，〈馬來西亞的福德正神信仰探析：以砂拉越的大伯公廟為主要
　　探討〉。《成大宗教與文化學報》13：97-126。

阿郎，2010，〈托夢靈媒傳音！吻龍伯公廟聲名大噪〉。《國際時報》http://
　　www.intimes.com.my/group/10group/101201beliong.htm。取用日期：2016 年
　　2 月 10 日。

張維安等，2014，〈神的信仰、人的關係與社會的組織：檳城海珠嶼大伯公
　　及其祭祀組織〉。《全球客家研究》3：111-138。

張維安、張翰璧，2012，〈馬來西亞砂拉越大伯公節意義初探〉。頁 102，收
　　錄於徐漁村編，《族群遷徙與宗教轉化》，臺灣：國立清華大學人文社會
　　學院。

彭國良編，2013，《慈雲觀全樓塔崛起：吻龍福德公廟慈雲觀狀元樓皇天塔紀
　　實》。古晉：吻龍福德公廟。

＿＿＿＿編，2003，《吻龍福德公廟二十四孝牌樓主廟重修金瓦暨阿彌陀禪定
　　寺落成紀念特刊》。古晉：吻龍福德公廟。

6 本文田調承蒙吻龍福德公廟理事會主席汪木傳先生以及神事管理委員會顧問劉久勝先
　生給予協助，並提供相關材料，謹此致謝。本文也獲得彭俊城先生提供相關資料和
　彭國良先生為本文進行校閱，謹致謝忱。

吻龍福德公廟籌建會編，1989，《吻龍福德公廟落成特刊》。古晉：吻龍福德公廟。

_____，1999，《吻龍福德公廟建廟十周年紀念特刊》。古晉：吻龍福德公廟。

蔡侑蓉、林向榮，2016，〈吻龍：具有豐富傳說的砂拉越州小鎮〉。《星洲網》，http://www.sinchew.com.my/node/926773。取用日期：2016 年 2 月 10 日。

# Between the New and Old Worlds: Hakka Associations in Melbourne, Australia

Associate Research Fellow, Institute of Borneo Studies, University of Malaysia Sarawak  **Daniel Chew**

Associate Professor, Department of Communication and Technology, College of Hakka Studies, National Chiao Tung University  **J. Sonia Huang**

## Abstract

The Hakka are recent migrants to Melbourne, Australia from the 1970s onwards, originating mainly from East Timor[1], Vietnam, Taiwan, and other Southeast Asian countries. After coming to Australia, the Hakka from these diverse countries set up associations to cope with their new lives. These associations have social and cultural objectives, and provide fellowship and mutual assistance for coethnics. Over time, the associations have also served as a corridor of networks between the "New World" of Australia and the "Old World" of the countries of origin, particularly East Timor and Taiwan, as well as with the Hakka ancestral homeland of Meixian in mainland China. This study explored Hakka identity through the associations that straddle and cross between Melbourne and regions and nations overseas. This Hakka

---

1 For consistency and due to historical and popular usage, the term East Timor is used in this paper rather than the present name Timor Leste.

identity was observed to transcend personal ties, institutions, regions, and nations, although much of the focus of the activities and objectives of the associations is localized in Melbourne.

***Keywords***：Associations, Hakka identity, Australia, East Timor, Taiwan, Meixian

In this study, we explored the multiple identities of the Hakka in Melbourne, Australia. Since the mid-1970s, Hakka migrants in Melbourne have adjusted themselves to new lives in their adopted country, while simultaneously maintaining identities that link back to their countries of origin. We analyzed these identities through the various associations that have been a feature of the sojourn and migration experiences of ethnic Chinese in Southeast Asia, North America, Europe, and Australia to the present day. Associations were initially set up as the social and cultural venues through which Chinese migrants could organize themselves in a foreign land (Freedman, 1979), and they continue to play this role today. The questions we sought to address here were why such associations are set up according to the country of origin, how they function, and how they adapt or remain resilient in the face of changing local and transnational situations.

The selection of Melbourne as the study site was deliberate for its multiculturalism which includes various Chinese subethnic groups. The associations formed by and for the Hakka in Melbourne have their origins in three distinct regions in Southeast Asia and East Asia. First are the associations established by the Timorese Hakka, although they are not necessarily Hakka in name. These organizations are the Timor Ethnic Chinese Community Association of Victoria ( 維省帝汶華人聯誼會 ) with nearly 700 members, the East Timor Chinese Middle and Aged Association ( 維省東帝汶中老年會 ) with over 600 members, and the Federation of Timorese Hakka Association ( 維省帝汶客屬總會 ) with over 470 members. Second is the Hakka Association of Victoria ( 維省客家崇正會 ) with almost 280 family units, which has mainly Vietnamese Hakka leadership and membership along with smaller numbers of members from Malaysia, Singapore,

Indonesia, mainland China, and Hong Kong. Third is the Hakka Association of Melbourne ( 墨爾本客家聯誼會 ) formed by Taiwanese Hakka, with approximately 150 members. Notably, there is also the Melbourne Timor Taiwan Alumni Association ( 墨爾本帝汶留臺同學會 ) with 60 members, which mainly consists of Timorese Hakka and has links with Taiwan.

Association leaders and opinion makers were interviewed for this paper during two visits to Melbourne in September 2013 and July 2016. The second visit was for a separate research project that provided an opportunity to update our data (see Appendix). Interviewees were selected according to their leadership role because those who led associations were generally resourceful and dynamic people, usually professionals or from entrepreneurial backgrounds. They were persons with the vision and drive to lead their coethnics. As noted by one researcher, "Chinese organizations depend more on their leaders than members for survival and expansion" (See, 1988, p. 328). Similarly, in the words of Simon Liao, founding president of the Hakka Association of Melbourne, "No one wants to take the position of president; we just keep doing the job" (S. Liao, personal communication, September 12, 2013). Liao's successor James Chen added, "You just have to sacrifice and be dedicated, there is no pay" (J. Chen, personal communication, September 12, 2013). Despite the demands and expectations on leaders, there are tangible benefits to assuming such a role, such as enjoying status among coethnics and being recognized as community representatives by both their adopted countries and government bodies abroad. Although the associations are led by businessmen and community leaders, their motives are not characteristic of the "flexible citizenship" described by Aihwa Ong (1999). Ong criticized Chinese business elites, who, in response to the conditions of the global political economy, hold multiple citizenships, seek alternative markets, acquire homes in multiple locales, and are mobile in moving between places of residence. During our examination of the past and present actions of the Melbourne association leaders, we saw their desire to help rebuild a community identity in a new country, while also responding to the benefits of a networked external environment. We interviewed community leaders who lived in Australia and owned small businesses, such as restaurants, takeaway eateries, coffee houses, and import and export businesses, as well as those who worked professionally as interpreters and management executives. Our interviewees did not continually move between locations and markets using flexible citizenships.

Our research findings and interpretations are contrary to the views of Appadurai (1996), who asserted that the cultural dimensions of globalization within the "wider constituencies of religious or ethnic affiliation" (p. 23) would mean a diminishing role of the nation state for minority populations as they transfer their affiliations elsewhere. Certainly, wider links and affiliations beyond the locale and nation exist. However, we hypothesized that our Hakka association case studies in Melbourne were also focused and locally grounded.

In a study conducted in the Netherlands, the bridging of the two worlds of China and the Netherlands through associations was likened to a process of building "symbolic capital" by organization leaders who, as ethnic Chinese in the Netherlands, were in a position of marginality but gained considerable prestige and goodwill through networking when they connected with Chinese officials in their home provinces (Li, 1999). A similar situation occurs in Melbourne, although the linkages include not only China but East Timor and Taiwan, all which are active in making emotional and intellectual appeals toward the Hakka in Australia. Li (1999) argued that migrant Chinese in the Netherlands needed the two worlds of both their original and adopted countries; here, we explored whether the Hakka in Melbourne also require two worlds. Taiwan and mainland China have long been interested in the affairs of "overseas Chinese" and the competition between them has implications for the Hakka associations in Melbourne. In this paper, the authors will examine the linkages between the Hakka in Melbourne and their source countries of origin.

## Living in Australia, the New World

No longer are we guests in another country; we are Australian citizens. (Nheu, 2012, p. 98.)

The impetus toward official multiculturalism and nondiscriminatory migration to Australia began with the dismantling of the racially biased "White Australia" policies in the early 1970s. In the past, these policies discriminated against accepting nonwhite or non-European migration. With the policy changes, migrants of Asian origin, including ethnic Chinese, found it easier to migrate to Australia.

The end of the Indochina war in 1975 and the beginning of another war on the small island nation of East Timor at approximately the same time created waves of refugees, many of whom were ethnic Chinese seeking refuge in Australia, which they saw as a safe haven. Besides the refugees, other ethnic Chinese across Asia favored Australia as a destination to start life anew for both economic and political reasons. Due to past White Australia policies, the Chinese population had always remained small and tended to be Cantonese in origin. However, by the late 1970s, the dialect group mix became more diverse. It was around this time that the Hakka became a significant component of the ethnic Chinese population in Australia.

The three groups of Hakka discussed in this paper (the Timorese Hakka, Vietnamese Hakka, and Taiwanese Hakka) arrived in Australia during the 1970s–1990s, and followed the tendencies of earlier migrating Chinese in establishing associations. Bureaucratic obstacles had to be negotiated, government welfare assistance sought, a new language mastered, and matters of daily living, such as taking public transportation, learned. Facing multiple challenges, these migrants in a new country looked to their coethnics for support and fellowship.

The Timorese Hakka established their earliest associations in the early 1980s: the Timor Ethnic Chinese Community Association of Victoria and the East Timor Chinese Middle and Aged Association. Although not Hakka in name, the associations are considered Hakka in substance because nearly all Chinese from East Timor are Hakka (along with a smaller number of Cantonese who were assimilated to speaking Hakka). For example, Francisco Leong, the president of the East Timor Chinese Middle and Aged Association, is a Cantonese married to a Hakka and has an ascribed Hakka identity:

I am Cantonese, my wife is Hakka. They are all Hakka in Timor, we were assimilated by them, we learned to speak Hakka. People say I am a Hakka, that's who I am. (F. Leong, personal communication, September 11, 2013)

Li Lai, the former president of the Timor Ethnic Chinese Community

Association of Victoria, explained the organization's social and community role:

> We organize Father's Day, Mother's Day, and New Year's Day. Last time, on the first day of the new year (January 1st) about 2,000 people showed up, compared to 700 now. The New Year gathering is the biggest event and lasts from 6pm until the next morning, with dancing, singing, and eating. It is the only time of the year for people to meet. We also have a birthday gathering every month with eating and dancing. Everyone comes with kids. Every year we have scholarships to give to the top students. When someone dies, we send out letters to inform people. (L. Lai, personal communication, September 11, 2013)

Additionally, the association received government assistance as part of ongoing resettlement programs for the Timorese, as related by Susan Lai, former vice president of the same association:

> There were about 1,700 asylum seekers after a massacre in Dili in 1999. Tim Lai, a Timorese case worker, worked with the Timor Ethnic Chinese Community Association of Victoria for 8 years. He looked after the asylum seekers. They couldn't speak English, so they all came to Tim Lai for help. (S. Lai, personal communication, September 11, 2013)

Similarly, the Vietnamese Hakka, although much fewer in number than the Timorese Hakka, set up an association with the objective of helping individuals and families adjust to their new lives in Australia. In 1990, four Vietnamese Hakka and one Malaysian Hakka established a Hakka association to preserve Hakka heritage, help Hakka cope with life in Australia, and foster English language learning among its members. Today, the Hakka Association of Victoria maintains a dominant Vietnamese Hakka leadership and membership, with smaller numbers of people from Malaysia, China, Hong Kong, Indonesia, and Singapore. According to Vietnam-born Ong Quang Hung, the current president of the association:

> For the first 5 to 7 years, we were helping people new to Australia with social security forms and contacting people. Those who could speak English helped to translate from English to Hakka and gave advice. (O. Q. Hung, personal communication, November 19, 2014)

The Taiwanese Hakka also founded an association in 2004 that focuses on fellowship, cultural heritage preservation, and mutual assistance. Founding president Simon Liao elaborated:

> Most of the people who join the association are middle aged or elderly migrants, and they find that joining the association has a lot of benefits. For example, everyone can have a reunion and talk about delicacies, Hakka culture, and traditions. On the other hand, the Hakka gather together so that they can help each other when there are difficulties. After the association was established, they found that they could discuss their problems with each other. That is very important. (S.

Liao, personal communication, September 12, 2013)

The formation and physical presence of the associations (the Timorese have their own cultural center building, as does the Hakka Association of Victoria) allow the Hakka to have their own physical and social spaces, which encourage them to express their Hakka identity, enjoy fellowship, speak Hakka, share Hakka food, and celebrate festivals or life cycle events such as birthdays. Alfredo Sam, a Hakka person of Teochew descent and now president of the Federation of Timorese Hakka Association, illustrates the fluidity of Hakka identity similar to that of Francisco Leong, cited earlier in this paper. When discussing the desire of Hakka to associate with fellow Hakka they are familiar with, Sam said "When we came here, it was hard for us to join in with the Australians" (S. Alfredo, personal communication, September 14, 2013). Ong Quang Hung, concurring with this view of the Vietnamese Hakka when they arrived in Australia, noted "There was a language problem, and it was hard to fit into a western society" (O. Q. Hung, personal communication, September 13, 2013). As a minority among the wider Australian population, as well as a minority among the other ethnic Chinese, the associations play the role of heritage brokers for the Hakka.

Ong Quang Hung described the Chinese New Year celebrations that are organized by the Hakka Association of Victoria as follows:

On the first day of Chinese New Year, we celebrate in our building. We invite members to come, watch a lion dance, and light up firecrackers. We also give each person a red packet with some token money for good luck. On the second day, we have a banquet in a Chinese restaurant and we may invite the presidents of other Chinese organizations like the Cantonese and Teochew associations, and local parliamentarians. (O. Q. Hung, personal communication, June 10, 2016)

In recent years, when the Lunar New Year is celebrated by the Chinese in Melbourne with city parades, Hakka associations such as the Hakka Association of Victoria have begun to participate. The initial objectives of mutual assistance in dealing with government bureaucracy, for example, are needed less now because this generation of Hakka can depend on their children and grandchildren who have grown up in Australia and can intercede on their behalf. However, other concerns persist.

All the Hakka associations continue to be led and managed by Hakka men and women who arrived in Australia as young adults in the 1970s–1990s. Now approaching middle or old age, some of these leaders are worried about the attitudes of younger Hakka born in Australia who may opt to assimilate into wider Australian society and forego the activities and fellowship organized and enjoyed by their parents and grandparents. Whereas early concerns focused on settling in Australia, intergenerational challenges related to language transmission have arisen over time. The loss of Hakka language fluency among the younger generation has sparked discussions on the continuity of the language through the generations. Of particular concern are the younger Hakka who choose to speak English or Mandarin, and not Hakka, at home. Hakka spoken at home is encouraged as a language of communication and the Hakka language is seen as a means by which Hakka cultural heritage is retained and transmitted. Van Lay, an active Timorese Hakka community leader, started a half hour Hakka radio program and is realistic about the continuing usage of Hakka among the next generation. His children prefer to speak Mandarin instead of Hakka. As for Ong Quang Hung, although his children speak some Hakka at home, they prefer to use English.

James Chen, former president of the predominantly Taiwanese Hakka Association of Melbourne, is not hopeful about retaining Hakka language fluency among the younger generation, but is satisfied as long as Mandarin is mastered. Chen said:

> My grandkid speaks Mandarin most of the time. If she is raised by her grandmother who can't speak Mandarin well, she will have to learn to speak Hakka. She could speak Hakka when she was little but has forgotten it now, although she can still understand a little bit of what others are saying. I ignore the fact that she has to learn Hakka. If you teach the kid Hakka, she might fail at learning Mandarin. She's not very good at Mandarin right now. She can't write, and she can only read simple Chinese words. (J. Chen, personal communication, September 12, 2013)

As the children of this generation of Hakka migrants grow up in Australia, Hakka identity may evolve and adapt to the adopted country, which the children identify as their home. We illustrate this using the example of a rising young Australian football player in Melbourne, Lin Jong. Lin is the son of the Timorese

Hakka Vitor Jong, who has worked in Taiwan and is married to a Taiwanese woman named Fay Lin. When we arranged to meet Vitor Jong and Fay Lin in September 2013, we were brought to see their son in action at a game. Because Lin Jong has managed to enter the ranks of a game that is a national sport and symbol of Australia, he is seen as a role model for the Timorese community and is recognized locally as a multicultural ambassador for the game. He is also the pride of the nation of East Timor and is championed by the government as a Timorese son. Among the Timorese who moved to Australia as children or adults, there may be a wish to assimilate into the wider Australian or non-Timorese community, with interests and friends other than those associated with the Timorese community, which is seen as reclusive and inward looking.[2]

Notwithstanding concerns regarding cultural continuity through to the next generation, the associations play a role as conduits or "corridors" (Kuhn, 2008, p. 49) by connecting migrants to their homeland countries or to provinces, villages, and lineages, and even to coethnics abroad.

## Connecting with the Old World: East Timor, Taiwan, and China

By establishing links with the "old world," government institutions, Hakka associations are able to expand their relevance. Specifically, they move away from

---

2 This view was conveyed to us by a senior Timorese Hakka woman working as an executive at a private company.

being inward looking and reclusive to assume a transnational and global Hakka identity that does not necessarily diminish their local identity. For example, Timorese and Taiwanese Hakka have homelands in East Timor and Taiwan that they consider and maintain a relationship with; furthermore, Timorese and Taiwanese Hakka can hold dual passports. By contrast, Vietnamese Hakka do not have a strong attachment to Vietnam as a homeland or nation state (Yu, 2006) because of the history of antipathy between indigenous Vietnamese and the Chinese, and the long history of antagonistic relations between Vietnam and China.

Transnational networks that broadly encompass political, cultural, economic, and social processes have become a feature of the Hakka associations, linking the old world of the Hakka to the new world that they have adopted. Leo (2015) argued that the building of a global Hakka identity rests on three factors, namely globalization, transnationalism, and deterritorialization (or time–space compression), with ease of travel and communications technology facilitating social interactions. However, what has to be examined is the role of external government bodies on these processes of globalization, transnationalism and deterritorialization. The active intervention of homeland governments and the interest shown by their institutions in fostering connections with the Hakka in Australia have aided the outreach of the local Hakka identity to extend beyond the country. China expert Gungwu Wang (1991), who has studied the role of China and its interest in the ethnic Chinese overseas, noted that China is unique in its interest in its citizens and in the Chinese who have immigrated since the establishment of its republic in 1912. Even after 1949, when the People's Republic of China was established by the Communist Party of China and the Kuomintang set itself up in Taiwan, ideological differences did not diminish the interest shown by mainland China and Taiwan on the Chinese overseas. Differences in how the two attract the attention of ethnic Chinese, or Hakka for that matter, continue to be played out in Australia today.

Until 1975, Taiwan had a consulate in East Timor, and through an active education policy that aimed at assisting ethnic Chinese residing overseas, helped support a Chinese middle school and Chinese education on the island by supplying teachers and books. Encouragement and assistance was given to young Timorese Chinese who wished to continue their tertiary education in Taiwan. Older Timorese Hakka recall with gratitude the role that Taiwan played in their learning of Mandarin. The Melbourne Timor Taiwan Alumni Association has members who are Timorese and have studied in Taiwan, and there are Taiwanese with ties to Timor such as the spouses of Timorese Chinese or Hakka. Some Timorese Hakka also belong to the Hakka Association of Melbourne, whose members are almost exclusively Taiwanese Hakka.

Close ties also thrive between the Timorese associations and East Timor, and there is a strong sense of attachment to the nation by the Timorese who found themselves forced out of their country when the island was invaded and occupied by Indonesia from 1975 to 1999. In the East Timor Chinese Middle and Aged Association building in Richmond (just outside of Melbourne city), photographs of visits by Xanana Gusmao, the first president of independent East Timor and a folk hero to the Timorese for his resistance to Indonesian rule, are prominently displayed.

A visit to Melbourne by the First Lady of East Timor, Dr. Isabel Da Costa Ferreira, in July 2014 was highly publicized by the East Timor Chinese Middle and Aged Association and the Timor Ethnic Chinese Community Association of Victoria.

The First Lady met with the presidents and members of the two associations, and her visit was featured on the Facebook sites of both associations. Being connected to the government of East Timor brings the Timorese associations in Melbourne considerable prestige because they are not only serving the social and cultural needs of the Timorese in Australia but are representing bodies that attract the attention of the Timorese government, which is keen to tap into the resources of the Timorese residing in Australia to help rebuild the economy of the small nation. During Dr. Ferreira's visit, auctions of indigenous Timorese cloth tapestries were held to raise funds for charitable bodies in East Timor. Such visits by prominent Timorese dignitaries occur regularly and are a source of pride to the Timorese Hakka, despite their adoption of Australia as their home. This indicates that the Timorese Hakka feel a continued sense of belonging to the Timorese nation, the imagined country from which they had previously departed.

In other words, the Timorese Hakka identify with East Timor, which is now an independent nation that is not necessarily Chinese or Hakka. Before the nation's independence in 2002, the Chinese in East Timor played valuable economic roles as business entrepreneurs and operated small shops across the island. The exodus of Timorese Chinese to Australia started during the civil war that plagued the island state in 1975, after which it came under Indonesian occupation until 1999. The now-independent nation of East Timor still regards the Chinese living in Australia as compatriots who can contribute to the development of the nation. Timorese Hakka living in Australia can even apply for Timorese passports, which allow them to return to the country to live. Older Timorese Hakka still have a fond attachment to East Timor and some return to visit or to pay tribute to their ancestors' tombs during the ancestral worship festival; others have returned to set up businesses.

The sense of emotional attachment to their country of birth felt by Timorese Hakka was communicated to us by Quim Nhi Tam:

> For me and my family, we feel that Timor is a part of our life, and we can't deny that Timor was part of our birthplace and still holds so many childhood memories. We still have family and friends in Timor. We are hoping that one day Timor can be like Singapore or Australia. (Q. N. Tam, personal communication, September 11, 2013)

Nevertheless, members of this ageing generation of Timorese Hakka have settled down as citizens in their adopted country with no desire to permanently return to East Timor, despite possibly having bitter memories of their early days in Australia. Leong Yu Mang, son of a Hakka mother and Cantonese father, asserted that he was his "own boss" and ran a transport company in East Timor before migrating to Australia. In Australia, he found work as an employee in a timber company and cafe "working until tears came down" due to his sharp fall in status. However, he now acknowledges that "Australia is good for the elderly" (Y. M. Leong, personal communication, September 11, 2013).

Taiwanese Hakka who belong to the Hakka Association of Melbourne have established links between the association and Taiwanese government institutions. Simon Liao recalled how he sought official Taiwanese help for establishing the association:

In the early 2000s, I attended the Double Ten celebration in Taiwan. I saw a lot of overseas groups in the VIP area, but there was no Hakka community from Australia. Sydney, Brisbane, Melbourne; none of these places had a Hakka community to attend the event. That's when I started to think that I wanted to go back to Australia and discuss with others about how to establish a Hakka association. Afterwards, we invited some important Hakka from Taiwan, the director of the Taipei Economic and Cultural Office in Melbourne, and local Parliamentarian Zhong Fu-Xi to found the Association. Director Fan Dai-Chan of the Taipei Economic and Cultural Office came to support us in establishing the Hakka Association of Melbourne. (S. Liao, personal communication, September 12, 2013)

In the case of the Hakka Association of Victoria (which was founded by Vietnamese Hakka), the old world connection is not with Vietnam but with Meixian, which is regarded as the original homeland of the Hakka. According to the president of the Hakka Association of Victoria, Ong Huang Hung, the Vietnamese Hakka have an affinity with the original homeland of Meixian and its surrounding districts like Dapu and Heiyuan. Ong himself has a personal lineage link with Meixian because his grandparents hail from there; his ancestral home still exists in Meizhou as well, tended to by his cousin's children. He first visited Meizhou in 1989 and has since returned regularly, having established relationships with officials there. Such links provide symbolic and networking benefits. In 2010, Meizhou government officials were invited to the association's 20th anniversary celebrations. Meetings with prominent Timorese Hakka businessmen and visits to the Timor Ethnic Chinese Community Association premises were arranged. No visits or meetings were arranged for the Hakka Association of Melbourne, which has Taiwanese Hakka members.

The "Two Chinas," the People's Republic of China and the Republic of China, are competitors for the hearts and minds of the Melbourne Hakka. The Meizhou city government sees itself as a Hakka capital or center in China, with a role in promoting Hakka interests globally through its Overseas Chinese Affairs Department. There are economic reasons for this role, in addition to cultural ones, because there are Hakka business entrepreneurs from the Melbourne associations who have vested business interests in China. One example is Ken Lay from the Timorese Hakka Lay family, which runs a chain of supermarkets in Melbourne. Ken spends half of the year in Shanghai, importing goods from China for his supermarkets in Melbourne, and handling other aspects of his businesses.

The experiences of a Hakka community leader illustrate how the parameters of globalization, transnationalism, and deterritorialization crisscross and are connected. The personal networking between Ong Huang Hung with the Meizhou city government provides insight into how Chinese government officials undertake the role of promoting global Hakka interests. This official interest is also an opportunity for the Melbourne Hakka to raise their local community profile to a transnational level and seek help to further their local objectives, as elaborated here by Ong:

The Meizhou city government officials visit Melbourne two or three times a year. But this year, no delegation has visited, maybe the government has tightened up on visits. When they do come they want to know what the Hakka need, what we think, and what ideas we have for Meizhou, and they come for holiday too. They contact us when they want to come and when they want us to pass on messages to other associations. When they are here, we bring them to visit the Timorese associations.

I tell them the Hakka dialect or language may be lost in the next generation, and ask them if Meizhou can send someone over to teach Hakka and Mandarin. Locally, no one can do the job: there is no opportunity to do it and there are no qualified people. I have mentioned this problem to the Meizhou government officials a few times. They said that they can't do this at the moment, but they send books, songs, and Hakka opera, and hope that this will help. (O. H. Hung, personal communication, June 2, 2016)

Such visits by Meizhou government officials are not only limited to Australia but also extend to other countries such as South Africa, Thailand, and Indonesia where there is a Hakka presence represented by Hakka associations. Exhortations such as "Come home for a visit" (The Hakka Association of Thailand, 2014) from the Meizhou city mayor are shared with the associations. The interest of the Meixian city government in the Hakka living in Melbourne is matched by that of the Timorese Hakka, whose ancestral roots are also mainly from the Meixian county. At the personal, family, and group level, visits are made to the ancestral villages to maintain contact with the homeland of the ancestors, both out of curiosity and to honor the ancestors. Some Timorese Hakka make repeated visits, and in some instances, marry women from there. Hakka from Mauritius (a small island nation in the Indian Ocean) whose ancestors originate from Meixian, also make visits to the ancestral homeland villages. According to Ong Huang Hung, Vietnamese Hakka like himself originated from Meixian and the surrounding districts such as Dapu and Heyuan. Although born in Vietnam, Ong was often reminded by his father that "Your homeland is in Meizhou" (O. Q. Hung, personal communication, June 2, 2016).

In the overtures made by the Australian Hakka associations to official representatives from mainland China and Taiwan, choices are made along political lines. In the past, the Timor Ethnic Chinese Community Association of Victoria maintained a neutral stand by inviting officials of both mainland China and Taiwan to celebrations but seating them apart to avoid embarrassment. The association then decided to take a stand on such invitations. As Ni Tec Leong, the president of the association, explained to us, "we can only invite officials from the People's Republic of China, following the one China policy" (N. T. Leong, personal communication, September 12, 2013). Ong Quang Hung concurred, noting that for official functions, "we were advised by the Chinese Consulate not to invite Taiwan" (O. Q. Hung, personal communication, June 2, 2016). Ong's personal opinion is that "we are Australian citizens, we don't take sides, no matter what. Mainland Chinese and Taiwanese are the same people, we treat them as family, as relatives." In referring to the Hakka Association of Victoria, Simon Liao of the Hakka Association of Melbourne said, "You can't find Taiwanese in this association because they are close to mainland China. When it comes to celebrating Chinese New Year, they would invite Mainland China instead of our consulate. They don't invite representatives of both sides" (S. Liao, personal communication, September 12, 2013). For cultural functions such as Lunar New Year and the Dragon Boat Festival, the Hakka Association of Melbourne invites the Director General of the Taipei Economic and Cultural Office in Melbourne to officiate. Despite their differences, friendships at a personal level are maintained. Indeed, James Chen, a leading figure among the Taiwanese Hakka, is married to a Hakka from Vietnam and has a close friendship with Ong Quang Hung of the Hakka Association of Victoria.

The Hakka Association of Melbourne, which has an almost exclusive Taiwanese membership aside from a few Timorese Hakka members, has links with Taiwanese government agencies in Melbourne and Taipei. The association is also featured on the website of the Hakka Affairs Council in Taipei. For its cultural and educational programs, help is sought from Taiwan. According to Simon Liao:

> We have to ask the Hakka Affairs Council for help. They support some people coming overseas to teach Hakka and Hakka songs, and they invited Professor Liu Li-zhu twice from the National Taiwan College of Performing Arts to teach us. (S. Liao, personal communication, September 12, 2013)

The Hakka Association of Melbourne is one of ten Taiwanese organizations in the city. The major ones are the Women's Association, Veteran Affairs Association, the China Association, and the Taiwan Association, with political alliances existing among various members of these organizations. According to James Chen, the Taiwanese Association is pro-Democratic Progressive Party, whereas the Women's

Association, Veteran Affairs Association, and China Association are in favor of the Chinese Nationalist Party or Kuomintang. The vibrant political scene in Taiwan has an impact on the Taiwanese living in Australia, and although they live as new citizens or residents of Australia, Taiwanese Hakka generally have a keen interest in the political developments in Taiwan. The Taiwanese Hakka also have the right to hold dual Australian and Taiwanese citizenship, and are able to choose whether they wish to live in Australia or return to Taiwan. Hakka identity in this case can be expanded to take in dual nationality and transnational interests, which is similar to the case of Timorese Hakka. Liao's import and export business based in Melbourne keeps him connected to Taiwan where he exports products to Taiwan while also importing goods back to Australia.

Keeping political discussions out of the Hakka Association of Melbourne is one of Simon Liao's goals, to help attract Taiwanese Hakka to take part in the association's activities. Thus, the intense political discussions and debates in Taiwan are downplayed in favor of a Hakka cultural identity. In Liao's words:

I can simply say that our members think that they don't have to talk politics, and we don't talk about politics here. We welcome all parties as long as you speak Hakka. We speak Hakka most of the time and also teach Hakka songs. (S. Liao, personal communication, September 12, 2013)

The Hakka Association of Melbourne is focused on its ties with Taiwan and has close ties with the Melbourne Timor Taiwan Alumni Association. Both associations celebrate Taiwanese activities in Melbourne such as the Taiwan National Day and Hakka Days. A Hakka youth performance group from Taiwan visiting Melbourne was recently hosted by the two associations. In 2017 and 2018, the two associations will also organize a flag raising day to commemorate the founding of the Chinese Republic by Sun Yat Sen. The Taiwanese national identity comes to the fore on such occasions for the Taiwanese Hakka, with the support of their Timorese Hakka friends. The convergence of several factors is visible here. First is the long-term impact of Taiwan's policies, especially education policies, toward the ethnic Chinese overseas and specifically toward the Timorese Hakka who studied in Taiwan. Second is the attitude of Timorese alumni toward Taiwan. After migrating to Australia, the Timorese Hakka empathized with Taiwan where they had spent their formative years in tertiary education. This empathy is cultivated with their coethnics (the Taiwanese Hakka living in Australia), and they are generally supportive of Taiwanese policies. Siao Du, the president of the Melbourne Timor Taiwan Alumni Association, is a coordinator who has assisted the local Taiwanese Commissioner in Melbourne since her appointment to the position in 2010.The next step for Siao is to be promoted to advisor. The Commissioner is a Taiwanese citizen who lives in Melbourne and acts on behalf of the Overseas Community Affairs Council of Taiwan. James Chen, who holds the current honorary post, is also a former president of the Hakka Association of Melbourne and president of the Taiwan Association. Commissioner Chen looks after the ten Taiwanese associations in Melbourne in a voluntary capacity. The past and present Taiwanese policies and interests that bring Hakka coethnics from Taiwan and Timor together in Australia illustrates that identities can be flexible and become transnational.

In addition to transnational identities, another level of connections occurs at a broader global level: the affinity between fellow Hakka from many parts of the globe. This layer of pan-Hakka identity can be observed at annual (and soon to be biannual) World Hakka Conventions, which are rotated between cities and countries that have a significant Hakka presence. These conventions are attended by business people, representatives of associations, laypersons, academics, and government officials, and serve avowedly social and cultural objectives in promoting Hakka cultural heritage and networking on a global scale. Ong Quang Hung explained the benefits of attending such a conference in Henan in October 2014: "After the convention, the Meizhou government invited us over to Meizhou city to see Hakka round houses and to experience Hakka heritage" (O. Q. Hung, personal communication, November 21, 2014). At the same convention, Ong empathized with a particularly resounding message from a Chinese government official that implored participants to "help promote Hakka heritage" when they return home to their respective adopted countries. Due to Ong's personal networking with Meizhou city government officials, his association delegation was given honored treatment. Members were entertained with dinners and cultural shows and provided a driver and vehicle to take them to places of interest to visit. Visiting Meizhou raises the obscure profile of a small association in suburban Melbourne to that of recognition by fellow Hakka abroad. Ong intends to maintain this relationship and takes pride in the association of having strong networks abroad.

Ong and some of his association members, together with a group from the East Timor Middle and Aged Association, attended the most recent World Hakka Convention in Hsinchu, Taiwan in October 2015. Ong acknowledged that this convention was useful for meeting new groups of people and learning what they do. After the convention, the Melbourne Hakka visited the College of Hakka Studies at National Chiao Tung University and were briefed by academics of Hakka Studies on the work of the college. The two associations plan to attend the next convention in Hong Kong in 2017, as well as revisit Meizhou.

So far, we have attempted to demonstrate that the multiple interconnected links and interactions of the Hakka associations in Melbourne link people and institutions across regions and nations. Being ethnically and culturally Hakka is one such connection; national identity emanating from source countries of origin, particularly in the case of East Timor and Taiwan, is another connection. Although these transnational links and interactions continue to embrace associations from time to time, it is the interactions and activities on the ground in Australia that localize Hakka identity for new residents.

As noted earlier, the Timorese associations hold monthly birthday parties for members, as well as the calendrical cycle of cultural festivals such as Lunar New Year, Mid-Autumn Festival, and the Gregorian New Year on January 1. Similarly, for the predominantly Vietnamese Hakka Association of Victoria and the predominantly Taiwanese Hakka Association of Melbourne, the calendrical cycle of Chinese festivals is celebrated. Such gatherings are tangible and social spaces for Hakka. We were guests at one such gathering when the newly formed Timor Federation of Hakka Association was launched in September 2013 in Melbourne. A large spread of Chinese delicacies was prepared and contributed by the members and much of the conversations were carried out in Hakka among people who huddled in small groups. After the customary speeches, photo taking, and eating and drinking, the food tables in the middle of the hall were cleared to make space for dancing accompanied by music. Similar types of activities are posted to the Facebook pages of the other Timor Hakka associations.

Additionally, we were guests at an East Timor Chinese Middle and Aged Association birthday celebration on July 16, 2016. We observed a similar cycle of Hakka speeches, toasts to the birthday celebrants, eating, music, dancing, and conversation in Hakka. One Timorese Hakka man whom we had met at the premises of the Timor Ethnic Chinese Community Association of Victoria earlier in 2013 told us, "We are closer here than in Timor," implying that the associations help to bond the Timorese Hakka in a new country. Quim Nhi Tam said of his adopted country when also interviewed at the same building, "We have to adjust to Australia, otherwise we can't survive and that depends on how close we are to each other" (Q. N. Tam, personal communication, September 11, 2013), which signifies how vital associations are in the lives of new Hakka migrants. We witnessed firsthand the camaradie and mutual assistance for each other at the Timor Ethnic Chinese Community Association of Victoria premises when Jose Morato Nheu received a long distance phone call from a fellow Timorese in Dili, East Timor on July 14, 2016. The caller asked for Nheu's advice on whether to apply for a Timorese passport in East Timor or Australia. For this generation of Hakka in Melbourne, the associations continue to be a part of their social and cultural lives. However, as Simon Liao of the Hakka Association of Melbourne noted, regarding association activities in general, "You won't see young people attending activities at the associations." Pessimistic views expressed by Timorese Hakka at a meeting we attended on July 16, 2016 indicated that although the associations are still active, if young people do not carry on with the legacy of mastering the Hakka language and the social bonding, the associations may face their demise after two generations: therein lies the problem for the long-term future of associations.

## Conclusions

The migration of Hakka from various countries, mainly East Timor, Taiwan, and Vietnam to Melbourne, Australia is a recent phenomenon that occurred from the 1970s to the 1990s. The new migrants established associations with social and cultural objectives, especially companionship, and to provide mutual assistance for coethnics who require help coping with their new lives in their adopted country. Presently, the associations continue to play these roles. The associations and the individuals who belong to them also have links to and networks with their countries or regions of origin (Figure 1).

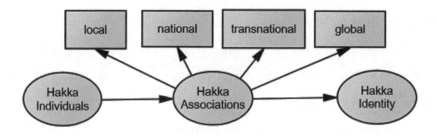

**Figure 1**　Multiple and flexible identity mediated by Hakka associations

We have linked Chinese and Hakka associations at the micro level in Melbourne with the macro-level forces of globalization in the region, with individuals and associations responding to the global picture in two ways: with flexibility and with affinity. This flexibility is not on flexible citizenship and free movement between nations (although there is this option), but rather focuses on flexible identity building, the re-establishment of Hakka community identity in Australia. One can be Australian, Timorese, Timorese Hakka, Taiwanese, Taiwanese Hakka, Australian Chinese, ethnic Chinese, or Hakka; identities are situational and can be selected according to circumstances. Affinity with a region or country of origin and with coethnics can be observed globally. However, the wider regional and ethnic affiliations do not diminish local identity (indeed, they expand upon the local Australian identity), nor is the role of the Australian nation state in claiming affinity and affiliations with the country diminished for the Hakka. The new Hakka citizens and residents of Australia and their descendants have established their roots here, not as sojourners or guests, and the associations have proven to be resilient institutions in this process of building a Hakka community identity in Australia.[3]

---

3 The authors would like to thank the University System of Taiwan for its financial support on this research and Ting-Yu Lin for data entry contributions. We are solely responsible for the views and interpretations expressed in this paper.

# Appendix

Interviewees in Melbourne, Australia

| Name | Title | Interview Date |
|---|---|---|
| Leong, Ni Tec 梁汝德 | President of Timor Ethnic Chinese Community Victoria Association | 2013/09/14 |
| Leong, Francisco 梁福如 | President of East Timor Chinese Middle and Aged Association | 2013/09/11 |
| Sam, Alfredo 鄭紹明 | President of Federation of Timorese Hakka Association | 2013/09/14 |
| Ong, Quang Hung 翁光雄 | President of Hakka Association of Victoria | 2013/09/11 2014/11/19 2016//06/ 2 2016/06/10 (telephone interviews) |
| Chen, James 陳隆銓 | Past President of Hakka Association of Melbourne Past President of Taiwan Association, Melbourne Commissioner in Melbourne, Overseas Community Affairs Council, Taiwan | 2013/09/12 2016/07/18 |
| Du, Siao Tchong 康筱釧 | President of Melbourne Timor Taiwan Alumni Association | 2016/07/02 (email interviews) 2016/07/16 |
| Lay, Van 黎光萬 | Past President of East Timor Chinese Middle and Aged Association | 2013/09/10 |
| Liao, Simon 廖貴興 | Past President of Hakka Association of Melbourne | 2013/09/12 2016/07/16 |
| Lai, Li 賴利賢 | Past President of Timor Ethnic Chinese Community, Victoria | 2013/09/11 |

| Name | Title | Interview Date |
|---|---|---|
| Lai, Susan 賴心華 | Past Vice President of the Timor Ethic Chinese Association, Victoria | 2013/09/11 2016/06/12 2016/06/17 (telephone interviews) |
| Lay, Ken S.K 梨守謙 | Managing Director of Lay Brothers | 2016/07/13 |
| Leong, Yu Mang | Timorese Hakka | 2013/09/11 |
| Quin Nhi Tam 譚錦義 | Timorese Hakka | 2013/09/11 |

# References

Appadurai, A. (1996). *Modernity at Large, Cultural Dimensions of Globalization.* Minneapolis: University of Minneapolis Press.

Anderson, B. (1991). *Imagined Communities: Reflections on the Origins and Spread of Nationalism.* New York: Verso.

Cristalis, I. (2009). *East Timor, A Nation's Bitter Dawn.* London: Zed.

Hakka Association of Victoria. (2010) 20th Anniversary Magazine. Retrieved from http://www.hakkathailand.com/index.php

Inglis, C. (2006). Communities: Australia. In L. Pan (Ed.), *The Encyclopedia of the Chinese Overseas* (2nd ed., pp. 274–285). Singapore: Chinese Heritage Centre.

See, C. (1988). Chinese organizations and ethnic identity in the Philippines. In J. Cushman & G. Wang (Eds.), *Changing Identities of the Southeast Asian Chinese since World War II* (pp. 319–334). Hong Kong: Hong Kong University Press.

Freedman, M. (1979). *The Study of Chinese Society*. Stanford: Stanford University Press.

Kuhn, P. A. (2008). *Chinese Among Others, Emigration in Modern Times*. Singapore: National University of Singapore Press.

Leo, J. (2015). *Global Hakka: Hakka Identity in the Remaking*. Leiden, Netherlands: Brill.

Li, M. (1999). *"We need Two Worlds": Chinese Immigrant Associations in a Western Society*. Amsterdam: Amsterdam University Press.

Nheu, A. (2012). 98.

Ong, A. (1999). T*he Cultural Logics of Transnationality*. Durham: Duke University Press.

Pan, L. (Ed.). (2006). *The Encyclopedia of the Chinese Overseas* (2nd ed.). Singapore: Chinese Heritage Centre.

Smith, R., & Hakka Association of the Northern Territory. (2012). *Hakka: The Diaspora Leading to the Northern Territory*. Australia: Hakka Association of the Northern Territory.

The Hakka Association of Thailand. (2014). Retrieved from http://www. hakkathailand.com/index.php

Wang, G. (1991). *China and the Chinese Overseas*. Singapore: Times Academic Press.

Yu, L. S. (2006). *The Reemergence of Vietnam's Ethnic Chinese Community through Local, National and Transnational Structures* (Doctoral dissertation). University of California, San Diego, CA.

Wickberg, E. (1988). Chinese organizations and ethnicity in Southeast Asia and North America since 1945: A comparative analysis. In In J. Cushman & G. Wang (Eds.), *Changing Identities of the Southeast Asian Chinese since World War II* (pp. 303–318). Hong Kong: Hong Kong University Press.

# 邊境、邊緣與網絡：
## 拿篤客家的策略

國立交通大學人文與社會科學研究中心博士後研究員　劉瑞超

## 摘要

　　拿篤（Lahad Datu）是東馬來西亞沙巴州東岸的主要華人聚居地之一，客家移工最早約在 19 世紀末落腳拿篤，城鎮規模遠小於東岸主要城鎮山打根及斗湖。由於沙巴東岸與菲律賓南部國境相接，菲南非政府武裝勢力活動頻繁，東岸不時發生擄人勒索事件，拿篤總是給予外界治安不穩的意象。1983 年成立的拿篤客家公會是當地第一個同鄉組織。然而，在地遠人少、資源缺乏的先天條件下，客家公會始終成不了氣候，僅靠著少數會員並舉辦常年例行活動，維持著社團的存續。無論在大馬國內或沙巴州內的客聯會組織中，拿篤客家一直是被忽視的邊緣角色。不過，情況在近幾年似乎有了轉變，靠著全球市場及網際網路的力量，拿篤客家展現其浮現客家界檯面的企圖。本文以拿篤客家公會為例，探討既處邊境又屬邊緣的拿篤客家，在全球化脈絡中，如何利用中國崛起後的僑務網絡、世界客家的交流平台，透過議題操作、文化復振及文化商品化的行動，為自己發聲尋求舞台。在這個行動中，筆者發現，各項跨域網絡的操作，其實主要是在回應在地脈絡的需求。

關鍵字：客家、沙巴、馬來西亞華人、客家網絡、文化商品化

# 一、前言

　　客家社群及其組織在華社及華團網絡中有其獨特性，即它的跨國性格相當突出。相較於其他籍貫方言背景的華人鄉團，跨國性的全球客家網絡很早便被建立起來，早在 1929 年新加坡成立的南洋客屬總會所發起的引領南洋各地客屬賢達籌辦公會（劉宏、張慧梅 2007：75），到較晚的 1970 年代世界客屬懇親大會的成立（葉日嘉 2006），都顯示出了客家組織及其跨國性格。其中，中國與臺灣兩地政府為了各自政、經目的所推動僑務與海外客家政策，更是為包括東南亞在內的海外客家社群提供了交流平台。

　　既然是網絡，在不同層次（單一國家中、跨國範圍內）勢必有中心與邊緣的出現。沙巴州是馬來西亞位於婆羅洲島上的一個州屬，1963 年脫離英國殖民，與馬來亞、砂拉越等地合組馬來西亞，習慣上與砂拉越州併稱東馬。雖然沙巴州以豐富自然資源著稱，但今日卻是全國最貧窮的一個州屬，各項公共建設遠不及西馬半島。1886 年沙巴東岸的山打根出現了沙巴最早的客家組織，當時只是一個同鄉會館的型態。沙巴客家網絡的建立主要是二戰後 1960 年代在各個客家聚居地所建立起來的客家組織，隨著馬來西亞國家政治局勢的發展，1979 年成立的馬來西亞客家公會聯合會（以下大馬客聯會）象徵著全國性的客家網絡之建立。這個全國客家網絡多數時間都是由西馬（馬來半島）上的不同客家公會所主導，東馬僅有沙巴在 1990 年代初期短暫主持過，主要是因為在馬國華社中，能當上社團領導人，甚至是全國性組織領導人者，通常需具有一定的政治經濟資本及社會地位。本文將以沙巴州拿篤客家公會的民族誌材料為討論中心，呈現拿篤客家公會近年如何思索利用各種網絡（客家網絡、僑務網絡、網際網路），透過議題操作、文化復振與文化商品，盼能超越其位處邊境、邊緣困境的努力。

## 二、邊境與邊緣意象下的東海岸與拿篤

拿篤乃位於馬來西亞沙巴州東海岸的一個縣，華文地名乃由馬來文 Lahad Datu 轉音而來，原寓意為「尊貴者之地」。1884 年英國探險家都諾（L.B. Von Donop）向英屬北婆羅洲渣打公司回報拿篤地區的優越地理條件及豐富天然資源（林木、燕窩、淘金），促使該公司在此地設立政府機構，促成了拿篤的開埠（林麗群、區權達 2008：55），目前縣內總人口約 20 萬，以原住民族為主，分散在廣大的區域中，華人人口約 1 萬 2 千人，主要集中在大衛灣北邊的丁牙里巴區、龍岡坑區、西南區、西加麥區、打巴納區及港邊的主要市區。19 世紀末前來拿篤的華工大多來自廣東的廣府地區、潮汕八邑、客屬（梅州、河源、惠州），以及福建的漳州、泉州、福州、興化等地，再加上少數來自廣西者。這批「豬仔客」都是乘著來自中國的大眼雞帆船，穿越南中國海，先抵達北婆羅洲東岸的山打根，再換乘小船沿著蘇祿海東行至拿篤上岸（林麗群、區權達 2008：44-49）。做為移工，華人在拿篤經歷了菸草、椰子、伐木等產業的興替，今日則是以油棕業為主。在地緣上，拿篤位於東海岸的山打根及斗湖這東岸兩大城鎮之間，以兩地陸路交通的中點。過去根湖大道尚未開通之前，拿篤居民的日常用品都得依靠每周一班來自山打根的小型輪船運來。由於同屬斗湖省，拿篤華人在商業往來上也與斗湖有著密切關係。

1980 年代馬來西亞推動以馬來文化為主的國家文化運動，沙巴州華社為團結州內華人爭取自我權利地位，紛紛鼓吹成立華人社團。沙巴暨納閩客家公會聯合會（以下沙巴客聯會）也呼籲州內未有客家社團的納閩、吧巴、拿篤等華人聚居地，均應設立客屬組織。拿篤華人透過當地中華商會的運作與 1983 年成立了拿篤客家公會。成立至今會員僅千人左右，與州內的亞庇、山打根、斗湖這前三大（會員人數多、資產規模大）的客家公會相比，拿篤客家公會只是個人力財力都顯不足的邊緣小會。在多數西海岸沙巴人心中，拿篤只是種滿

油棕的偏鄉代表。由於沙巴臨近菲律賓南部，在過去不時有海盜侵擾事件發
生。1985 年 9 月拿篤曾發生一件大批武裝分子登陸市區殺人搶劫銀行的案件
震驚外界（張德來 2002：336），此後不時傳出零星或有組織的境外武裝分子
進入東海岸海域陸域擄人勒索案件，因此拿篤地區給予外人的意象始終與危險
兩字連結在一起，本地經濟活動也深受影響。

　　位處馬來西亞與菲律賓國界的沙巴東海岸外海，散布著為數眾多隸屬菲律
賓的小島（參圖 1）。對於西海岸及內陸地區的人而言，「那裏」靠近菲律賓，
且有很多非法上岸的外籍勞工，「沒事不要去（東岸）那裏，尤其是拿篤」，
這是筆者在田野調查期間常聽到的報導人意見。為何有這種現象，主要乃因來
自菲律賓南部的武裝分子在海上綁架來往船隻及船員的擄人勒索事件頻傳。除
了 1985 年那次大規模武裝分子登陸拿篤搶劫以外，近年最著名的便是 2013 年
蘇祿軍入侵拿篤事件。沙巴在 17 世紀時原屬汶萊蘇丹管轄，後將馬魯都灣以
東的土地讓給蘇祿蘇丹，這便是後來菲律賓聲稱擁有沙巴主權的根據與理由。
19 世紀西方國家商人之間的租約轉換（美國、奧地利、英國渣打），最後由
英國商人向汶萊及蘇祿蘇丹取得沙巴的管理權，進而成為英國的保護地、殖民
地，乃至獨立建國。但蘇祿蘇丹方面，始終認為依舊擁有沙巴的主權。

　　2013 年 2 月，蘇祿蘇丹王室後裔成員率領著近二百人的武裝部隊乘船自
菲律賓南部出發，打著收復沙巴索討祖先土地的口號，入侵拿篤鄰近的東谷村
莊甘榜丹道（Kampung Tanduo），馬國出動大量軍警部隊反擊，雙方攻防一
個月互有傷亡，最後登陸的蘇祿軍被政府軍消滅弭平，此謂蘇祿軍入侵事件。
事件之後，馬國成立沙巴東部安全指揮區（Eastern Sabah Security Command，
簡稱東安區、ESSCOM），加派武裝力量在東部海域及旅遊景點巡邏駐守，並
且針對東海岸沿海斗湖（Tawau）、仙本那（Semporma）、古納（Kunak）、
拿篤（Lahad Datu）、京那巴登岸（Kinabatangan）、山打根（Sandakan）及

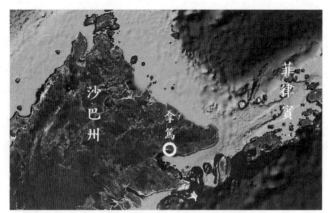

圖 1　拿篤位於沙巴東岸，鄰近菲律賓南部的蘇祿群島

圖片來源：Google Earth

比魯蘭（Beluran）等 7 個縣市實施宵禁令禁止出海，以防歹徒自海上入侵。甚至加長拿篤機場的跑道，以讓馬國軍機降落（不著撰人 2015）。雖然有東安區的設置，但是近年來沙巴東海岸包括山打根、拿篤、古納、仙本那等地，每年依舊發生武裝分子在沿海及上岸的擄人勒索案，遭綁架對象包括西方國家、中國、臺灣、日本等多國遊客，及沙巴本地商人及移工，甚至來往的外國船隻。

　　犯下這些案件的多半是信奉伊斯蘭教的菲律賓南部分離主義的阿布薩耶夫（Abu Sayyaf）組織（劉青雲 2004）。如此猖狂的入境綁架，導致沙巴人懷疑歹徒有內鬼在島內接應（不著撰人 2016a）。菲國現任總統上任後，派出軍隊大力掃蕩阿布薩耶夫組織（林行健 2016），該組織為了報復而攻擊了菲律賓總統杜特蒂（Rodrigo Duterte）在民答那峨島的家鄉納卯（Davao）市，導致菲國總統府於 2016 年 9 月 6 日發布聲明，宣布為了抑制民答那峨島的非法暴力，並防止其擴散至全國，宣布菲國進入緊急狀態（national emergency），並

從 9 月初開始向阿布薩耶夫活躍的蘇祿島（Sulu）大舉增兵，準備一舉剿滅這個恐怖組織。同時，我國外交部也在隨即將菲律賓民答那峨島中西部、三寶顏半島及西部蘇祿群島列為紅色警示（唐佩君 2016）。沙巴東安區的海上宵禁令每次發布維持兩週時間，但綁架情況始終沒有改善，導致至今宵禁令已延長 4、50 次。然而，除了阿布薩耶夫組織以外，菲南蘇祿軍勢力也並未因前幾年的挫敗而放棄，時時蠢動著，2016 年 5 月沙巴警方依「意圖進行恐怖襲擊罪名」在拿篤的水域及陸地逮捕了 20 幾名準備起事光復「蘇祿王國」山河的男子（不著撰人 2016b）。

　　每半個月重新發布一次的海上宵禁令象徵著這片馬、菲兩國鄰接的海陸區域，始終具有不穩定的性質，面臨著不安定的情況，沙巴東海岸的拿篤等地居民的生命財產安全首當其衝，沙巴目前石油天然氣、油棕、觀光這三大產業經濟也大受影響。每當有綁架案發生，其他國家便會發出沙巴紅色警戒，提醒本國遊客注意安全，不要接近沙巴東岸（不著撰人 2016c）。擄人勒贖案發生之後，外國遊客入境沙巴人數也常受影響，當地旅遊業大受其害（不著撰人 2016d）。主要發生在東海岸的治安問題，除了對觀光客到訪沙巴有整體性的影響，也間接導致旅遊熱點的移轉。不少原計畫前往東海岸仙本那區域海島的外國遊客，為了安全起見，紛紛更改行程至西海岸外島（不著撰人 2016e）。對此，沙巴州的旅遊、文化及環境部長針對其他國家對沙巴發出的旅遊警告有所不滿，他認為有關國家應明確說明地點和地區，「他們不應該涵蓋整個沙巴，這容易使人產生混淆。」（不著撰人 2016f）。換言之，不要去東岸（主要是拿篤、仙本那、谷納等縣）就好，其他地區都是安全的，在官方發展觀光考量下，東岸被切割、被孤立於危險的意象之中。對於拿篤被國際及州內視為危險邊境地帶一事，拿篤當地華人除了對東安區無法有效解決頻繁的擄人勒贖案深感不滿以外，也對媒體不斷渲染蘇祿軍「入侵拿篤」一事無法接受，認為外界

總錯將發生蘇祿軍入侵的甘榜丹道村落與拿篤（市街）搞混，導致嚇走了外界
的投資，間接導致當地百業蕭條。

　　將東海岸視為危險邊境的（主要是西海岸的態度）沙巴，本身也是馬來西
亞的邊緣（州屬），有不少馬國政府的相關政策都被沙巴人視為不公平待遇。[1]

　　對於東海岸始終受到政府的忽視，沙巴華人的政治人物或民意代表，通常
透過活動的致詞或受訪的場合，表達這類意見。沙巴的華人社團對官方而言，
也是一種政治壓力團體，通常會在社團年度會員大會以及理事會議上針對社會
上相關議題列舉提案，獲得大會通過後再進行相關處理。例如 2016 年 6 月舉
行的沙巴州客家公會聯合會年度會員代表大會裡通過了 7 項提案向政府喊話，
這些提案包括了以下主題：

1. 州內網絡（路）設施、手機訊號轉播站，除首府亞庇以外，其他地區都
   有待提升。

2. 促請聯邦政府取消國內航班的消費稅，正視東馬較西馬貧困問題，東馬
   航班被徵收消費稅有欠公平。

3. 沙巴東安區設置後，東海岸擄人事件依舊，聯邦政府應檢討該政策的執
   行方式。

4. 籲請政府改善沙巴東西海岸之間的道路交通網絡，促進發展，減少事
   故。

---

1 包括沙巴基礎設施極度欠缺、物價過高（所有貨物必須繞道西馬才運至東馬）、稅收
　不均（石油天然氣主要來自沙巴，沙巴卻只能獲得百分之五的稅收回饋，且沙巴人
　不易獲得石油產業及聯邦政府相關工作機會）、教師津貼（西馬教師來沙巴有津貼，
　沙巴教師去西馬無津貼）、宗教自由（回教至上，沙巴教會報佳音需事先申請）等等，
　這些都是沙巴人經常抱怨未受到聯邦政府公平對待的議題。沙巴豐富的資源為國家
　所取用，自身卻成了最窮的一個州屬。此等相關論述，最終多延伸至沙巴州在國內
　的政治地位，以及馬來西亞建國史的議題，非本文核心目標，這裡暫不處理。

　　上述這些提案，均授權客聯會會長擇日連同會長團（州內各地客家公會會長）共同拜會政府相關部會首長。[2] 值得注意的是，這些提案全數是東海岸的斗湖及拿篤客家公會所提出，由此可見東海岸邊境／邊緣的處境。由此亦可以看出，東海岸之於沙巴，沙巴之於馬來西亞，在地理上、在政治經濟資源上，都是一種中心與邊緣的關聯與分配。沙巴東海岸更是重層邊緣。

## 三、跨域網絡交作

　　位處國界邊境的沙巴州東海岸拿篤，本身是個地廣人稀的小縣，從該縣客家公會的會員人數及公會資產，乃至會長本身的政經實力來看，該會無論是在沙巴客聯會中，或在全國性的大馬客聯會 79 個屬會之大馬客聯網絡中，拿篤客家公會都算是個年輕又人微言輕的角色，成立 30 餘年，一直默默無名。2012 年上任的年輕新會長，亟欲展現不同以往的方式推動公會業務，頻繁舉辦各類文化性的活動，2013 年適逢該會成立 30 周年，並於該年度內規畫執行了 30 餘個系列活動以慶祝會慶，包括社團面子書（Facebook）推介禮、新春夜市聯歡、吉祥物麒麒麟麟推介禮、客家天穿日活動、客家美食推廣、客家歌唱賽、客語講故事賽、揮春比賽等等，年頭到年尾舉辦滿滿的活動，廣邀各地客家公會。這樣的做法逐漸打響拿篤客家公會在州內的名聲。以下要談的就是近年來拿篤如何透過中國僑務、全球客家、馬國客家、及網際網路的跨域交作，以試圖翻轉自身所處的邊緣地位。[3]

---

2 有些華團所採取的方式是在報上刊登會議提案，籲請政府關注。不過，一般都是刊載在華文報章，成效需要保留。
3 這幾種網絡其實不是清楚切割分立，而經常是相互交織作用者，這裡為了行文方便而以分項的方式敘述。

## （一）中國僑務

　　為了吸引外資，中國在東南亞的僑務政策上著力甚深，近年頻繁舉辦以客家為名的文化性（返鄉尋根、懇親會）、經濟性（客商投資）等活動，包括拿篤在內的馬來西亞各個客家社團絡繹不絕前往中國進行交流或投資。[4]2013年10月，拿篤客家公會舉辦了7天6夜的「客行千里探神州」旅遊團，由會長率領34名會員、同鄉前往中國廣州、東莞等地，參訪了包括廣東華僑博物館、客家圍龍屋多等個客家景點。[5]同時與外事局、僑辦單位進行交流，為的是「對客家文化作深一層了解」。此次「客行千里探神州」的參訪交流活動，為拿篤客家公會與中國廣東相關外事及僑辦單位建立起直接聯繫的管道，三個月後，拿篤客家公會收到來自中國梅州的信函，該會會長獲得「世界客都」梅州的外事僑務局及中國共產黨梅州市委推薦，當選梅州市海外聯誼會第五副會長，並邀請前往就職。這件事被沙巴東岸的地方報《鳳凰日報》譽為「拿篤客家公會終於成功衝出馬來西亞的天空，促進了客家情懷、了解與合作」（不著撰人2014）。[6]實踐了將該會「帶出了馬來西亞走向國際」的目標，更被沙巴客聯會部分屬會會長譽之為「沙巴客聯之光」。

　　此次梅州市海外聯誼會的就職理事會議上，來自馬來西亞的出席者包括前任大馬客聯會總會長吳德芳、2014年時任大馬客聯會總會長楊天培、新山客

---

4 臺灣政府各部門同樣舉辦類似的活動，也有不少各國客家團體前來參與，但本文案例中的拿篤客家公會近年並未實際來臺參加，故在此先略過。

5 其實在過去十數年裡，拿篤客家公會也曾在2000年組織了中國閩粵觀光探親訪問團，率領30餘名會員前往永定土樓、梅州等地參訪。2002年參加了客家鄉親中原尋根活動，前往河南省，並參觀黃河。2009年參加了全球客家崇正聯合會舉辦的鄭州10日遊，參訪客家故地。對於中國、客家祖地等旅遊型態自不陌生。

6 《鳳凰日報》創刊於2009年12月6日，但因經營困難，於2015年7月1日暫時停刊。總部設在斗湖，於拿篤設有辦公室，是東岸客家華人所創立報紙，主要流通於斗湖及拿篤。

家公會會長張潤安（現任大馬客聯會總會長）等人，這些前後任大馬客聯總會長都是在大馬商界、客家界位高權重，有身分有地位有財力的拿督級人物，[7] 拿篤客家公會只有會長一前往就任，並攜回廣東省僑辦贈與拿篤客家公會「加強合作，促進交流」的錦旗及聘書。在梅州，拿篤客家公會接觸的官方組織包括梅州市外事僑務局、梅州市統戰部、中共廣東省委統戰部、廣東海外聯誼會、梅州市歸國華僑聯合會等單位。

拿篤客家公會的社交網站臉書（Facebook）上也登載了會員對此次會長受聘梅州市海外聯誼會的祝賀與期許：

> 去（2013）年 10 月，本會會長帶領一行 30 多人前往中國多個客家地方探訪旅遊，除增廣了見聞，也讓拿篤客家公會衝出了馬來西亞的天空！此行收穫匪淺，梁會長在早前獲得「世界客都」──梅州的外事局吳副局長的推薦，當選梅州市海外聯誼會的第五屆副會長，並於 2 月 14 日啟程前往梅州，參加將在明天（17/2）舉行的第五屆理事會成立大會。在此恭喜會長，也感謝會長不懈地為本會爭取榮耀，讓我們一起期待拿篤客家公會更上一層樓，看見更廣闊的天地！

---

7 拿督（Datuk）乃由蘇丹或洲元首冊封的一種榮譽封號，無法世襲，通常是冊封給對國家社會有所貢獻的人（但不少沙巴華人認為，只要有錢，這些封號都買得到）。其他榮譽封號包括敦、丹斯里、局紳、太平局紳、YB 等。相對而言，拿篤客家公會會長目前只是一間小型廣告印刷公司的經營者，亦無封號頭銜，論商業資本規模、社會地位，絕無可能與檯面上大老相比，最多只爭得拿篤中華商會第三順位的副理事長。

　　會長獲聘一事也受到拿篤華社肯定，包括拿篤中華商會、沙巴州廣告同業公會、會長的家族親友及拿篤華社聞人等，紛紛買下華文報紙版面送上祝賀。會長則表示未來將繼續「推展客家的事業及拿篤的福利工作，竭盡所能向外宣傳拿篤的美，拿篤的好，讓更多的人知道拿篤這個經濟正在起飛適合投資與居住的好地方」。顯然，因為獲得這項榮譽，拿篤客家公會會長自覺地負起對拿篤發展的重責大任。他也私下對筆者表示，來自拿篤這種小地方，卻能夠獲中國梅州市海外聯誼會聘為副會長一事感到相當光榮，應該跌破不少人的眼鏡，自詡超越沙巴州內的大人物，頗有能提升自身及拿篤客家公會在沙巴客聯會、大馬客聯會及華社中地位之意，擺脫拿篤在過去都被西海岸、西馬視為無聲邊緣小會的印象。

　　透過獲得中國網絡的肯認，獲取在地政、經、社會資本，是沙巴華人熱衷參與此類中國僑務網絡的原因之一。中國透過僑務政策吸引外資，大力推動「一帶一路」政策的脈絡下，拿篤客家公會因緣際會進到這個中國網絡中，並獲得了在地（沙巴及大馬）所需的政治、社會資本，使其在沙巴客聯會及大馬客聯會中陸續獲得相關地位、業務及職位。為了維持這個中國網絡關係，或許就必須與中國保持一定聯繫，獲得國際／中國／祖國的肯認。2014 年 6 月 10 日，中國駐古晉總領事劉全到訪拿篤，拿篤華社由當地中華商會設宴招待，商會理事和各華團領袖都出席劉全總領事會晤交流。拿篤客家公會會長則趁此機會，向總領事呈備忘錄，時刻不忘為客家鄉親盡心努力。在他及部分公會同仁的合作下，還有更多項的努力。

## （二）客家網絡

　　提升邊緣小會地位、知名度的方式之一，便是開創性的活動。這是該會主事者的策略。2013 年拿篤客家公會率先舉辦了華人農曆新年前的新春夜市活動，將客家街封街，設置大型舞台，布置街景，開放承租夜市攤位，發售夜市

消費點券、摸彩券,安排客家麒麟舞、歌唱等表演節目,吸引不分族群民眾參與(隔年,沙巴內陸區的保佛等地也開始舉辦新春夜市活動)。在此新春夜市活動舉辦前,拿篤客家公會以「作為拿篤客家人的典型地標,藉此促進各族的融洽、展現多姿多彩的風貌」為由,向拿篤縣政府爭取,將客家公會會所前方的道路命名為「客家街」(Jalan Hakka),並負責認養維護該空間,每逢各族群或國家節日進行相關布置。連續爭取 3 年後,於 2015 年 2 月獲得政府通過申請,這是馬來西亞第一個以客家命名的街道,[8] 而且是第一個有中文字的路牌(參圖 2)。公會隨即邀請中國駐哥打京那巴盧(Kota Kinabalu,沙巴州首府亞庇)總領事前來見證參觀。除了當地報紙報導這項好消息以外,中國廣東客家商會所出版的《客商》雜誌,也刊出沙巴拿篤縣成功申請客家街的消息,喻之「彰顯了當地華僑的客家特色,在馬來西亞華僑華人歷史上寫下了重要的一頁」。這條馬來西亞唯一一條由官方批准的客家街,也吸引了一些西馬客家鄉親慕名前來拜訪「拿篤客家街」。

圖 2　拿篤縣議會前來為客家街揭幕(路牌上華巫文並置,兩側分別是拿篤縣
　　　議會及客家公會的會徽)　圖片來源:拿篤客家公會

---

8 筆者曾於 2014 年 2 月陪同客家公會會長及幹部前往拿篤縣政府面會縣官,二度呈上
　客家街計畫書資料,惟縣府方面當時對此客家街的設立尚持保留態度。一年半以後,
　終於獲得官方證書。

　　2014 年 8 月及 2015 年 8 月連著兩年在西馬舉行的大馬客聯會年度會員代表會議上，拿篤客家公會藉著大馬客聯會會歌的議題提出議案，[9] 對大馬客聯會版本的歌詞提出指正，要求尊重來自沙巴的原創版本，並且在公開場合標註會歌的原作者。雖然會議現場有來自沙巴東海岸的斗湖客家公會聲援（原作者來自的山打根客家公會倒是沒有對此表示強烈意見），但兩年來都當場被出身西馬的總會長忽略擱置不議。2016 年 8 月，拿篤客家公會再度就此議題向大馬客聯理事會抗議。其實，會歌歌詞差幾個字，註明作者與否，在馬國多數客家公會眼中只是小事，但此事件所呈現的是，拿篤客家公會欲藉此議題，聯合盟友，提升沙巴、東海岸、拿篤在大馬客聯會中的聲量與地位。

　　除了在馬國客家網絡及中國僑務網絡中爭取地位，拿篤客家公會也從文化上著手，希望自身能成為馬國客家文化的引領者，象徵客家文化核心要素的客家語言，此時便是他們努力的目標。馬來西亞華人爭取華文教育的奮鬥史，可說是馬國華人社會一直以來最顯著的社會文化乃至政治現象，幾乎每天的報紙上都有華教相關的新聞，向馬國政府及州政府爭論／爭取經費、師資等，華小的教學內容及學校存續與否，也一直是華人進行政治抗爭及文化運動的核心場域。華文及華語代表華人的文化根基，馬來西亞華人拼鬥多年才有如今的成果，成為中國及臺灣以外唯一具有自小學到大學的華語教育體制。在努力保護族群語言的動機下，反映的是華人對語言文化乃至認同失去的擔憂。因此，筆者是以此基礎去理解在沙巴華團中，頻繁舉行永不止息的各類型華語歌唱賽、演講賽。歌唱，是娛樂、交流，但也是語言使用及語權象徵的表現，同樣是華人避免被「去華化」的存在明證。當然，各類歌唱賽頻繁舉行也有它的實際考

---

9 大馬客聯會歌詞曲原為沙巴客聯會的會歌，乃沙巴東海岸山打根客籍作詞作曲家所創作，在古達客家公會會長擔任大馬客聯會長任內，被選定為大馬客聯會會歌。

量,一位客家公會會長說:「這樣募款比較容易。而且(歌賽)還要兼吃餐,不然沒人要來」。透過舉辦歌唱比賽,華團可以透過人際網絡對外募款,找人贊助活動經費甚至社團其他費用。

　　過去多年,沙巴華社的歌唱聯誼及競賽活動都使以華語為主,在客家的部分,除了砂沙汶三邦(砂拉越、沙巴、汶萊)固定舉辦的客家山歌比賽以外,客家社團所舉辦歌賽的主要也是以華語為主。沙巴客聯會青年團(由州內各個客家公會青年團推派之代表組成,以下沙巴客聯青)在 1989 年於丹南舉辦「華語歌唱金盃賽」,之後年年舉辦,至今已 26 屆。雖是華語歌唱比賽,但因主辦單位是客家公會,所以規定報名選手必須是客籍人士。

　　一直到 2003 年,情況開始有了轉變。當年,拿篤客家公會舉辦了第一屆的「會員子女客家話講古仔」比賽。起初是由一位具有留臺背景的社團幹部藍開明,見到年輕世代客家子弟的客語能力逐漸失去,憂心之餘所發起推動,他呼籲客家同鄉多多用客家話與子女溝通,希望將逐漸衰敗的客家語言文化復振起來。當時拿篤客家公會的會長也大力支持,他表示:

> 了解本身的文化須先了解自己的語言,現今年輕一輩受到外來文化衝擊……連自己的鄉語也不會説。客家話講古仔比賽是本州甚至全馬都沒有過的創舉。客家話是我們的母語,也是傳承客家文化重要的媒體……要傳承我們的優良文化,也就要先學會,了解我們本體的語言開始。現在的後生仔不是迪士哥就是卡拉 OK,哪裡還有唱山歌講古仔,全部給外來文化侵占,客家人的文化慢慢會消失……。
>
> (不著撰人 2003:B48)

　　「客家話講古仔比賽」持續舉辦了 10 年後，開始產生影響力，州內客家公會開始注重客語的活動是項比賽，亦成為全州性活動。[10] 這裡有一項無法忽視的外在因素，亦即臺灣客委會對於客家語言的重視及其海外客家相關政策與活動所傳遞出的影響力。當初發想這項比賽，本身又熟悉臺灣社會文化的留臺幹部便是受到臺灣客家運動對語言堅持的啟發，而創下這項活動。他認為「阿咪（姆）話的執著與重視，從小就培養子弟多講阿咪（姆）話，這是承傳文化最佳之做法。」語言與文化傳承的觀念在此活動論述中被呈現。「為什麼客家人要唱華語？要鼓勵年輕人唱客家話！臺灣連客家電視台都有！」一位內陸區客家公會的署理會長也如此說。在臺灣，語言向來被視為是辨識客家社群的最重要指標。但在過去一直以客語為當地華人通用語的沙巴案例來看，除了透露出年輕世代的語言使用中華語開始威脅到客語的現象以外，也顯示出臺灣客家文化輸出的影響。

　　除了客家語言的復振以外，近年沙巴客家社團的麒麟藝陣文化發展也提供我們另一個觀察拿篤客家公會亟欲創造自我價值的案例。[11] 如同舞龍舞獅般的舞麒麟，是客家先民自中國帶來沙巴的藝陣文化，1970 年代由於馬國政治環境因素，華人的舞龍、舞獅、舞麒麟等傳統文化均遭到禁止，導致沙巴麒麟文化曾經中斷。沙巴客聯會在 2003 年曾推動麒麟文化復甦，透過向中國原鄉取經的方式，學習傳統麒麟，並敦促州內各個客家公會復辦麒麟團、麒麟比賽，以讓傳統客家文化能夠傳續下去。但除了幾個較大的客家公會陸續復辦麒麟團，並且活躍於州內客家文化活動以外，多數小鎮的客家公會無法常續維持麒

10 除了兒童的講古仔比賽以外，拿篤客家公會又於 2014 年舉辦了該會第一屆針對成人的「客家話講古」比賽，未來或也可能推廣成為全州賽事。
11 沙巴客家社團中的麒麟文化現象，是個關乎族群文化再創造的重要議題，近年的發展顯示，麒麟與客家出現本質化的連結，筆者將於另文闡述。

麟團的運作。拿篤客家公會雖也參與了十多年前的麒麟復甦運動，但礙於人力與資源，也始終沒能維持麒麟團的存續。2015年沙巴客聯會舉辦了「沙巴世界客家麒麟觀摩大會」，如同許多小型客家公會般，拿篤客家公會只能象徵性與會，而無法出動真正的麒麟團。現任的會長及理事會認為麒麟團是客家的重要象徵，矢言要讓麒麟重現在拿篤，他們開始向耆老、中國師傅、州內其他麒麟團學習，努力招來年輕成員訓練（平均年齡是州內所有麒麟團中最低者），終於在一年多後擁有足夠能量（團隊人力、技藝訓練）、並且能出隊的麒麟團，同時效仿其他活躍的客家公麒麟團，開始在州內進行巡迴交流，扮演著文化傳承人的角色（參圖3）。筆者認為這其實同時也是在沙巴客聯網絡中壯大拿篤客家公會的方式，希冀其也能成為客家文化傳承堡壘的代表之一。

凡此看見，拿篤客家公會企圖以創新思維，拿下第一，引領風潮的努力。由於新會長帶領的拿篤客家公會團隊表現亮眼，及東海岸其他友會的相挺，該

圖3　拿篤客家公會麒麟團於春節期間演出
圖片來源：拿篤客家公會

會會長獲聘為馬來西亞客家公會聯合會中央理事，理由是「年輕有為、魄力充沛，一路來都非常關心客家人的共同事業，積極推廣客家文化與客家精神，尤其是在其英明領導下，拿篤客家公會脫胎換骨，會務蒸蒸日上。」自此進入馬國客家網絡的核心圈中。[12]

## （三）網際網路下的客家文化商品化

臺灣對海外客家社群的影響除了客家語言復振以外，當屬客家文創的概念。客家委員會多年來輔導推動的客家文化產業與文化創意產品，透過各種海外客家社團懇親、交流活動的引介，已然大幅度為海外客家乃至沙巴客家社團熟悉。拿篤客家公會為了提高自身能見度的另一策略，便是大力使用網際網路的特性。隨著網際網路，跨國交易變得相當容易，只要鍵盤、手機，就能下單、付款、收貨。這幾年，拿篤客家公會利用客家意象開發了相關產品，並使之成為商品。拿篤客家公會會長本身從事廣告設計行業，對於產品開發極有興趣，也關注臺灣客家委員會輔導的客家文創業。臺灣將傳統客家食物、器物重新設計包裝成為當代客家商品，也給了他一些啟發。他也一直想要與客委會建立管道，曾數度計畫來臺參加客委會活動，卻又恰巧因故未能成行。但還是經由自己的發想及創意，將這樣的文創行動透過網際網路及跨國市場來達成。

2013 年，拿篤客家公會設計了非常厚重的「客家鼎」大型琉璃獎盃，供沙巴客聯會舉辦第一屆的客語講古仔比賽所用（參圖 4），因為：「『鼎』是權力的象徵，也代表著巨大的向心力，這正好體現了客家族群頂天立地，進取團結的精神。」

---

12 雖然如此，目前拿篤仍是大馬客聯會核心圈中的邊緣，因為大馬客聯會長久以來的核心決策團隊主要都是西馬客家界大老所領導的客家公會，來自東馬沙巴者主要是具有一定社經地位或來自大城鎮的客家公會，例如亞庇、山打根及斗湖。

**圖4　全州客語講古仔比賽的
　　　客家鼎獎座**
圖片來源：拿篤客家公會

「客家鼎」概念的發想其實源自於中國。世界客都梅州的「客天下旅遊產業園區」，以及江西客家搖籃贛州的「客家文化城」中，都有設置大型客家鼎雕塑，現在沙巴也有了自己的「客家鼎」流傳於沙巴客家界中。

2014年華人農曆新年前，拿篤客家公會幹部們，透過網購向中國廠商購進一批新春應景的馬年吉祥物（小馬布偶），並在公會的Facebook上販售，未料竟獲得包括西馬半島各地的消費者及其他客家公會很大迴響，許多人向拿篤客家公會下單訂購，批進來的貨銷售一空，公會也因此發現開拓額外財源的可能性。在此之後，拿篤客家公會開始設計以客家為名的文創商品，在網際網路上販售，也努力將這些客家產品打進客家公會網絡中，在各種客家公會的活動場合中販售以拓展市場。例如開發出「客家保溫杯茶葉禮盒」，禮盒上書「客徙千里，家在心中」，並附上客家族群中原南遷歷史及客家族群特質的說明文（參圖5）。在〈借問客從何處來〉上書：

> 客家人，一個具顯著特徵的漢族分支族群，是漢族在世界上分布範
> 圍廣闊，影響深遠的民系之一，他們原住中國北方，活動範圍在今
> 山西、河南、湖北間，後來因為五胡亂華，黃巢之亂、北宋滅、南
> 宋立，烽煙四起，貧窮飢荒，天災人禍等因素相繼大批南遷，在歷

史上形成一次又一次的大遷徙，只為求存。輾轉南遷後，被當地居民稱為「客」，即外來人之意，於是有了「客家」的出現。剛毅的客家人，雖離鄉萬里，卻在危機四伏的大遷徙中勇敢自強，在困難中創造輝煌，始終堅守著屬於自己的文化，即使身為「客」卻早已反客為主，形成獨具特色的族群，為居住地的經濟繁榮和社會進步做出了不可磨滅的貢獻。

圖 5　承載千年客家歷史的
　　　客家茶葉杯組禮盒
資料來源：拿篤客家公會

又在〈大江南北苦為客　天涯海角能安家〉中說明：

在歷史長河裡，客家人留下了濃墨重彩的一筆，用汗水和毅力，於華夏民族史中譜寫光輝雋永的傳奇一頁。為了生存和尊嚴，他們一路朝南，走向布滿荊棘的他鄉，將遷徙的步伐從中原大地延伸到大江南北。遷徙培育出客家人堅韌的品性，磨難淬鍊出自強不息的氣魄。千百年來，穿行於窮山惡水間仍豪情萬丈，踏平荒殘勵精圖治，在沒有路的地方昂首闊步走出一條又一條的康莊大道，腳步所到之處，古老文明和先進文化也在該處生根發芽，茁壯盛放。客家人在遠離家鄉的地方赤手空拳開疆闢土，披荊斬棘創家立業，傳承血脈繁衍後代，在尋找家園的同時創造家園，鑄造了「開拓進取，刻苦耐勞，崇文重教，愛國愛鄉」的客家精神，體現了「家在心中，處處可為家」的隨遇而安，積極豁達生命態度。客家聚集地橫跨五湖

四海，縱家在萬里外，客家人仍心繫故土，鄉音依舊，習俗仍存，
以自己獨有的方式堅強自信地活著，並堅定地高舉文化的聖火，孕
育出五彩繽紛的客家風情。每次出發都是一次光明的播種，離鄉背
井年深歲久，如今已花繁五洲，有陽光的地方就有客家的足跡，我
們都可以驕傲地說出那個共同的名字—客家人！

　　如此詳細的產品說明文，為的就是讓這茶葉禮盒吸飽客家味，其中表達了
「漢人、中原南遷、心繫原鄉、性格特質」等族群文化特點，這樣的族群知識
不只存在撰寫文案的客家公會幹部心中，也是許多巴客家人所熟悉的常識，透
過商品，這樣的知識再度傳遞出去。2014 年年底，拿篤客家公會又為沙巴客
聯會的第 2 屆兒童客家歌唱比賽設計製作了「守護文化天使」獎座，由一天使
形象人形環抱著沙巴客聯會的會徽（參圖 6）。它蘊含的設計理念是：

　　純眞無邪的兒童，猶如天使的化身，傳遞眞善美、光明和希望。讓
　　孩子在深遠的客家文化裡薰陶長大，理解且懂得保留客家精隨並發
揚光大，正如天使張開翅膀擁抱沙巴
客聯的標誌，用心守護，帶之飛翔，
飛向源遠流長，飛向彩虹之處。

圖 6　守護客家文化的天使
圖片來源：拿篤客家公會

　　為了客語歌唱賽而設計的獎座，希望
孩子們保留什麼樣的客家文化精隨，無疑
是客家話的存續，以及對客家社團事務的
參與。前文提到，麒麟在當代被視為客家
的文化表徵之一，在努力重建麒麟團的同

時，拿篤客家公會也以這代表客家文化的
麒麟為發想，設計出兩隻客家公會的麒麟
吉祥物大型公仔「麒麒、麟麟」，但後來
未變成小公仔販售，只在活動中當作大型
道具（參圖7）。

　　2015年3月沙巴客聯會舉行客家大廈
及客家文化中心的落成及開幕典禮，拿篤
客家公會則設計出上頭刻有客家圓樓大廈
及沙巴地標神山象徵的浮雕筆筒禮盒，以
此呈現客家立足在沙巴的意象（參圖8）。
2016年11月又為了沙巴客聯會舉辦的全州
客家流行歌唱大賽，設計出客家圓樓造型
的大小獎盃（參圖9）。[13]

圖7　麒麟公仔
圖片來源：拿篤客家公會

圖8　沙巴客家圓樓與神山紀念筆筒
圖片來源：筆者攝

圖9　客家圓樓造型的客家
　　　流行歌唱賽總獎盃
圖片來源：拿篤客家公會

---

13 「客家鼎」與「客家圓樓」獎座均設計有個人型及團體總冠軍型。團體總冠軍的獎
　座非常大，需要成人雙手合抱，以循環杯的方式由各年度獲總冠軍的客家公會保存。
　個人獎盃則縮小尺寸。

　　包括中國、臺灣、馬來西亞、印尼等國在內，圓樓已成世界客家的顯形文化象徵。位於沙巴首府亞庇的沙巴客聯會圓樓大廈是沙巴客家的象徵，但遠在東岸的拿篤客家公會也想要有自己的圓樓、屬於東海岸的圓樓。該會在會員大會上已提案通過興建「拿篤客家大圓樓」計畫，同時利用許多社團活動場合募款，呼籲會員同鄉「珍惜客家及中華傳統文化，期望大家本著客家心、客家情努力前進，必能達成此計畫，藉圓樓的興建提升並強化客家社稷的形象與地位」。屬於全州客家所共有的圓樓已矗立在西海岸的首府，尚在規劃中的東海岸圓樓，想要提升與強化的，是拿篤客家公會在客聯會網絡中，以及拿篤客家在拿篤華社中希冀居於領導的地位。百業蕭條、景氣不佳的拿篤，若能蓋起一棟圓樓，具有地方上想像中的觀光發展潛力，而拿篤客家公會若能讓此事成真，那麼就是對拿篤華社的發展具有相當大的貢獻。

　　由拿篤客家公會近年所推出數項客家商品來看，拓展公會的財源是這些行動中很重要的經濟考量，同時行銷拿篤、拿篤客家公會，並提升馬國與沙巴的華社及客家網絡中的地位，也是主要的考量。為何拿篤客家公會會以不同於州內其他客家公會的傳統做法推廣客家，筆者認為與世代差異及個人特質有關。該會會長是目前沙巴州 15 個客家公會中最年輕的會長，吸收新知快速，創意十足，對於文藝、設計、創意一直有著濃厚的興趣，屬於非典型的華團領導人。此外，也因他個人的背景不像是其他客家公會會長般擁有大規模產業（如油棕業、伐木業、跨國投資）所累積的大資本，或具有某種政治地位（如議員、官員），所以必須更努力地帶領年輕世代的幹部，以創新的方式開拓，除了拓展財源以外，也藉此提升拿篤客家公會及其個人在客聯網絡中的邊緣角色，以及在拿篤各大鄉團之中的地位。

　　以上例舉的拿篤客家公會所設計的客家文創產品，全數是透過網際網絡將設計圖檔傳給中國廠商，在當地開模製作後量產，經西馬轉運至沙巴，並且透

過馬來西亞客家網絡在各種社團活動場合中販售。以經濟角度而言，這是開拓財源的管道之一，但並非每項產品銷路都盡如人意，有些滯銷產品堆放在拿篤客家公會會所裡，緩慢銷售著，也逐漸引起部分會員有意見。另一方面，我們可以發現，拿篤客家公會在透過網際網絡宣傳販售這些客家文創產品的同時，也持續在公會 Facebook 上張貼各種客家知識的連結，為的是「找回客家傳統文化」，推廣讓大家知道。這些關及客家文化知識的連結，目前來自中國者多，來自臺灣者相對較少。[14] 位處國家邊境、網絡邊緣的拿篤客家公會，透過跨國網絡，學習客家文化知識，以及再生產「在地客家」元素。從人物、食物、文物、文創產品、語言到空間，這些被賦予客家意涵的實踐中，我們可以看見跨國力量的影響與滲透。跨國客家知識，與全球市場合作，讓這一切成了可能。

　　與臺灣的文創產品主要強調在地化脈絡不同的是，拿篤客家的文創產品雖可視作族群象徵的商品，但其脈絡並非在地化。除了以沙巴客家圓樓及神山為主題的筆筒，稍微連結到在地以外，其他諸如客家茶葉組、客家鼎的獎盃、土樓獎盃等，大都是跨國連結到中國、歷史客家、中原南遷、客家文化典故、客家俚語等等來自「境外」客家歷史、文化、知識，並未呈現出客家社群在沙巴的歷史及文化。

# 四、結論

　　由以上討論可以發現，拿篤客家公會在客家網絡上的邊緣性有其結構性因素。第一是地理因素。在殖民時期及建國後，沙巴首府分別曾設在古達、山打

---

14 臺灣的客家委員會諸多海外客家政策、文化推廣的活動，其實已對馬國的不少客家公會產生影響，他們也程度不等的吸取了臺灣的客家特色與客家知識。

根及現在的亞庇，拿篤皆未被選為主要發展的腹地。因她位處當時跨國勞動力移民網絡的主要路線外，無法發揮轉運的重要功能。加以其鄰近菲律賓，國界上的侵擾糾紛，使得她的邊緣性更加凸顯。第二是階級因素。拿篤客家公會的大型資本家不若山打根、亞庇、斗湖等地來得多，現任會長個人資本規模不足的限制，從事廣告設計這種新興職業類別出身，不像靠木材、油棕等沙巴在地傳統產業出身，進而從事大規模進出口業，大量累積財富的大企業資本家，使其在馬國客家網絡中聲量極小。

要突破這樣的結構性限制，拿篤客家公會的策略就是「創新、創第一、爭取話語權」，這從其舉辦活動的發想可見一二。在全國或全州各地客家社團聚會的正式場合，或者筆者與其他客家公會人士的接觸中，皆可發現大家注意到了拿篤客家公會近年來的做法，多數報導人都持正面評價，認為客家社團就是應該要年輕化、活潑化，才能吸引人參加，但是並非每個客家公會都願意、或能夠如此用腦力地以這種方式經營社團，大多還是依循傳統的資產經營與活動模式。

除了馬國內部的客家網絡以外，中國及臺灣官方各自舉辦多種類型活動的全球客家網絡平台，夾雜了政治、經濟為主要目，也引領著沙巴客家穿梭在兩岸之中，兩岸的政治對峙對於沙巴乃至馬國華人與客家而言，向來不是問題，雙方政權各自對他們的張臂歡迎，讓他們能自在的遊走。或許現階段，臺灣客家在文創軟實力方面仍略勝中國（但這景況能維持多久不被超越卻很難說），也確實為遊走兩岸的沙巴客們所認知。但這種實力或吸引力不是他們追求的主要或唯一目的。挾巨大政經力量崛起的中國，早在東盟（協）有強大的影響力，亞投行帶領的一帶一路戰略，早已是進入許多馬國華人日常生活的經驗中。對中國、臺灣這種跨國網絡積極參與的，仍是以在地政治經濟菁英階級為主，他們具備了遊走的資本，也欲透過這個資本將本求利，在跨國網絡中獲取更多的

資本，以回應（或鞏固）其於在地網絡中的位置。

　　中國在海外僑社的僑務政策核心目的之一便是吸引僑資至中國投資，同時也透過各種層級僑辦的組織、華語教育、文化推廣等網絡進入僑社。中國提供了這樣的平台，而拿篤客家公會抓住了這個時機，也略微提升其在國內客家網絡中的可見度。但目前來看，總的發展並不十分順遂，或許在政治網絡上有了小小提升，但尚未累積足夠的政治資本，卻被跨國經濟大資本給抵銷，在沙巴客聯及大馬客聯之中，尚無法爭取到其所盼望的地位及話語權，換言之，階級尚未被跨越。多數人對於社團領導人特質的期望都是在經濟層面，亦即會長自身必須要有一定財力，在華社中才有較大的話語權，也才能支持社團運作，並引入更多資源給社團。

　　當代客家文創商品中所呈現的歷史論述走向，主體也是呈現接回中國原鄉，較缺乏在地連結。但也不可否認有朝向在地的嘗試，如將沙巴神山納入文創元素，將客家聚落史反映在如客家街的空間上，以與土地連結。這樣的發展，反映出沙巴甚至海外客家社群對客家的理解、建構及詮釋，在當代開始有某種程度的在地化表現及嘗試，但尚未如（也未必會如）臺灣出現立基本土為主的客家論述。在沙巴，市場因素在該等歷史論述與商品創作中也有一定的影響，做為一種文化商品，勢當考慮市場，而中國元素是馬國華人乃至客家社群都普遍認知與接受的準則。

　　在國族文化（national culture）內，我們總可以看見次序清楚之大大小小中心存在，它們共織一片網絡，其間互有中心邊陲的認知或理解（謝世忠及劉瑞超 2012：228）。在強調跨國性、世界主義的全球客家網絡中，我們也可以看見類似的大小中心存在。當代中國是馬國華人的祖國，客家原鄉也在中國，這些成就了中國在當代跨國客家網絡裡的中心性，伴隨中國市場的開放及對外資的招手，馬國客家資本家穿梭在中國搭起的客商投資網絡裡，更強化了這種

中心屬性。為了商業，也為了學習文化傳統，馬國客家遊走在這個跨國網絡中。拿篤客家近年的發展便是期盼藉由客家網絡、中國僑務網絡、客商網絡，企圖翻轉其在馬國、客家網絡中邊緣地位的一種努力。

## 參考文獻

不著撰人，2003，〈客家話講古仔比賽　羅新財：拿篤首創〉。《拿篤客家公會創會二十周年紀念特刊》。沙巴：拿篤客家公會。

_____，2014，〈篤客家公會主席當選梅州市海外聯誼會副會長〉。《鳳凰日報》，2月17日。https://www.facebook.com/permalink.php?id=254067836716&story_fbid=10151873628761717，取用日期：2014年3月10日。

_____，2015，〈篤中華商會通過11項提案　促速解決電供問題〉。《華僑日報》，2月8日。http://www.ocdn.com.my/news.cfm?NewsID=50080，取用日期：2015年2月11日。

_____，2016a，〈廖吉祥促東安區交代　對症下藥揪「內鬼」〉。《詩華日報》，7月11日。http://news.seehua.com/?p=187201，取用日期：2016年7月12日。

_____，2016b〈潛伏州內　圖顛覆國家　警逮22「蘇祿王國」嫌犯〉。《詩華日報》5月12日。http://news.seehua.com/?p=168998，取用日期：2016年5月13日。

_____，2016c，〈印尼籍公民謹慎出入沙東〉。《東方日報》，7月12日。http://www.orientaldaily.com.my/east-malaysia/dm822095，取用日期：2016年7月22日。

_____，2016d，〈免旅遊業受打擊　執法單位加緊防衛〉。《詩華日報》，7月11日。http://news.seehua.com/?p=187200，取用日期：2016年7月12日。

_____，2016e，〈對東海岸治安缺信心　訪迪加島遊客增加〉。《詩華日報》，5月2日。http://news.seehua.com/?p=165750，取用日期：2016年5月13日。

_____，2016f，〈沒受擄人案影響　沙旅遊業增長4%〉。《詩華日報》，5月2日。http://news.seehua.com/?p=190229，取用日期：2016年7月22日。

林麗群、區權達，2008，《拿篤與華人》。沙巴：馬來西亞拿篤中華商會。

林行健，2016，〈菲精銳部隊 攻下恐怖組織 3 座營地〉。《中央通訊社》，8 月 16 日。http://www.cna.com.tw/news/aopl/201608160340-1.aspx。取用日期：2016 年 8 月 17 日。

唐佩君，2016，〈菲國緊急狀態 外交部：對民眾影響不大〉。《中央通訊社》，9 月 6 日。http://www.cna.com.tw/news/aipl/201609060429-1.aspx。取用日期：2016 年 9 月 6 日。

葉日嘉，2006，《兩岸客家研究與客家社團之政治分析—以「世界客屬懇親大會」為中心》。中國文化大學中國大陸研究所碩士論文。

張德來，2002，《沙巴的客家人：客家華人貢獻沙巴州現代化之探討》。沙巴：沙巴神學院。

劉青雲，2004，〈菲律賓南部摩洛分離運動之形成與發展〉。《亞太研究論壇》25：121-133。

劉宏、張慧梅，2007，〈原生性認同、祖籍地聯繫與跨國網絡的建構：二戰後新馬客家人與潮州人社群之比較研究〉。《臺灣東南亞學刊》4(1)：65-90。

謝世忠、劉瑞超，2012，《客家地方典慶和文化觀光產業：中心與邊陲的形質建構》。南投：國史館臺灣文獻館。

【全球】

# 從 Swadesh 的 200 核心詞探討臺灣客家話和苗瑤壯侗的對應關係

國立中央大學客家研究博士班　賴維凱

## 摘要

　　從 Swadesh 的 100 核心詞中，我們曾經探討了「雲」、「地」、「鼻」、「肚」、「給」、「咬」等 15 個臺灣客家話與瑤族勉語核心詞的對應關係，由於同源詞的鑑別難度高，故暫時無法從同源關係來妄下定論。比較兩個非親屬但地理位置或歷史遷徙有密切關係的語言，因「接觸」而導致詞彙借用的可能性相當高，爲了更嚴謹的求證，我們還得從語音對當關係和語法結構去做進一步的探索，此次分別從 Swadesh 前 100 核心詞──「什麼」、「誰」、「多」和後 100 核心詞──「推」、「拉」、「玩」、「和」中找出 7 個關係詞，做深入的探討，期能看到客家話和苗瑤壯侗更清楚的對應關係，相信這樣的對應關係，應該可以進一步協助我們釐清客家話部分的核心詞是否源自於苗瑤壯侗語。

關鍵字：Swadesh 核心詞、客家話、苗瑤壯侗、同源詞、借詞

# 一、前言

　　以往學者在比較客家話和中國南方少數民族語言的關係時，較少從「核心詞」這樣比較系統、嚴謹的框架出發，而是從「特徵詞」的角度去陳述兩者之間的共同性，當然，「特徵詞」裡可能包含了一些「核心詞」，但這樣的比較結果往往離不開兩種結論：一是歸納出語言類型學上的共性；二是重複論證了「語言接觸」上的「借貸關係」。我們曾經從 Swadesh 的前 100 核心詞比較臺灣客家話與瑤族勉語的對應關係，發現有超過 10% 的核心詞呈現了對應關係（當然同時我們也發現了瑤族勉語中大量的漢語借詞），雖然 Swadesh 的後 100 核心詞常被學者認為是較容易「借貸」的，但我們若是也能從後 100 核心詞找到更多非源自於北方漢語的詞彙，是否有更充足的理由說明客家話的「核心」特徵詞極有可能不是借自於（或借出給）少數民族語言，而是一種「底層關係」，甚至是同源關係？

　　從 Swadesh 的前 100 核心詞，我們看到了「什麼」、「誰」、「雲」、「地」、「眼」、「鼻」、「肚」、「咬」、「睡」、「說」、「給」、「大」、「小」、「滿」、「多」以及數字「一」、「二」在聲韻調上的對應較具代表性。而後 100 核心詞則呈現了較多「可能為借詞」的對應，如：「天」、「霧」、「年」、「父」、「分」、「挖」、「轉」、「磨」、「擦」、「推」、「拉」、「浮」、「扔」、「玩」、「窄」、「舊」、「壞」、「腐」、「髒」、「和」（連詞），除了基本的語音對應關係深究，我們還要進一步的深入探討為何作為漢語方言一支的客家話，佔有相當比例的基本核心詞「捨棄」了北方漢語的同源詞，反而使用了與南方少數民族語言在類型學上有極大共性的詞彙？這些也許可以從古漢語－古苗瑤壯侗語的原始構擬比較、切韻、集韻系統的對照，思索到可能的答案。

　　回到借詞的問題來看，曾曉渝等人（2010：6）在研究侗台苗瑤語的漢語

借詞時曾說明「承認侗台語裡存在大量的古漢語借詞，並不是也不能否定侗台
語與漢語遠古的同源關係，這就如同英語裡有不少 10 世紀以來從法語借入的
古借詞，而誰也不會因此說英語和法語只是接觸關係而非同源。」同樣的，即
便法國學者 Barbara Niederer（2004）提出苗瑤語的漢語借詞高達 80%、王輔世、
毛宗武（1995）的 800 多個苗瑤語族古音構擬中，也存在著四分之一的漢語借
詞，這樣是否就否定了漢－苗瑤語的同源關係？我們的理由同上：即使借詞的
發現帶來不同語族之間長期語言接觸的可能性，也無法因此否認遠古同源的可
能性，最近丁邦新（2014）從原始台語和上古漢語入手，找到了漢台語有親屬
關係的確證；汪鋒、劉文（2014）也從「詞階法」和「不可釋原則」得到了漢－
苗瑤語的同源關係，似乎可以進一步推論客家話和南方少數民族不僅僅是接觸
關係，雖然這些仍待更多學者和其他領域（如人類學、遺傳學、社會學、歷史
學等）的驗證，但這也是必須走的一條路——從語言比較的角度出發，整合其
他領域的論證，才能將客家話和中國南方少數民族語言（苗瑤壯侗）的關係釐清。

## 二、從 Swadesh 前 100 核心詞看客家話和苗瑤壯侗的關係

  中國南方少數民族，內部有眾多語言彼此互不相通，大致有兩大語族——
苗瑤語族（含畬語）、侗台語族（含壯語）和客家話在地理位置、歷史互動與
文化交流等較為密切的，本文以苗瑤壯侗語做為客家話的對應比較，一方面除
了上述原因外，二方面在前人的比較研究中，也是以上述兩個語族為主做出相
關的研究成果（鄧曉華 1999、2006；潘悟雲 2005；鄧盛有 2007 等）。[1]

---

1 根據鄧曉華（1999、2006）、潘悟雲（2005）、鄧盛有（2007）等人的分析，屬於
 Swadesh 前 100 核心詞的有「不」、「嘴」、「頭」、「乳」、「給」、「咬」、「山」
 （嶺）、「燒」、「暖」；屬於後 100 核心詞的有「母」、「腿」、「推」、「拉」、

　　我們曾經從「客家話是中原南來漢語」的假設命題上，以 Swadesh 的前 100 核心詞檢驗臺灣客家話與瑤族勉語方言的對應關係，[2] 透過對照不難發現：臺灣客家話[3] 與瑤族勉語之間至少有 10% 以上的對應關係。若加入臺灣客家話、瑤族勉語可能源自於古漢語的核心詞，其同源關係將更加提升，此種方法或可避免若干學者所批評的：客家與南方少數民族長期語言接觸或語言類型學關係的可能性。但客家話若真是中原南來的漢語，這 10% 以上具有對應關係的核心詞，有什麼理由必須透過語言接觸向少數民族移借呢？

　　臺灣客家話在 Swadesh 的前 100 個核心詞與中古漢語高達 90% 的相似性中，還能找到與瑤族勉語至少 10% 以上的語音對應，雖是鳳毛麟角，但彌足珍貴。然而臺灣客家話看似與瑤族勉語無關，而瑤族勉語和苗語同源的核心詞中，抽絲剝繭，竟也能找到與臺灣客家話有語音對應關係的蛛絲馬跡。

　　這 100 個核心詞大致可分為 7 類：自然事物、身體部位、動植物、動作感覺、狀態、語法詞以及其他。每一類或多或少都有語音對應關係，有的源自共同古

---

「扔」、「打」、「丟」、「分」、「挖」、「擦」、「拿」、「割」、「轉」、「吹」、「吸」、「浮」、「落」、「玩」。後 100 核心詞的數量是前 100 核心詞數量的兩倍，符應陳保亞（1996）「聯盟關係」的原則：後 100 核心詞中的關係詞多於前 100 詞，那麼客家話和苗瑤壯侗語就「語言事實」來看，的確是「聯盟關係」，但內容中同時也提到：語言間的影響可以深入到「核心詞」部分，所以即便是前 100 核心詞，也難脫被借用或早期共同漢語的可能性。

2 Swadesh 的前 100 詞是運用生物學譜系分類的詞源統計分析法，在鄧曉華、王士元（2003b）的文章中，原是用來進行苗瑤語族各方言間親緣關係的研究，是一種數理分析，最後得到的是樹形圖，樹圖上可以用樹枝的長短表示語言之間的距離，看出語言變化的不同速度。本文目前只是單純地運用 Swadesh 的前 100 詞觀察臺灣客家話內部 6 種腔調與瑤族勉語 10 種方言土語的對應關係，相較於上述鄧、王（2003b）嚴謹而科學的研究方法與目的是不同的，由於客家話目前還被看作是「漢語方言」，而瑤族勉語則是少數民族語言，兩者是不同語族，既不能以方言之間的「親緣關係」（強調方言間歷時發生學的比較）來看待，也不能以「親疏關係」（強調方言間的共時相似程度）來視之，故本文暫時以「對應關係」來稱之。

3 此處所定義的臺灣客家話是以「北四縣腔」為主，若有其他腔調的語音，則於後頭予以特別註明。

漢語，有的則否，這些非源自古漢語的核心詞，似乎進一步說明了客瑤語之間
的非接觸關係。其中「雲」、「地」、「鼻」、「肚」、「誰」、「咬」、「睡」、
「大」、「小」、「滿」、「多」、「什麼」，或在聲韻、或在調類的對應最
具代表性。由於瑤族勉語至少有4大方言和6大土語（這6大土語分屬在前面
4大方言裡），加上在對應臺灣客家話的語音及其相關詞彙時，又不能僅以四
縣腔為主，還必須參酌其他腔調，所以花費的時間常常是事倍功半，經常面臨
到不知該選哪一個方言作為代表來對應的窘境，最後雀屏中選的 12 個詞，是
在許多條件限制[4]下所能呈現出來的。

　　本文此次將 Swadesh 的前 100 核心詞列出 3 個客家話和苗瑤壯侗語有對應
關係的詞彙做深入的探討，期能釐清這 3 個詞彙的來源：

---

4 此處所指的許多條件除了本文前面所提之外尚有：1. 觀察兩者核心詞的語音是否有與
　現代漢語相似處者，若有一方相似，當剔除之；2. 由於瑤族勉語有 4 大方言和 6 大
　土語，當核心詞語音呈現內部不一致時，以某一方言或土語與臺灣客家語相似者提
　出作比較，若要以內部完全一致性為標準，極可能沒有可相對應的詞；3. 我們在比
　較語音對應時，採取了較為寬鬆的作法，亦即聲、韻、調中至少聲韻符合，調類有
　可能來自於內部的分化而呈現比較大的差異，之所以無法採用完全的語音對應，其
　理由同 2；4. 由於瑤族勉語乍看起來跟臺灣客家話有很大的區別，有時很容易忽略掉
　極有可能同源的微弱線索，如：「肚子」一詞（見本文後面論述），還必須翻查其
　他如苗語、壯語作驗證，才能確定這些核心詞的語音及其意義是可對應的。

## （一）麼个（什麼）：

表 1　客家話「麼个」（什麼）和苗瑤壯侗語語音對應比較

| 方言＼詞彙 | 客語 | 勉方言 | 苗語 | 畬話 |
|---|---|---|---|---|
| 什麼 | ma³ ke⁵<br>ma³ kai⁵ | ke³ ȵou¹ | qei⁵⁵ çi³⁵ | mɔʔ⁷ kai¹ |
| **粵語** | **壯語** | **黎語** | **侗語** | **仡佬語** |
| mɐt⁵ iɛ²³ | ki³ ma²<br>ka:i⁵ ma² | me³ he³ | ma:ŋ² | qa:i³ |

資料來源：作者自行製表 [5]

　　客家話疑問詞「什麼」通常都是說「麼个」[ma³ ke⁵]，勉語所有方言裡頭和客家話較相似的只有勉方言 [ke³ ȵou¹]，而勉方言 [ke³] 應該是源自於苗語的 [qei⁵⁵]，按照後文連接詞「和」的例子給我們的啟發 [6]，用相同的模式尋找其他親屬或相近關係的語言，有了很大的收穫。從最可能影響客家話的粵語來看，[ma³ ke⁵] 可能源自於 [mɐt⁵ iɛ²³]，進一步看粵語的底層：壯語和黎語分別念做 [ki³ ma² / ka:i⁵ ma²]、[me³ he³]，很明顯的，壯語的詞序和黎語、粵語、客家話明顯

5 語料出處（以下各表皆同）：客家話部分為作者本身母語並參考教育部臺灣客家語常用詞辭典 http://hakka.dict.edu.tw/hakkadict/index.htm、粵語部分參考詹伯慧（2002）、壯侗語部分參考孫宏開（2009a）、廣西壯族自治區少數民族語言文字工作委員會（2008）、苗瑤語部分參考孫宏開（2009b）、毛宗武（1992、2004）、舒化龍（1992）、蒙朝吉（2001）、胡曉東（2011）、李錦平、李天翼（2012）、畬話部分參考游文良（2002）、福州話部分參考劉俐李（2007）、閩南話部分參考教育部臺灣閩南語常用詞辭典 http://twblg.dict.edu.tw/holodict_new/index.html。
6 由於連接詞「同／摎」（和）在 Swadesh 的 100 核心詞之後，故將於後文呈現。

不同，但這並不影響壯語可能作為其他語言底層詞的可能性，詞序的改變有可能是另外一種強勢語言的拉力，當然也不排除內部機制的改變。

金理新（2012：472-475）針對漢藏語系核心詞作深入研究時，即指出北方疑問詞「什麼」最早來自於「何」，中古音為 *ɦiaᴬ，上古音構擬為 **gar，並指出許多學者也認為「何」或「胡」和藏語的 [ga]（什麼）對應。金先生在討論到壯語系統的「什麼」時，用 [ma²] 來表示所有壯語的唸法，表示 [ma²] 為疑問詞的中心語素。除此，金先生也提到 [ma²]（調值為 31）出現在其他部分侗台語語族語言、方言裡，只是多了鼻音韻尾，變成了 [maŋ^{1/2}]，據此，金先生將侗台語族的共同形式構擬為 * ki-ma，所以我們認為客家話的 [ma³ ke⁵] 和侗台語族應有絕對的對應關係。

我們先前認為客家話的 [ma³ ke⁵] 是南北疑問詞合璧的結果：壯語的疑問詞 [ma²]+ 北方古漢語的「何」[*ɦiaᴬ]，但最大的問題在於「何」的古音演變到客家話，按照王力的擬音系統，應該是：**ɣar > *ɣa > kʰai > kʰe，疑問詞後面的 [ke⁵] 與演變的推測 [kʰe] 最大差異在於：一、中古聲母無論平仄，在客家話濁變清應當送氣才是（此例可參考類似的例子：「荷」[kʰai] 的演變），[ke⁵] 卻沒有送氣；二、聲調不合，「何」是陽平，而 [ke⁵] 是陰去，目前客家話少有陽平歸入陰去的例子；三、客家話本身就有「何」字的音讀，音為「ho²」，與 [ke⁵] 相去甚遠，基於這樣的理由，我們認為客家話的 [ma³ ke⁵] 實際上就是由壯語演變而來的，從壯語、黎語、粵語、畬話的語音可以大致看到演變的過程：* ki-ma > kaːi⁵ ma² > me³ he³ > mɐt⁵ iɛ²³ > mɔʔ⁷ kai¹ > ma³ kai⁵ >ma³ ke⁵

偉景雲等（2011：263）明白指出壯語的 [kai³⁵] 是「東西」的意思，調值 35 是壯語的第 5 調，與客家話的第 5 調完全一樣，而 [ma⁴²] 就是「什麼」的意思：

　　kai³⁵ he⁵⁵ kai³⁵　ma⁴²　那是什麼東西？

　　東西 那 東西 什麼

　　至於 [kaːi⁵ ma²] 後來如何經由黎語的內部或外部演變機制造成語序相反，限於篇幅，未來可以再深入研究。

　　賴文英（2012：929-936）曾從漢語方言歷時和共時音韻演變的角度，透過語法化和詞彙化的觀點分析客語疑問詞「麼」的來源和演變，主張客語的「麼」是個依前詞素，無法單獨存在，並推測「麼」與其他詞素結合成疑問詞彙或短語的使用晚於北宋，正好與客語的形成時期相當。至於「麼个」的「个」，該文指出多數東南方言中的「个」，早期是由量詞演變成指代詞……而「麼儕」帶有底層詞成分，[7] 可能與「麼人」並存使用，「麼个人」則為依前疑問詞素結構類推的結果，而後經由重新分析而形成「麼个」。

　　筆者最後也提到「中國少數民族語言中存在許多和 [ma] 音有關的詞頭，包括 [ma] 構成疑問詞的前綴成分……這些或許和客語「麼儕」及相關疑問語詞的來源有關……希望未來也可以從非漢語方言角度來看相關的問題。」

　　我們從壯語、黎語、粵語、畬話及客語的語音及其構擬來看，似乎解決了以上的來源問題，只是客家話「麼」的能產性（麼个、麼畬、麼人、V 麼个）多於前者，這似乎又牽涉到語言分化年代的問題了。

---

7 依羅美珍、鄧曉華（1995：73-74, 84）的研究，「儕」（又做「畬」）可能反應了古越語的底層成分。可以確定的是，客語的「儕」[saˡˡ] 在古漢語中找不到它的來源，而「儕」的音與義又和一些少數民族語似乎具有同源關係（賴文英 2012：941）。

## （二）麼人（誰）：

表 2　客家話「麼人」（誰）和苗瑤壯侗語語音對應比較

| 方言＼詞彙 | 客語 | 勉方言 | 金門方言 | 標敏方言 | 藻敏方言 |
|---|---|---|---|---|---|
| 誰 | man$^3$<br>ma$^3$ n̠in$^2$ | haːi$^5$ laːn$^2$<br>haːi$^5$ tau$^2$ | man$^{1'}$<br>lai$^{1'}$ tau$^2$ | ha$^5$ tau$^2$ | si$^2$ min$^2$ |
| 粵語 | 壯語 | 畲語 | 佤語 | 仡佬語 | 畲話 |
| pin$^{55}$ kɔ$^{33}$<br>met$^{55}$ ɲɐu$^{13}$ | pau$^4$ laɯ$^2$<br>pə$^6$ lə$^2$ | pe$^2$<br>pe$^4$ le$^2$ | mɔ$^?$ | mbaːi$^5$ | nan$^1$ kɔi$^1$<br>mɔi$^6$ ŋin$^2$ |

資料來源：作者自行製表

　　客家話 man$^{3(31)}$ 與金門方言梁子話 [8] man$^{1'(31)}$，雖調類不合，但兩者在聲韻調上完全對應，且意思完全相同，不過勉語內部方言之間則各自存在差異，至於臺灣客家話的 man$^3$ 一般認為是 ma$^{31}$ n̠in$^{11}$ 的合音而來，金門方言梁子話是不是合音詞，目前限於文獻資料不足，無法斷定，不過梁子話的「人」叫 [mun$^2$]。

　　從另一角度來看，客家話的「誰」（什麼人）[ma$^3$ n̠in$^2$] 和「什麼」[ma$^3$ ke$^5$]，使用了同一語素「麼」[ma$^3$]（調值為 31）來構詞，繫聯到上述壯語的 [ma$^2$]（調值為 42），就更加映證了客家話的「麼」[ma$^3$] 來自於壯語疑問詞的底層。

　　同樣的，在畲語和畲話的語音形式則各自與壯語、客家話有繫聯關係：畲語的「誰」念 [pe$^4$ le$^2$] 和武鳴壯語的 [pau$^4$ laɯ$^2$]、三江壯語的 [pə$^6$ lə$^2$] 有語音的對應、豐順畲話的 [mɔi$^6$ ŋin$^2$] 和客家話相對應，[9] 各自有不同的源頭。金理新

8 雲南省河口瑤族自治縣梁子鄉新寨村，屬金門方言滇桂土語。

（2012：473）比較漢藏語系大多數語言的核心詞「誰」和「何」（什麼）時，提到這種疑問意義的語詞往往是疑問詞和名詞複合而成，而不是用單獨的詞根詞來表示，可以讓我們清楚的理解上面表格各種語言的基本組成性質，客家話的「誰」從底層的疑問詞「麼」[ma³]，加上「人」或「儕」雖與多數的南方少數民族語言不同，但其組成方式及「什麼」→「誰」（什麼人）的分化年代來看是極其有意義的。

## （三）儕（多）：

表 3　客家話「儕」（多）和苗瑤壯侗語語音對應比較

| 方言＼詞彙 | 勉方言 | 金門方言 | 標敏方言 | 藻敏方言 |
|---|---|---|---|---|
| 多 | tsʰam³ | duŋ⁵ | njɛn³ | tsɔŋ¹ |

資料來源：作者自行製表

　　客家話各腔調在形容「多」[to¹] 的時候，幾乎與漢語「多」字語音無異，但在六堆客家話裡頭，在形容「豐盛的菜餚」時，往往用「儕菜」（而非「豐沛」[phoŋ¹ phai⁵]），其中「儕」又有「像……」的意思，例如：儕樣（像樣），如果用同樣的意思去解六堆客家話的「儕菜」，往往容易讓人誤解成「像樣的菜」，但若我們把「儕」用到句子上面去時，就不難理解「儕菜」絕非「像樣的菜」：

　　（1）今晡日準備到恁「儕」（菜），愛請麼人呢？

---

9 其他各地的畲話則不同於客家話，如福安念 [tɕʰion²]、景寧念 [nan¹ kɔi¹]。

　　今天準備得那麼「豐盛」，要請誰呢？

（2）暗晡夜食蓋「傪」喔！食啊到肚屎 poŋ⁵ 飽。

　　今天晚上吃得很豐盛喔！吃到肚子快撐不下了（很飽）！

（3）這兩儕仰會恁「傪」？敢係共一間工廠个？

　　這兩個人怎會這麼像？可是同一個父母生的？

　　例（1）和例（2）的「傪」都是以「豐盛」呈現，例（3）表面上雖明顯不同於前兩句，但若是以「因為相似的地方很多，所以就像了」並無不可，可視之為「多」的延伸義。

　　《集韻》在「傪」字上做了許多註解：歡也、眾也（平聲，侵韻·疏簪切）、壯盛貌（入聲，合韻·錯合切），又引《說文解字》：好貌（平聲，覃韻·倉含切），唯一讓我們不確定的就是調類問題，雖然「傪」字在《集韻》裡四聲俱全，但符合「豐盛」義的「眾也」卻不是客家話的去聲，這是比較可惜的一點，但也讓我們思索到客家話的 [tsʰam⁵] 可能不是來自於中古漢語，因為《集韻》所蒐集的字並非都來自於中原音韻，其來源大部分都未予以說明。故「傪」極可能非本字，且北四縣另有 [tsʰem¹] 的唸法，意思相同，韻與調卻不合，所以「傪」應是借字無疑。

　　回過頭來看勉語的勉方言：[tsʰam³]（調值為 52）、藻敏方言：[tsɔŋ¹]（調值為 44），和中古漢語、客家話在語音上極為相似，有一定程度的對應關係，應該都是來自「傪」所記錄的音，至於標敏方言的 [njen³]，調值為 35，是不是和客家話形容「滿」時唸成淰 [nem¹] 有關，也值得我們進一步探究。

　　Swadesh 的核心詞雖是國際際學者公認的詞彙，但如果只是按照直接翻譯過來的漢語名稱去搜尋，恐怕一無所獲，以「belly」（肚子）為例，臺灣客家話毫無疑問的是「tu³ sɨ³」，內部呈現了一致性，但在瑤族勉語的 10 種方言土語裡，至少就有 3 種說法，必須一個一個的去進行語音比對，當我們看到「kai³⁵ təu³⁵」或「n̩u⁵³」時，不會令人振奮，因為那極有可能是受漢語影響所移借而來，並經過內部語音系統轉用而來的發音，但是當我們看到「sje¹」（江底方言）時，就會馬上聯想：這可能與客語「tu³ sɿ³」的「sɿ³」有關，進一步翻查與瑤語關係密切的苗語，苗語正好唸「qɔ¹⁽³⁵⁾ tɕhi¹⁽³⁵⁾」，那麼客語在「肚子」這一核心特徵詞上，極可能與苗瑤語同源。所以若進一步以三級比較法[10]的形式進行探討時，其結果會有很大的不同。

## 三、從 Swadesh 後 100 核心詞看客家話和瑤族勉語的關係

　　本文延續 Swadesh 的前 100 核心詞，作後 100 核心詞的深入探究，除了以代表多數的瑤族勉語勉方言（江底話）[11]作為主要觀察對象外，也把觸角延伸到中古音韻和其他具親屬關係的方言及少數民族語言，如苗語、瑤族拉珈語（屬壯侗語族）、布努語（屬苗語支）以及侗台語族。

---

10 關於「三級比較法」，筆者引陳孝玲（2011：4）的描述：「三級比較法是黃樹先（2005、2006）提出的，就是依據被比較語言的語義，建立一個語義場；在這個語義場之下，再繫聯同族詞；同族詞裡，再拿單個的字詞進行比較，這種研究的思路，就是『語義場—詞族—詞』三級比較模式。拿一個語義場以及同族詞和親屬語言進行比較，這樣可以擴大比較的詞彙面，正如鄭張尚芳所說，在做比較時，允許『有理據可尋的轉變』，這樣可以使得語言之間的比較更科學⋯⋯在親屬語言中尋找對應詞時，可以放寬外延，詞義轉換在漢語裡可以出現，在更早的時間，即原始漢藏語分化的時候，也可能發生。」本文限於研究方法與篇幅，若是確實按照「三級比較法」，就無法分析 Swadesh 的前 100 核心詞，也只能研究客家話和瑤族勉語的少數幾個核心詞了。
11 根據中華人民共和國第 5 次全國人口普查（2000 年）的紀錄，瑤族人口大約 264 萬，其中在廣西的大約有 150 萬，而說勉方言的人口又占相對多數。

## （一）搋（推）：

表 4　客家話「搋」（推）和苗瑤壯侗語語音對應比較

| 方言＼詞彙 | 客家話 | 福州話 | 苗語臘乙坪話 | 瑤語勉方言 |
|---|---|---|---|---|
| 推 | suŋ³ | søyŋ³² | tɕhonŋ³⁵ | foːŋ³ |
| 畬語 | 畬話 | 拉珈語 | 三江壯語 | 融水五色話 |
| suŋ¹ | suŋ³ | tshoŋ³ | soŋ⁶ | tɕhonŋ³ |

資料來源：作者自行製表

　　客家話的「推」一般都說「搋」[suŋ³]，此字收錄於《集韻》·上聲·董韻，推也。勉語四大方言分別是 foːŋ³/ȵɔŋ³ˊ /ȵaŋ⁷/ȵuŋ⁵，很明顯的，江底勉語的來源與其他三者較少數的方言是不同的，但細究底下的 6 個土語，就有 4 個讀成類似（指發音部位接近）的音：foŋ³（勉方言湘南土語）、ðaŋ³（勉方言長坪土語）、thuŋ⁵（標敏方言石口土語）、tshɔŋ³（標敏方言牛尾寨土語），可以確定客家話和瑤族勉語的「推」，其關係至少可上推到北宋時期，其中中古漢語心母字對應到瑤族勉語往往唸成 [f]，金理新（2012：2-3）認為是瑤族勉語的借詞，而非同源詞，不過此核心詞在苗瑤壯侗語裡呈現了完整的語音對應，《集韻》所收錄的字未必全來自中原古音，若要論斷此核心詞是借自中原漢語，未免言之過早，唯一確定的就是漢語南方方言（閩客方言）也有使用，相同的現象還有下面的拉（拔）的例子。

## （二）挏（拉）：

表 5　客家話「挏」（拉）和苗瑤壯侗語語音對應比較

| 方言<br>詞彙 | 客家話 | 福州話 | 瑤語<br>勉方言 | 瑤族<br>拉珈語 |
|---|---|---|---|---|
| 拉（拔） | paŋ¹ | pɛiʔ⁵ | pɛːŋ¹ | pɛːŋ⁵ |
| 閩南話 | 畬話 | 毛南語 | 平果／賀州壯語 | 融水五色話 |
| ban² | maŋ³ | pɛŋ¹ | peːŋ¹/ʔpaːŋ⁵ | peŋ⁴ |

資料來源：作者自行製表

　　客家話的「拉」一般都說「挏」[paŋ¹]，但此字本義並無「拉」的意思，而是「埄」的異體字，在《說文解字》上的意思是「掩也」；在《字彙》解做「土精，如手，在地中，食之無病。亦作埄。」所以這個字在客家話裡很清楚的只是一個借音字，其意義完全不符，在瑤族勉語 4 大方言裏頭分別讀做：pɛːŋ¹（勉方言）、peŋ¹（金門方言）、bɛŋ¹（藻敏方言）。客家話的「拔」頭髮、「拔」草，也用了相同的借音字。閩方言、瑤壯侗語（苗語支因使用了另一種語音呈現，連帶的畬語、布努語也沒有）都共同承繼了 [paŋ] 的語音。是故，我們常常從客家話和苗瑤壯侗語的比較找到 4 種結果：一是只有客家話和苗瑤語（尤其是瑤語）的對應；二是只有客家話和壯侗語的對應；三是客家話和苗瑤壯侗語的共同對應；四是大部分的南方方言和苗瑤壯侗語的共同對應，這種發現和前人研究的結果並無二致。

## （三）「同／摎」（和、與、跟、同）

表 6　客家話「同／摎」（和、與、跟、同）和苗瑤壯侗語語音對應比較

| 方言<br>詞彙 | 勉方言 | 金門方言 | 標敏方言 | 藻敏方言 |
|---|---|---|---|---|
| 同／摎<br>（和、與、跟、同） | tsʰin¹ | kɔn³ | kiŋ¹ | ka¹ |
| | 布努 | 拉珈 | 畬語 | 苗語 |
| | zau⁴ʼ | kap⁷ | tʰɔ⁴ | ntsau⁴ |
| 壯語 | | 水語 | 毛南語 | 仡佬語 |
| çau⁵; tsau⁵; ðɯːŋ²; kap⁷ | | ˀdaːu¹; kap⁷;<br>tʰuŋ² | tɔ⁵ | ljau²⁴ |

資料來源：作者自行製表

　　客家話的連接詞「和」（與、跟、同）目前有兩種大系統，就是「同」
[tʰuŋ²] 和「摎」[lau¹]，前者可以看出出自於漢語的系統，但後者不僅看不出和
漢語的關係，其用字也是借音字，並非本字，因為「摎」的本義是「絞殺」、
「尋求」、「糾結、纏繞」，可能是最後一個意思讓專家學者們決定引出連
接詞「和」的用字，雖然在臺灣客家話裡還存在「和」的第三類讀音 [ka¹]，
但一般咸認是受閩南話「佮」[kah⁸] 的影響，此點我們的確無法否認，因為使
用的族群很少（六堆腔──美濃腔、高樹腔……），且非主流讀音，所以我們
認為 [ka¹] 的唸法應是受閩南話影響無疑。

　　回頭看我們的勉語系統，除了金門方言 [kɔn³]（調值為 545）、標敏方言
[kiŋ¹]（調值為 33）和漢語「跟」的唸法類似，幾乎可以確定是屬於新借詞的

層次外，藻敏方言的 [ka¹]（調值為 44），應該也和閩南話脫離不了關係，雖然勉方言的讀音 [tsʰin¹] 和其他方言很不同，但其下的長坪土語 [taŋ⁶]（調值為 22）、羅香土語 [taŋ⁶]（調值為 11）則又說明了和漢語「同」的對應關係，最特殊的是勉方言湘南土語 [tsʰau⁵]（調值為 35），似乎可以和客家話的特徵詞「lau¹」有對應關係，為了避免「偶合」的機率發生，我們進一步搜尋了整個南方主要少數民族的連接詞「和」的唸法，和瑤族勉語有親屬關係的布努語唸 [zau⁴′]（調值為 454）、¹² 拉珈語唸 [kap⁷]（也許和漢語的「合」字、閩南語的「佮」字有關）；和瑤勉語系統關係親近的畬語唸 [thɔ⁴]（調值為 42，應和「同」有關）；苗語隆林（川黔滇方言）唸 [ntsau⁴]（調值為 13）；關係拉得更遠一點，我們往人數眾多、分布在兩廣地區的壯語來看，是唸 [çau⁵]（調值為 13），水語唸 [ʔdaːu¹]（調值為 31）……。所以客家話的「同」和「摎」在整個南方少數民族語言都有分布，前者大概可以解釋為和北方漢語系統有關，後者應可以解釋為和南方少數民族語言有關，至於是「借貸」、「同源」或其他關係，就必須進一步深究了。

　　從連接詞「和」這個例子給我們一個很好的啟發：若要從詞彙關係入手，除了嚴謹的語音對當關係外，還必須踏出瑤客關係才能看得更清楚、釐清更多語言之間的相互關係。

---

12 實際上記錄布努話的作者並未在詞彙附錄上標出 [ au⁴′ ] 的音，布努方言唸 [pu³]、包瑙方言唸 [ntei⁶]、努茂方言唸 [ty⁶]，筆者是在作者描述連接詞時發現布努方言的 [pu³] 後面有括弧，裡頭記錄著 [ au⁴′ ] 的音，可以知道布努方言也有這樣的唸法。（見《中國少數民族語言簡志叢書：卷肆》頁 308 和《瑤族布努語方言研究》頁 122）

## （四）「搞、寮」（玩）：

表 7　客家話「搞／寮」（玩）和苗瑤壯侗語語音對應比較

| 方言＼詞彙 | 客家話 | 瑤族勉方言 | 瑤族標敏方言話 | 畲語 |
|---|---|---|---|---|
| 「搞、寮」（玩） | kau³、liau⁶ | dzaːu⁶ | dza⁴ | lau² |
| **粵語** | **畲語** | **毛南語** | **布依語** | **苗語**[13] |
| liu²²/lau²¹ | a¹ niu⁶ | kaːu² | ko⁴ ts am² | tɕi³ tsa⁴/ɛ⁵ loŋ⁶ |
| **壯語** | **拉祜語** | **彝語** | **水語** | **佤語** |
| ku⁶ ɕam²/liu⁶ | gu³ | gu²¹ | qhaᵒ ʔna¹ | klɛh |

資料來源：作者自行製表

　　客家話的「玩」有兩種語音形式，一種是比較「動態」的遊戲、玩耍：搞 [kau³]，另一種則是比較「靜態」的休閒、聊天、玩耍：寮 [liau⁶]，兩種語音所使用的漢字本義都沒有「玩耍」的意思，然而，在瑤畲語及其他南方少數民族語言裡頭所呈現的語音對應，實在令人玩味：從上面的表格可以看得一清二楚，客家話的「搞」[kau³]、「寮」[liau⁶] 和南方少數民族語言的的詞彙在語音上是對應得起來的，這樣的對應也使我們可以直接印證班弨（2006：63）在

---

13 苗語的 [ɛ⁵ loŋ⁶] 讓我們想起六堆客家話常出現大人間的對話：「去哪 loŋ⁶ 啊？」或「出去 loŋ⁶ loŋ⁶ 啊」，雖然用「浪」字來取代並無不可，但意義上還是有一點點不那麼貼切，[loŋ⁶] 的意義比起「搞」、「寮」是較漫無目的的遊憩、閒晃，客家話內部後來是不是有演變，值得探討。

「關係詞」一文中關於「同義詞系統」的「缺乏才借」原則（原文略），所以客家話的「搞」[kau³] 與「嫽」（嬲）[liau⁶] 都是源自於南方少數民族語言的。

「正來嫽」是臺灣客家話最具代表性的句子，其中「嫽」¹⁴字又是生活中最基本、最常用的詞彙，在 Swadesh 的 200 核心詞中雖然不是列在前 100 核心詞，但如果從客家人的觀點來看，「嫽」字一定能取代某些詞彙而放進前 100 核心詞裡，若單獨以此字的音而言，向少數民族借用的可能性不大，「玩」字自古即有，「耍」字又是方言詞，「來自中原」的客家人完全不用，用的反而是南方少數民族的 [liau⁶] 和 [kau³]，就這一個例子，實在值得我們好好思索「語源」與「來源」的問題。就像我們知道現在華語都說「Bye」，幾乎取代了「再見」，但我們仍沒有忘記「Bye」是外來語，「再見」或「有空再來玩」才是本土語，同樣的，雖然有學者認為 [liau⁶] 是借自畬族語言，但還必須思考到「搞」與「嫽」並無其他「同義詞」取代的問題。所以客家話的 [liau⁶] 是借自於畬語，或是與畬語同源，地位極其重要，當然還要再加上若干語言材料的支持及不同領域的證據，相信真相就會越來越清楚。

藍雪霏（2002：66）指出嬲歌畬語唸作 [lau] [ko]，「嬲」就是玩的意思，嬲歌是畬族於閒暇或節日期間與外地異性對歌的原稱。也證明了客家話的 [liau] 就是畬語的 [lau]，音義完全符合，「搞」[kau³] 與「嫽」[liau⁶] 此二音的聲母演變大致是：*g -> k-、*dz- > l-。

鄧曉華（1999：45）指出以梅縣為粵東代表方言點、長汀、連城為閩西代表方言點的「玩耍」、「開玩笑」都是 [kau³]、[liau⁶] 的演變音，該文從苗語、

---

14 有關「嫽」字在臺灣客家學界與民間已討論許久，直到現在都找不到本字，「嫽」也只是現階段的替代用字，在大陸也一直都使用俗用字「嬲」字，不是音不合就是義不合，唯一可以確定的是此詞彙和北方漢語無關，而是和南方少數民族語言有同源關係。

畲語、布努語、毛南語、侗語、水語、傣語、臨高語、黎語、壯語的語音映證
了語音對應的同源關係，這和我們從粵東、閩西、贛南客家話、粵方言都發現
這樣的一致性如出一轍（但和贛方言、閩方言不同），可見客家話這個詞彙不
僅出現得很早，和苗瑤壯侗的同源關係也很深。

　　關於 [kau³] 的語音，鄧盛有（2007：191）在侗台語中也找到相對應的詞彙：
「玩耍」毛南語說 ka:u²，侗語說 ko¹。認為「客家話此詞音義與侗台語相對應，
應屬於來自侗台語的底層詞」。從鄧曉華（1999）、鄧盛有（2007）的研究，
我們發現，從事客家方言（或漢語南方方言）與苗瑤壯侗語（或南方少數民族
語言）比較的研究者，可以各自從不同語料、不同來源、不同面相來映證相同
的一個「語言事實」。


## 四、Swadesh 200 核心詞的省思

　　由於客家話有將近 90% 以上的詞彙都屬於中古漢語，所謂的客語「核心
詞」也需釐清是否有「語言接觸」的因素，像「樹」、「樹皮」、「葉」、
「根」……等詞彙幾乎與現代漢語無異，除非找得到相同詞義、語音不同的特
徵詞。

　　以客語而言，前 100 核心詞中，就有：你、所有、多、一、二、大、長、
男人、人、魚、鳥、狗、蝨……將近 90 個各類詞彙在表層上幾乎和中古漢語
有語音對應的關係，在這樣的情況下，要用 Swadesh 的 100 核心詞去和苗瑤壯
侗語作比較，表面上似乎沒有太大的意義，即便找到可以和苗瑤壯侗語在語音
形上可能對應（或相似）的詞，又必須淘汰苗瑤壯侗語「極可能」借自中古漢
語的詞彙（或說被中古漢語滲入），在這種情況下，為何我們還要做這樣的比
較？原因無他，就是要從 Swadesh 的 100 或 200 核心詞中，找到微乎其微的可

能性及其無法因地制宜的限制性，微乎其微的可能性，如：什麼、誰、多、鼻、肚、咬、地、滿……，雖然仍待更多考證，「偶然相似」的機率也高，但始終無法否定「同源關係」、「普遍現象」、「語言接觸」（底層關係）、「區域聚變」的任一可能性。（朱曉農、寸熙 2006），而無法因地制宜的限制給我們在客家話特徵詞（使用頻率可能不高的基本詞）和少數民族固有詞之間，開啟了重新制定核心詞表的空間。

　　像是近年來學者們討論熱烈的「臭蟲」（客家話：蜎蜱 [kon¹ pi¹]；勉方言：[pje¹]）就是上述所稱「使用頻率可能不高的基本詞」，被移借的可能性也極低。（潘悟雲 2005：18-29）可以列入「核心詞」，其他 [15] 如身體動作衍生出來的「跨」（kʰiam⁵：tɕʰaːm⁵）、「靠」（pen⁵：pwei⁶/paŋ⁶）、「陷下」（lap⁷：pjop⁸/plop⁵）、「起床」（hoŋ⁵：ɣun⁵）[16]；動物類詞彙「蝦」子（ha² kuŋ¹：tɕʰa1 koːŋ⁶）、「家畜」（tʰeu² saŋ¹/sen¹：tau² sɛːŋ¹）；文化詞掃「墓」（kua⁵ sau⁵：tsou³ 客家話的 [sau⁵] 極可能不是「掃」，即便讀去聲，也是唸 [so⁵]，而勉方言「掃」地的掃是唸 [pʰwat⁷]，所以客家話的「墓」應該就是勉方言的 [tsou³]）。

　　透過這次 200 核心詞的一一比對、輸入，其實已慢慢發現兩者之間有一些語音對當關係，以勉方言為例，如「心」母的 s/ɕ：f（心、寫、送、四、小……），舒化龍（1992：15-22）在現代瑤語和現代漢語中語音變化和對應關係有深入的描寫，但有些觀點必須再深入澄清，限於篇幅，在此不一一贅述。

---

15 以下這些語詞主要以勉方言的語音呈現，不難看出和客家話的詞語音對應或相似度之高，其他方言若呈現出來，相似度將更高，對應關係也將更緊密。
16 客家話「　床」（起床）是以客家話和壯語的對應為例。

## 五、結論

　　本文從 Swadesh 的 200 核心詞探析客家話和苗瑤壯侗語的關係無非是想先做個拋磚引玉工作，由於牽涉面極廣，未來還可以更仔細、更深入的分析，Swadesh 的 200 核心詞中，我們探討了「什麼」、「誰」、「多」、「推」、「拉」、「和」以及「玩」等 7 個與苗瑤壯侗語的關係，由於同源詞的鑑別難度高，一時無法完全確定客家話以上這些詞是「源自」還是「借自」苗瑤壯侗語，但底層關係是可以確定的。比較兩個非親屬但地理位置或歷史遷徙有關係的語族，因「接觸」而導致詞彙借用的可能性相當高，為了更嚴謹的求證，我們還得從語音對當關係和語法（構詞、詞序）結構去做進一步的探索。

　　Swadesh 的後 100 核心詞我們看到了非常多客家話和苗瑤壯侗語語音形式相似的詞（遠遠超過前人所研究的 18 個），就專家學者的觀點，「借用」的可能性幾乎是 100%[17]，陳保亞（1996）的「階曲線」清楚的告訴我們：當後 100 核心詞的關係詞多於前 100 核心詞時，此種關係是「聯盟關係」而非同源關係，但我們更相信如前言所提的觀點：

　　　承認侗台語裡存在大量的古漢語借詞，並不是也不能否定侗台語與
　　　漢語遠古的同源關係，這就如同英語裡有不少 10 世紀以來從法語
　　　借入的古借詞，而誰也不會因此說英語和法語只是接觸關係而非同
　　　源。（曾曉渝 2010：6）

---

17 不見得是苗瑤壯侗族借自客家話（地理位置在粵北的藻敏瑤語就極可能借自客家話），更明確的說，應該是整個南方少數民族借自（或說被滲入）唐宋時期南下避難的漢族之中古漢語或強勢官話，而和客家話有了相似關係。

　　潘悟雲（2005：29）在研究客家話的性質後下了和以往學者不同的結論：「與傳統的語言史觀相比，本文的主要不同是認為大部分的南方漢語方言，最初是南方原住民在中原漢語不斷影響下逐漸形成的。」而羅肇錦先生（2006：545）則論證「客語源起南方的語言」，認為：「……從上面證明客家話本來是畲語，學習北方音的書面語以後，北方音就大量的進入畲語，慢慢形成了後期的南方漢語（客語）。」兩位研究南方漢語、客家話與南方少數民族語言的前輩至今仍維持 10 年前的主張，表示這條路雖然崎嶇，但依然值得後學走下去！[18]

## 參考文獻

丁邦新，2014，〈漢台語同源論的確證〉。論文發表於「第 14 屆中國境內語言暨語言學國際」研討會，臺北：中央研究院語言學研究所、臺灣語言學學會主辦，6 月 4-6 日。

王士元主編，2005，《漢語的祖先》。北京：中華書局。

中央民族大學中國少數民族語言文學學院編，2009，《馬學良文集》上卷。北京：中央民族大學出版社。

毛宗武，1992，《漢瑤詞典》。四川：四川民族。

_____，2004，《瑤族勉語方言研究》。北京：民族。

朱曉農、寸熙，2006，〈試論清濁音變圈：兼論吳、閩內爆音不出於侗台底層〉。《民族語文》03:3-13。

---

18 本文曾於「第四屆臺灣客家研究國際研討會」上宣讀，感謝評論人陳秀琪教授及與會學者提供的寶貴建議。本文投稿後承蒙匿名審查人惠賜專業意見，使文中的錯誤和疏漏之處得以減至最低，特此深表謝意。本文內容如有任何疏漏之處，文責自負。

李錦平、李天翼，2012，《苗語方言比較研究》。成都：西南交通大學出版社。

汪鋒、劉文，2014，〈語音對應與苗瑤語比較研究：從完全對應的角度〉。論文發表於「第 14 屆中國境內語言暨語言學國際」研討會，臺北：中央研究院語言學研究所、臺灣語言學學會主辦，6 月 4-6 日。

金理新，2012，《漢藏語系核心詞》。北京：民族。

吳中杰，2004，《畬族語言研究》。國立清華大學語言學研究所博士論文。

班弨，2006，《論漢語中的台語底層》。北京：民族出版社。

胡曉東，2009，〈苗瑤語的早期來源及其系屬〉。《貴州民族學院學報》（哲學社會科學版）5：109-113。

＿＿＿＿＿，2011，《瑤語研究》。成都：西南交通大學出版社。

孫宏開主編，2009，《中國少數民族語言簡志叢書：卷參》。北京：民族。（侗台語族語言）

＿＿＿＿＿主編，2009，《中國少數民族語言簡志叢書：卷肆》。北京：民族。（苗瑤語族、南島語、南亞語）

黃行，1999，〈苗瑤語方言親疏關係的計量分析〉。《民族語文》3：56-64。

陳保亞，1996，《論語言接觸與語言聯盟》。北京：語文。

陳孝玲，2011，《侗台語核心詞研究》。成都：巴蜀書社。

郭志超，1996，〈客家地區的壯侗語族族群與苗瑤語族族群〉。《廣西民族學院學報》（哲學社會科學版）4：58-62。

郭靜云，2013，《夏商周：從神話到史實》。上海：上海古籍出版社。

舒化龍，1992，《現代瑤語研究》。廣西：廣西民族。

游文良，2002，《畬族語言》。福州：福建人民。

曾曉渝主編，2010，《侗台苗瑤語言的漢借詞研究》。北京：商務印書館。

詹伯慧主編，2002，《廣東粵方言概要》。廣州：暨南大學出版社。

蒙朝吉，2001，《瑤族布努語方言研究》。北京：民族。

廣西壯族自治區少數民族語言文字工作委員會編，2008，《廣西民族語言方音詞彙》。北京：民族。

鄭宗澤，2011，《江華勉語研究》。北京：民族。

潘悟雲，2005，〈客家話的性質：兼論南方漢語方言的形成歷史〉，《語言研究集刊》第二輯：18-29。

鄧盛有，2007，《客家話的古漢語和非漢語成分分析研究》。國立中正大學中國文學研究所博士論文。

_____，2010，〈客家話中的非漢語成分研究〉。頁 549-571，收錄於羅肇錦、陳秀琪主編，《客語千秋：第八屆國際客方言學術研討會論文集》。桃園：國立中央大學客家語文研究所、臺灣客家語文學會。

鄧曉華，1994，〈南方漢語中的古南島語成分〉。《民族語文》3：36-40。

_____，1999，〈客家話跟苗瑤壯侗語的關係問題〉。《民族語文》3：42-49。

_____，2006，〈論客家話的來源：兼論客畬關係〉。《雲南民族大學學報》（哲學社會科學版）23.4：143-146。

鄧曉華、王士元，2003a，〈古閩、客方言的來源以及歷史層次問題〉。《古漢語研究》2：8-12。

_____，2003b，〈苗瑤語族語言親緣關係的計量研究：詞源統計分析方法〉。《中國語文》3：253-288。

賴文英，2012，〈客語疑問代詞「麼」的來源與演變〉。《語言暨語言學》13.5：929-962。

賴維凱，2016，〈從 Swadesh 前 100 核心詞看臺灣客家話和瑤族勉語的對應關係〉。頁 309-324，收錄於江俊龍主編，《臺灣客家語文研究輯刊》第四輯。臺中：臺灣客家語文學會。

_____，2016，〈從「再吃一碗飯」初探客語與南方少數民族語言的關係〉。頁 27-50，收錄於胡松柏主編，《客家方言調查與研究：第 11 屆客家方言國際學術研討會論文集》。廣東：世界圖書。

藍雪霏，2002，《畬族音樂文化》。福州：福建人民。

羅肇錦，2002，〈客話祖源的另類思考〉。頁 407-421，收錄於賴澤涵編，《客家文化學術研討會論文集》。臺北：客家委員會。

_____，2006，〈客語源起南方的語言論證〉。*LANGUAGE AND LINGUISTICS* 7.2：545-568。

_____，2010，〈客家話「嘛」（ma）的語法化過程〉。頁 290-299，收錄於羅肇錦、陳秀琪主編，《客語千秋：第八屆國際客方言學術研討會論文集》。桃園：國立中央大學客家語文研究所、臺灣客家語文學會。

_____，2016，〈原客（客的前身是畬瑤）〉。頁 27-50，收錄於胡松柏主編，《客家方言調查與研究：第 11 屆客家方言國際學術研討會論文集》。廣東：世界圖書。

# 閩西原鄉和飛地客家話的保留與創新：
## 以上杭縣通賢鄉闕氏為例

國立高雄師範大學客家文化所副教授　吳中杰

## 摘要

　　閩西客家話的內部差異遠較粵東客家話爲大，諸多共時上的不同，究竟是由來已久的歷史音變？抑是晚近才產生之現象？單從閩西地區觀察，未必能得到解答。如果我們結合移民史的材料，確認哪些閩西客語飛地，是何時期的汀州人民遷移所形成的，然後考察這些飛地的客語跟閩西原鄉的異同，就能得知何者爲移民之前既有的語言質素，何者又是晚近閩西原鄉乃至各處飛地的創新。考慮越是大姓，越可能有多種來源，爲求比對的精確性，我們找尋閩西地區世居之罕見姓氏，以便降低不同祖源的干擾，鎖定單一家族遷徙的時間及地點，並逐點進行語言採集，建構微觀家族語言史的研究。本文選擇閩西上杭縣北部通賢鄉秀坑村的闕氏，及其清初乾隆年間外遷的分支：閩北順昌縣南端的洋口鎮將軍村、浙江省南部松陽縣大東壩鎮石倉源等三處，做爲研究個案；若爲三者語言上之共同成分，表示是在清代以前，汀州客語既存的特徵。若爲三者有別，表示是近300年來，閩西原鄉和飛地客家話的各自遞嬗。此外尚須比較在地的強勢語言：順昌閩北話與松陽吳語，以排除語言接觸的因素，確定爲閩西客家話的內部演變。

**關鍵字：**閩西客家話、歷史音變、移民史、飛地、語言接觸

## 一、緒論

　　閩西客家話的內部差異遠較粵東客家話為大，諸多共時上和粵東客家話的不同，究竟是由來已久的歷史音變？抑是晚近才產生之現象？單從閩西地區觀察，未必能得到解答。如果我們結合移民史的材料，確認哪些閩西客語飛地，是何時期的汀州人民遷移所形成的，然後考察這些飛地的客語跟閩西原鄉的異同，就能得知何者為移民之前既有的語言質素，何者又是晚近閩西原鄉乃至各處飛地的創新。慮及越多人口的姓氏，越可能有多種來源，為求比對的精確性，我們找尋閩西地區世居之罕見姓氏，以便降低不同祖源的干擾，鎖定單一家族遷徙的時間及地點，並逐點進行語言採集，建構微觀家族語言史的研究，從而讓共時平面上眾多的音變分出先後，使其規律立體化。

　　由於閩西客語極端紛歧，散處閩北、浙江各地的客方言點差異也相當大，於是我們在進行出發地和移居地語言異同比較時，必須將干擾因素降到最低，以同一個家族於汀州和外遷地的最小地名，點到點的精確對比，這樣才能確認是該家族遷浙以後的語言保存抑或變遷，而非閩西原鄉本身既有的不同，也排除了在地各種閩北話、吳語的可能影響。

　　按照此一標準，我們選取研究個案如下：關姓在原鄉上杭的人數甚少，2014 年統計僅 1512 人，主要只分布於該縣北部通賢鄉的秀坑村，為關氏單姓村。《秀坑村志》（2014：37）載明第五世祖之後裔遷居浙江省松陽縣大東壩鎮石倉源。根據石倉源關姓族譜記錄，開基之 15 世祖入居時間為乾隆三年（1738）。《秀坑村志》（2014：37-38）另外提及，16 世於乾隆年間遷順昌縣洋口鎮將軍村，傳至 21 世復於清朝末年遷順昌縣將軍村。所以我們在將軍村、石倉源當地所見之關姓不會有其他來源，且在秀坑、將軍村、和石倉源三地都是望族，照理會比其他規模較小的移民群體更具語言上的代表性。那麼做秀坑、將軍村、石倉源的客語比較，應能消除變數，用音韻、詞彙上的一一對

應，呈現精準的家族語言演變歷程。

上杭縣的客語通常以位置居中的城關口音為代表（藍小玲 1999；李如龍 2003），該縣南部口音以藍溪鎮為準，由於地緣上接近梅縣，粵東成分明顯比城關多，尤其調類劃分和本調調值，跟梅縣一致（邱錫鳳 2012）。至於上杭東部的古田、蛟洋客家話，不同於一般客語的特點甚多，比較接近連城縣東南部宣和口音，和上杭其他鄉鎮迥異（劉鎮發、史彥華 2014；鄭曉峯、彭淑鈴 2015）。該縣最東端的步雲鄉梨嶺，屬閩客混合方言（何純惠 2014）。關姓所在之通賢鄉，位於上杭北部，與長汀縣相望，此處的語言情況，過去文獻並未顧及。

順昌縣語言上分為東、西兩部：東半部以洋口鎮為代表，接近南平口音的閩北話；西半部以城關為代表，類似邵武口音的閩贛方言。黃典誠等（1993）只有城關的材料。根據我們實地調查，將軍村所在的洋口鎮南部，共有 5 個說客語的村落，包含將軍、石溪、上鳳、田坪、大坪。主要皆為上杭縣北部通賢、南陽鄉、長汀縣河田移民。雖然只有 5 個村，但相連成片，有一定的語言活力。將軍村內的福州府古田縣林氏也改操客語，原先的閩東話只會聽不會講。又如上鳳村有將近一半的畬族，不僅說畬話，也兼用客語。

松陽縣基本上通行處州吳語（謝雲飛 1994；王文勝 2008），但其南部山區的大東壩鎮石倉源為封閉狹長的谷地，乃上杭通賢鄉秀坑關氏聚居（關樹安，2014），擁有 14 座祖祠，至少超過 2000 人。加上丁、黃、練等其他家族，該鎮汀州移民後裔上萬。大東壩鎮上的華也是汀州特徵姓氏，來自上杭蛟洋的華家亭。[1] 根據雲和等附近縣份的汀州人評估，大東壩鎮因為分布密集、地形

---

1 新北市三芝區祖籍永定高頭的江為第一大姓，華則為第二大姓，來自永定縣坎市。而坎市華姓亦源於上杭蛟洋華家亭。

封閉，保持的客語最純正。我們實地測試，發現 10 歲孩童的客家話對答如流。

## 二、秀坑、將軍和石倉源三地客語的共通性

1. 來母逢細音讀塞音 t-。

2. 知莊章組不分，只有一套 ts 類滋絲音。ts-,tsʰ-,s- 在細音 -i,-y 前顎化為
   tɕ-, tɕʰ-,ɕ-，但不引起語意對立。

3. 章組合口部分字讀 f-，如「水睡」。

4. 影組合口二、三等往往讀 v- 聲母。

5. 保持局部魚虞分立的痕跡。虞韻「芋」讀 -i 韻母，有別於粵東 -u 唸法。

6. 蟹開二見曉組「界鞋解蟹」讀 -a，對應於粵東 -ai 唸法；而蟹開二幫組「買
   賣」、影組「矮」、蟹開四「弟泥犁溪」讀 -ei，對應於粵東 -ai 唸法。

7. 效開一、二等 -o:-au 有別。

8. 咸、山開一、二等合流讀 -aŋ/aʔ。

9. 咸、山開三、四等合流讀 -ien/iet。

10. 臻攝合口一、三等字多數跟同攝開口字合流，見系合口字相對而言，
    保留較多 -u- 介音。臻開三「寅」閩西都讀以脂切，無鼻音韻尾，僅有
    長汀縣城關及其附郭大同鎮 2 處，讀有鼻音韻尾之翼真切（項夢冰等，
    2005：365）。秀坑、將軍、石倉源都唸 -i，體現閩西「寅＝姨」陽平
    調的特徵。粵東「寅＝衣」則為陰平調。

11. 梗開四讀 -en/et，對應於粵東 -aŋ/ak 唸法。

12. 通攝無論一、三等和舒、入聲，多讀展唇元音；亦包含江攝窗、雙等
    少數字。

13. 詞彙上，如蚯蚓：三地都說「黃蟣」。雖然石倉源 voŋ11 tɕʰien31 與

鄰近的松陽象溪吳語說法相同 522 xɛ33（王文勝 2008：232），但吳語「黃」無 v- 聲母，「蟶」唸擦音 x-，異於客語的塞擦音。塞擦讀法來自順昌縣將軍村塞音形式的顎化（kʰien→ tɕʰien）。又如澆菜，三地都說「壅 vəŋ55 菜」；有別於梅縣的「淋菜」、詔安的「沃菜」。

## 三、秀坑、將軍和石倉源三地客語的差異性

1. 來母逢細音讀塞音 t- 的現象三處皆有，但將軍村例字較少；如「流 liu11」仍為邊音。

2. 章組合口部分讀 f- 的現象三處皆有，但將軍村例字較少；如「稅 sue55, 船 suen11, 唇 ɕien11」不讀 f-。

3. 影組合口二、三等讀 v- 聲母的現象三處皆有，但將軍村例字較少；如「搲 ia31, 冤 ien24, 越 iet5」無 v- 聲母。

表 1　影組合口二、三等聲母讀 v-

|  | 秀坑 | 將軍村 | 石倉源 | 廣東梅縣 | 廣東饒平 |
|---|---|---|---|---|---|
| 乙 | viet | viet | viet | iet | ʒiet |
| 搲 | viɒ | ia | viɒ | ia | via |
| 栝（掅） | vien | vien | vien | ian | vien |
| 遠 | vien | vien | vin | ian | vien |

資料來源：作者調查

閩西乃至漳、潮之交的客語影組合口二、三等往往讀 v- 聲母,「撽挖冤越勻永役」,秀坑、石倉源均不例外,將軍略少。「撽(用手指抓)²」梅縣讀零聲母,廣東饒平上善、福建詔安官陂讀 v-,石倉源亦然。影母開口三等「乙」也有 v- 讀法,該字屬於真韻,同韻之舒聲字「忍靭僅銀」客家話常見 -iun 唸法,讀如臻合三。「乙」的特殊聲母說明它也是讀如合口的例子。長汀涂坊、連城宣和「乙」也唸 v-(何純惠 2014:210)。

　　4. 假開二秀坑讀 -ɒ、將軍為 -a、石倉源也唸 -ɒ,但「垻」字無論在地名「大東垻」,或通稱「河垻(河流)」時都讀 -uo.

　　5. 保持局部魚虞分立痕跡的現象三處皆有,秀坑、石倉源魚韻「佢魚去」帶有中元音 -e,虞韻為單純之前高元音。但將軍村只有「魚」帶有中元音 -e,「佢去」則為單純之前高元音 -i。

表 2　魚虞分立的痕跡

|  | 佢 | 魚 | 去 | 雨 | 芋 |
|---|---|---|---|---|---|
| 秀坑 | kei | ŋei | kʰei | i | i |
| 將軍村 | ki | ŋei | kʰi | i | i |
| 石倉源 | kei | ŋei | kʰie | i | i |

資料來源:作者調查

贛南本地話、閩西客語、浙南吳語常見魚、虞二韻分立的痕跡;魚韻「佢魚去」帶有中元音 -e,虞韻為單純之前高元音。但並非所有該兩韻的轄字都對立,相混者仍居大多數,對立者只限於魚韻少數常用字,是古江東方音殘存的現象。

---

2 撽:集韻烏瓦切,吳人謂以指取物。

6. 蟹開一「菜」、止合三「吹嘴」秀坑讀 -uə、將軍為 -ue、石倉源唸 -ye。

7. 蟹開二「排」秀坑、石倉源讀 -a，但將軍唸 -ai；蟹合三「稅」秀坑讀 suə53、將軍為 sue55、石倉源卻唸 fi55。

8. 流開一（包含部分三等字）秀坑讀 -əɯ、將軍為 -au、石倉源唸 -a（頭透豆樓／醪瘦）和 -ie（狗口厚／牛球）的兩類讀音。

9. 流開三如「州九救舊首又」等字，秀坑、石倉源唸 -y，但將軍唸 -iu。

表 3　遇攝和流攝三等讀撮口韻

|  | 鼠 | 州 | 九 | 救 | 舊 |
|---|---|---|---|---|---|
| 秀坑 | tɕʰy | tɕy | tɕy | tɕy | tɕʰy |
| 將軍村 | tsʰu | tɕiu | kiu | kiu | kʰiu |
| 石倉源 | tɕʰy | tɕy | tɕy | tɕy | tɕʰy |

資料來源：作者調查

必須說明的是，遇攝和流攝三等早在原鄉上杭秀坑就已經有撮口韻的讀法，並非到松陽之後才產生的語音變化。所謂「尤入魚」的現象，如「州九救舊首又」等字，秀坑業已唸 -y。將軍村則無撮口韻。

10. 山合四入「關」秀坑讀 tɕʰiet32、將軍為 kʰiet32、石倉源唸 tɕʰit32，讀如臻開三的「七」。山合四舒「縣」秀坑、將軍為 vien55、石倉源唸 vin53，讀如臻合三的「運」。

11. 第二人稱秀坑、石倉源讀 hŋ11；將軍說 ni11。

12. 通攝讀展唇元音的現象三處皆有，秀坑和石倉源之通攝均讀展唇元音，如一等「桶公 -əŋ／ 穀 ɯʔ」、三等「隆銃弓雄龍 -（i）əŋ／ 六粥 ɯʔ」。但將軍村例字較少，在 53 個我們詢問的通攝字中，只有 18 個讀展唇元音，僅占 34%；其餘為圓唇 -u 元音。

13. 詞彙上，如將軍村「嬸嬸」說 suk32 me24，跟梅縣、苗栗一致；而秀坑、石倉源說重疊式的 mei33 mei33，和平遠、屏東內埔一致；然而「伯母」仍稱 pɔʔ32 mei33，以重疊式出現的只有「嬸嬸」。又如「絲瓜」秀坑、將軍說「亂遷」luon53 tsei31，此為汀州、漳州客語常見說法，跟畬話 lon-55 tsi35 應有同源關係。但石倉源說「天蘿」tʰiẽ11 lou11，同於浙南吳語。「回去」秀坑說「歸去」、將軍和石倉源卻都說倒序的「去歸」。

14. 秀坑「滾」唸送氣的 kʰuẽ31，石倉源「滾（～水），形容詞」讀kuəŋ31、「滾（～了），動詞」讀 kuẽ31，皆為不送氣。將軍 kuin31亦不送氣。

15. 見曉組逢細音秀坑、石倉源唸顎化的 tɕi/tɕʰi/ɕi，但將軍唸未顎化的 ki/kʰi/hi。

## 四、秀坑、將軍和石倉源三地客語差異原因試析

### （一）順昌仁壽客家話對將軍村的影響

　　仁壽鄉位於順昌縣北部，根據閩北客家聯誼會統計，該鄉 1 萬 7 千人中，操客語者有 4 千多人，尤其富石、江墩、余塘全村講客話。仁壽客家七成來自江西贛州府興國縣蓮塘、樟木等鄉鎮，二成來自汀州上杭、長汀、連城、永定，一成來自廣東梅縣。與順昌縣仁壽鄉交界的建陽市書坊鄉垻上、丁家村，以及邵武市拿口鎮密溪口、衛閩鎮王溪口、下洒口也講客話，居民亦多來自江西興國縣蓮塘。我們進行了順昌仁壽、建陽丁家、邵武密溪口、王溪口的調查，發現彼此差異微小。江西興國縣除了城關瀲江鎮講本地話之外，絕大部分鄉鎮說

客籍話，這種語言是從嘉應州倒遷的移民帶上來的，因此呈現粵東而非贛南本
地話特色。雖然仁壽鄉及其鄰近地區也有 20% 的汀州人，但來源紛歧，加上
閩西客語內部的複雜度，導致通行性低，使得仁壽一帶的客語閩西成分稀薄，
主要仍為粵東 – 贛南客籍話的類型：

1. 缺乏來母逢細音讀塞音 t- 的現象；唯有近指代詞說 ti31，如果確定來自
   粵東的 li31/lia31 形式，可視為邊音塞音化之例。
2. 章組合口皆讀 s-，完全無讀 f- 的現象。
3. 影組合口二、三等皆讀零聲母，完全無讀 v- 聲母的現象。
4. 假開二完全無讀 -ɒ 的情形，都為 -a。
5. 魚虞分立體現於魚韻「魚鋸」帶有中元音 -e，但「佢去」則為單純之前
   高元音 -i，如同虞韻。
6. 蟹開二不讀 -a，一般都唸 -ai。
7. 流開三無讀 -y 之例，都唸 -iu。
8. 通攝全然不讀展唇元音；皆為圓唇 -u 元音。
9. 見曉組逢細音不唸顎化的 tɕi/tɕʰi/ɕi，而是唸未顎化的 ki/kʰi/hi。
10. 梗開二、四不讀 -en/et，而是如同粵東之 -aŋ/ak 唸法。

以上各點只有近指代詞說 ti31、魚韻「魚鋸」唸 -ie 具有汀州客語特徵，
其餘均為壓倒性的粵東 – 贛南客籍話類型。

順昌客語既以粵東類型為基本型態，將軍村闕姓的語言，雖然如第二節所
列，仍有若干跟通賢鄉、大東壩共通之處，然而受粵東類型牽引，閩西成分沖
淡許多，體現於來母逢細音讀塞音 t-、章組合口部分讀 f-、影組合口二、三等
讀 v-、魚虞分立、通攝讀展唇元音等方面轄字的減少，假開二為 -a、蟹開二
唸 -ai、見曉組逢細音不唸顎化，以及第二人稱說法改變。只有流開一（包含
部分三等字）將軍為 -au、仁壽為 -əu；以及梗開二、四等將軍村並未接受粵

東類型，仍為 -en/et。

仁壽「回去」說「去歸」，將軍亦然，這跟秀坑「歸去」說法逆序。

## （二）上杭古田－蛟洋客家話對石倉源的影響

石倉源為一封閉狹長的谷地，日常往來仍要到大東圳鎮上。而該鎮街區以來自上杭蛟洋華家亭的華氏為主。王文勝（2008）在大東圳鎮選取代表的發音人也是姓華。上杭古田－蛟洋客家話不同於一般客語的特點甚多，鄭曉峯、彭淑鈴（2015）所舉韻母特色多達28點。本文僅就和石倉源相關的現象擇要臚列：

1. 章組部分讀 f- 的現象例字較多，除一般常見的「水睡」，還有「稅瑞順術嬋」等。
2. 假開二、咸開一二等入聲、梗開二入聲韻腹一概讀 -uo；古田咸、梗尚有喉塞尾，蛟洋入聲韻尾 *-p,*-k 徹底消失，跟假開二混同。
3. 蟹開一「菜」唸 -ie、止合三「吹嘴」唸 -i 不同音。
4. 蟹合三「稅」、止合三「瑞」讀 -i 韻母
5. 流開一（包含三等的牛）唸 -ie
6. 咸、山三四等入聲字一般讀 -ieʔ，但有些字讀 -iʔ 如「葉熱舌」。

如果承認蛟洋口音對石倉源有過影響，就能順利解釋為何秀坑「稅順」唸 s-，石倉源卻唸 f-。假開二秀坑、石倉源都唸 -ɒ，但「圳」字無論在地名「大東圳」，或通稱「河圳（河流）」時都讀 -uo，這是蛟洋特徵，隨著地名讀法進入了通賢口音中。由石倉源蟹開一見組「開」仍讀 kʰuə33 來看，「菜吹嘴」原先應如秀坑讀 -uə，而現今所見之 -ye 唸法是後起的；跟古田－蛟洋口音唸 -ie 當有密切關係。蟹合三「稅」秀坑讀 suə53、將軍為 sue55、石倉源卻唸 fi55；不尋常的韻母形式也是源於蛟洋口音。流開一（包含部分三等字）秀坑讀 əɯ、將軍為 -au、石倉源卻唸 -a（頭透豆樓／醪瘦）和 -ie（狗口厚／牛球）的兩類讀音，前者的 -a 來自將軍的 -au，而後者的 -ie 正符合蛟洋讀法。又如

山合四「關」秀坑讀 tɕʰiet32、將軍為 kʰiet32、石倉源唸 tɕʰit32，讀如臻開三的「七」。蛟洋口音咸、山三四等入聲字一般讀 ieʔ，但有些字讀 iʔ（鄭曉峯、彭淑鈴 2015：214），前述「菜」唸 -ie、「吹嘴」唸 -i 也屬於同方向的音變；這樣可以說明為何石倉源的「關、縣」-e 元音之消失。

「回去」通賢、古田一帶說「歸去」較普遍，「歸」為謂語，「去」為趨向補語，先謂語後補語，是漢語動補結構的常態。但大東壩、石倉源說倒序的「去歸」；由於華家亭就是說「去歸」，可見這種特殊的倒序講法，至遲在清初華氏移民到大東壩之前，就已經產生了，並影響及於石倉源。上杭縣蛟洋鎮內塘廈類型的「歸去」和華家亭類型的「去歸」並存，而整個浙江客語區「歸去」和「去歸」均有相當多的使用者。

## （三）外部語言的影響

比對黃典誠等（1993）順昌城關閩語的材料，發現有若干詞彙滲透到將軍村當地的客家話來。如「拿」秀坑、石倉源說 nɒ11，將軍為「馱 tʰo11」，乃閩北話講法。其他還有量詞「條」說「行 haŋ11」、處置標記「把」說「幫 poŋ24」等。

以王文勝（2008）觀之，松陽吳語進入石倉源客語中的，除了「絲瓜」說「天蘿」tʰiẽ11 lou11 外，還有表然諾說 o24、「溪哥」說「石斑魚」saʔ-32 paŋ33 ŋei11、「疼惜」說「值錢 tɕʰit55 tɕʰiẽ11」。松陽板橋鄉畬話也用「值錢 tiʔ2 tsʰan11」，都來自松陽吳語的「值鈿[3]」dzieʔ2 diẽ13。

閩西、粵東客語一般以「桁」表示「掀」。由於地理位置靠近龍岩閩語區，古田－蛟洋口音有一些閩語成分；如「掀」用「藃 ɕio33」，來自閩南語的說法 hiau44。

---

3 吳語稱「錢」為「銅鈿」。

秀坑客家話將見母「滾」字讀送氣塞音，其實早在董同龢（1956）就已發現四川華陽涼水井客語「滾」字送氣。郯遠春（2012：176-180）討論過「滾」送氣在各省客語中的分布，粵東興寧、五華均有所見。其運用社會語言學計量方式，調查四川成都郊區東山的興寧、五華清代客家移民後裔，發現老一輩說客語「滾」皆送氣，中、青年明顯遞減，改從當地強勢語言—西南官話的不送氣讀法。而閩西武平、上杭都常出現「滾」送氣的情形，閩北、浙江客語不送氣，應亦為受在地主流語言影響而改讀。

# 五、研究發現及展望

## （一）研究發現

本文選擇閩西上杭縣通賢鄉秀坑村的關氏，及其清初乾隆年間外遷的分支：閩北順昌縣洋口鎮將軍村、浙江省松陽縣大東壩鎮石倉源等三處，做為研究個案。關姓所在之通賢鄉、洋口鎮、大東壩鎮客家語言情況，過去文獻並未顧及。本文揭露三地客語的共通性及差異性，單單「關」這個姓氏，三地讀法業已不同（秀坑讀 tɕʰiet32、將軍為 kʰiet32、石倉源唸 tɕʰit32）。至於差異的原因，我們如果根據波傳理論，距離音變傳播中心越近的地點，語言被中心強力影響；反之，越遠處影響力減弱，跟中心的語言差別較多。然而這很難解釋約同時期從母土出走的將軍村、石倉源的例子，因為相比之下，將軍村離上杭近得多，語言上卻差異較大；而石倉源遠離原鄉，共通處反倒更多。本文改以鄰近區域其他種類的客語接觸互動，作為分析角度，討論分布更廣的順昌仁壽客家話對將軍村的影響。仁壽客語既以粵東類型為基本型態，將軍村雖然仍有若干跟通賢鄉、大東壩共通之處，然而受粵東類型牽引，閩西成分沖淡許多。

同時也探究了大東壩鎮上古田－蛟洋客家話對石倉源的影響，如此可順利解釋石倉源跟原鄉的一些不甚規律之差異。接著也提出外部語言對客語的影響，來源包含順昌城關閩語、松陽吳語、龍岩閩語等。總的看來外部語言的影響僅及於個別詞項，真正能使同類音讀轄字減少、或引起語音系統調整的，還是近處別的客家次方言。我們的觀察是：地理距離不是引起語言差異的唯一要素；語言體系上越接近，產生的干擾和影響越大。

## （二）研究展望

鳥瞰既有的客家語言研究成果，除了閩粵贛大本營外，客語飛地的研究集中在贛東北、粵西、廣西、四川。這些飛地的形成時期大多為清初，客語主要皆為內部一致性甚高之粵東類型，而其語言接觸對象包含贛語、粵語、西南官話。至於閩、浙、皖的客語飛地，形成時間也始於清初，客語種類卻複雜得多，閩西客家話本身固然紛歧，還有一定數量的粵東－贛南客籍話類型分布。其語言接觸對象更錯綜，包含閩中、閩北、閩贛方言、泰順蠻講（屬閩東話）、吳語婺州片、處衢片和徽語嚴州片、江淮官話。然而現有的客語分布總論如謝留文、黃雪貞（2007：238-9），對於閩、浙、皖的客語飛地，僅以「有大小不一的客方言島」一語帶過。根據我們實地調查，這些客語飛地小者聚族成村，大者跨越鄉鎮，規模不亞於粵西地區，所受學界重視程度卻判若雲泥。本文觀察閩、浙、皖的客語飛地，語言活力其實不弱，原因誠如曹志耘（2005）所言：

> 一個地區內各地方言之間的異同程度，會影響到該地區方言島的命運。內部一致性高，各地方言之間交流便利，易於互相影響和趨同，形成更統一、更強大的方言。而島外方言勢力越大，對方言島的生存壓力也就越大。內部分歧大，中心城市的方言很難制約和同化本地區內的方言，各地方言相對獨立自主，各種小方言（包括方言島）

得以在一個比較寬鬆的環境裡自由地生存發展，吳語婺州片、處衢片和徽語地區就是這種情況。今天的吳徽語地區，方言島種類最多、分布面積最廣、使用人口最多的，正好就是內部分歧最大的婺州片、處衢片和徽語地區。這絕不是偶然的。

彼等分布地區，恰為地形起伏、本地方言紛歧、無權威方言、多語並用的狀態，客語能在一定程度上維持使用，其發展演變值得注目。過去，學界重視的是清初客家大移民潮的西線（**贛、湘、粵、桂、川**）；今後，我們呼籲要將眼光放在清初客家大移民潮的東線（**閩、浙、皖**）！

# 附錄一、上杭縣通賢鄉秀坑村音系

## 聲母

p- 填伯 pʰ- 婆步 m- 麻妹 f- 水睡 v- 壅黃 t- 龍六 tʰ- 胎脫 n- 拿泥 l- 亂落 ts- 糟豬 tsʰ- 丑銃 s- 市手 k- 雞公 kʰ- 去滾 ŋ- 牙蟻 h- 你雄 0- 又鴨

ts-,tsʰ-,s- 在細音 -i,-y 前顎化為 tɕ-,tɕʰ-,ɕ-，但不引起語意對立。

## 韻母

-i 芋寅 -ɨ 子詩 -u 狐樹 -ɯ 豬輸 -y 鼠州 -a 排界 -ɒ 填拿 -ɔ 邏燥

-ou 婆老 -iɒ 野掖 -uɒ 瓜開 -ei 魚買 -uei 歸魏 -uə 吹嘴 -əɯ 頭樓 -iɯ 瞭曉 -io 茄靴 -ua 外塊 -iu 秀醜

-en 根恆 -in 尋新 -ien 桁遠 -uon 卵亂

-oŋ 江黃 -ioŋ 將網 -əŋ 桶公 -iɐŋ 弓雄 -ɒŋ 更生 -iɒŋ 姓驚 -aŋ 杉爛

m̩ 毋 ŋ̍ 五你 -uə̃ 飯滾

-iet 乙闕 -et 得食 -it 入吉

-oʔ 澤各 -ioʔ 雀腳 -ɯʔ 穀粥 -iɯʔ 局浴 -ɒʔ 伯核 -iɒʔ 惜屐 -aʔ 鴨恁 -əʔ 勿蝨 -uəʔ 骨掘

-u 韻母實際發音，接近於 v 的成音節。-n 韻尾往往不穩定，-en 常讀為 -eŋ，-ien 常讀為 -iẽ，-uon 常讀為 -uoŋ。反之，-aŋ 常讀為 -an。-uə̃ 常讀為 -uəŋ。-t 韻尾往往不穩定，-et 常讀為 -eiʔ。

## 聲調

陰平 33，陽平 11，上聲 31，去聲 53，陰入 32，陽入 5

## 附錄二、順昌縣洋口鎮將軍村音系

### 聲母

p- 髮幫 pʰ- 排雹 m- 毛問 f- 水歡 v- 枉永 t- 堆凳 tʰ- 頭毒 n- 老榕 l- 賴燶 ts- 脹春 tsʰ- 柱拆 s- 鰓傘 k- 滾供 kʰ- 去裙 ŋ- 魚咬 h- 係狹 0- 寅冤

ts-,tsʰ-,s- 在細音 -i,-y 前顎化為 tɕ-,tɕʰ-,ɕ-，但不引起語意對立。

### 韻母

-i 水寅 -ɨ 梳子 -u 柱鼠 -y 呂虛 -a 太鞋 -o 婆好 -e 個魚

-ai 排賴 -au 頭甌 -iau 醮廖 -ia 借姐 -ua 瓜柺 -ei 買杯 -uai 塊 -ue 堆吹 -io 茄

-ui 魏 -iu 鰍游

-en 蓼燶 -in 裙永 -ien 冤遠 -uen 斷磚 -uin 滾

-eŋ 孫問 -oŋ 幫枉 -ioŋ 養放 -əŋ 聾松 -aŋ 歡慢 -iaŋ 醒兄 -uaŋ 慣梗 -uŋ 甕榕 -iuŋ 弓供

m̩ 毋 ŋ̍ 五

-at 法韇 -uat 刮 -ot 發髮 -iet 摺碟 -uet 割國 -et 舌得 -it 習疾 -uit 掘窟

-uk 毒燶 -iuk 菊肉 -ok 勺雹 -iok 雀腳 -ək 縮燭 -ak 狹拆 -iak 劈額

### 聲調

陰平 24，陽平 11，上聲 31，去聲 55，陰入 32，陽入 5

## 附錄三、松陽縣大東壩鎮石倉源村音系

### 聲母

p- 畚埂 pʰ- 皮破 m- 門木 f- 水睡 v- 橫屋 t- 對倒 tʰ- 天桶 n- 尿牛 l- 聯聾 ts-
井灶 tsʰ- 車村 s- 杉石 k- 交穀 kʰ- 楷快 ŋ- 瓦魚 h- 下鞋 0- 椅有

ts-,tsʰ-,s- 在細音 -i,-y 前顎化為 tɕ-,tɕʰ-,ɕ-，但不引起語意對立。

### 韻母

-i 椅米 -ɿ 子紙 -u 烏虎 -ɯ 賠妹 -y 鼠州 -a 樓排 -ɒ 拿家 -ɔ 敲拗

-ou 揉糕 -iɒ 寫野 -uɒ 瓜 -ei 魚買 -uei 貴虧 -uə 開腿 -iɯ 表苗 -iou 茄靴 -ie 樵
笑 -uo 埂沫 -au 搞襖 -ye 菜吹 -ua 筷塊

-en 蔘冷 -in 人裙

-eŋ 塵瘟 -oŋ 杖行 -ioŋ 放網 -əŋ 五夢 -aŋ 三更 -iaŋ 姓頸 -uaŋ 管梗 -uəŋ 滾(~水)
棍 -uoŋ 斷

n̩ 毋 ŋ̍ 你 -iẽ 天冤 -yẽ 磚 -uɜ̃ 滾(~了)

-iet 雪血 -et 北得 -it 攝闕 -at 薩舌

-oʔ 索著 -ioʔ 縛腳 -uʔ 剝國 -iuʔ 玉 -uiʔ 骨 -əʔ 發髮 -uəʔ 割掘 -ɯʔ 讀菊 -aʔ 蠟
麥 -iaʔ 借喫 -uaʔ 刮

### 聲調

陰平 33，陽平 11，上聲 31，去聲 53，陰入 32，陽入 45

# 參考文獻

王文勝，2008，《處州方言的地理語言學研究》。北京：中國社會科學。

江敏華，2003，《客贛方言關係研究》。國立臺灣大學中文所博士論文。

李如龍，2001，《福建縣市方言志 12 種》。福州：福建教育。

_____，2003，〈閩西客家方言語音詞彙的異同〉，《漢語方言的比較研究》239-269。北京：商務印書館。

吳中杰、張學年，2014，〈方言地理學的實踐：以福建省武平縣為例〉，論文發表於「第 3 屆漢語地理語言學研討會」，廣州：暨南大學主辦，8 月 8 日。

吳中杰，2004，〈畲族語言研究〉。國立清華大學語言所博士論文。

_____，2013，〈閩西汀州客家話的音韻特性〉，論文發表於「語言學門教師成果發表工作坊暨臺灣語言學學會」第 8 屆第 1 次會員大會，臺北：臺灣師範大學主辦，11 月 2 日。

_____，2014a，〈畲話的南北分片問題—以閩中尤溪雙貴山為例的探討〉，論文發表於「第 12 屆臺灣語言文化分佈與族群遷徙工作坊」，桃園：中央大學主辦，4 月 19 日。

_____，2014b，〈中國內陸各省汀州客語飛地之分布及分類〉，論文發表於「第 10 屆客家尋蹤研討會」，浙江：麗水學院主辦，7 月 21 日。

何純惠，2013，〈連城縣蓮峰鎮客家話 -aĩ、-uaĩ 的新生與音韻演變〉。《臺灣客家語文研究輯刊》第 2 輯 1-36。中壢：臺灣客家語文學會。

_____，2014，〈閩西中片客家話與混合方言音韻研究〉。國立臺灣師範大學國文系博士論文。

金永漢等，1999，《浙江省少數民族志》。北京：方志。

邱錫鳳，2012，《上杭客家話研究》。福州：福建人民。

郗遠春，2012，《成都客家話研究》。北京：中國社會科學。

秋谷裕幸，2001，《吳語江山廣豐方言研究》。日本松山：愛媛大學。

_____，2003，《吳語處衢方言（西北片）古音構擬》。東京：好文出版。

陶寰，2007，〈廿八都方言研究〉。《東方語言學》2:218-233。上海：上海教育。

曹志耘，2002，《南部吳語語音研究》。北京：商務印書館。

_____，2003，〈浙江金華珊瑚村方言狀況〉，《中國社會語言學》第 1 期。

_____，2004，〈浙江金華珊瑚客家話音系〉，《方言》第 3 期 200-211。

_____，2005，〈論方言島的形成和消亡：以吳徽語區為例〉，《語言研究》
　　　第 4 期。

曹樹基，2013，〈清代前期浙江山區的客家移民〉。頁 177-198，收錄於《閩
　　　西客家外遷研究文集》。福州：海峽文藝。

項夢冰，1997，《連城客家話語法研究》。北京：語文。

_____，2002，〈連城（文亨鄉文保村）方言同音字彙〉。《中國語學研究「開
　　　篇」》21：75-90。

_____，2004，〈連城（莒溪）方言「言」字的讀音〉。《閩西方言調查研究》
　　　第 1 輯 213-218。首爾：新星。

項夢冰等，2005，《漢語方言地理學：入門與實踐》。北京：中國文史。

黃典誠等，1993，《福建省志方言志》。福州：方志。

張如山，2013，〈淺談上杭客家向浙江移民〉，《閩西客家外遷研究文集》
　　　204-211。福州：海峽文藝。

傅長盛，2009，〈浙江麗水市閩西客家移民考察散記〉，《客家縱橫》第 4 期。

游文良，2002，《畬族語言》。福州：福建人民。

彭淑鈴，2013，〈上杭古田客家話研究〉。中央大學客家語文研究所碩士論文。

雷先根，1995，〈畬語芻議〉。頁 123-127，收錄於《畬族歷史與文化》。北京：
　　　中央民族大學出版社。

董同龢，1956，《華陽涼水井客家話記音》。科學出版社。

鄭曉峯、彭淑鈴，2015，〈福建上杭古田方言的音韻及詞彙特點〉，論文發表
　　　於「第 4 屆臺灣客家語文研討會」，桃園：中央大學主辦，6 月 25 日。

劉鎮發、史彥華，2014，〈上杭古田話韻母的特點與演變〉。論文發表於「第
　　　11 屆客方言研討會」，江西：南昌大學主辦，8 月 21 日。

藍小玲，1999，《閩西客家方言》。廈門：廈門大學出版社。

謝雲飛，1994，〈松陽方言的音位〉。《國立政治大學學報》68：1-39。臺北：
　　　國立政治大學。

謝留文、黃雪貞，2007，〈客家方言的分區（稿）〉。《方言》3：238-249.

闕樹安，2014，《秀坑村志》。上杭：上杭縣通賢鄉秀坑村村委會。

羅美珍、林立芳、饒長溶，2004，《客家話通用詞典》。廣州：中山大學出版社。

羅滔，2008，《連城客家方言文化》。北京：中國文史。

# Hakka Identity in the United States

Associate Professor, Department of Asian American Studies,
San Francisco State University    **Jonathan H. X. Lee**

## Abstract

This paper presents my preliminary research into Hakka American identity. Within Chinese American studies, the prevailing research has focused on Mandarin and Cantonese-speaking Chinese communities. There have been recent developments in the study of Taiwanese Americans, but there is still a dearth of research on Hakka communities and other ethnic linguistic groups. This exploration is on the lesser-known Hakka Americans who have settled in the United States and the first wave of Chinese migrants who left southern China in search of gold in the mid-1840s. This paper introduces theories on the issue of Hakka identity in the United States to reveal the complexity and heterogeneity of being "Chinese" and Hakka American.

*Keywords* ：Hakka American, cultural preservation, Chinese American, Hakka, identity, acculturation, Sinophone

Among Chinese Americans, issues surrounding identity are crucial matters that affect daily life. From the first notable wave of Chinese immigrants to the United States during the 1848 Gold Rush, to the later iterations of global Chinese migration, issues and questions of identity are commonplace and central to living in Chinese communities abroad. Since their arrival to the United States and its territories, Chinese immigrants have encountered racism and exclusion, and balanced the pressure to assimilate with a need to maintain ties to their home country in order to retain a sense of being "Chinese." This negotiation between being Chinese and American is most acute among second generation American-born Chinese. In fact, identity was one of the central concerns that inspired the student protest that led to the birth of the Chinese American studies program at San Francisco State University during the strike of 1968.

As an academic discipline, Chinese American studies in particular, and Asian American studies in general, originated from the demand for Asian American subjectivity, to recognize and consider Asian Americans through history, art, literature, social sciences, and education, and as subjects of research. Four and a half decades later, matters of subjectivity are still central to Asian American lives—inside and outside of academe. For instance, a common topic of discussion in my Vietnamese, Chinese, Cambodian, and comparative Southeast Asian American studies courses at San Francisco State University is identity. In particular, many Chinese American youth express frustration with their inability to articulate—clearly and decisively—their entanglement with existential questions about their subjectivity, apropos of their ethnic, national, and cultural self-awareness.[1] Their struggle between being Asian American, in general, and their own ethnic identity, more specifically, should be neither taken for granted nor dismissed as obvious or superficial. These perennial tussles with self-awareness, being, existence, and form are central matters of subjectivity: Subjectivity mattered then, it matters today, and it will matter in the future. This paper explores assertions of Hakka subjectivity vis-à-vis the homogenous "Chinese" among "Chinese Americans."

The concepts of being "Chinese" and "Chinese American" assume a common essentialistic sense of "Chineseness" that is abstract and amorphous, and rouses competing questions: "What is Chinese?" "Who are the Chinese?" "Am I Chinese?" "What is not Chinese?" etcetera. The concepts of who is Chinese and where they are from are commonplace and accepted through everyday use of the label, or signifier, "Chinese." Among Chinese Americans, this is very common and unquestioned. Moreover, the label "Chinese American" reveals support for understanding American society and history through the lens of acculturation and superficial multiculturalism. I argue that invoking Hakka identity and subjectivity is a form of hyperacculturation that rejects, implicitly and explicitly, the umbrella marker of "Chinese" and, by extension, "Chinese American." Thus, Hakka identity gently critiques the

---

1 Hakka American youth and their counterparts in Taiwan share a similar experience in forming and constructing their subjectivity as Hakka. For instance, an article in The China Post (Chan, 2016) details youth in Taiwan struggling to assert and express their Hakka identity. It states, "From childhood, Zhengwei Lee, 23, had no contact with his Hakka background. Lee never spoke Hakka at home, and his elementary school in Chiayi only taught Taiwanese as the mother language. 'I don't know how to speak Hakka, and there are no books or ways to record Hakka because it's mostly oral,' Lee said. 'I don't want my generation to completely forget Hakka, but on the other hand, there are few places where you can use Hakka.' Lee is not alone. According to the Hakka Affairs Council language use survey, 47.3 percent of Hakka people can speak the Hakka language, and only 22.8 percent of Hakka people ages 19 to 29 can speak Hakka. The figure is even lower for those below age 18. In fact, the lower the age, the less likely one is to speak Hakka."

multiculturalism that hides and renders differences invisible, and focuses on genuine visible differences: this approach employs pluralism and includes specific plural identities that link religious, social, cultural, psychological, emotional, political, national, historical, and other identities. The Hakka identity is, therefore, in and of itself, plural and diverse.[2]

There are many theories on the construction of Chinese identity. The most common, and popular, rely on the notion of "Chineseness" that speaks to an idealized concept of what it means to be Chinese. Social–historical linguist Shu-mei Shih critiques the notions of "China," "Chinese," and "Chineseness" through "Sinophone" analysis. Shih (2011) argues that the entity we know as "China" is a colonial state, and "Chinese subjectivity" is therefore the identity of the colonizer (p. 709). Among ethnic minorities in China, being "Chinese" is thus an expression, voluntarily and involuntarily, of a nation–state identity (p. 710). This state apparatus and the historical consciousness of being "Chinese" are not visible, or rather, known by Chinese Americans who exert and employ the notion of being "Chinese." Being "Chinese" for Chinese Americans reveals their attempt to express their subject through symbolic cultural representation. Many second, third, and fourth generation Chinese Americans do not speak a Chinese language (e.g., Mandarin or an ethnic linguistic dialect) and do not know much about Chinese folklife and cultural heritage. However, among Chinese Americans of Hakka heritage, asserting their Hakka identity and actively maintaining Hakka customs and folkways reflect "opposition"to the powerful forces of uniformity and homogeneity that being"Chinese

---

2 Several studies have examined Hakka identity in the West. See Chiu (2003) and Hsieh (1996).

American" demands or exerts.

I argue that the preference for Hakka identity in the United States by Chinese Americans of Hakka heritage speaks to, and reveals, a hyperacculturated identity that is informed by Shih's Sinophone model of cultural–linguistic identity. However, Shih's Sinophone theory is limited to the realm of linguistics and languages. It places subjectivity squarely in the realm of language, but being Hakka is more than an expression of dialect. Expressing a Hakka identity, instead of a Chinese identity, among Hakka Chinese Americans, is a critique of the notion of Chineseness and an act that Karen Isaksen Leonard (1992) refers to as "making an ethnic choice" that reveals that Hakka is a meaningful category in people's imagination. I also argue that expressions of Hakka American identity reflect Jessica Leo's (2015) depiction of a "global Hakka" identity. Leo writes, "the term 'global Hakka' is used to refer to someone who has left their natal-country to reside in another country, usually with a different culture" (p. 21).

## Chineseness, a Uniform Theory of Being Chinese

Although there is no prominent or dominant definition of "Chineseness," this notion asserts a myopic homogenous view of China and people of Chinese descent worldwide. Scholars who study China realize a perennial truth that is best articulated in the article "The Question of Minority Identity and Indigeneity in Post-Colonial China" (Cultural Survival, Inc., 1997):

Officially, China is made up of 56 nationalities: one majority nationality, the Han, and 55 minority groups. The peoples identified as Han comprise 91% of the population from Beijing in the north to Canton in the south and include the Hakka, Fujianese, Cantonese, and other groups. These Han are thought to be united by a common history, culture, and written language; differences in language, dress, diet, and customs are regarded as minor and superficial. The rest of the population is divided into 55 official 'minority' nationalities that are mostly concentrated along the borders. The Mongolians and Uyghurs are in the north and the Zhuang, Yi, and Bai are in southern China near southeast [sic] Asia. Other groups, such as the Hui and Manchus are scattered throughout the nation. There are minorities in every province, region, and county. (p. 50)

The Chinese state, as well as the West, employ this image of a singular Chinese people as a means to construct a racialized group of people, thus legitimating oppression, exploitation, and structural systems of inequality. In the West, appropriation of the singular view of "Chinese" results in the racialization of immigrants from China, historically called "Chinamen" in the United States, or "Chintoks" in France. This racialization legitimizes exploitation as well as structural and everyday inequality in Western societies. Among early Chinese immigrants in the United States, this resulted in a strong feeling of rejection, social alienation, and racial segregation, and thus, a profound desire to embrace the motherland, China. At the same time, the Chinese state attempts to maintain and preserve "overseas Chinese" subjects within its national imagination; as Shih (2011) avers, "overseas

Chinese" subjects are "subjects who must be loyal to the motherland" (p. 710). The concept of "overseas Chinese" thus reflects a nation–state construction of Chinese subjects: Chinese identity is, therefore, inherently embedded in the political, even though it is actively and popularly employed as a form of cultural expression.

The expression of Chinese identity through literature, the arts, popular culture, social movements, and film have inspired many Chinese Americans. Historically, and unfortunately, even today, Chinese Americans have been stereotypically represented in entertainment and mainstream popular culture. These racialized media stereotypes reveal a complex identity of Chinese Americans as both "alien" and "inassimilable," yet are also examples of what a "model minority" can be and become. Chinese American subjects are contradictorily and simultaneously insider and outsider—American and not American enough—subjects who are on the margins of Americana, yet within the boundaries of American multiculturalism. In addition to the stereotypical images of Chinese Americans as weak, untrustworthy, mousy, or geeky, Chinese Americans are math wizards, have an affinity for science, and appear neat and clean. Chinese Americans are perpetual foreigners; they are inherently and obviously from China and not the United States—even if they are American born. These stereotypes are naturalized through second and subsequent generations of Chinese Americans, who are less interested in the developments in China, Taiwan, Hong Kong, and Singapore because they identify as Americans and consider the United States their homeland: their national allegiance is to the United States. Asserting Hakka identity jolts this process and calls into question the notion of being Chinese and Chinese American. Moreover, it rejects the model of the United States as a cultural melting pot, since theories on assimilation hold that all ethnic groups, over time, will merge, transform, and integrate into the American mainstream.

Critics of the United States as a cultural melthing pot have shown that assimilation is not possible for people of color, such as Chinese Americans, because the American mainstream assimilationist ideal is "White" and "Christian." As an alternative, the acculturation model argues that ethnic minorities and people of color can adopt elements of the dominant identity and way of life (the ways of the United States, or, to be more specific—the "White" mainstream) while still maintaining ethnic heritage in terms of food, dress, language, religion, festivals, and customs. Although being "Chinese American" is a product of the acculturationist model of American society, it is also a homogenous project apropos for ethnic Chinese minorities. Thus, asserting their Hakka identity, or being Hakka American, illustrates a hyperacculturation process and reveals the diversity and heterogeneity among people from China who reside in the United States.

## Hakka as Sinophone

The relationship between Chinese and Hakka can be delimited through Shih's concept of the Sinophone, which critiques the notions of "China," "Chinese," and "Chineseness." She defines the Sinophone as "Sinitic-language communities and their expressions (cultural, political, social, etc.)" (Shih, 2011, p. 716). Thus, the Sinophone has a largely linguistic scape, but also an expressive and cultural scape. The Sinophone has the potential of undermining the monocultural dimension of Sinitic ethnicity in the world. This multilingualism is the reflection of the ethnic diversity that exists in China and in Sinitic communities, despite efforts made by the Chinese state to impose monolingualism and Han centrism as the standard (Shih, 2011, p. 715). However, the Chinese government is not the only agent to reduce this multilingualism and multiculturalism into a singular "Chinese" identity. The West, and especially United States, racialized Chinese Americans and imposed homogeneity on them. As a result, when people say they speak Chinese, the instant assumption is Mandarin, or the language of the Han, conflating all forms of Sinitic and non-Sinitic languages and then assuming a "one-to-one equivalence between language and nationality" (Shih, 2011, p. 715). Shih (2011, p. 716) writes, "the Sinophone is not only of multiple sounds (polyphonic) but also of multiple orthographies (polyscriptic)." These Sinitic-language transcriptions, mixed with non-Sinitic languages, make the Sinophone not only a concept of multilingualism and multiculturalism but also a product that has a special location and duration. Sinophone writers express commitment to the their place of origin as well as awareness of the context in which they are writing, and that constitutes the "worldliness" of Sinophone literature (Shih, 2011, p. 717). Every Sinophone literary product is written at a place and time, and is situational, not universal.

In short, the concept of the Sinophone reveals that there is no "real" Chinese; therefore, the call for Chineseness is problematic because it shrinks the plural aspect of Sinitic languages and cultures into Han centrism and monolingualism. Linguistically, the Hakka dialectic reveals Shih's point well: Unlike other Han Chinese groups, Hakka are not named after a geographical region (e.g., a province, county, or city). Instead, Hakka are usually identified as people who speak the Hakka language or at least share some Hakka ancestry. The notion of "Hakka" itself is homogenous, as it has developed to include various dialects spoken in Guangdong, Fujian, Jiangxi, Guangxi, Sichuan, Hunan, and Guizhou provinces, in addition to dialects spoken in Hong Kong and on the islands of Hainan, Taiwan, Malaysia, and Singapore. Hakka is not mutually intelligible with Mandarin, Cantonese, or other Chinese dialects. At the turn of the nineteenth century, when early Chinese migrants arrived from southern China to the United States in search of gold, Hakka Chinese migrants were among them. Today, the United States is home to various Hakka communities from all over the world, who have formed community associations to maintain their distinct heritage, which reveals the process of acculturation and illustrates a particular "Chinese" American acculturation phenomenon.

Prior to the 1950s, Hakka communities in the United States originated from southern China, particularly the provinces of Guangdong and Guangzhou. However, following the end of the Vietnam War in 1975, " ...[the] influx of Chinese from Southeast Asia has brought larger numbers of Hakka, Amoy-Swatow, and Foochow sounding surnames" (Asian Week, 1986). Adding to the plurality of Hakka American communities, according to Him Mark Lai (2004a, p. 245), there were roughly 20,000 Taiwanese Hakka residing in the United States in the 1980s. This Taiwanese Hakka community reflects more than a mere linguistic preference, but rather a Taiwanese political identity and historically and temporally situated allegiances and preferences. Stephen Farmer (2014) defines "Taiwanese Hakka" or "Hakka Taiwanese" as follows:

> A distinct subset of the majority Han Chinese in Taiwan are the Hakka, who make up about 20 percent of the island's population. First settling

in Taiwan in the 16th century, Taiwan's national character owes much to the Hakka influence. The Hakka are a distinct ethnic group in China. They immigrated to Taiwan from southern China's Fujian and Guangdong Provinces. While the Hakka have settled in all parts of Taiwan, they have tended to concentrate in the mountainous areas of north central Taiwan, which are said to be most similar to their ancestral lands in China.

Farmer's description of Hakka Taiwanese subjects and identity squarely situates it in the history of Taiwan and, more importantly, situates it geophysically and geopolitically in Taiwan.

Shih (2011, p. 716) argues that Sinitic communities, as well as other linguistic communities, are subject to change, evolution, and creation: various factors and dynamics can either transform a language or result in its disappearance. Therefore, the construction of the"Chinese"American identity is also subject to change.[3] Indeed, the children of the second, third, and subsequent generations feel less affiliated with China and are more likely to be subjects of acculturation. More importantly, these children may also be much more willing to consume and express the universal "Chinese" identity. One way to critique the universalism of Chineseness is to assert something

---

3 Identity formation is a complex process that is not lineal and not logically temporal. Identity work is the attempt, conscious or not, to define the undefinable. It does not follow a dialectical process of folding, unfolding, and synthesis; moreover, it occurs not in the span of a certain period, but rather over the course of one's lifetime. Identity formation is subject to situational and relational conditions and circumstances. Identity is intelligible, yet sorely unintelligible and difficult to articulate in the vernacular or with academic jargon.

in particular. "Hakka" is mixed in with "Chinese" and thus it *implies* "Chinese," and "Chinese" includes "Hakka," but "Hakka" is also, simultaneously, not "Chinese," and "Chinese" is not necessarily "Hakka."

## Hakka American Visibility

Things "Chinese" are visible and common in American society. Anything "made in China" is Chinese. However, ethnic Chinese Americans have recently attempted to make their ethnic heritages visible. As such, speaking one of the Hakka dialects or making and eating Hakka foods are ethnic choices that Hakka Americans make to express and make visible their "Hakkaness" in the United States. For example, Althea Chang was born in Columbus, Ohio. As an adult, Althea learned that her family is Hakka. In an online article on Hakka cuisine, Althea lamented in a video that she has still not been able to try Hakka food (Kayal, 2013). However, Althea firmly and confidently asserts her Hakka roots and identity. In 2012, California-born Linda Lau Anusasananan published *The Hakka Cookbook: Chinese Soul Food From Around the World.* It was reviewed in *The New York Times Magazine.* In the review, Anusasananan states, "…when you leaf through The Hakka Cookbook, you will recognize that these are the dishes that defined Chinese-restaurant cooking for nearly everyone in the United States over 40: pork with pineapple, chicken wings (or anything else) in bean sauce, braised eggplant and chow mein, for example"(Bittman, 2013). Similarly, Malaysian-born Hakka American Chin Woon Ping (2008) narrates her family's history in *Hakka Soul* by praising Hakka foods. This suggests that many people in the United States eat Hakka dishes without knowing they are Hakka in origin or inspiration. The visibility of Hakka foods in the United States might reveal an ethnic–linguistic awakening of innate identity. It also reveals a longing for a more meaningful historical connection with things Hakka.

Maintaining cultural and linguistic literacy are also key elements of being Hakka. Ethnic associations are a key part of this process: for example, the Hakka Association in Washington Metropolitan Area (HAWMA) was established in 1984 to bring Hakka people in the Washington DC area together (Wang, 2014).[4] HAWMA organizes three large events each year. Each event attracts over 100 participants. These events are organized to coincide with three significant Chinese celebrations: Chinese Lunar New Year, the Dragon Boat Festival, and the Mid-Autumn Festival. In addition, HAWMA serves its Hakka community by offering free cultural classes on the Hakkanese language and Hakkanese songs, theater, and food (Wang, 2014). HAWMA notes that

Preserving the Hakkanese dialect is one of the biggest challenges HAWMA faces. Teaching the young generation to speak Hakkanese is a difficult task even in Taiwan, where Hakka people account for a fifth of the total population, but the education system is entirely in Mandarin. In the DC area, where Hakka people are a minority group within a minority group, this mission is almost impossible.[5]

4 The webpage of History of Taiwanese American (2015) documents 25 Hakka American associations in the United States. Hakka associations are located in Arkansas, Georgia (Atlanta), California, Colorado, Indiana, Iowa, Michigan (Detroit), New York, North Carolina, Texas (Austin, Dallas, and Huston), Washington, and Washington D.C.
5 Although not comprehensive, some census data from the 2009–2013 American Community Survey document the number of Hakka speakers in the United States. As of October 2015, people who reported Hakka as the language spoken at home totaled 1,350 (Butler, n.d.). This is questionable, because, as Him Mark Lai (2004b) notes, "In the mid-1990s there

Hakka American communities express and assert their Hakka identity on social media as well. For instance, the Hakka Associations of Atlanta,[6] New York,[7] Washington DC,[8] and Houston[9] use Facebook to inform members of activities related to being Hakka.[10] These virtual communities and expressions of Hakka identity are meaningful, in light of Nicole Constable's (1996) contention that all of the Hakka communities are currently facing the erosion of ethnic distinctiveness and consciousness as a consequence of industrialization and cultural homogenization.

Asserting one's Hakka identity in the United States—being Hakka American—may reveal what Evelyn Hu-DeHart (2015) suggests is a postdiasporic existence for Asians in North America. In reference to Hakka Canadians, she writes

---

were no accurate counts of populations from different regions in China or speaking different dialects. Although the Cantonese had lost their once overwhelmingly dominant position in Chinese America, they remained the largest group. Taiwanese are next in population. The population with ancestries in the Fuzhou area are of the order of magnitude of 150,000–200,000. In the 100,000 range are Chinese from Guangxi and those belonging to the Chaozhou and Hakka dialect groups. The number of Hainanese and Minnan (excluding Taiwanese) are in the order of 30,000–40,000. The population of the remainder who trace their ancestries to other regions in China is probably around 150,000 to 200,000."

6 As of January 18, 2017, the Hakka Association of Atlanta (n.d.) has 15 active members in its public Facebook group.

7 Hakka Association of NY Inc. 大紐約客家會 (n.d.) Facebook page states its mission is to "spread Hakka love and cultural heritage in Greater New York." The primarily language of communication on Facebook is written Chinese, which reflects a first-generation Chinese immigrant, or rather, Hakka immigrant community.

8 As of January 18, 2017, there are 40 members in the Hakka Association in Washington D.C. Facebook group (n.d.).

9 The Hakka Association of Houston's (founded in 1984) Facebook page (n.d.) stated mission is「聯絡鄉誼，互攜互拔，並積極爭取及維護全體會員之權益」.

10 See Hsieh (1996) for a case study of using the Internet to express Hakka identity.

A notable kind of post-diasporic practice is embracing official multiculturalism. It is telling that when Hakkas gather, for example, the lingua franca is more likely to be English (or French) than any of the several Hakka languages, for participants consist of many second and third generations born in the diaspora to societies that have fully integrated them" (p. 54) .

Another example of the complexity of subjectivity is Christina Lee, who identifies as first generation Chinese–Canadian, with parents and grandparents raised in Jamaica. Christina Lee (2000) writes

Most of the Chinese from Jamaica are of Hakka descent but few speak the dialect of our ancestors. At home, we speak Jamaican patois. And although I was brought up on the language, I still find it strange— occasionally—to watch and hear the unique intonations and sounds coming from my Chinese parents' mouths."

An important consideration is the potential of neoliberal multiculturalism to depoliticize immigrant activism and racial tension and conflicts. Issues of Asian identity in the United States, particularly as they evolved with the rise of Asian American studies and Chinese American studies, were centrally and foundationally political: they reveal a wish to claim the right to be fully American and be treated equally in the United States. Moreover, the depoliticization of Chinese and Hakka American identities reveals a contradiction between lived reality versus perceived space and subjectivity. If we strip the political out of the process, will being Hakka become merely a symbolic representation, similar to being Chinese American? Only time will tell.

# References

Aitken, A. (2008). Third Culture Kids and Mad Migrant Mothers, or How to Outgrow Amy Tan. *Journal of Australian Studies* 32.4: 445-454.

Anusasananan, L. L. (2012). *The Hakka Cookbook: Chinese Soul Food From Around the World.* Berkeley, CA: University of California Press.

Bittman, M. (2013, May 15).The Nomad's Kitchen. *The New York Times Magazine.* Retrieved from http://www.nytimes.com/2013/05/19/magazine/hakka-dishes-that-helped-define-chinese-restaurant-cooking-in-america.html

Butler, R. (n.d.). How Many People Speak 'Hakka' in America." Retrieved from http://names.mongabay.com/languages/Hakka.html

Chan, R. (2016, February 16). Youth find ways to reclaim Hakka identity. *China Post.*

Chen, J. (1980). *The Chinese of America: From the Beginning to the Present.* Cambridge: Harper & Row.

Chin, W. P. (2008). *Hakka Soul: Memories, Migrations, and Meals.* Honolulu, HI: University of Hawaii Press.

Chinn, T. W., Lai, H. M., & Choy, P. P. (Eds.). (1969). *A History of the Chinese in America: A Syllabus.* San Francisco, CA: Chinese Historical Society of America.

Chiu, S. S. (2003). *Ethnic Identity Formation: A Case Study of Caribbean and Indian Hakkas in Toronto*, Unpublished dissertation. York University, Canada.

Constable, N. (Ed.). (1996). *Guest People: Hakka Identity in China and Abroad.* Seattle, WA: University of Washington Press.

Cultural Survival, Inc. (1997). The Question of Minority Identity and Indigeneity in Post-colonial China. *Cultural Survival Quarterly*, 21(3), 50.

Farmer, S. (2014, June 27). Taiwan Culture Delightfully Diverse. *The Epoch Times*.

History of Taiwanese American. (2015). Retrieved from http://taiwaneseamericanhistory.org/blog/category/organizations/hakka-association/

Hakka Association of Atlanta. (n.d.). In *Facebook* [Public Group]. Retrieved January 18, 2017, from https://www.facebook.com/groups/HakkaInAtlanta/

Hakka Association of NY Inc. 大紐約客家會 . (n.d.). In *Facebook* [Community Organization Page]. Retrieved January 18, 2017, from https://www.facebook.com/HakkaAssociationofNY/

Hakka Association of Washington D.C. (n.d.). In *Facebook* [Public Group]. Retrieved January 18, 2017, from https://www.facebook.com/groups/Hakkadc/

Hakka Association of Houston 休士頓客家會 . (n.d.). In *Facebook* [Public Group]. Retrieved January 18, 2017, from https://www.facebook.com/pg/houstonhakka/about/?ref=page_internal

Hsieh, S. (1996). *Exploring Sense of Place for Migrants: Using the Internet to Discover Hakka Cultural Identity*, Unpublished dissertation. University of Guelph, Canada.

Hu-DeHart, E. (2015). Diaspora. In C. J. Schlund-Vials, K. S. Wong, & L. T. Võ (Eds.), *Keywords for Asian American Studies* (pp. 49–54). New York: New York University Press.

Kayal, M. (2013). Hakka cuisine a mystery even to its heirs. *American Food Roots*. Retrieved from http://www.americanfoodroots.com/my-american-roots/hakka-cuisine-a-mystery-even-to-its-heirs/

Lai, H. M. (2004a). *Becoming Chinese American: A History of Communities and Institutions*. Walnut Creek, CA: AltaMira Press.

Lai, H. M. (2004b). *The Chinese in America*, Unpublished manuscript. University of California, California.

Lee, C. (2000, January 31). One People: If Christina Lee Had to Choose One World, Her Choice Would Include the Flavors of Three. *A. Magazine*, 14.

Lee, J. H. X. (Ed.). (2016). *Chinese Americans: The History and Culture of a People*. Santa Barbara, CA: ABC-CLIO.

Lee, J. H. X. (2015). *History of Asian Americans: Exploring Diverse Roots*. Santa Barbara, CA: ABC-CLIO.

Leo, J. (2015). *Chinese Overseas: Global Hakka: Hakka Identity in the Remaking*. Leiden, Netherlands: Brill.

Leonard, K. I. (1992). *Making Ethnic Choices: California's Punjabi Mexican Americans*. Philadelphia, PA: Temple University Press.

Lum, A. (Ed.). (1988). *Sailing for the Sun: The Chinese in Hawaii 1789-1989*. Honolulu, HI: University of Hawaii.

Ming, D. (2014). *I Am Hakka* [Kindle DX version]. Retrieved from Amazon.com

Ping, C. W. (2008). *Hakka Soul: Memories, Migrations, and Meals*. Honolulu, HI: University of Hawaii Press.

Researcher: U.S. Chinese Use 400 Family Names. (1986, March 28) *Asian Week*.

Shih, S. (2011). The concept of the Sinophone. PMLA, 126(3), 709–718.

Tsang, S. W. P. (2002). *Hakka Immigrants' Identity and Allegiance: Cultural Dualism and Missiological Outreach*, Unpublished dissertation. Fuller Theological Seminary, Pasadena.

Wang, V. (2014).A Small Chinese Minority Group Finds a Home In DC. *Asian Fortune*. Retrieved from http://www.asianfortunenews.com/2014/10/a-small-chinese-minority-group-finds-a-home-in-dc/

Wilson, R. S. (2005). *The Invisible Ones: The Politics of Culture Work Among Taipei's Hakka*, Unpublished dissertation. Stanford University, Stanford, CA.

# 從空間論視角看客家宗教景觀與
# 在地信仰實踐：
## 以廣東梅州為例

日本國立民族學博物館、日本綜合研究大學院大學副教授　河合洋尚

## 摘要

　　廣東梅州既是客家人的大本營又是著名的僑鄉。20 世紀 80 年以來，華僑在梅州信仰復興以及重修宗教設施的過程中扮演了重要角色，在梅州形成了呼應港臺同胞和海外華僑客家意象的本地宗教景觀（本文稱爲「客家宗教景觀」）。本文從社會人類學角度來探討梅州宗教信仰復興和形成客家宗教景觀的過程。[1]首先，我將回顧日本的客家文化研究，說明客家宗教景觀與在地信仰實踐之間關係的理論背景。

**關鍵字**：客家、空間、場所、景觀、梅州

---

1 本文是筆者自從 2004 年開始在梅州城區進行田野考察的成果。由於梅州城區的宗教景觀問題是筆者主要關注的題目之一，本文的不少個案與筆者即將出版的論文（載於范可主編《「俗」與「聖」的文化實踐》，北京：中國社會科學出版社）重複。但是，該論文主要討論的是宗教人類學理論，內容上與針對客家文化研究的本文不同，特此說明。

## 一、客家文化研究的空間論轉換

日本學者描述客家人始於 19 世紀末，隨著帝國殖民主義的擴大，在臺灣或者大陸華南地區遇到客家人的日本學者逐漸地對客家這個「異民族」產生興趣。上個世紀 20 年代之前的客家研究不一定提到客家人與中原的關係，往往視為客家人是山民或者水上居民。1930 年山口縣造和彭阿木發表文章之後，日本的客家學者才開始關注客家人的歷史、語言與中原的關係。1960 年代以來是歷史學家、語言學家橋本萬太郎等，批判地繼承羅香林的「客家中原起源說」並深化了研究。但是，中川學、橋本萬太郎等的研究偏於客家源流與客家話，直到 1970 年代的日本都很少有關於客家文化的研究（河合編 2013）。

鑑於這種研究情況，日本國立民族學博物館的名譽教授周達生在 1982 年發表的《客家文化考》反思之前的客家研究輕視文化研究的狀況，探討客家的服裝、飲食、建築以及山歌。周達生發表《客家文化考》前後，植松明石、末成道男、渡邊欣雄等人類學家對臺灣客家的民間信仰和生活習俗進行了調查研究。1990 年代高木桂藏（1991）等媒體出身學者開始強調客家文化與其他中國文化不同的特殊性。對此，瀨川昌久在 1996 年問世的《客家：華南漢族的族群及其邊界》指出，一、高木桂藏等提出的客家文化的「特色」在當地社會很難找到，二、客家人的生活文化與認同感根據社會情況容易變動，與廣府人、畲族的族群邊界非常模糊。根據社會狀況，有時即使同一個宗族成員也會分別認同為客家人和其他族群（瀨川 1993）。後來，不少學者也提出了同樣的個案（蔡驎 2004；河合 2010）。

由此可見，媒體出身的學者提及的文化概念與人類學家用的文化概念有差異。人類學家習慣將通過生活實踐形成的知識、物質稱之為「文化」（也就是「生活文化」）。由於客家人的生活文化有多樣性，並且與其他族群的文化邊界非常模糊，根據田野考察很難找到客家特有的生活文化。但是，媒體出身的

學者提及的文化是中華民族的特色，不一定與生活實踐相關。比方說，圓形土樓經常被認為是客家特色文化，但實際上在大部分的客家地區不存在，反而在潮州地區和閩南地區不少非客家人也住在圓形土樓。因此，對大部分的客家人來說，圓形土樓不是人類學意義上的生活文化，但這種想像中的民族特色文化已經變成了「真實」。可以說，作為生活方式的文化是根據社會情況會變動的「軟文化」（soft culture），作為民族特色的文化是在特定的社會情況下被固定化的「硬文化」（hard culture）（河合 2013a）。因此，我們下一步要探討的問題就是硬文化是如何形成的。

　　基於上述觀點，這幾年日本的人類學家開啟了客家文化研究的第二次轉換。這種研究特別關注「表象」（representation）和「實踐知識」（practical knowledge）之間的關係。「表象」指外部觀察者跳出部分事實而在文本上書寫全體真實的權力作用。我們具體探討將在文本上書寫民族特色的客家文化如何在政治空間內變成「真實」。進而，這種被塑造的客家文化雖然一開始與客家人的軟文化離得遠，但是後來慢慢在本地有了影響力，改造軟文化在民間的話語和實踐知識。以圓形土樓為例，圓形土樓本來不是所有客家人的軟文化，但目前這種形狀的建築已經被視為客家特色的硬文化，這幾年在中國南部、臺灣、馬來西亞、印尼也逐漸出現。以羅香林、陳運棟為首 1970 年代之前學者幾乎沒提過圓形土樓，過去這種建築不被認為是客家文化。根據小林宏至的研究，圓形土樓的客家文化話語是後來被建構的。而且，他指出圓形土樓（所指）和客家文化（能指）的結合過程中，中國與新加坡、香港等全球的資訊網絡扮演了一定的作用（小林 2009、2010）。

　　可見，第二次轉換之後的客家文化研究主要關注，其一包括學術、媒體、開發商、當地政府等外部觀察者按照社會經濟條件如何挑選部分事實在文本塑造客家文化，其二則是這種文本上的客家文化後來如何影響到民間的話語和實

踐知識，變成民間社會的「真實」？也就是說，對這種新的客家文化研究來說，福柯說的表象和話語（discourse）等知識—權力關係是非常關鍵的（Foucault 1969）。進而，這種知識—權力關係的平臺就是政治空間（以下簡稱為「空間」）。 福柯和列菲弗爾（Lefebvre 1974）都曾指出，空間乃是意識形態投影於其中的權力的容器，將空間理解為漠然擴展的思維體系本身，就具有意識形態屬性。於是，自從後現代主義轉向以來，空間不再是價值中立的對象，而被賦予領土性概念。因此，最近的客家文化研究開始關注在生產「客家空間」的過程中如何出現新的客家文化符號。

以上的空間論視角適用於研究梅州的宗教信仰情況。梅州位於廣東東北部的山區，改革開放以來靠港臺同胞和海外華僑的投資和支持，推動了地方經濟的發展。因而，在梅州復興宗教和重修宗教設施時往往接受港臺同胞和海外華僑的經濟上資助，有時按照外部的意象或者要求形成了本地的客家宗教景觀。我們解讀梅州的宗教復興時不能忽視梅州的全球網絡和海外的文化表象。如在下面提及的，梅州的當地政府等鑒於臺灣、東南亞的特色客家文化，重視三山國王、義民爺等因素而建設客家宗教景觀。然而，對梅州本地的客家人來說，雖然三山國王和義民爺確實是本地文化的一部分，但是未必在他們的信仰世界扮演重大的作用。可以說，客家宗教景觀的建設是與在「客家空間」生產硬文化的過程相關聯的。因此，本文通過檢討梅州的政治及經濟條件和跨國網絡解讀形成客家宗教景觀的權力過程。但另一方面，我會注意到本地居民到寺廟祭拜的動機本身往往與空間政策和文化表象無關，他們有追求「靈性」和祈福，進而重新建構「場所」（place）的一面。[2]

---

2 關於「空間」「場所」「景觀」概念之間的關係，筆者已在論文《景觀人類學的動向和視野》（載於《廣西民族大學學報（哲學社會科學版）》，周星譯，2015 年第四期，44-59 頁）做了詳細的說明。

## 二、民國時期梅州老城區的宗教設施

　　梅州市位於廣東省東北部，管轄二區（梅江、梅縣）五縣（蕉嶺、平遠、
五華、大埔、豐順）一市（興寧）。梅州有大約 500 萬人口，其中梅江區的人
口是 300 多萬。梅州居民 99% 以上是屬於漢族的客家人，主要語言為客家話。
梅州又是著名僑鄉，根據統計，祖籍梅州的印尼華僑約 65 萬人，泰國華僑約
63 萬人，馬來西亞華僑約 38 萬人（梅州市華僑志編輯委員會 2001：29）。

　　2004 年以來筆者陸續在梅州所轄行政區進行田野考察，而梅江區（梅城）
的老城區是筆者最集中考察的地點。清代梅州被稱為嘉應州，在梅江北岸建設
城區以及居住地。如圖 2 提示，梅州的老城區位於梅江和煤山（金山）之間，
城內有衙門等行政機構和繁華街，是當時最繁榮的地方。城外的西邊被稱為
「上市」（或「望杏坊」），東邊被稱「下市」（或「攀桂坊」）。值得注意
的是，「下市」是明清以來張氏、黃氏、楊氏等大宗族居住的地方，民國時期
「下市」較近的梅江邊有碼頭與外面來往。梅江南被稱「水南」，改革開放後
成為梅州的新開發區。

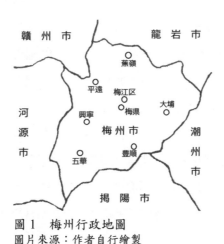

圖 1　梅州行政地圖
圖片來源：作者自行繪製

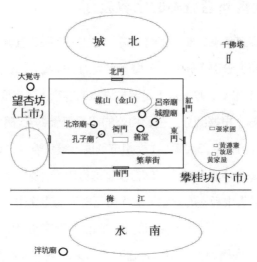

**圖2　民國時期梅州老城區及其周圍的地圖**
圖片來源：作者自行繪製

　　據文字資料的記載和老一代居民的記憶，民國時期的梅州除了基督教和天主教的教堂之外，還有許多佛寺廟宇，當時寺廟的數量比現在多。據本地的老一代居民講，其中被認為特別有靈力的廟宇有呂帝廟、城隍廟、北帝廟和孔廟。這四座廟都集中在老城區內的中部，相距不遠。另外，民國時期的老城區居民前往位於「水南」的泮坑公王廟祭拜。這五座廟的具體介紹如下：

　　1. 呂帝廟：位於老城區的中部，供奉八仙之一的呂洞賓。清代以來很多當地人祭拜呂帝。梅州人移民海外，在泰國曼谷成立分祠。

　　2. 城隍廟：位於老城區的中部，離呂帝廟步行幾分鐘。祭拜城隍神。

　　3. 北帝廟：北帝代表玄武，被當地人作為水神崇拜。

　　4. 孔廟：改造為梅州學宮。這座廟始於南宋，封建時代是梅州的最高學府，儒生在此研習儒家經典。民國時期以來將孔廟視為祭拜學問之神孔子的宗教設施。

5. 泮坑公王廟：清代梅縣三角鎮的熊氏宗族到潮州做生意時回家鄉建的廟宇。熊氏在潮州時，做夢夢見神明讓他在家鄉建廟，建廟以後這個宗族便財運亨通。梅城的居民聽到這種傳言後，也開始祭拜這座廟的神明——公王。

聽當地人說，民國時期的梅州醫療不發達，老城區及其附近的居民一生病就到呂帝廟祭拜。當時呂帝廟有內科、外科、眼科，居民問呂帝神病況之後到附近的善堂（免費提供飲食或者藥的福利機構）拿藥品。值得一提的是，對老城區的老一代居民來說，呂帝廟是維持他們生命力的聖地。另外，當地人認為城隍廟、北帝廟、孔廟、泮坑公王廟都很靈。尤其是當地人相信城隍神驅鬼、保護居民的平安。梅城流行這樣一句歇後語「城隍廟個蚊子——口喫鬼」，這意味著城隍神的驅鬼作用非常大，居民認為這座廟很靈。因此，這些靈驗的廟宇不但是人與超自然存在溝通的聖地，也是賦予當地人安全感的「場所」（place）。

然而，1949 年建立中國人民共和國以後，共產黨政府認為宗教是精神鴉片，普及用科學來發展的觀念。20 世紀 50 年代以後梅城的不少廟宇被破壞或者改為倉庫等。一般來說中共政府成立後到文化大革命之前，共產黨政府對宗教採取相對寬容的態度，但聽當地人說，50 年代政府已經限制信仰活動，破壞城隍廟和北帝廟，呂帝廟改造成小學、孔廟改建為招待所。隨後，與中國的其他地區一樣，1966 年文化大革命發動之後，梅州的許多寺廟、神像、佛像被破壞，廟宇或者家庭的宗教信仰活動被禁止，連祖先崇拜也不得不私下秘密進行。

## 三、客家宗教的文化表象和客家宗教景觀的建構

### （一）海外華僑「客家神」表象

1976 年文化大革命結束後，中國開始推行市場經濟。首先，1978 年 12 月在鄧小平的指導下，實行改革開放政策，部分採用市場經濟原理，開始引進外部（包括港澳臺）的投資。80 年代港澳臺同胞、海外華僑以及日韓、歐美等國外的人士與中國的交流日益頻繁，越來越多的海外人士拜訪中國。在這股潮流下，作為僑鄉，梅州與港臺同胞和東南亞華僑等的聯繫日益緊密。由於當時梅州的經濟水準在廣東排最低（Vogel 1989：242-247），梅州市政府重視與同胞和華僑的聯繫，試圖引進他們的投資或者捐款。特別是 20 世紀 80 年代到90 年代，同胞和華僑對梅州經濟的發展做出了巨大貢獻，梅江區的很多大樓、學校、橋等基本設施都刻有同胞和華僑的名字。

在這一情況下，當時同胞和華僑的影響力和發言權多，一些華僑試圖在梅州建設他們重視的廟宇。例如，20 世紀 80 年代泰國的客家華僑要求政府允許他們重建呂帝廟，因為這座廟的分祠在泰國，他們希望重建梅州的本祠。當時改革開放政策剛在梅州落實，市政府還認為信仰呂帝是迷信活動，不允許重修老城區的舊呂帝廟。可是，市政府為了維持與華僑的關係，允許華僑在郊外建新的呂帝廟。泰國華僑在郊區的風水寶地建新的呂帝廟，1985 年 12 月建成並成為贊化宮。從 1985 年以後道教協會接管贊化宮，這座廟被稱為梅州的「道教聖地」。[3]

---

3 贊化宮附近有「道教聖地」的牌。1994 年贊化宮出版的手冊上已經「聖地」的文字。至少建廟 10 年之內這座廟使用「聖地」的話語，對外宣傳。另一方面，真正被當地人重視的舊呂帝廟反而沒有「聖地」的話語。

圖3　梅州的「道教聖地」贊化宮
圖片來源：作者拍攝

圖4　泰國曼谷的呂帝廟
圖片來源：作者拍攝

　　改革開放後不久的 1980 年，泰國華僑組織「泰國呂祖同門回國探親朝祥團」86 人回梅州，在梅州看到被破壞的呂帝廟之後熱心提出重修。那麼，為什麼他們那麼重視重修這座廟的梅州本祠。筆者去曼谷做考察之後得知，泰國華僑回原鄉重建呂帝廟的理由，不僅僅是因為它是泰國呂帝廟的本祠，更重要的是泰國華僑的不少人認為呂帝廟是客家廟，呂洞賓是客家人的保護神（本文將它稱為「客家神」）。根據筆者在曼谷的考察，曼谷市有大峰祖師廟和呂帝廟，大峰祖師廟是汕頭報德善堂的分祠，呂帝廟是梅州呂帝廟的分祠，因而前者被認為是潮汕人的廟宇，後者被認為是客家人的廟宇。80 年代以後汕頭的善堂陸續重修時，在很大程度上受到泰國潮汕華僑的影響，其理由之一是泰國潮汕華僑認為善堂的主神是他們的保護神大峰祖師。同樣的道理，由於泰國客家華僑認為呂帝是客家神，他們試圖恢復原鄉的呂帝廟。

　　筆者在東亞和東南亞地區進行田野考察後發現，生活在不同國家的華僑華人（客家人）所供奉的客家神是不同的：泰國的客家神是呂洞賓，越南胡志明和馬來西亞沙巴州的客家神是譚公，日本的客家神是徐福等。其中，最出名的客家神應該是三山國王和義民爺。原來三山國王是廣東揭西縣河婆鎮的地方山

嶽信仰,義民爺及其類似的信仰在廣東、廣西隨處可見(河合 2012)。不過,臺灣的客家人往往認為,所祭拜的三山國王和義民爺是客家神。加之,西馬的柔佛巴魯、東馬的砂拉越等也有很多三山國王廟,部分馬來西亞華人也認為三山國王是客家神。[4]

據筆者所知,二戰以前並沒有三山國王和義民爺是客家神的說法。例如,1933 年羅香林寫的《客家研究導論》沒有提及三山國王和義民爺的存在。但是,1976 年臺灣的陳運棟出版《客家人》時,明確指出三山國王是客家神,義民爺是臺灣客家地區普遍信奉的神明(陳運棟 1983:379)。後來,中國、日本等其他地區出版的客家概況書籍,也經常提及三山國王及義民爺是客家神的說法(高木 1991:102、胡等 1997:303, etc.)。三山國王和義民爺只不過是臺灣或者部分海外華僑信仰的對象,例如,與潮汕地區相比,梅州的相關信仰並不多(志賀 2012:113)。可是,在全球化的背景下,這種文本上對宗教信仰的表象越來越普遍,隨著梅州推動改革開放政策,發展市場經濟,政府、開發商、學者等開始利用這種表象建構文化景觀。也就是說,他們呼應海外華僑的意象,利用宗教信仰使得梅州這個行政區變成了嵌入客家文化特色的「空間」(space)。

## (二)「客家神」表象對梅城的影響和客家景觀的形成

自從 20 世紀 90 年代以來,梅州市政府將客家文化作為突出空間特色的資源,開始關注客家,並於 2003 年 4 月 11 日提出「文化梅州」的口號推動客家

---

4 之所以胡志明市和沙巴州的客家神是譚公,是因為這些地區的不少客家人來自惠州、東莞、寶安(一般在當地被稱「惠東寶」)。惠東寶客家人的語言和文化與梅州等其他客家地區不同,他們重視譚公信仰,麒麟舞等(河合 2013b)。另外,日本的客家人相信第一次移民到日本的客家人是徐福,他們將徐福作為「客家始祖」崇拜,重修日本和歌山縣新宮市的徐福墳墓。目前日本的大部分客家人來自臺灣(邊 2015)。

文化政策。同時，市政府將梅州定位為「客都」（世界客家的故鄉），鼓勵開
發商、旅遊業、媒體等建構具有客家風情的文化景觀。受到客家文化政策的影
響，進入 21 世紀後，梅州的信仰實踐和宗教景觀也慢慢發生變化。一方面，
梅州呼應海外同胞、華僑的意象，開始重視文本上被認為是客家神的信仰，開
發與客家神相關的廟宇及其周邊環境。

　　首先，在梅州市政府的支持下，開發商於 1997 年將上述的泮坑公王廟作
為三山國王廟開發為休閒景點。由於泮坑公王廟有「保外鄉」（保護出門在外
的人）的說法，改革開放以來，這座廟成了官員或學者帶到梅州的華僑或者外
國人去參觀的景點。梅州市政府和開發商為了進一步吸引海外人士，決定擴建
泮坑公王廟。政府推動「文化梅州」政策之後整頓泮坑公王廟的周圍環境，建
設財神廟等其他廟宇。值得注意的是，媒體或者政府官員、學者一般強調這座
廟是三山國王廟。如這座廟的名字體現的，原來大部分的居民認為這座廟是供
奉公王的廟。可是，為了呼應同胞和華僑的意象，政府、媒體、學者等賦予了
泮坑公王廟以三山國王廟的文化意義。

　　其次，2008 年以來梅州的一座義塚的景觀也發生了變化。據說，埋在義
塚的義民是抵抗元朝和清朝等異民族的殉難烈士，其主神是義民爺。與潮汕相

圖 5　泮坑公王廟
圖片來源：作者拍攝

比，梅州的義塚並不多，例如在梅城及其附近只有兩座民國之前建的義塚：一座在黃坑村，另一座在書坑村。其中，黃坑村的義塚被認為是風水寶地，特別是改革開放後，一些梅州人到此祭拜。如圖6，黃坑義塚中間有一座義民爺的大墳墓，其周圍有許多祭拜無人祭祀的死者的小墳墓。據說，這座義塚是為了祭拜抵抗元朝和清朝而陣亡的烈士才於約400年前建的。但是，原來拜訪這座墳墓的人主要是為了得到好風水的當地人。2006年筆者跟奈良元興寺的角南聰一朗研究員一起去這裡的時候，沒有直通義塚的臺階，要推開草木爬山才能上去。但是，我們在梅州的嘉應學院報告這座廟的存在後，這座義塚成為了嘉應大學帶臺灣的遊客去參觀的地點之一。由於梅州的義冢與臺灣的義民爺信仰有類似的性質，後來黃坑義塚的管理人為了更加吸引外面的旅客而整頓了義塚附近的環境。2010年修建了到義塚的臺階、寫有「義塚」二字的指路牌以及停車場和小餐廳。

這裡反覆強調的是，三山國王和義民爺是臺灣客家或者部分客家華僑的保護神。擴建這些宗教設施的目的明顯與同胞和華僑的客家宗教意象相關。泮坑公王廟和黃坑義塚原來確實是當地人祭拜的對象，但是受到梅州外部的文化意

圖6　黃坑義塚（左：外觀，右：指路牌和臺階）
圖片來源：作者拍攝

象賦予了「新的」文化符號，變成了「具有客家特色的」文化景觀。

　　梅州建構客家宗教景觀時，在某種程度上受到了港臺同胞和華僑的影響。但是，隨著改革開放後梅州的生活水準提高，梅州經濟發展對同胞和華僑的依賴減輕了，梅州開始按照自己的政治要求，建構有客家特色的文化景觀。2006年 12 月重修和擴建的孔廟是典型的例子。如上所述，梅州的孔廟始於南宋，新中國以後被改成招待所。然而，這幾年中國將儒教當做道德教育和禮儀教育（不是作為宗教信仰）的工具，儒教被重新關注，梅州將儒教客家文化政策的一環而作為孔廟廣場擴建。2006 年擴建孔廟時，梅州政府將周圍環境整頓為孔廟公園，同時將原來的招待所改成安放孔子等幾位儒家像的廟宇，並且保存了公園門口附近的舊孔廟。梅州市政府擴建孔廟的背景是為了弘揚客家文化，一方面吸引梅州外部的客家同胞和華僑，另一方面將它作為愛國教育基地。如此一來，孔廟的重修和擴建與突出客家特色文化的政策融合，孔廟也有相關說明：「梅州學宮又稱孔子廟……崇文尚學，及客家人之傳統美德。梅江區委，區政府，心系於民，恪勤於政，籌集巨資，聘請專家，悉依舊梓，設計修復，並擴建富於客家文化特色的孔廟公園，遊樂學聖，融為一體，古貌新姿，媲美益化」。

圖 7　孔廟（左：外觀，右：裡面的新孔廟）
圖片來源：作者拍攝

　　總之，梅州宗教景觀的形成過程中，凸顯了跨地區的社會網絡，特別是因全球經濟的不平衡關係而產生的外部文化意象反饋的權力過程。換句話說，為瞭解讀客家景觀的形成過程，需要理解梅州外部和梅州內部的權力關係。然而，由於梅州的宗教景觀是呼應外部的要求和意象而形成的，上述「客家特色景觀」在某種程度上背離了實際生活在梅城的老百姓所想像的景觀。如後結構主義論者指出的，所指（宗教信仰）和能指（客家文化）是在一定的政治經濟情況下結合的，兩者的結合不穩定，有時會被老百姓解構（Eco 1976；河合2013c：162-163）。

## 四、居民對客家宗教景觀的認知和信仰實踐

### （一）作為軟文化的信仰實踐和實踐知識

　　如上所述，改革開放後梅州的政府、開發商、學者等對梅州的部分信仰及其宗教設施給予了客家文化意義，建構了「客家特色景觀」。這幾年受到媒體或海外華僑華僑等影響，梅州的居民逐漸接納客家神的話語。據筆者的考察，某個宗族曾在小型廟宇安放 3 個神像作為公王祭拜。但馬來西亞的親戚還說正統的三山國王的臉色都不同，分別是肌色、黑色、紅色，但這座廟宇的三體神像的臉色都是肌色，不正確。後來，這個宗族開始將 3 個神像視為三山國王，在神像臉上塗上不同顏色。雖然這種現象在梅州較為稀罕，但這是被外部的信仰意象影響的典型個案。公王信仰變成三山國王的另一個典型案例是前文提到的泮坑公王廟。筆者在此強調，過去梅州居民將這座廟的主神視為公王，但這幾年越來越多的居民接受「泮坑爺是三山國王」的說法。如圖8，寫有「公王」二字的泮坑廟招牌最近被廢棄的現象，可以說是信仰轉變的一個象徵。

圖8　被廢棄的「公王」招牌
圖片來源：作者拍攝

圖9　泮坑公王廟裡的「三山國王」字
圖片來源：作者拍攝

　　然而，這種客家特色文化往往不是根據真實的生活實踐形成的，而是根據
政治經濟要求，借用外部的表象建構的。也就是說，客家特色景觀是基於硬文
化建成的，這與梅城居民的軟文化（信仰上的實踐知識）相背離。

　　首先討論三山國王和義民爺的個案。這些神明在臺灣客家社會和部分客家
華僑社會是客家神，但在梅州，這種認知並不十分普遍。潮州和汕頭隨處可見
三山國王廟和義塚，其實在中國大陸潮汕人的三山國王信仰和義民爺信仰比客
家人更加普遍。據不完全統計，梅州有 19 座三山國王廟。筆者在梅州的各個
縣座田野考察時看到一些安放三體神明的廟宇，有些人稱這些廟宇是三山國王
廟。可是，梅州的大部分的居民並不一定熟悉三山國王這個神明，他們經常將
它叫做公王。公王是一種自然神也是鬼神，這才是梅州北部和中部普遍信奉的
神明。三山國王是一種「客觀」的看法，但從民間的時間觀來看包括泮坑爺的
三個神像都是公王。

　　相反，三山國王這個稱呼在潮汕地區很普遍，連孩子都聽過三山國王這個
名字。加之，梅州的不少居民沒聽說過義民爺，因為梅州的義塚數量較少。如
上所述，梅城及其附近有兩座義塚，其中一座黃坑義塚成了讓客家同胞和華僑

消費的資源。但是，另外，一座書坑義塚，不僅是客家的祭拜的對象，梅州本地的潮汕人也祭拜它。梅州是客家人的大本營，但梅州也有少數的非客家人。特別是，潮汕人將梅城的樂善堂看做他們的精神中心。梅城的潮汕人除了善堂之外，還將義塚看做祭拜的對象，他們每逢清明節就去書坑義塚祭拜。因此，三山國王和義塚的信仰並不是客家人特有的信仰對象，也是潮汕人的保護神。

## （二）信仰「場所」的維持和建構——舊呂帝廟的重修

　　與三山國王神和義民爺相比，梅州居民對孔廟之主神孔子和呂帝廟之主神呂洞賓更加熟悉。特別是梅州到處可見與呂洞賓相關的信仰。除了老城區以及梅縣的呂帝信仰之外，梅縣的將軍信仰也與呂帝神相關聯。例如，梅縣水車鎮有 36 將軍的廟。據當地的傳說，36 位從江西的老百姓過橋時橋身倒塌，百姓掉進河裡淹死。然後，路過的呂洞賓救起百姓，作為將軍送到天堂。後來，36位將軍神附體民間的薩滿治療居民等。如老城區的呂帝信仰那樣，呂洞賓信仰與居民的醫療有關係。可是，許多老城區居民對新建的孔廟和呂帝廟不甚關心，有些人甚至表示不滿。筆者在梅城進行田野考察時發現，當地的老百姓往

圖 10　潮州市區的三山國王像
圖片來源：作者拍攝

圖 11　汕頭潮陽的義塚
圖片來源：作者拍攝

往認為上述「客家特色景觀」是假的，他們要重修別的宗教設施。

　　老城區居民之所以對新的孔廟不關心或不滿，是因為他們認為新的孔廟不靈驗。根據老城區的老一代居民所說，民國時期老城區已經有孔廟，當時的孔廟規模不大，但很靈驗。現在安放儒教偶像的建築物本來不是孔廟，而是 20 世紀 90 年代之前的招待所，在這裡安放孔子等偶像沒有宗教意義。一些人甚至說在孔廟唯一靈驗的地方是門口附近的舊孔廟，而建新孔廟後封鎖舊孔廟，舊孔廟就不靈驗了，因而這個工程是浪費納稅人的錢。的確如此，筆者每次去孔廟時，幾乎沒有看見參拜者，偶爾看到參拜者，也大部分是不講客家話的外地旅客。老城區的居民一般不去新孔廟，部分人逢節日時去舊孔廟燒香祭拜。

　　老城區的居民以同樣的理由認為新的呂帝廟（贊化宮）是假的，特別是老一代居民認為新的呂帝廟不靈驗，舊的呂帝廟才是真正的呂帝廟。根據他們的回憶，20 世紀 50 年代後共產黨破壞城隍廟和北帝廟，將舊呂帝廟改為小學使用。此時，老城區居民將城隍神、北帝神、呂帝的神像藏起來，私下保留過去的信仰。1985 年在梅城郊區建立贊化宮時，老城區的居民認為贊化宮的呂帝像是假的，舊呂帝廟才是真正的呂帝廟。因此，他們與香港、臺灣、印尼的親戚聯繫募捐試圖重修舊的呂帝廟。1988 年 4 月他們重修舊呂帝廟後，將一直藏匿的城隍神、北帝神、真正的呂帝神等偶像安放在這座廟裡，復興了從民國時期延續下來的信仰。

　　這座重修的舊呂帝廟安放的神明有呂帝神、城隍神、北帝神、祖師（慚愧祖師）、五顯大地、財神、關帝、公王等。公王指的是泮坑公王，身體不自由、不方便去水南的泮坑公王廟的人在這座廟祭拜。這座廟還沒有被中國國內的媒體、學者等關注，但老城區居民認為這座廟才是靈驗的「場所」。每逢農曆 4 月 15 日的呂洞賓誕、農曆 7 月 15 日的城隍誕等節日時，許多老城區居民到這裡祭拜。

圖12　重修後的舊呂帝廟（左：外觀，右：真正的呂帝像）
圖片來源：作者拍攝

## 五、結 語

　　本文的個案表明，在梅州這個「客家空間」裏，政府、開發商等按照海外同胞和華僑的意象跳出部分事實而建構了新的客家宗教景觀。假如忽視港臺同胞和華僑的經濟力量、文化表象，以及他們對中國大陸的反饋，就不能完全理解梅州信仰方面的硬文化及其景觀的形成。無需贅言，梅州的宗教實踐不是靜態的，而是受到全球化的影響而變動的。就這一點看，空間論轉回之後的客家文化研究視角的確能幫助理解當地的信仰實踐及其動態。

　　另一方面，如果我們完全從同時代世界的政治經濟條件和文化表象去理解梅州的信仰實踐，就會忽視更重要的一面。本文的個案表明，當地居民往往認為被政府、開發商、學者等建構出的客家宗教景觀是假的，他們重視歷史記憶和被身體化的信仰實踐，有時建構自己所重視的景觀。當地居民一方面在全球化背景下受到硬客家文化的影響，但另一方面仍在重視維持在「場所」沉澱

的信仰實踐知識（軟文化）。如上所述，維持「場所」時重視的不是政治經濟利益和權力關係，而是與祖先和神明相通的靈力或者生命觀。在居民的信仰世界，假如在別的地方建廟宇，「場所」裏的靈力和生命力會失去作用，就變成假的宗教設施。

當然，硬文化和軟文化、或者「空間」和「場所」不是固定的二元對立概念。因為，居民之間也有多樣性，一些居民會開始挪用硬文化。例如，舉行中元節等活動時，一些人開始去贊化宮舉行超度等儀式。加之，最近越來越多的人開始瞭解到泮坑公王廟的主神是三山國王。可見，隨著時間的流逝，「空間」和「場所」會互相轉換。在這個過程中，今後梅州的信仰實踐如何變動，是筆者今後繼續考察的問題。也就是說，客家文化研究的空間論需要加入「時間」的視角，探討硬文化和軟文化之間的互相影響。如何探討兩者之間的衝突、轉換或者並存是今後客家文化研究的新課題。[5]

# 參考文獻

小林宏至，2009，《再次考慮「福建土樓」的學術表徵》。《解讀客家歷史與文化》（16thIUAES 論文集）。

──────，2015，《客家地區社會知識的生產和消費：福建省永定縣的客家土樓與風水話語》，夏遠鳴、河合洋尚編，《全球化背景下的客家文化景觀：環南中國海的個案》。廣州：暨南大學出版社。

---

5 筆者在梅州考察時有幸得到梅州當地人以及嘉應學院客家研究院同仁的熱心幫助，在此謹表謝忱。此外，衷心感謝綜合研究大學院博士生邊清音同學和國立民族學博物館外來研究員吳天躍同學對本文的內容和中文表達提出了寶貴的修改意見。

志賀市子，2012，《〈神〉と〈鬼〉の間：中国東南部における無縁死者の埋葬と祭祀》。東京：風響社。

河合洋尚，2010，〈客家文化重考〉。《贛南師範學院學報》31（2）：3-9。

_____，2012，〈広西省玉林市における客家意識と客家文化：土着住民と帰国華僑を対象とする予備的考察〉。《客家與多元文化》8：28-47。

_____，2013a，《「硬性」客家文化與「軟性」客家文化》。《客家研究輯刊》42：1-3。

_____，2013b，《馬來西亞沙巴州的客家人：關於移民、認同感、文化標志的初步報告》。《客家研究輯刊》42：134-144。

_____，2013c，《景観人類学の課題：中国広州における都市環境の表象と再生》。東京：風響社。

河合洋尚編，2013，《日本客家研究的視角與方法：百年的軌跡》。北京：社會科學文獻。

_____，2016，《景観人類学：身体・政治・マテリアリティ》。東京：時潮社。

周達生，1982，〈客家文化考〉。《國立民族學博物館研究報告》7卷（1）：1, 58-138。

胡希張、莫日芬、董勵、張維耿編，1997，《客家風華》。廣州：廣東人民。

夏遠鳴、河合洋尚編，2015，《全球化背景下的客家文化景觀：環南中國海的個案》。廣州：暨南大學出版社。

高木桂藏，1991，《客家：中国の内なる異邦人》。東京：講談社。

陳運棟，1983，《客家人》。臺北：聯亞。

梅州市華僑志編輯委員會，2001，《梅州市華僑志》。深圳：星光印刷。

蔡驎，2004，《汀江流域の地域文化と客家》。東京：風響社。

邊清音，2015，〈在日客家人與新宮徐福信仰的空間生產〉，頁187-204。收錄於夏遠鳴、河合洋尚編，《全球化背景下的客家文化景觀：環南中國海的個案》。廣州：暨南大學出版社。

瀬川昌久，1993，《客家：華南漢族のエスニシティとその境界》。東京：風響社。

羅香林，1992，《客家研究導論》，上海文藝。

Appadurai, Arjun, 1988, "Introduction: Place and Voice in Anthropological Theory." *Cultural Anthropology* 3: 16-20.

Eco, Umberto, 1976, *A Theory of Semiotics*. Indiana University Press.

Foucault, Michael, 1969, L'archeologie du savoir. Paris: Gillimard.

Gupta, Akhil and Ferguson, James, 1997，"Culture, Power, Place: Ethnography at the End of an Era," A. Gupta and J. Ferguson (eds.) *Culture, Power, Place: Explorations in Critical Anthropology*. Durham and London: Duke University Press.

Harvey, David, 1990, *The Condition of Postmodernity*. Oxford: Blackwell.

Lefebvre, Henri, 1974, *La production de l'espace*. Basil Bachelor.

Low, Setha M. and Denis Lawrence eds. ,2003, *Anthropology of Space and Place: Locating Culture*. Blackwell Publishing.

Vogel, Ezra F. , 1989, *One Step Ahead in China : Guangdong under Reform*. Cambridge, Mass: Harvard University Press.

# 政治先行抑或文化先行：

## 世界客屬懇親大會的全球客家族群網絡建構方式之探討

國立交通大學客家文化學院人文社會學系博士後研究員　黃信洋

## 摘要

　　本文主要說明世界客屬懇親大會與全球客家族群網絡的關係：第一部分先說明全球華人社群網絡出現的背景，第二部分說明全球客家研究的重要基礎，第三部分說明全球客家族群網絡的動力來源，第四部分說明世界客屬懇親大會的嘉年華特質，第五部分說明世界客屬懇親大會體現出來的嶄新客家文化意涵，最後說明文化基礎才是客家族群離而不散且全球聯結的原因。

關鍵字：全球客家族群網絡、中原源流論、世界客屬懇親大會

# 一、前言：全球華人社群網絡連結的浮現

依據文獻記載，1963 年 9 月，以桃園三結義為主的劉、關、張、趙等四姓的宗親組織就已經在香港成立世界龍岡親義總會，可說是華人跨國全球組織的肇始（曾玲 2002：45）。透過社團間的相互往來與交流，以及跨國世界性組織的建構，「世界潮人、世界客人、世界南人、世界同安人、世界安溪人、世界晉江人、世界蘇氏、世界李氏、世界顏氏、世界林氏」等世界性華人組織，便在集體記憶的共同塑造之下，卓有成效地被形塑出來。

實際上，經由這些華人社群不間斷地舉辦世界性的懇親聯誼大會，從 20 世紀 70 年代以來，這些全球性聯誼活動的舉行次數早已超過百次之譜（曾玲 2002：49）。舉例來說，世界客屬懇親大會、世界客屬石壁祖地祭祖大典與世界客屬公祭客家母親河大典等客家族群的全球性集會活動的次數，各自皆超過 20 次，若再把其他全球性客屬活動加進來計算，光是客家族群的世界性集會活動就已經超過百次了。這些全球性華人宗親會議之所以可以如此繁茂的壯大起來，除了華人社群想要建構共同的集體記憶之外，冷戰時期對於世界性板塊的建構，也起了極大的作用。基本上，這些宗親組織多少都可說是當時肩負「自由祖國」身分的臺灣（中華民國）的政治性國際外圍組織，隸屬外交部的管轄，同時起著拓展國際外交與冷戰時期「反共復國」的作用。

一般來說，華人社群的組成方式大多是以地緣、血緣、業緣與神緣為指標，不過，客家族群卻有一種非常特殊的集結指標，也就是「言緣」，透過不同腔調卻相同語言的文化標的來相互指認進而形塑族群共同體。語言乃是文化的重要內涵，也是海外華人彼此確認時的重要標的，對於以語言作為族群網絡首要聯結方式的客家人來說，語言流失與復興的重大文化議題，乃是每次族群會議皆會浮出檯面加以討論的議題，也因為客家族群是以語言作為社群聯結的重要指標，客家族群就比較有能力進行全球性的網絡聯結。

　　就全球客家族群網絡（以下簡稱「全球客家」）的案例來說，筆者認為有 10 種案例可以作為全球客家的研究基礎案例：1. 世界客屬懇親大會、[1] 2. 全球客家‧崇正會聯合總會、3. 世界客屬石壁祖地祭祖大典、4. 東盟客屬懇親大會、5. 世界客屬公祭客家母親河大典、6. 海峽兩岸客家高峰論壇、7. 亞洲臺灣客家聯合總會、8. 世界客商大會、9. 全球客家福音大會，以及 10. 全球客家懇親大會。這些活動的集結方式，從文化、政治到宗教皆有，彰顯出了客家研究在全球範疇的多樣與複雜，隨著多元文化主義在世界的日益風行，客家文化與客家研究就已經顯現出多元的色彩，就臺灣的客家研究來說，客家研究的發展更是與臺灣多元文化社會浮現有關（張維安 2015：71）。

　　為了說明全球客家研究的複雜性，我們可以先以閩西「客家祖地」的例子來做簡單說明：從閩西客家族群的角度來說，寧化石壁對海外客家人來說有三項功能，即尋根謁祖、客家文化熱與投資興建。[2] 這說明閩西客家的發展乃是透過文化層面的祭祖尋根與經濟層面的發展而由海外客家族群引發的。其次，對海外馬來西亞新山的客家族群來說，由新山客家族群領袖姚森良、姚美良兄弟發起的寧化石壁祭祖活動，能夠弭平新山客家族群的內部分裂問題，把新山地區的不同客家族群團結成一個族群共同體（安煥然 2010：905-908）。有趣的是，雖然說新山地區客家族群的原鄉大多來自梅州，閩西的石壁祭祖活動還是讓新山地區的客家族群團結了起來，從而也讓馬來西亞全國性的客家團體

---

1 以下簡稱「世客會」。
2 「寧化石壁的重新發現，與世界客家建構和改革開放的環境是密切相關的，離不開三個前提：一是海外客家人的回鄉尋根謁祖，在對族譜的追溯中發現了存在於族譜中的石壁；二是 1980 年代興起的文化研究熱潮，尤其是由海外客家人的回鄉推動了客家文化的研究熱，由梅州而閩西而寧化；三是人們發展經濟的強烈願望，人們從石壁中看到了潛在的經濟契機」（余達忠 2012：9）。羅英祥（1994：25-29）也做過相關研究。

（即馬來西亞客家公會聯合會）有了發展的契機。不過，此種透過文化層面來與中國客家族群產生聯結的做法，終究來說是為了讓客家族群在所在國可以站穩腳步，也就是說，讓他們能夠在所在國取得穩健的政治權力與公民權。

在海外發起的石壁祭祖活動取得客家族群的認可之際，閩西當地的閩西客家聯誼會也在同一時間（1995）出現了。此時正是臺商帶著經濟資本與技術優勢前進中國的時候，以客家為名就可以透過文化來取得政治與經濟上的利益。中國人素以禮儀之邦來自我標榜，透過文化層面來達成政治經濟上的利益，自然是一種乍看之下較為合理的做法。不過，從社會學的角度來說，此種由政治經濟意圖出發的文化性活動，最終可能反而促成文化活動大力發展的非意圖後果，而在此種氛圍炒熱下的全球性客家文化活動，或許外觀看起來是一片欣欣向榮的樣貌，卻會因為客家文化實質內容的空洞化而讓客家這兩個字停留在表面符號的層次，其具體例證就是客家族群常常說不清自身所屬的客家文化之實質內容究竟為何？

透過文化操作來形塑共同體，在客家文化領域有很多「文化嫁接」（cultural articulation）的做法，例如，在學術角度尚無法充分證實客家族群的中原源流之時，羅香林透過族譜來說明客家族群漢人本源的說法已經被預設為常態，因此緣故，不論該省分的客家人口數實質上有多低，河南省也可以因為位於客屬源流的中原核心而得以舉辦兩次世界客屬懇親大會，陝西省則以「炎黃子孫」之名承辦第 22 屆世界客屬懇親大會。這兩個例子除了說明「中原源流論」乃是客屬社團成員顛撲不破的信念之外，也可以看出客屬社團的文化性活動的明顯政治與經濟意圖。

回到世客會的例子來說，雖然說 1970 年代還是處於冷戰時期，客家族群還是可以每兩年一次辦理世客會，不受影響地持續辦理這個盛大的族群性世界盛會，而與會的客屬團體與代表更是有日益增多的趨勢。於此種情況下，我們

不禁要問，究竟「客家」兩字具備何種實質的內涵或價值，可以發揮世界性的影響力，讓世界各地的客屬團體可以一而再、再而三的跨越國際地集結起來。

## 二、全球客家研究的 4 大基礎：人口、社團、國際會議、博物館

為了有助於全球客家研究的實質進展，有 4 個要素必須優先取得明確的研究資料，其分別是世界客家人口數、世界客家社團數、世界客家會議相關資訊，以及世界客家博物館的相關資料。遺憾的是，儘管說客家學熱潮由 1980 年代至今已經發展超過了 30 年，世客會的辦理也已經超過 40 年，這幾個重要資訊都沒有經過學術研究的統計與證實，仍停留在推估的層次，而如下本文將依序逐項討論這 4 項全球客家研究的重點：

### （一）世界客家人口數

1994 年中國首次舉辦世客會（世界客屬第 12 屆懇親大會），由於是中國第一次舉行，且舉行地點是客家族群的原鄉梅州，為了慎重展現中國成為世界客家領導核心的企圖，遂透過各方管道來進行世界客家人口數的統計，推估世界客家人口數約莫是 6562.429 萬人（其中中國港澳臺人口數是 6107.8 萬人，而其餘五大洲 81 個國家的客家人口數則是 454.629 萬人）[3]（胡希張、莫日芬 1994：712-716）。不過，隨著 2004 年江西贛州「世界客屬第 19 屆懇親大會」的舉行，大會發布的統計資料是全球客家人口約莫有 8,000 萬人。短短 10 年的差異，世界客家人口就有將近 1,500 萬的人口數量差異，除了指出世界客家

---

[3] 類似估算，推估這五大洲 81 個國家（不含中國港澳台）的客家人口數是 411.935 萬人。

人口數調查研究的闕如之外，更指出了世界客家人口尚處於「建構」的過程中，光是第 19 屆舉行地點的贛南，世客會的舉行就讓贛南客家人口多了 500 萬人。隨著 1980 年代客家熱的誕生，以及 90 年代世客會開始在中國的盛大舉行，客家族群的社會影響力大增之後，梅州地區之外的客家族群有越來越多的地區主動認同客家，成為客家人：

> 除梅州是傳統的客家地區之外，1980 年代後期，韓江流域下游的惠州、河源等市紛紛宣告認同於客家，繼而，韓江流域上游的龍岩、長汀、寧化等地宣告認同於客家；2004 年，隨著第 19 屆世界客屬懇親大會在贛州召開，整個贛南也一夜易幟，宣告認同於客家。（余達忠 2012：8）

最終，

> 認同於客家的地區由韓江流域擴展至閩粵贛三省交界的廣大區域，擴展至廣西、四川、河南等地，人數也由區區嘉應一府（現梅州市）百萬人而近億，成為漢族中人數最多的一個族群。（余達忠 2012：9）

於此，研究者認為客家人口已經上億，成為漢人族群中最大的族群，不過，此種人口數也是無法證實的推估數量，卻也明白指出了，從清末民初客家族群藉由反抗污名運動，一直到世客會的恆常性舉辦，客家人的地位確實已經由邊緣挪至中央，漸次成為極富影響力的華人族群，而這也就是為何客家人口數一直持續成長的主因。

表 1　全球客家人口數（單位：萬）

| 國家 | 人數 | 國家 | 人數 | 國家 | 人數 |
|------|------|------|------|------|------|
| 印尼 | 150 | 法國 | 3 | 牙買加 | 10 |
| 馬來西亞 | 125 | 荷蘭 | 0.21 | 泰國 | 55 |
| 新加坡 | 20 | 俄羅斯 | 0.12 | 巴拿馬 | 0.5 |
| 丹麥 | 0.12 | 多明尼加 | 0.12 | 菲律賓 | 0.68 |
| 挪威 | 0.03 | 瓜地馬拉 | 0.01 | 美國 | 28.4 |
| 玻利維亞 | 0.01 | 越南 | 15 | 緬甸 | 5.5 |
| 加拿大 | 8.1 | 模里西斯 | 3.5 | 柬埔寨 | 1 |
| 所羅門 | 0.12 | 留尼旺 | 1.8 | 印度 | 2.5 |
| 巴西 | 0.24 | 塞席爾 | 0.05 | 寮國 | 0.5 |
| 秘魯 | 20 | 南非 | 2.5 | 沙烏地阿拉伯 | 0.22 |
| 圭亞那 | 0.6 | 澳大利亞 | 4.3 | 日本 | 1.2 |
| 智利 | 0.12 | 紐西蘭 | 0.1 | 汶萊 | 0.8 |
| 古巴 | 0.81 | 大溪地 | 1 | 英國 | 15.2 |
| 蘇利南 | 0.41 | 斐濟 | 0.5 | 新幾內亞 | 0.12 |
| 斯里蘭卡 | 0.017 | 盧森堡 | 0.02 | 諾魯 | 0.12 |
| 科威特 | 0.017 | 孟加拉 | 0.05 | 臘色爾 | 0.12 |
| 朝鮮 | 0.1 | 厄瓜多爾 | 0.02 | 巴基斯坦 | 0.2 |
| 韓國 | 2 | 委內瑞拉 | 0.02 | 德國 | 0.5 |
| 墨西哥 | 0.01 | 義大利 | 0.1 | 馬達加斯加 | 0.02 |
| 哥倫比亞 | 0.01 | 瑞士 | 0.1 | 奧地利 | 0.05 |
| 肯亞 | 0.01 | 比利時 | 0.043 | 獅子山 | 0.006 |
| 捷克 | 0.01 | 安哥拉 | 0.02 | 葡萄牙 | 0.05 |
| 奈及利亞 | 0.02 | 莫三比克 | 0.03 | 阿根廷 | 0.05 |
| 冰島 | 0.01 | 薩伊 | 0.02 | 尼泊爾 | 0.24 |

表1　全球客家人口數（單位：萬）（續）

| 國家 | 人數 | 國家 | 人數 | 國家 | 人數 |
|---|---|---|---|---|---|
| 迦納 | 0.02 | 馬紹爾 | 0.05 | 瑞典 | 0.24 |
| 尚比亞 | 0.006 | 西薩摩亞 | 0.03 | 千里達和多巴哥 | 0.6 |
| 西班牙 | 0.02 | 土耳其 | 0.05 | 總計 | 454.629 |

資料來源：胡希張、莫日芬（1994：715-716）

## （二）世界客家社團數

　　除了人口數之外，全球客家社團的統計也是全球客家研究應該予以關注的對象。臺灣的客家社團其實是由兩個不同的原鄉來源組成的，其一是中國的原鄉（主要是梅州），其二是臺灣的在地鄉村。以梅州為原鄉的客家團體，對於兩岸的民間交流起著聯繫者的作用；以臺灣鄉村為原鄉的客家團體，有助於全島客家族群網絡的串聯。實際上，客家社團皆是以非營利組織型態為名組成的，對於客家族群文化的維繫與傳承亦有由下而上的關鍵性作用，可說是全球客家族群網絡的重要建構節點。因此緣故，全球客家知識體系的理解與建構過程，全球客家社團可說是十分重要的研究對象，因為全球客家族群網絡就是由這些不同的客家社團透過彼此交流而聯結出來的。

　　對於全球客家社團數量的研究，首先應該理解中國的客家社團數量，畢竟中國乃是客家族群在地理上的原鄉，依據廣東梅州客家聯誼會的網頁資訊統計，中國一地的客家社團總數是 122 個，橫跨 16 個省市。[4]

　　需注意的是，中國的客家民間社團，特別是重要的客家社團，其領導人大多具有黨政色彩，因此這些組織與官方的關係，相較來說比較緊密，在統計上

4 http://skl.kjsj.com/contents/212/238.html。取用日期：2017 年 01 月 10 日。

也比較可以獲取較全面而完整的資料。

至於說中國以外的海外客屬社團，由於這些大多是民間發起的社團，在統計上不容易取得完整而全面的資料，原因與客屬人口的增加是一樣的，隨著客家社團與客家認同的增加，客家社團也會出現相應的增加狀況。

基本上，按目前客家社團的發展趨勢來看，中國各省的客屬社團都會出現一個該省的領導客屬社團，例如說，廣東的領導客家社團是廣東梅州客家聯誼會，福建是閩西客家聯誼會，江西則是贛州客家聯誼會，而地屬中國政治核心北京的則是北京客家海外聯誼會（下轄 6 個北京客屬團體）。於其中，閩西與梅州則是較積極的社團，非常積極地拓展兩岸的文化交流聯誼活動。此外，北京客家海外聯誼會則是有政治影響力的團體，由其承辦或參與的客屬團體相關活動，都有北京當局意圖施展政治影響力的影子。

至於說中國之外的客屬團體，每個國家還是會出現一個層級足以代表國家的客屬團體，比方說，新加坡有南洋客屬總會、馬來西亞有馬來西亞客家公會聯合會、印尼有印尼客屬聯誼總會，而臺灣則有世界客屬總會。這些單位往往涉及國際性活動時才會實質存在。就臺灣的例子來說，臺北市中原客家崇正會乃是臺灣規模最大的客屬團體，光是音樂班就有十幾個，不過，諸如世客會這樣的國際性客屬社團聯誼活動，都還是交由世界客屬總會來辦理。

## （三）全球客家相關會議

前已提及，全球客家有 10 個相關案例可以作為討論的對象，這些國際客家活動的展現方式主要是以懇親會與研討會的形式呈現，除了本文討論的重點世客會之外，本文此部分將簡要探討「世界客屬石壁祖地祭祖大典」的案例與重要性。

就世界客屬石壁祖地祭祖大典的例子來說，該慶典乃是 1995 年由馬來西亞新山的客屬領袖姚美良兄弟所發起，目前已經舉辦了 22 屆，該活動主要承

辦對象除了馬來西亞之外，尚包括泰國與新加坡的國家級客屬團體（如馬來西亞客家公會聯合會、泰國客屬總會與南洋客屬總會），由此便可看出本活動與東南亞客家社群的密切關係，亦指出了客家文化的國際聯結具體作用：石壁祭祖活動不僅促成了閩西與東南亞客家族群的跨國聯結，更同時建構與強化了閩西在地理上客家本源地的想像。

## （四）客家博物館

欲進行全球客家的相關研究，除了人口、社團與國際會議等項目的研究探討之外，客家博物館的討論也是非常重要的。自從閩西永定土樓取得世界文化遺產的認證之後，圓樓的意象就似乎成為客家建築的重要象徵。建築作為一種文化地景，從生態博物館學的角度來說，可以作為廣義的博物館學研究對象。臺灣客家文化館舍的興起，一開始是與文化中心轉型成地方文化館有關，而地方文化館強調的是地方由下而上的文化發展歷程，亦即地方人士具體展現在地認同的一種方式，在臺灣社區總體營造推波助燃之下，1990 年代開始出現了興建客家文物館舍的熱潮。

與客家文化相關的館舍，共有 41 座文化館舍，這些館舍的發展過程，可說是客家文化在臺灣的「具體」發展歷程，也彰顯出了臺灣客家族群對於客家文化內容的認知與認定方式，也是客家族群對於原鄉認知的詮釋方式。舉例來說，土樓造型的客家文化館舍相關樣貌，也就說明了該族群的原鄉想像其實是與中國連結在一起的。

至於中國的客家文物館，較著名的有 13 個。雖然說中國粵東、閩西與贛南的客家縣市存在著為數甚多的文物館，例如說福建的三明博物館就有一區客家文化的展示區，不過，直接以客家為名且較為知名的文物館則約莫有 13 個。[5]

---

5 關於兩岸客家博物館的相關討論，本文作者會另作他文加以詳細探討。

中國客家博物館的出現，一方面是為了證實自身的客家原鄉地位，中國博物館甚至自封為「世界客家族群的精神家園」，一方面則是透過客家博物館的設立來拓展文化交流的可能性。不過，即便是中國廣東的中國客家博物館，其實都沒有符合博物館的基本定義，即收藏、研究、展示與教育。也就是說，中國客家博物館僅突顯出了展示的功能，目的是為了透過強調客家族群的中原源流來強化梅州市的客家地理原鄉地位。同樣地，我們也可以看到，意圖打造臺灣成為全球客家文化中心的苗栗客家文化園區，亦不符合嚴格定義下的博物館意涵。如今，印尼已經出現了印尼客家博物館，新加坡的茶陽會館有客家文物展示，而新加坡也出現了大型的客家圓樓建築，馬來西亞亦出現河婆客家文物館，在各式各樣的客家文物館舍接連出現之後，弔詭的是，嚴格意義下的客家博物館卻始終沒有出現，這也是全球客家博物館發展的特殊現象。

## 三、全球客家族群網絡的動力來源：兼論客家「中原源流論」與世界客屬懇親大會的象徵政治

談到全球客家組織的首要案例，亦即世界客屬懇親大會，當然就必須論及香港崇正總會的出現與發展。香港崇正總會的特殊性，在於該會從一開始就自我設定為一個全球性的客屬組織：

> 本會創立之宗旨：在聯絡國內外各地、各埠同系人士，考證客家源
> 流，交換知識，振興工商事業，興學育才，共謀公益，互勉同人，
> 發揚志業，建立全球客家崇正聯合總組織。（黃石華 1995）

與一般的客屬團體一樣，該會起初是以民間工商團體的方式來自我定位，

不過,隨著該團體準備把服務對象擴增為一般客家群體,該總會決定正名為香港崇正總會。而該會於 1971 年舉行的首屆世客會,開啟了全球客家族群網絡的先聲。首屆世客會舉辦的時期,恰恰是世界冷戰板塊壁壘分明的時期,是時仍屬英國殖民地的香港,如同其他的宗親團體一樣,都是呼應世界板塊性需求,以世界的宗親團體來自我定位,一同成為當時國際民主陣營的外圍組織。

至於說為何世客會會出現類似族群的國際聯盟現象,這與胡文虎的倡議有關。胡文虎擔任香港崇正總會理事長期間,也同時創辦了南洋客屬總會,這兩個組織都是仿造聯合國形式組成的客屬組織,可以加速推廣自己的萬金油事業與報業,而其委任羅香林進行客屬源流的考證,則可以透過報紙加速客屬群體的中原源流認同感。中原源流的認同感除了讓報業創辦人胡文虎取得愛國商人的封號外,也讓中國之外的整個客屬群體成功地納入當時兼任自由祖國臺灣的世界民主陣營板塊。

就華夏文明的發展來說,中原所在地原本是指黃河流域的河南省洛陽市,不過,隨著華夏文明影響力的與日日增,中原的存在便由地理演變成一種精神上的想像,因而中原的精神版圖面積也就越來越大,漢人族群也就越發成長,當然,這些都是因為華夏邊緣的族群主動認同中原文化,加入漢民族行列的緣故。於此,中原源流論述的關鍵重要性,就是讓華夏邊緣的民族透過「文化嫁接」而納入中原文明的版圖。也就是說,通過中原源流論,華夏邊緣族群便得以融入華夏(張維安 2015:185)。

然而,若就客家族群的例子來說,情況或許就有了些許的不同。第 5 屆世客會的大會口號是「團結全球客家同胞、發揚中原崇正精神」(日本崇正總會編委會 1980:XVII),其重點其實有兩項:客家族群要堅持漢民族精神,且全世界的客家族群要團結起來。類似馬來西亞新山客家族群透過石壁祭祖來團結新山地區客家族群的做法,客家族群高喊中原源流論也可以團結華人地區的

客家族群，一同成為漢文明的一分子，讓世界各地的客家族群可以跨越地域差異形塑出一個客家族群的想像共同體。而團結全球客屬同胞的呼籲更是要求認同中原文明的客家族群一同加入代表自由祖國中華文明的民主陣營。在冷戰時期世界板塊二分的情況下，以中原源流為號召的世客會承辦宗旨，其實也是以文化之名來行政治之實的一種操作方式。透過中原源流論來形塑客家族群共同體，進而把客家群體納入自由祖國中華民國的陣營，讓羅香林教授的《客家源流考》一時成為當時國民黨吸納海內外族群的重要利器。

透過推行中原源流論來鞏固世界客家族群對於冷戰時期民主陣營的聯結關係，我們也就不難理解為何臺灣在辦理第 2 屆世客會之時，承辦單位會提出如下的說法：

> 如何加強全球客屬同胞聯繫，增進對自己祖國之認識與向心，發揮互助合作精神，團結當地華裔僑胞致力自由祖國及居留地之經濟建設，發國際自由貿易，進而促進自由地區之繁榮，敦睦邦誼共同維護世界和平案。（世界客屬第二次懇親大會實錄編輯委員會 1974：297）

反過來說，世界客家族群越是表明自身對於自由祖國的熱愛，就越是肯認自身身為漢民族的一分子，從而證成了客家族群堅貞愛國的氣節。

第 2 屆的世客會於 1973 年在臺北舉行，隔年並在臺北成立「世界客屬總會」，[6] 讓此總會所在地的中華民國成為冷戰時期世界上客家族群有所認同的

---

6 第二屆世客大會決議把「世界客屬總會」設在「自由安樂的祖國戰時首都」，也就是臺北（世界客屬第 2 屆懇親大會實錄編輯委員會 1974：109）。

「新祖國」。於此時期，身為英國殖民地的香港，政治立場是與中華民國站在一起的。於此種氛圍下，香港崇正總會代表李立基更直接表示，香港崇正總會創立之目的，是為了促成客家人的團結及中華民國國旗可以在香港飄揚（世界客屬第 2 屆懇親大會實錄編輯委員會 1974：283）。處於冷戰的時期，當時幾乎所有的客屬團體都是站在支持民主陣營的臺灣之一方。因此緣故，印尼區代表便提案，要求在臺北市籌建全世界客家聯誼總會會所，香港藍氏宗親會則提案，希望在臺北建立世界性客屬總會永久機構（世界客屬第 2 屆懇親大會實錄編輯委員會 1974：303-304）。這些提議除了指出世界客家族群對於自由祖國臺灣的堅貞認可之外，更實質證明臺灣即將成立的世界客屬總會在冷戰氛圍下所具有的領導性地位。

臺灣與中國大陸的客屬團體的正式接觸，還是要等到第 9 屆舊金山世客會邀請中國客屬團體參與才開始有了接觸。在那個時候，整個環境氛圍都還對中華民國有利，因此世客會的主導權還是掌握在國民黨政府掌控的世界客屬總會的手上。[7] 兩岸其實都體認到世界客屬懇親大會的重要性，對於活動的承辦亦總是給予極高規格的處理，透過這個由民間發起的活動，兩岸也開始有了非正式接觸的可能性。從 1988 年梅州市書記徐丹華率團參與舊金山第 9 屆世客會開始，兩岸交流契機便已經開始萌芽了（劉盛良 2010：30）。若放在兩岸層面對於世客會的政治操作來說，兩岸其實都深知客家族群與世客會的重要性，因此總是期望透過取得世客會的主導權來獲取國際客家族群的實質認同。例如說，1998 年在舊金山舉行的第 9 屆世客會便決議：世界客屬總會應成為全球

---

7 鍾春蘭（1989：21-23）表示說，由於舊金山的世客大會的開幕式有懸掛中華民國國旗，因此梅縣山歌團一行 7 人便缺席。

客屬同胞的聯絡服務中心，且世界客屬總會會旗亦應為世界客屬懇親大會會旗
（林烈豪 2015）。

實際上，兩岸客家社團碰面的開始，就已經帶有極大的政治意涵，兩岸客
屬團體的前幾次會面，其實都有某種政治上的較勁意涵，進而最終演變成兩岸
透過世客會的盛大辦理來獲取世界客家族群認可的狀況出現。不過，正是此種
透過舉辦全球性客家族群文化盛宴來彼此較勁的兩岸政治性操作，讓世界客屬
懇親大會的運作能量越來越高，可說是華人族群之中影響力最劇的世界族群文
化盛宴之一。也就是說，世客會之所以能夠越益盛大辦理，原因就在於兩岸彼
此競爭而不斷強化的動力，競逐中原源流論之後的全球客家族群心靈原鄉的代
表權，而在其他國家加入這場賽局之後，世客會的力道也就有更多元的發展方
向，藉此全球客家族群網絡也就持續不斷地發展下去了。

世客會在政治層面的影響力，由地區政治人物的參與就可以看出端倪：中
國國務院副總理鄒家華參加第 12 屆梅州世客會，第 13 屆有新加坡副總理李顯
龍出席，14 屆有中華民國李登輝總統親自蒞臨致詞，開世客會地區元首親臨
之首例。馬來西亞總理馬哈蒂亦親自出席第 15 屆開幕式，16 屆龍岩世客會有
中國全國政協副主席王兆國、羅豪才、張克輝親臨大會指導。19 屆贛州世客
會也有中國全國政協副主席劉延東、羅豪才等親臨大會。第 26 屆亦有印尼副
總統布迪歐諾與會開幕，第 28 屆則有中華民國總統馬英九親臨致詞。政治領
袖的出席，意味著世客會的層級已然是達到國家層級的高度，也讓這場文化活
動在實質上具有不小的政治性意涵。

在 1988 年中國首度有客屬團體獲邀參與世客會活動之後，中國對於世客
會的參與明顯轉為強烈。隔年，中國便在一般通稱為客家族群原鄉的梅州舉辦
世界客屬聯誼大會，並同時成立世界客屬聯誼秘書處，以宣稱自身在世界客
群的領導地位，有能力實質領導世界的客家族群。

不過，隨著冷戰時期的結束，以及臺灣解除戒嚴的本土化發展（本土化的特色是臺灣漸漸意圖切割與中華民族的關係），在中國盛大辦理第 12 屆世客會情況下，又由於中共的政經勢力已經漸漸抬頭，世界客家族群的認同遂開始轉向中國。而 1996 年在新加坡舉行的第 13 屆世客會，中國不僅派出了粵東、閩西與贛南的客屬團體代表（亦即廣東梅州客家聯誼會、福建閩西客家聯誼會與江西贛州客家聯誼會等三會的領導），甚至連北京海外客家聯誼會的會長也出席，充分說明中國想要在第三地完全展現政治影響力的企圖。於此種情況下，臺灣的世界客屬總會的地位完全受到壓制，連客家音樂的演出都處處受阻且招受羞辱（林瑞輝 1997：29-31），迫使世界客屬總會的代表不得不因為演出受阻而提出抗議。自此以後，臺灣的世界客屬總會已經確定失去世界客屬族群的領導地位，而新加坡南洋客屬總會舉行的第 13 屆世客會的主席團更決議讓廣東客家聯誼會直接取代原先世界客屬總會具有的領導地位（世界客屬總會編委會 1999：79-80）。

兩年過後，1998 年臺灣舉行的世客會，政治競逐的劇碼再度上演，想與中共一較高下的狀況又出現了。先是世客會會議現場插滿中華民國國旗、接著李登輝總統的出席會場又開了歷次地方元首與會之先例，而李登輝、連戰、吳伯雄、外交部長胡自強、農委會主委彭作奎、臺北市長陳水扁、國民黨秘書長章孝嚴、以及臺北市長候選人馬英九的親臨現場，讓會場顯得冠蓋雲集，進而也造成大陸代表的退席抗議。這顯然是針對前次會議在第三地受辱而做出的反應，一方面是為了重新挽回世界客屬總會的政治顏面，另一方面則亦吐露出了臺灣政府對於現實的國際政治有了新的解讀。

開地方元首親臨世客會先例的李登輝總統，明確做出了「兩岸分治」的事實性強調 （世界客屬總會編委會 1999：15）。此處的重點是，未來臺灣將以主權獨立國家的名義參與世客會活動，不再強調過去「自由祖國」的身分，而

是中國之外的另一個政治實體，這可以說是臺灣內部本土化發展所導致的一個
必然發展方向，其背後的寓意就是，本土化將迫使臺灣與中華民族進行一定程
度的切割，也就是說，除了中國本身的政治經濟實力轉為強國之外，臺灣的本
土化發展亦讓世界原先認同中原源流論述的客家族群在文化上轉向認同中共。

　　於隔年 1999 年馬來西亞舉辦的第 15 屆世客會上，臺灣的客家族群代表還
是出現了政治上的被欺凌感受：雖然說臺灣一行人還是依例不分黨派地參與大
會，不過，報到處卻看不到「臺灣」兩字，只出現「臺北」。除此之外，第
15 屆世客會還提議要募集活動基金人民幣 1,000 萬，讓世界客屬秘書處推展客
家文化活動，因為世客秘書處已經於 1997 年正式在中國梅州市成立（馬來西
亞客家公會聯合會編委會 1999：128）。此舉無疑直接否定了世界客屬總會的
地位，認為中國梅州的世客秘書處才是真正的全球客家族群領導核心。

　　於 2000 年福建舉辦的第 16 屆世客會上，時任國民黨副主席的吳伯雄獲邀
參與，會後並前往北京進行訪問，這是幾十年來臺灣國民黨訪問中國大陸的最
高層次人士。由於是幾十年來臺灣最高層的政治人物訪問中國，在政治理念上
與中國相對友好的國民黨政治領袖的一句「回到故土」的宣言，開啟了一段透
過客家文化來進行政治聯結的故事（陳燕棠、皇甫雪 2000：9-10）。此次世
客會的重大意義還在於，在 1999 年李登輝總統提出「兩國論」，兩岸關係陷
入冰點之際，臺灣各黨派的客家族群代表皆有出席此次世客會，例如說許信良
與時任新竹縣長的林光華都有出席，其言外之意是，客家族群可以在兩岸政治
嚴峻對立的時候開啟新局，也就是說，客家族群乃是兩岸拓展政治新局時的合
適族群代表。隨著 2000 年總統大選政黨輪替之後，民進黨的上臺意味著臺灣
距離原先的「自由祖國」會越來越遠，兩岸之間的關係因此仍舊是處於政治對
立的狀態。於此種情況下，世界客屬總會的總會長，時任國民黨副主席的吳伯
雄，卻可以與中共高層人士見面與磋商，而此時同行的成員還包括曾任民進黨

主席的許信良，以及時任新竹縣長的林光華。政治對立而來的政黨惡鬥，向來是臺灣政治發展的一道陰影，不過，在高舉「客家」大旗的世客會之下，敵對政治成員竟然可以和睦共處，先不去討論政治上的歧見，這已然已經指出了「客家」二字所具有的價值。

　　最後需指出的是，雖然說世客會對中共當局來說是一種獲取政治影響力的文化媒介，對中國承辦世客會的省市領導者來說，世客會其實是招商引資頗為有效的一種文化媒介：

　　梅州第 12 屆世客會舉辦期間，經貿洽談會共簽訂投資協定、意向書 52 項，總投資金額 6 億多美元。其中簽訂外貿出口合同 512 萬美元；簽訂內聯項目、意向 5 個，投資總額 6,412 萬元人民幣。整個梅州市接受的各種捐贈 52 個項目，總金額 8,090 萬元人民幣；而贊助第 12 屆世客會的捐款、捐物共值 633 萬人民幣。此外在梅州市及其下屬區縣的數十個由客家僑胞捐資投資的重點工程項目，在大會期間舉行落成典禮或奠基剪綵。在福建省龍岩市舉辦的第 16 屆世客會中同樣搭建客家文化台，唱出精彩經貿戲。在會議期間舉行的專案推薦暨簽字儀式上，龍岩市共簽訂經貿合作專案 20 項，總投資 4.8594 億元，利用外資 3.3568 億元。在河南鄭州舉辦的第 18 屆世客會經貿洽談也取得豐碩成果，在大會期間簽訂的合作項目 35 個，總投資額達到 27.2 億美元，其中合同外資 24 億美元。在江西贛州舉辦的第 19 屆世客會，會議期間共簽訂了 76 個合作專案，簽約外資 2.48 億美元，內資 21.08 億元人民幣……據會後統計，第 20 屆世客會上推出洽談項目 400 餘項，簽訂協定近 40 個，投資總額達 170 多億人民幣。（巫秋玉 2008：54）

中國的世客會承辦省市的領導者，由於僅把世客會視為城市經建發展的有效手段，忽略了客家文化內涵的實質拓深，讓「客家」兩字一直停留在政治經濟的表面符號層面，因此緣故，雖然說中國各客屬城市競相熱烈爭辦世客會，讓客家文化熱潮頓時蔚為風行，不過，客家文化卻仍舊是一個「文化搭台、經濟唱戲」的空殼符號。

## 四、世界客屬懇親大會的嘉年華特質

細數世界客屬懇親大會的歷史可知，若以國家為單位來計算，世客會舉辦次數最多的國家依序是中國（10 次）、臺灣（7 次）、舊金山（2 次）、馬來西亞（2 次）與印尼（2 次）。中國是第 12 屆才加入世客會的競逐行列，卻也在短時間內就超越臺灣舉辦的總次數，由此便可看出中國對於承辦世客會的積極程度。從國家的層次來說，兩岸顯然一直是競爭最激烈的兩個單位，想要透過世客會的舉辦來取得國際客家族群的認可。而東南亞的泰國、新加坡、馬來西亞與印尼等國家，最後都是由國家級的客屬組織來承辦世客會業務（分別是泰國客屬總會、南洋客屬總會、馬來西亞客家公會聯合會及印尼客屬聯誼總會），便可以看出，這些國家的客屬群體已經融入所在國，成為所在國的一分子，並且已經成功地在形式上以國家為單位整合成一個客家共同體。從這個角度來說，這些客家族群都已經是自身所在國的公民，而世客會的辦理可以藉由既有的全球客家族群網絡來展現自身群體的國際化形象與能力。

表2　歷屆世界客屬懇親大會簡述

| 屆序 | 大會日期 | 承辦地點 | 主辦單位 | 主題 | 參與社團與人數 |
|---|---|---|---|---|---|
| 第1屆 | 1971.09.28 | 香港 | 香港崇正總會 | | 47個客屬團體 250位代表 |
| 第2屆 | 1973.10.05 | 臺北 | 臺北中原客家聯誼會 | | 67個客屬團體 2,400位代表 |
| 第3屆 | 1976.10.07 | 臺北 | 世界客屬總會 | | 61個客屬團體 1,352位代表 |
| 第4屆 | 1978.09.29 | 舊金山 | 美國三藩市崇正會 | | 25個客屬團體 820位代表 |
| 第5屆 | 1980.10.03 | 東京大阪 | 日本崇正總會 | | 33個客屬團體 1,100位代表 |
| 第6屆 | 1982.09.25 | 曼谷 | 泰國客屬總會 | | 70個客屬團體 1352位代表 |
| 第7屆 | 1984.10.07 | 臺北 | 世界客屬總會 | | 48個客屬團體 974位代表 |
| 第8屆 | 1986.05.19 | 波累 | 模里西斯與留尼旺客屬團體 | | 15個客屬團體 210位代表 |
| 第9屆 | 1988.10.21 | 舊金山 | 美國三藩市五大客屬團體 | | 31個客屬團體 458位代表 |
| 第10屆 | 1990.06.08 | 亞庇 | 馬來西亞沙巴州客屬公會聯合會 | | 70多個客屬社團 1,500位代表 |

表 2　歷屆世界客屬懇親大會簡述（續）

| 屆序 | 大會日期 | 承辦地點 | 主辦單位 | 主題 | 參與社團與人數 |
|------|----------|----------|----------|------|----------------|
| 第 11 屆 | 1992.10.06 | 高雄 | 世界客屬總會高雄分會 | | 56 個客屬社團2,500 位代表 |
| 第 12 屆 | 1994.12.06 | 梅州 | 廣東梅州客家聯誼會 | | 40 多個客屬團體2,300 多位代表 |
| 第 13 屆 | 1996.11.09 | 新加坡 | 新加坡南洋客屬總會 | | 150 個客屬社團2,000 位代表 |
| 第 14 屆 | 1998.10.06 | 臺北 | 世界客屬總會 | | 66 個客屬團體1,526 位代表 |
| 第 15 屆 | 1999.11.04 | 吉隆坡 | 馬來西亞客家公會聯合會 | | 42 個客屬團體2,000 餘位代表 |
| 第 16 屆 | 2000.11.19 | 龍岩 | 閩西客家聯誼會 | | 124 個客屬團體3,500 多位代表 |
| 第 17 屆 | 2002.11.02 | 雅加達 | 印尼客屬總公會、印尼客屬聯誼總會、印尼梅州會館 | 和平開拓、邁向世界 | 60 多個客屬團體800 多名代表 |
| 第 18 屆 | 2003.10.26 | 鄭州 | 中國河南省客家聯誼會 | 聯誼、尋根、合作、發展 | 155 個客屬團體2,600 多名代表 |
| 第 19 屆 | 2004.11.18 | 贛州 | 中國江西贛州市客家聯誼會 | 客家親、搖籃情 | 3,000 多名代表 |
| 第 20 屆 | 2005.10.15 | 成都 | 中國四川客家海外聯誼會 | 全球客家、天府情緣 | 155 個客屬團體 |

表 2　歷居世界客屬懇親大會簡述（續）

| 屆序 | 大會日期 | 承辦地點 | 主辦單位 | 主題 | 參與社團與人數 |
|---|---|---|---|---|---|
| 第 21 屆 | 2006.10.18 | 臺北 | 世界客屬總會 | | 15,000 多名客家鄉親 |
| 第 22 屆 | 2008.10.16 | 西安 | 中國陝西客家聯誼會 | 炎黃根、客家情、促和諧、謀發展 | 4,000 多名客家鄉親 |
| 第 23 屆 | 2010.11.29 | 河源 | 中國廣東河源市客家聯誼會 | 古邑情、客家親 | 6,000 多名客家鄉親 |
| 第 24 屆 | 2011.12.01 | 北海 | 中國廣西北海市客家聯誼會 | 南海故郡、客家情緣 | 6,500 多名客家鄉親 |
| 第 25 屆 | 2012.11.21 | 三明 | 中國福建三明市客家聯誼會 | 根繫祖地、客聚三明 | 215 個客屬團體 2,042 名客家鄉親 |
| 第 26 屆 | 2013.09.10 | 雅加達 | 印尼客屬聯誼總會 | 華夏子孫同血脈、全球客屬一家親 | 2,500 名客家鄉親 |
| 第 27 屆 | 2014.10.18 | 開封 | 中國河南開封市客家聯誼會 | 開封，讓客家人圓夢 | 3,500 名客家鄉親 |
| 第 28 屆 | 2015.10.16 | 新竹 | 世界客屬總會 | 世界一家、好客新竹 | 200 個客屬團體 30,000 名客家鄉親 |
| 第 29 屆 | 2017 | 香港 | 香港梅州聯會 | 客家親、香港情 | |
| 第 30 屆 | 2019 | 吉隆坡 | 馬來西亞客家公會聯合會 | | |

資料來源：筆者自行整理

不過，若就城市的角度來說，光是中國內部的世客會承辦團體的差異，就可以看出中國內部對於世客會意義的不同詮釋方式。根據上表可知，中國前6次的世客會承辦團體基本上都是由該省最重要的客屬團體來承辦（分別是廣東梅州客家聯誼會、閩西客家聯誼會、河南省客家聯誼會、江西贛州市客家聯誼會、四川客家海外聯誼會，以及陝西客家聯誼會）。不過，接下來的4次活動則是委由次一級的客屬城市來辦理（分別是廣東河源市客家聯誼會、廣西北海市客家聯誼會、福建三明市客家聯誼會，以及河南開封市客家聯誼會），比較可能的解釋是，中國已經成為全球客家族群網絡中最有影響力的國家，接下來應該在內部深耕並拓展客家文化版圖，因此廣東就讓梅州之外的河源來接續辦理，而閩西則讓龍岩之外的三明市來承辦世客會活動。這些客屬城市不僅可以取得海外客屬群體的經濟發展資源，也可以拓展客家文化的影響力，讓越來越多的隱性客家人口認同客家，進而成為客家族群的一分子。

世界客屬懇親大會的發展歷程，可說是建構全球客家族群網絡中最重要的一條支線，不過，為何世客會能夠成功地打造全球客家族群網絡，這還需要進一步的說明。首先，香港崇正總會於1971年開始辦理第1屆世客會之前，與該會有連結關係的客屬團體，海內外就有將近100個客屬團體（香港16個、臺灣6個、美洲13個、東南亞55個、澳洲南太平洋3個、日本4個、其他區2個）（香港崇正總會編委會 1995：1-155），因此他們可以在世客會第1屆舉辦之時，就可以集結約莫50個世界客屬團體。也就是說，在成功舉辦首屆世客會之時，香港崇正總會就已經建構出了一個隱性的全球客家族群網絡。然而，為何世客會活動會呈現日益盛大辦理的現象，這也需要進一步的說明。

前已提及，兩岸競相在世客會展現政治實力的競爭關係，讓世客會的辦理呈現出越演越烈的現象。然而，激烈的競爭固然可以引起注目、引發熱潮、展現活力，但這還不足以說明何以全球客家族群網絡這個無比龐大的共同體可以

藉此建構出來，顯然，這還需要某種解釋。

在 2015 年，新竹縣長、同時也是身兼現任世界客屬總會理事長的邱鏡淳先生表示，第 28 屆世客會活動將在該縣成功舉辦 2013 臺灣燈會的基礎上，進一步舉辦首次的「2015 臺灣國際客家文化嘉年華會」。[8] 邱理事長以國際客家文化嘉年華會的名稱來取代世客會名稱的做法，其用意顯然認為文化嘉年華會更能吸引更多客家族群參與此項活動。

世客會活動常被批評為沒有文化，反而比較像是一個招商引資的經濟活動。溫紹炳先生在參與過世界客屬第 18 屆懇親大會後，也曾表示說，在該次會議中，主席宣布開會沒人理會，議程討論內容無關痛癢，最重要議題卻沒有討論，而主持人與演唱者對「客家」沒有基本認識，雖然說研討會有一定水準，但是卻欠缺客家味（溫紹炳 2003：52-55）。總體來說，世客會文化層面的真正意涵，可能還是停留在表面的聯誼活動而已，而聯誼的目的，基本上都與政治經濟面向有關。雖然說以文化為名的世客會並沒有為客家文化的深化做出深刻的貢獻，世客會卻週期性地運用類似嘉年華會的做法讓世界各地的客家族群有機會進行互動，從而讓全球客家族群網絡有辦法不斷地運作下去。

## 五、世界客屬懇親大會體現出來的嶄新客家文化意涵： 民系、族群、抑或「？」

現代客家研究宗師羅香林為了證成客屬源流的漢人本源，創造出了「民

---

8 〈新竹縣舉辦首屆客家文化嘉年華 中市積極參與行銷在地客家文化〉，http://www.taichung.gov.tw/ct.asp?xItem=1430200&ctNode=7462&mp=100040。取用日期：2015 年 07 月 10 日。

系」這個詞彙，其原意應該指的是漢民族的一系。現代社會科學的發展則有「族群」的概念出現，其通常指的是國家之下的一個群體單位，意指的是國家之內可能內轄不同的族群。於此，不論是用民系抑或族群的概念來描述客家族群，似乎都意味著客家族群必須隸屬某個國家之下。

世客會作為一個極佳的研究案例，除了可以說明華人族群如何得以進行全球性的族群動員，甚至可以為族群的國際動員建構出一個嶄新的理論依據。羅香林當初為了把客家族群與華夏民族聯繫起來，創造出了民系的概念。在中原源流論的推波助瀾之下，成功地讓客家族群自認為是漢民族的一個支系。這樣的觀念在羅香林加入全球客家的起始點香港崇正總會之後，開始散播到世界各地的客家族群，從而中原源流論亦成為世界客家族群彼此指認、相互連結的重要理念。最終，在胡文虎仿聯合國方式成立的客家族群國際聯盟在世客會具體落實之後，我們不禁要問，這個目前正在持續擴張中的客家族群跨國網絡，若我們無法用民系、民族來稱呼它，也不想用跨國族群來描述它，不知是否能夠有一個更合適的詞彙來形容這樣一個具備文化全球化能力的全球族群？這是本節想要加以處理的問題。

哲學家康德曾認為公共理性的發展將促成世界共和國（柄谷行人 2015：275），進而導致永久和平的出現。實際上，康德世界共和國的理念，似乎在近代是以國家之間相互聯盟的聯合國形式出現，不過，由於國家之間的主權並無法讓渡給聯合國來進行仲裁，聯合國距離原先康德世界共和國的理想還非常遙遠。雖然說世界共和國的想法在目前的國際現實尚難以達成，但世界共和國的國民典型在現今的世界卻非常的風行，此即所謂的「世界公民」概念。然而，此種訴諸於各國公民相互尊重的做法，並無法進一步達到地球村的「四海一家」理想。若真要讓不同國度的人確實產生共同體的感受，就必須要有共同的歷史經歷、共同的集體記憶，也就是說，必須要有共同的文化背景。人們或

許可以產生共同的社會意識，一起為了地球的永續生態而努力，卻不容易產生共同的文化意識，因為這先要有共同的集體故事出現，而共同的集體故事可能訴說的是某一國際族群歷經苦難而不斷遷徙的內容，即便說這些故事可能全然是建構出來的，但這就是故事本身的特性與力量。

面對著全球客家族群網絡浮現可能會有的新意涵，我們或許可以透過海外客家、國際客家、全球客家等三個世界客家符號的區別來加以簡單說明。海外客家一般來說泛指中國之外的客家族群，國際客家指的是各國客家族群的公民身分發展歷程，全球客家則是指全球客家族群網絡的形塑經過。如下將就這三種類型討論客家族群的世界發展狀況。

有學者認為，近代西方是先有國家才有民族，近代中國則是由民族形成國家（王柯 2015：235）。循此說法，nationalism 對西方來說應該譯成「國族主義」，對華人世界來說，則應該譯成「民族主義」。國族主義是一種國家（政治制度）優先的論點，是以西方人對於公民概念會視為人際交往的前提，而民族主義則是一種文化優先的論點，是以常常可以跨越國界的限制而仍舊保有群體一體感。就海外客家的角度而言，令人好奇的是，諸如丘念台、胡文虎、賴際熙、羅香林等客家人，經常性地在世界各國的客家族群之間來回走動，宛如沒有國界的客家人的一般。其原因就在於，透過羅香林中原源流論的成功建構，客家族群已然是漢民族的一分子，在民族主義盛行的民國時期，在跨國的客家族群間奔走的丘念台，其實是一位在同樣文化氛圍下走動的客家人，因為民族主義的文化內涵會超越國家疆界的限制，讓他宛如是一直與同一個群體在進行互動。

因此緣故，就海外客家的角度，客家族群之間的交流是以中原源流的華夏民族情結作為互動的依據，國際客家角度則是著重海外客家族群的公民權發展狀況，特別是對一些東南亞國家曾經受到種族主義欺凌的客家族群來說，世界

公民理念的強調可以藉由客家族群的國際聯結能力來強化，並鞏固自身於所在國的公民權。全球客家的角度則是探討全球客家族群網絡的浮現與擴張過程，例如，世界客屬懇親大會的活動內容歷來都有一個重點，亦即鄉親鄉情的報告，若從全球客家的角度說明，可發現鄉親鄉情的報告內容除了介紹該客家族群所在國的發展狀況與風景名勝之外，還不斷地流露出客家族群應該相互協助與扶持的訊息，也就是說，鄉親鄉情報告乃是國際客家族群相互情感連結、打造情感共同體的一種重要方法，對於全球客家族群網絡的建構來說極有助益。

集結群體的方式有很多種，政治經濟利益是比較常見的集結方式，而客家族群的集結方式卻非常的具有文化氛圍。就以全球客家族群網絡起始點的香港崇正總會來說，剛移民香港的理事長賴際熙的做法是編寫《崇正同仁系譜》，考證客家族群的源流，羅香林則更進一步把客家族群的中原源流建構出來，形塑出客家族群想像共同體的連結點，讓全球客家族群網絡的運作有了依據。

不同於國族主義的政治優先性，民族主義的文化優先性讓客家族群得以跨越國界的限制，讓客家族群得以跨越疆界限制來辦理世界性會議。世界客屬第28屆懇親大會的主題是「世界一家、好客新竹」，時任客委會主委的劉慶中委員也說要「建構全球客家網絡」（世界客屬總會編委會 2015），諸如「團結世界客家人」的說法，歷來都是世客會極力呼籲的會議口號，即便說此種口號在不同時期有不同政治意涵，卻也指出全球客家族群網絡的建構歷程一直沒有中斷過。面對這樣一種新情勢，「族群」這個概念已經無法充分說明「全球客家」的實質內涵，而這個足以描述「全球客家」實質內涵的新名詞，則有待大家的加入一起來建構。

## 六、結語：文化基礎才是客家族群離而不散且全球聯結的 原因

　　回溯文化的歷史，在 18 世紀，文化被視為某種教養與文明化的語言，19 世紀文化意涵則是指傳統歷史紐帶與民族固有內容（鏡味治也 2015：8），也就是說，18 世紀的文化意涵比較像是今日所謂的公民素養，19 世紀的文化內涵則比較注重共同的集體記憶，而這兩者的差異簡單說就是「文明」與「文化」的概念差異。簡單地說，文明指的是現代公民的基本素養，文化則指的是某群體的共同集體歷史記憶。

　　關於現代文明，Giddens（1990：21-27）曾表示，現代性的「抽離化」（distancing）與「去鑲嵌化」（disembedding），會讓社會關係日益脫離本土脈絡，其影響力亦會跨越時空限制。現代性的優點是可以產生一套普遍性高的社會制度，一套幾乎所有現代社會皆可以依循的法則。不過，此種制度亦因為過於普遍化而脫離了本土的文化脈絡，也就是說，現代文明的發展會與既有的在地文化傳統產生脫鉤。現代文明雖有能力引發人們的公民意識，卻不見得可以與既有的在地文化產生聯結，進而永續地持續下去。由於文化涉及某一群體過去的歷史集體記憶，能夠與文化產生深刻聯結的社會性活動，就有能力引發特定族群的興趣，並參與此項社會活動。因此緣故，文化性活動經常是族群動員的有效手段（Appadurai 2009：23）。

　　在世客會的例子中，我們看到客家族群透過文化名義來進行政治動員，也看到文化動員在打造全球客家族群網絡方面的效益。例如說，雖然客家族群的分布在河南省不多（第 12 屆世客會出版的專書《客家風華》的客家人口統計甚至沒有河南省），也因為羅香林中原源流論的關係而得以在河南鄭州舉行第 18 屆世客會，並透過「黃河乃是中華民族母親河」的說法，把河南與客家族群關聯起來了（世界客屬第 18 屆懇親大會編委會 2003：7）。此種文化的浮

面性操作，說明了客家族群的社會影響力的與日俱增，可以在河南地區建構出
客家族群。

就海外的例子來說，客家族群的文化動員，亦足以透過國際文化動員的名
義來化解該族群於所在國的族群緊張關係，例如，印尼客屬總公會的創會會長
吳能彬曾經表示，該會於 2000 年爭取到 2002 年世客會主辦權，對飽受排華
32 年的華人來說，乃是一大勝利（吳能彬 2003：380）。印尼客屬總公會成功
申辦第 17 屆世客會之後，該年度印尼副總統還出席是次世客會，對印尼華人
來說，這是緩和印尼排華運動的有效創舉。言下之意是，客家族群的文化動員，
對於兩岸四地之外的華人世界來說，似乎也具備緩解族群衝突的效益。

在承辦世客會過後，梅州贏得「世界客都」的封號，閩西取得「客家祖地」
的稱謂，贛南則有了「客家搖籃」的代稱，有越來越多客家地區的名勝古蹟與
公司行號都突然間意識到「客家」兩字的符號價值，開始把客家冠在自己原來
的名稱之上。以文化為名，其實並沒有什麼不妥，只不過，若只是為了政治經
濟上的利益而如此做，「客家」兩字就只是一個符號，沒有實質內容。這也是
我們在世客會上面看到的一個文化特殊現象：參與者皆以文化為名參與此項活
動，在活動過後，雖然說「客家」二字的影響力可說是與日俱增，主動認同客
家、成為客家人的人口數也越來越多，客家文化的深刻性卻沒有被開展出來。
時至今日，在世客會已風起雲湧舉辦超過 45 年，全球客家族群網絡也在漸漸
擴張之際，對於全球客家的人口數、社團數、會議數、甚至博物館數的相關資
料，都缺乏嚴正的討論，吾人似乎可以這樣說，世客會確實讓「客家」兩字看
起來風行世界，唯可惜的是，這兩個字其實一直都是一個內容空空的符號。

資深的客家研究者張維安（2010）曾說過：「血緣雖然重要，但是它並不
是形成當前客家族群的充分因素，客家族群歷史的論述、客家族群想像的文化
基礎，才是客家族群『離而不散』的重要基礎，這是當前最重要的客家社會資

本。」客家人的文化特性是「邊緣性」（梁肇庭 2013：44），不斷在世界遷徙與遷居，於此種情況下，客家族群竟然還能進行跨國性的族群動員與集結，這個「離而不散」的重要基礎當然是作為客家族群想像的文化基礎。在這個基礎上，不同客家族群各自進行著自己的利益盤算，從而讓客家文化得以發展下去。在「離」的部分，我們可以看到客家族群之間的區域性文化差異，就「不散」的部分來說，則始終可以看見中原源流論述的串流力量。

## 參考文獻

日本崇正總會編委會，1980，《世界客屬第 5 屆懇親大會記念特刊》。東京：日本崇正總會。

王柯，2015，《中國，從天下到民族國家》。臺北：政大出版社。

世界客屬第 2 屆懇親大會實錄編輯委員會，1974，《世界客屬第 2 屆懇親大會實錄》。臺北：世界客屬第二屆懇親大會。

世界客屬第 4 屆懇親大會編委會，1978，《世界客屬第 4 屆懇親大會特刊：三潘市崇正會金禧慶典》。三潘市：三潘市崇正會。

世界客屬第 6 屆懇親大會編委會，1982，《世界客屬第 6 屆懇親大會特刊》。曼谷：泰國客屬總會。

世界客屬第 12 屆懇親大會紀念特刊編委會，1994，《世界客屬第 12 屆懇親大會紀念特刊》。梅州：廣東畫報社、梅州市新文圖片社。

世界客屬第 13 屆懇親大會編委會，1998，《世界客屬第 13 屆懇親大會紀念刊物》。新加坡：南洋客屬總會。

世界客屬第 16 屆懇親大會組委會，2000，《世界客屬第 16 屆懇親大會紀念特刊》。龍岩：中國閩西客家聯誼會。

世界客屬第 18 屆墾親大會編委會，2003，《世界客屬第 18 屆墾親大會會刊—I》。河南：香港新華。

世界客屬第 19 屆懇親大會組委會辦公室，2004，《世界客屬第 19 屆懇親大會中國（贛州）客家文化節專輯》。贛州：贛州客家聯誼會。

世界客屬第 20 屆懇親大會編委會，2005，《世界客屬第 20 屆懇親大會—風華35 年》。成都：四川客家海外聯誼會。

世界客屬第 22 屆紀念特刊編委會，2010，《世界客屬第 22 屆懇親大會》。西安：22 屆紀念特刊編委會。

世界客屬第 25 屆懇親大會編委會，2012，《世界客屬第 25 屆懇親大會紀念特刊》。三明：三明市客家聯誼會。

世界客屬第 26 屆懇親大會組委會，2013，《世界客屬第 26 屆懇親大會紀念特刊》。雅加達：印尼客屬聯誼總會。

世界客屬總會秘書處，1977，《世界客屬總會會員名冊》。臺北：世界客屬總會。

世界客屬總會編委會，1984，《世界客屬第 7 屆懇親大會暨世界客屬總會成立10 周年紀念大會特刊》。臺北：世界客屬總會。

_____，1999，《第 14 屆客屬懇親大會紀念特刊》。臺北：世界客屬總會。

_____，2015，《世界一家 好客新竹：世界客屬第 28 屆懇親大會紀念特刊》。臺北：世界客屬總會。

安煥然，2010，〈馬來西亞柔佛客家人的移殖形態及其認同意識〉。頁 887-910。收錄於莊英章、簡美玲主編，《客家的形成與變遷》（下）。新竹：國立交通大學出版社。

余彬，2013，〈世界客家運動：一種國際移民族群權利運動研究〉。《嘉應學院學報》31(9)：5-10。

余達忠，2012，〈文化全球化與現代客家的文化認同：兼論寧化石壁客家祖地的建構及其意義〉。《贛南師範學院學報》33(1)：7-11。

吳川鈴，1997，〈新加坡第 13 屆世界客屬懇親大會：一場有尊嚴的演出〉。《客家雜誌》79：26-28。

吳良生，〈客家與廣府族群資源的建構和運作比較：基於世客會與廣府珠璣巷後裔聯誼會的研究〉，http://mag.chinareviewnews.com/crn-webapp/cbspub/secDetail.jsp?bookid=48441&secid=48643。取用日期：2015 年 7 月 10 日。

吳能彬，2003，〈世界客屬事業新世紀的新任務與新發展〉。頁 376-387。收錄於崔燦、劉合生主編，《客家與中原文化國際學術研討會論文集》。鄭州：中州古籍。

吳詩怡，2008，《博物館展示與客家記憶》，國立中央大學客家社會文化研究所碩士論文。

巫秋玉，2008，〈論世界客屬懇親大會：與中國客家僑鄉〉。《華僑華人歷史研究》1：46-57。

林烈豪，〈全球化時代之客家連結〉，www.ihakka.net/DOC/ 全球化時代之客家連結 - 林烈豪 .doc。取用日期：2015 年 7 月 10 日。

林瑞輝，1997，〈藍杉樂舞新加坡演出記實〉。《客家雜誌》79：29-31。

柄谷行人，2015，《帝國的結構》。臺北：心靈工坊。

胡希張、莫日芬，1997，《客家風華》。廣州：廣東人民。

香港崇正總會編委會，1995，《香港崇正總會金禧紀念特刊》。香港：香港崇正總會。

馬來西亞客家公會聯合會編委會，1999，《世界客屬第 15 屆懇親大會紀念特刊》。吉隆坡：馬來西亞客家公會聯合會。

張恩庭，2011，《石壁客家紀事》。香港：中國文化。

張開龍，2000，〈吳伯雄赴大陸參加 2000 年世界懇親大會紀實〉。《台灣源流》20：78-82。

張維安，2010，〈尋根溯源：全球客家族群移民遷徙概述 .〉演講稿，發表於《行政院客委會海外客家社團負責人諮詢會議》，臺北：客委會主辦。

_____，2015，《思索臺灣客家研究》。中壢：國立中央大學出版中心／遠流。

梁肇庭，2013，冷劍波、周雲水譯，《中國歷史上的移民與族群性：客家人、棚民及其鄰居》。北京：社會科學文獻。

陳燕棠，皇甫雪，2001，〈根啊根：吳伯雄回閩西省親謁祖〉。《廈門文學》1：4-10。

曾玲，2002，〈認同形態與跨國網路：當代海外華人宗鄉社團的全球化初探〉。《世界民族》6：45-55。

黃石華，1995，〈香港崇正總會金禧大慶特刊重印序言〉。《香港崇正總會金禧紀念特刊》。香港：香港崇正總會。

溫紹炳，2003，〈以投資招商與旅遊宣傳為主要目的 世界客屬第 18 屆懇親大會〉。《客家雜誌》162：52-55。

葉日嘉，2006，《兩岸客家研究與社團之政治分析：以「世界屬懇親大會為中心》。臺北：中國文化大學中國大陸研究所。

閩西客家聯誼會編委會，2015，《閩西客家聯誼會成立20週年紀念刊》。福建：
　　閩西客家聯誼會。

劉盛良，2010，《和與同：和大漢客屬同一個世界》。臺北：水牛圖書。

廣東梅州客家聯誼會編委會，1989，《世界客屬聯誼在梅州》。梅州：廣東梅
　　州客家聯誼會。

鍾春蘭，1989，〈懇親大會紀實〉。《客家風雲》14：21-23。

羅英祥，1994，《飄洋過海的客家人》。河南省：河南大學出版社。

羅香林，1950，《香港崇正總會崇正30週年紀念特刊》。香港：香港崇正總會。

Appadurai, Arjun, 2009，《消失的現代性：全球化的文化向度》。臺北：群學。

Giddens, Anthony, 1990, *The consequences of modernity*. Stanford: Stanford
　　University press.

Wimmer, Andreas, 2013, *Ethnic Boundary Making: Institutions, Power, Networks*.
　　New York: Oxford University Press.

# 19世紀末到二戰前後為主東亞華僑史中客家商人與客家精英的定位：

## 梅縣－香港－神戶－巴達維亞

日本兵庫縣立大學經濟學部教授　陳來幸

## 摘要

　　日本華僑近代史研究中，很少正面描述客家華人的作用。潮州人、客家人人跡罕見。以第一次世界大戰為契機，日本產品向南洋地區的出口貿易成了氣候。抓住商機取得成功的客家商人由此出現。神戶得人和號主人潘植我是梅縣南口鎮僑鄉村出身，日俄戰爭結束後來到了神戶。他依靠往香港和巴達維亞發展的客家商業網絡，成功地大量出口日本棉紡織產品。代表神戶廣幫出面擔任中華民國僑商統一聯合會副會長的廖道明也有客家背景。本文的重點之一在於分析近代日本客家華僑所發揮的作用與其原因何在。早些時期往巴達維亞移民，作為新客定居此地的客家僑領在引進新學、創辦中華會館、中華學校方面也發揮了作用。此文討論兩者不同地區的客家如何相聯起到了共鳴作用。

**關鍵字**：潘植我、梅縣、南洋貿易、廖道明、巴達維亞

# 一、前言

　　在日本華僑近代商業史研究中，到目前為止，很少學者從正面描述客家商人的作用。其主要理由之一，是由於 1859 年明治政府對外開放部分港口以來，日本對外國人入境加以嚴格的限制，除了有一定資產的商人以外，僅一少部分日本匱缺的雜業性行業人士才得以在居留地謀生。最早時期在橫濱形成的唐人街，主要是由珠江口岸各縣出身的廣肇兩府廣東人和一些寧波人以及福建人組成的。而來自省東部的潮州和嘉應州的廣東人卻十分罕見。整個以廣肇兩府廣東人為主的唐人街結構反映了以淘金熱為契機而爆發的北美洲移民的潮流，也與以華南為起點經由日本（橫濱）往北美的定期輪船航線的運作相呼應。19 世紀 6、70 年代的這種情況，之後稍微有了變化。19 世紀末期到 20 世紀開頭的時期，中日兩國之間貿易的興起和日本的領臺，引導了日本關西地區神戶、大阪兩港的抬頭，並促進了出身地區多元型的神戶華僑社會的形成。隨著日本本土和臺灣之間的密切來往，有些臺灣商人也開始向日本「本島」移居，並在神戶謀生定居下來。神戶和大阪作為對外港口雖比橫濱晚 9 年開放，但神阪地區華商的重要性和他們總體的勢力在世紀之交逐漸超過了橫濱華商。

　　此後，以第一次世界大戰的爆發為契機，日本產品向南洋地區的出口貿易快速發展並大成氣候。興起工業城市大阪和貿易港口神戶，這兩座城市在出口貿易業務中扮演角色分工也逐漸明確並固定了下來。在這樣的社會經濟大背景之下，抓住商業機會取得成功的代表性客家商人也隨之出現。這些客家商人中，梅縣南口鎮僑鄉村出身的神戶得人和號主人潘植我便是 1907 年前後來到神戶的客家商人。到了 20 世紀 20 年代後半期，他在神戶當地最有名氣的神戶華僑同文學校擔任了大約 10 年的總理，直到中日戰爭爆發之後，不得已於 1939 年秋離開神戶，前往同村潘家紮根定居的另一海外僑居地——荷屬爪哇島巴達維亞（現雅加達）。筆者最近發表了一篇以初步分析在日本發展的首位

客家商人潘植我的個人網絡為主的文章。[1] 此文作為續編，對同時代僑居巴達
維亞的梅縣客家商人的政治地位、他們在華僑社團中所發揮的獨特作用、及國
際情勢方面進行分析，並關於潘家在日本、香港、爪哇發展的移民背景給予補
充說明，旨在將梅縣客家商人海外網絡的建構和運營機制從另一角度再重新加
以分析。

　　南口鎮潘家一直後續有人，僑鄉村鄰村南口鎮南龍村出身的潘楚珩是靠潘
植我的關係往神戶發展的，先在得人和號學做生意，後來獨立出來創辦了新生
隆號。另一鄰村益昌村出身的潘鐸元（今政）是靠潘楚珩的人際關係在神戶、
大阪得以發展的。潘鐸元起先在神戶新生隆學做生意，戰後在大阪創辦了大阪
印華公司，專門從事南洋印尼貿易。不僅活躍於商界領域，在二戰結束之後的
大阪華僑社會，潘鐸元和梁永恩等神戶、大阪地區的客家人對於國民政府領導
下的大阪僑社政治向心力的強化也起了不可忽視且獨到的作用。[2] 潘鐸元曾任
國際新聞[3] 社副社長兼國文編輯局長、大阪華僑聯合總會會長、中國國民黨駐
神戶直屬支部常務執行委員、大阪華僑總會顧問、僑風社顧問等職位。在潘鐸
元的領導下，大阪華僑收回了在大阪的偽滿財產領事館大樓，後來這棟樓被作
為駐日代表團僑務處阪神分處給日本關西地區的華僑提供了方便。不僅如此，

---

1 拙文，2016b，〈20世紀初頭における客家系華商の台頭：神戶と香港に進出した梅
　縣南口鎮の潘氏一族〉收錄於村上衛編《近代中國における社會經濟制度の再編》。
　京都：京都大學人文科學研究所、拙文，2016c，〈兩次大戰與留日客家商人潘植我
　的命運〉。論文發表於 International Conference of "Coping with transnational crisis:
　Chinese economic and social lives in East Asian Ports-Cities, 1850 -1950"。香港：香港
　中文大學主辦，6月7日。近日有計劃出版成論文集。由於大會總課題的關係，雖內
　容上有些出入，但也可以說後者是前者的中文版。
2 曾在拙文（2014：77-88），就潘鐸元做過簡單的分析。有關潘鐸元先生生平的傳記，
　請參閱劉錦雲，2003，《三番先生傳》，香港：香港天馬圖書。
3 二戰後在日本發行的報刊中數量最大的日文華僑報。發行數為40萬部（拙文2011：
　83-105）。

他同時也向占領軍提出對華僑應該給予特別配給之建議，最終被聯合國遠東委員會所採納，「造福」了僑界，因此，還被選為日本華僑國民大會代表（《僑風》社 1947：26）。這樣，日本客家在致力支持戰後國府在日本的勢力回復和其國際地位的鞏固。在二戰結束後不久的國共對立局面之下，在日本領導了華僑運動，之後前往大陸加入共產黨的楊春松也是日治時期在臺灣投身農民運動的中壢客家人（拙文 2010：189-210）。如上所述，較晚出現在日本的客家華僑，在以一戰和二戰為契機的重要歷史轉折時期，無論在商界，或是在政界均初露頭角。即使站在兩個極端的政治立場上卻都發揮了領導僑社的顯著作用。客家在日本華僑所發揮的這些獨到的作用，今後在研究東亞政治經濟史中值得更加注意探討。

　　本文的重點在於以梅縣南口鎮僑鄉村潘家在海外的商業網絡為中心，分析近代日本、香港、巴達維亞的客家華僑如何進入原先幾乎空白的商業貿易領域，再解剖其所發揮的作用與其原因何在。「客家」一詞還沒有普遍被一般人所認識之時，其中所謂的隱性客家要素也值得對此加以一併探討。筆者在前引論文中提到，辛亥革命爆發之後，代表神戶廣幫出面擔任中華民國僑商統一聯合會副會長的廖道明祖上有客家背景，也說得上是所謂的「隱性客家」。另外，中日戰爭前夕被選上國民大會華僑代表，因公犧牲的楊壽彭[4]等僑社精英也有客家背景。因此，我們當然絕不能武斷地說近代日本華僑社會中沒有客家因素和影響，而相反，恰恰是有客家因素的存在的。

---

4 楊壽彭在日本出生。祖父五華縣人。安井三吉，〈楊壽彭と孫文〉。2009，《孫文研究》第 46 號。

## 二、巴達維亞僑社中客家商人的興起

### （一）荷屬東印度時期吧城華人公館和華人社會的演變

　　華人公館是荷屬東印度時期蘭印總督支持建立的華人半自治機構（袁冰凌、Salmon 2001）。被殖民統治當局授予甲必丹等官職的華人，根據中國傳統的習慣去處理華人社會內部的問題，也是殖民當局通過他們讓華人通曉法令制度，由此華人公館成為間接管理華人的機構。除了處理民事案件以外，它還有部分司法權和行政權。此外，還替荷蘭當局收取華人人頭稅，同時華人的婚姻、墓地、寺廟、學校、街坊等的民生事務也由公館來處理。從第一位甲必丹蘇明光（鳴崗 Souw Beng Kong）於 1619 年就任起，早期的辦公形式都是在甲必丹的家裡進行辦公。紅溪慘案發生後第 3 年的 1742 年，從甲必丹林明光的時代開始，在旗竿街（Jalan Tiang Bendera）營置了一廈為公堂。19 世紀初期甲必丹陳炳郎（1808-1809）時期，因為華人主要的居住區集中在南部，公堂事務也隨之在城南甲必丹的家裡處理，甲必丹的私家公館成為日常辦公、判案之所。甲必丹高長宗（1821-1828）向荷印政府申請，在舊城南中港仔街（Jalan Tongkangan）建了一公館，於是所有公事都在高家公館進行處理。之後 1861 年馬腰陳永元 [5] 時期，以公堂的名義買下了高氏公館。從此，所有公事都在這個建築物裡舉行，直到 1951 年印尼獨立，公堂再次遷移為止。因為華人公館處理華人日常生活的諸多案件，但因華人人口的增多，於是增設了種種職位。除了甲必丹（Kapitan）以外，還設有雷珍蘭（Luitenan= 助理）、武直迷（Boedelmeester= 財産管理官）、朱葛礁（Secretaris= 秘書）。在晚清時期還增加了高於甲必丹上一層的媽腰（Mayor）一職。

---

5 Chen Menghong（陳萌紅），2011，De Chinese Gemeenschap van Batavia, 1843-1865，
　Leiden University Press. 主要論述陳永元媽腰時期的華人公館。

表 1　歷代華人公堂審議官數的變化

| | |
|---|---|
| 1620 年：一甲（甲必丹 / 甲大 Kapitan） | 共 1 人 |
| 1633 年：一甲、一雷（雷珍蘭 Luitenant）、一達（達氏<br>　　　　Soldaat ＝差役） | 共 3 人 |
| 1689 年：一甲、四雷、一武（武直迷 Boedelmeester） | 共 6 人 |
| 1750 年：一甲、六雷、一武、一朱（朱葛礁 Secretaris ＝秘書） | 共 9 人 |
| 1808 年：一甲、六雷、二武、二朱 | 共 11 人 |
| 1839 年：一媽腰（Mayor）兼甲大、三雷珍蘭兼甲必丹、三<br>　　　　雷、二武、二朱 | 共 11 人 |
| 1893 年：一特授媽腰、五欽賜甲必丹、一欽賜雷珍蘭、四甲、<br>　　　　六雷、二朱 | 共 19 人 |
| 1918 年：一特授媽腰、一欽賜媽腰、二欽賜甲必丹、一甲必<br>　　　　丹兼代理媽腰、七雷、二朱 | 共 14 人 |

資料來源：廈門大學、萊頓大學，2002-2014《吧城華人公館檔案叢書公案簿》第 1~13
各輯，廈門大學出版社

## （二）世紀之交荷屬東印度華人社會的變化

　　到 19 世紀中期為止，華人受殖民政府之委任，承擔的徵稅特權開始被
一一撤銷，強制栽培制度也在 20 世紀 20 年代前期被取消了。同時，長期對華
人實行的「通行證」制度等也隨之廢止。由此，華人在商業領域上自由發展的
空間得以出現了。關於為何會發生這些變化，可以根據急劇增加的歐洲移民所
帶來的自由主義潮流來對此進行解釋說明（Erkelens 2013：第 4 章）。[6] 另外，

---

6 請參照萊頓大學博士論文第 4 章。原來僅限原住民享受的土地所有權，經過 1870 年
　農業法的公布，對外僑也開始以 75 年為上限，允許享受其權利。這些法令的修改招
　引了不少歐洲企業家的移民。同時，1860 年代輪船的發達、1869 年蘇伊士運河的開
　通促進了這股移民熱潮。1870 年約為 4 萬人的歐洲外僑人數，在 1940 年增長為 25
　萬人。

19 世紀中葉以來由增多的新客華人移民所帶進來的民族主義，在土生華人為主流的當地華人社會也開始產生作用，在意識上強化了與祖國的情愫紐帶。這樣，在華人與其祖國之間相互關係形成的過程之中，華人社會裡抱有新學思想的新勢力（Kaoem moeda）受新客的影響逐漸興起，新興社團也隨之抬頭。本文將著眼於長期以來以閩南人為主的土生華商社會，做為新客顯然加強了其陣容的客家華商做分析，從巴達維亞華人社會結構變化的觀點來探討 20 世紀初期的日本、巴達維亞、香港、梅縣之間的網絡與其互動機制的形成和發展。

1. 中華會館和中華學堂的成立：吧城「華僑」的中華民族主義

1900 年 3 月 17 日，吧城華人的僑領潘景赫[7]（Phoa Keng Hek 理事長）、洪水昌（Ang Sioe Tjiang、副理事長）、丘亞恒[8]（＝丘燮亭 Khoe A Fan 副理事長）、李金福（Lie Kim Hok）、許金安[9]（Khouw Kim An）、李興廉（Lie Hin Liam）、陳金山（Tan Kim San）、潘立齋（Phoa Lip Tjay）、梁輝運（＝梁映堂 Nio Hoey Oen）、廖亞榮（＝廖煜光 Lieuw A Yoeng）等華人，做好事前準備和周旋後，於 6 月 3 日得到荷蘭殖民政府的許可，在八帝貫正式成立了荷屬東印度地區第一個中華會館（THHK, Tiong Hoa Hwe Koan）。潘景赫和李金福同是一個教會學校畢業的土生華人僑領。長年擔任會館理事長的潘景赫

---

7 著名的新聞工作者、作家、詩人。承擔吧城中華會館理事長（1900-1923）長達 24 年。
8 李學民・黃昆章（2005：305）把 Khoe A Fan 翻譯成「邱亞獎」。有些資料翻譯抄寫為「丘阿恒」。本文根據公堂 1918 年的木製聯（現存萊頓大學）上的名和字，在印尼歷史記載中使用的是「丘亞恒」。在說明印尼以外地區的文章上盡量使用故鄉梅縣、或是出身的村落南口鎮僑鄉村里的歷史紀錄上所通用的名字「丘燮亭」。丘亞恒就任中華會館副理事長的時期是 1900 至 1908 年（Nio Joe Lan〔梁友蘭〕1940：241-243）。
9 1867 至 1944 年。潘景赫理事長的女婿。1908 至 1910 任甲必丹。1910 至 1918 年被任命為特授瑪腰設女醫，自行種痘，議撥公款每月二百盾資助吧城保良局，專收無依女孩，以教以養。完劫寺，大伯公祠，亦修葺完好。1927 至 1942 年再次被任命為特授瑪腰，1944 年死於日本集中營內。

的女婿許金安與李興廉承擔華人公館的甲必丹職務。可以說，其中心人物既是
受荷蘭當局信任的上層華人，也是受新學的影響主動接受「中華」民族主義的
新興勢力（Kaoem moeda）的主流。他們的對抗勢力則是保守的舊勢力。

　　最近的印尼華人史研究指出，中華會館創始人之中，丘亞恒、陳金山、李
興廉等人發揮的「越境」（transborder）作用極為重要（Kwartanada 2012：31-
33）。以丘亞恒（燮亭）為主，潘立齋、梁輝運、廖亞榮等形成新勢力中心的
主要人物是約在 19 世紀後半期從廣東梅縣來吧的新客華人，並且都各自和日
本客家華商有著實質上的具體關係。關於這點，筆者將在第 3 節詳細論述。

　　中華會館成立不久的 1900 年 7 月 1 日，以 20 名發起人的名義，為興辦學
堂而向全體華人發布了公告。[10]

> 　　遠處海外，番其舉止，番其起居，番其飲食，番其禮法，華語且不
> 識，遑知有中學。詩書且不讀，遑知有孔孟，其弊隨地有之，而且
> 巴城有甚。蓋巴城立埠數百年，華眾數十萬或生長於斯，或服賈是
> 邦。閩人也，客人也，廣人也，恒格格不相入。除貨物交易外，老
> 死不相往還，秦越肥瘠，絕不關心（略）今既蒙荷政府允許給予開
> 辦，集眾公議：於會館中先設立小學校一區，變通中國辦法，參以
> 東西洋教科章程，詳立科表，教以認字、串字、習算、作論，以及
> 東西各國語言文字之入門，天算地與之初級，分班按序，日新月異。

---

10　〈八學校校校慶祝 111 週年・重要歷史文獻・巴城中華會館 20 名創辦人・興
　　辦學堂致全體華僑公告〉，《印尼星洲日報》。http://indonesia.sinchew.com.my/
　　node/31759 2012-05-30，取用日期：2016 年 7 月 31 日。20 名發起人是：潘景赫、
　　丘燮亭、梁映堂、翁秀章、李興廉、陳金山、丘紹榮、丘香平、許南章、蔡有得、
　　黃玉昆、黃昆興、許金安、李金福、陳公達、潘立齋、陳天成、胡朝瑞、胡先清、
　　溫亞松。

中華會館宣告全體華人必須以孔孟之教改善生活，設立學堂實行新式教育。終於在一年後的 1901 年 7 月，在巴達維亞成立荷印第一所中華學堂（後改稱為中華學校）。

吧城土生的福建人陳進山理事，曾經在新加坡讀過書。在準備階段承擔了與新加坡海峽華人林文慶（Lim Boon Keng、1869-1957）的接洽工作。林文慶接受陳進山的要求，答應派其弟子盧桂舫（Louw Koei Hong）就任中華學堂第一代教務主任。幾年後因盧主任辭職，徵聘第二任教務主任的工作改由日本方面人際渠道豐富的副理事長丘燮亭來承擔。1903 年丘燮亭訪問日本，成功地招聘到了橫濱大同學校中文教師林慧儒（Lim Vie Yie）。[11]

當時對於推行新式中華學堂的教育，當地華人並不是全部都是積極地贊同。華人公堂過去主要進行以經文為主的傳統教育，經營義學明誠書院也已有歷史。所謂的舊勢力華人堅持主張傳統教育的優越性。據說，在雙方的爭議中，1902 年對兩所學堂的學生實行了統一考試，最終得到了新式學堂教育比傳統教育有效果的確證（李學民、黃昆章 2005：365）。1903 年康有為的來訪，促使了以中華會館為主體的創辦中華學校之運動。康有為訪問爪哇各地華人社會，到處強調和宣傳華人全體不分彼此無隔膜的大同團結和以儒教為主的近代教育的重要性。正因如此，萬丹（1903）、泗水（1903）、梭羅（1904）、萬隆（1904）、諫義里（1905）、日惹（1906）等地，前後相繼陸續成立了中華學校（李學民、黃昆章 2005：363-386）。[12]

---

11　前引 Kwartanada 論文 32 頁。林慧儒在〈1899～1909 年橫濱大同學校歷年教習名表〉（原載〈本校歷年教習名表〉，馮錦龍編《大同同學錄》）學校法人橫濱山手中華學園編《橫濱山手中華學校百年校志 1898～2004》2005 年、55 頁）可以確認確實有其名。

12　樂天〈東印度華僑國民教育概論〉《新報二十五周年紀念特刊》（1935 年出版）89 頁、93-102 頁。中華學校的總數 1935 年發展為 261 校。

1906 年 5 月，兩廣總督岑春煊派劉士驥前往爪哇，視察各地中華學堂。此後，中華會館引進通過派遣視學員監督學堂經營的學堂制度。同年，爪哇各地 20 所中華會館派代表在三寶壟集會，決定設立中華總會（Tiong Hoa Tjong Hwee）。據 1906 年勸學所總督兼視學員汪鳳翔所訂（閩省視學員陳華核）《南洋爪哇各埠華僑學堂章程》（共 18 章），第一章總義「五」規定，「國語國文為各科之導線。故本堂課程首先注重。而國語尤以清正官話為主。不得雜各處土音。以期將來華僑語言劃一」。第二章「二」規定，初等小學教授科目凡十一，包括算數、理科、圖畫、體操、唱歌等，說明是有系統地實行新式 5 年制初等小學堂。[13] 第二次中華總會 1907 年在爪哇召開，決定將此會改稱為爪哇學務總會（Djawa Hak Boe Tjong Hwee）。雖說中華學堂請來海外新加坡和日本橫濱有新式華僑學校教育經驗的教務主任，但值得注意的是它採用的是以北京官話為教學語言的制度。荷屬東印度華人同諸多國籍的多民族族群生活，而且華人社會也存在土生新客之別，又有多種方言群體，可以說這是只有當地華人才可能有的合理性判斷。

如上所述，歐洲移民的增多導致了荷屬東印度社會自由主義熱潮的掀起。在以北京官話為教學語言的新式學堂設立和推行之下，荷屬殖民政府目睹了華人社會中華民族主義的出現，並開始著手種種相應的對策，試圖對華人採用實行容納政策。如 1904 年緩和了對華人的旅行限制，[14]1908 年設立了荷華學校

---

13 《南洋爪哇各埠華僑學堂章程》。1906 年，光緒 32 年冬季初訂，桂秋南洋總匯報館，2 頁。
14 1816 年起，對華僑嚴格實行通行證制度。通行證分為幾種，但每年需要申請一次。移動的目的手段、同伴者均得事先申請。不攜帶通行證也會成為處罰的對象。1835 年起，實施華人只限特定地區居住的居住區條例制度。這都是 1740 年紅溪華僑虐殺事件以來殖民當局對華僑實施的限制其移動和居住地區的管理制度，在 19 世紀時期更為強化的結果。20 世紀以後，這些限制開始放寬。1904 年放寬了往鐵路沿線村落

（Holandsch Chineesch School、HCS），實施 7 年制的初等教育，給予華人畢業生與當地歐洲小學畢業生同等的資格等。

2. 中華商務總會的成立和華商聯合報的刊行

當荷屬東印度華人社會的新勢力僑領在教育界實行以中華會館為基地的社會改革運動之時，清朝政府開始推行所謂的光緒「新政」。新政的推行促使中國歷史上第一次出現專門管理和保護商人的中央部門，1903 年成立商部，1904 年號召全國和海外商人成立商務總分會，仿效歐美日的商業會議所制度，在國內大城市設置商務總會，較繁盛的商業集鎮以及縣城成立商務分會，海外華人集中的華埠成立中華商務總會。這時，政府讓商務總會總理授權使用和部長同等權威的政府官印「關防」。同時，在種種領域進行法令制度的整頓。做為法制改革的一個環節，1907 年末在上海召開了討論商法草案的全國性會議。代表新加坡出席上海商法會議的是林文慶和林竹齋。藉此國內外各地商界領導和商學泰斗參加的集會，商會有關人士們在會議期間聚集起來同意成立「華商聯合會」。

召集商法會議的上海商務總會總理李雲書憂慮中國沒有一個可與外國資本銀行比肩的大規模銀行，呼籲國內外商會人士，成立以國內外中國人為股東的中國華商銀行。1908 年 5 月到次年 2 月為止，上海金融界人士通過新加坡中華商務總會的仲介，來到民族主義湧現中的爪哇，在各地遊說，主張以各地剛成立的半國家機構中華商務總會為出資單位，同意中國華商銀行籌建計劃，並認股參與。當時任新加坡中華商務總會坐辦的林竹齋剛好前年參加上海召開的

旅行的限制、1910 年以後往爪哇島和馬都拉主要城市和主要幹線公路附近的旅行不需要申請和攜帶通行證了。後來，在 1914 年到 1916 年間發布的法令中，通行證完全被取消。

商法會議，他居間擔任了介紹任務。上海遊說團得到林竹齋的幫助，跑遍了當時已經成立商會的總共 10 所荷屬南洋地區華埠的中華商務總會。結果，僅這地區就招到了約一半的目標總額，即 445 萬元認股的承諾（陳來幸 2016a：66-69）。加之，各地商會也同意在上海創辦華商聯合會機關報，期待為華商聯合會的正式成立作準備。

這樣，以清政府為起點的準行政半官方性質的國內外商會制度網在逐步形成的同時，荷屬東印度華人社會內部的再儒教化和再中國化也正在如火如荼地進行。這正是該地區華人社會特有的政治環境所造成普遍存在的狀況。

3. 清政府的國籍法（1909）和荷蘭政府的臣民法（1910）

上海商務總會得到新加坡中華商務總會的支持，在南洋開展創設中國華商銀行的遊說活動，確實得到了荷屬東印度各地華商極大的贊同。雖然是 1908 年發生的事情，但我們有必要在這裡重新思考一下其意義及 1908 年這一年的歷史意義。

荷屬東印度的 1854 年〈統治法〉（Regeringsreglement）實際上是殖民地憲法。1854 年統治法將其居民劃分為「歐洲人」和「與其同等對待之人」，「原住民」和「與其同等對待之人」這兩種（貞好康志 2006：5-12）。對國籍的解釋，卻並沒有詳細嚴密的規定。1863 年，荷蘭政府和清朝政府締結了包含最惠國待遇款項的條約。荷蘭政府從而取得了在中國國內設有公使和領事的權利。反之，對於在荷蘭領土內居住的華人之權利，卻並沒有任何的規定。另一方面，荷屬地區 1899 年通過實施〈日本人法〉，日本人從中獲得了和歐洲人同等待遇的資格。1908 年荷蘭政府和日本政府之間簽訂〈日蘭通商條約〉，日本獲得了在荷屬東印度設置領事館的權利。日本人地位的提高給了當地的華人「一大刺激」，華人認為他們需要向清朝政府要求在當地設領事館，取得和日本人享受同等的權利（滿鐵東亞經濟調查局 1940：143-147）。1907 年荷蘭的〈同

化法〉給土生華人開放了經過歸化手續享受與歐洲人同等待遇的道路。而大
多數華人以這種制度為恥，這是因為荷蘭政府主張以出生地為原則解釋國籍，
企圖將土生華人的國籍強行轉入荷蘭，以斷絕其與中國的關係。針對荷蘭的政
策，清朝政府1909年公布以血統主義為原則的國籍法。1908年正是圍繞荷屬
華人的國籍解釋問題和待遇問題，民族主義的高揚到達巔峰的時期。最終荷屬
東印度政府1910年公布了基於出生地主義解釋國籍的〈臣民法〉，將居住在
領土內的土生華人強行置於其管轄之下，清朝政府和荷蘭政府的兩種法令，使
得荷屬華人處於複雜的雙重國籍狀態之下。[15]1911年5月3日締結的條約規定
清朝政府承認荷屬領土內出生的土生華人，在其領土內時需要服從荷蘭法令，
荷蘭政府承認，土生華人一旦離開荷蘭領土時，華人可以自由選擇中國國籍或
荷蘭國籍。

## 三、梅縣客家商人的商業網絡

### （一）神戶—香港

　　荷屬東印度華人社會在辛亥革命前夕，以國籍歸屬問題、中華商務總會的
創設、中國華商銀行的認股等問題為契機，民族主義輿論正沸沸揚揚的時候，
有兩位客家商人從廣東渡海前往日本，定居在了神戶。一位是嘉應州梅縣出生
的「正統」客家潘植我。一位是在南海縣出生的「隱性」客家廖道明。
　　潘植我（1885-1953）是在梅縣僑鄉村出生的。村里第一個去巴達維亞發

---

15 有關圍繞印尼華人國籍、資格問題的研究，請參照最近的研究成果（貞好康志
　　2016）。

展的長輩是潘祥初（1951-1911）。潘立齋（1854-1926）也往南洋發展，在巴達維亞創設增興號。祥初和立齋共同在香港開設萬通安記，經營客棧、匯款、雜貨貿易等。植我家裡並不是很富裕，但是他從小就很聰穎，大約在 1906 年，當他 22 歲的時候，受潘氏一族祥初和立齋叔伯的推薦和支援，被派到東大阪學機械染色紡織的技術。和植我一起往東大阪吉田工廠學技術的還有廖友德、廖湘瀾、廖國義、丘茂榮、梁正成。這幾個年輕人都是立齋在巴達維亞的客家友人廖煜光、丘燮亭、梁映星店裡的學徒。潘植我在神戶首先投靠的是神戶華商廖道明的永安祥號。從梅縣過來的 5 位年輕人認為，僅學會單純的技術對他們回鄉後的將來並無多大用處。正好丘燮亭從巴達維亞來訪日本，他們就懇求丘伯讓他們繼續在東京留學，學好回國後能用於開辦工廠的技術。這時候，僅潘植我被廖道明挽留了下來，最終他在神戶走進了商界（潘植我 2002：4）。大約 6 至 7 年以後，潘植我得到在香港萬通安記當經理的同族潘君勉的支持，在神戶創設了得人和號。在當時的日本華僑社會，他還算是很稀有的客家商人。在第一次世界大戰爆發以後，日本製品往南洋出口增多，潘植我就乘機大顯身手，從無名的客家商人一舉成名。通過中日戰爭爆發兩年前的 1935 年橫濱正金銀行華經理的資料顯示，得人和號在神戶經營出口南洋貿易的華商中，其經營總額一躍占了第一位。他之所以能順風順水地發展其銷路是因為在荷屬東印度最首要的巴達維亞、泗水等港口城市，有他們潘氏一家等客家華商經營的進口批發商的存在（拙文 2016b：72-76）。

　　給剛上岸後的植我提供住宿並勸他在神戶留下來、還幫他學做生意的永安祥號主人廖道明（1881- 不詳），是廣東南海縣人，在西來初地華林寺附近出生，居神戶、橫濱主流廣肇幫中的核心地位。其父親繼承祖父的醫藥業，任廣州十八街「街正」，二叔父是二甲進士，在四川任官後回粵在粵秀書院任教。可以說是當地的名流一家。由於三叔和四叔在南洋從商，廖道明的第一次出國

是 1904 年去南洋叔叔家學做生意，但後來被叫了回來，大約在 1905、1906 年
的時候到了橫濱。「原意是留學」，但叔叔還是要他在日本從商，並要對他們
的生意給予幫助，所以廖道明最終還是「後入商界」（廖道明 1947：32-34）
了。當時康有為和梁啟超在神戶須磨過著政治避難生活，據廖道明的回憶，他
和康有為「有師生之誼」。神戶華僑接到武昌起義爆發的消息後，立即成立了
中華民國僑商統一聯合會，表明要支持新政府。福建人王敬祥被選為會長。周
子卿（同泰豐號）代表三江幫任副會長，來神戶不久僅 30 歲的廖道明被推選
為廣東幫的代表就任副會長。其理由可以推斷說，廖家在廣州是屬於上流知識
分子階層的緣故。神戶永安祥號，其副經理是橫濱僑領南海人吳植垣（曾任橫
濱中華商務總會會長、永安和號主人）。其實，廖家的遷始祖據說是從中原南
下先到了福建，再經過梅縣定居下來，「先大祖父」時移居到南海縣城裡。說
得上是「隱性客家」。因此，上一輩的叔叔們是屬於荷屬東印度華僑社會中的
客家活動圈。廖道明在神戶 1906 年開設神戶永安祥的時候，早就跟南洋客家
商號有生意。巴達維亞方面留下了當地客家華商增興號、綸昌號從神戶廖道明
處進口火柴的紀錄。增興（Tjeng Hin）號是 1905 年潘立齋和梅縣友人蕭郁齋
共同創辦的。1905 年創辦的綸昌（Loen Tjiang）號，其股東中也有潘立齋（梅
縣南口鎮）的名字。丘燮亭（梅縣雁洋鎮）和同鄉廖煜光（梅縣松口鎮）1903
年共同創設的聯興（Lian Hien）號和增興號都有神戶永安祥（後改稱為廣興昌）
號巴達維亞廖家的股份（潘植我 2002：3）。同時，巴達維亞方面丘燮亭的研
究也顯示丘燮亭對神戶永安祥號和橫濱永安和號也有出資關係（Kwartanada
2012：32）。綸昌號與聯興號彼此隣接，綸昌號從神戶進口的當地風格的火柴
商標（91350 號 1918 年 2 月 15 日登錄），其商標權者是廖道明。[16]

---

16 感謝工藤裕子女士的指教。

潘家在香港，以立齋和祥初經營萬通安記開始發展，1920 年代以後由潘君勉繼承其事業[17]。君勉有 5 個兒子，分別是懋端、懋群、懋賢、懋能、懋勳。1931 年君勉前往日本向植我拆出得人和裡君勉名下的股份，而將股款的三分之一交給了長子德衡（懋端），讓其在神戶開設了東明公司，同時在香港元朗建造了蔭華廬。二男懋群接辦了香港的萬通公司，三男懋賢（香港蔭華廬潘屋主人）接辦了九龍南洋織業公司和上海的萬通公司。這些公司的主要業務是貿易。收購各地產品，出口到荷屬東印度，再讓當地客家商人分銷到各地鄉鎮。君勉在南口鎮永發街也開設了萬通公司，於是他在家鄉扮演和發揮了連接南洋僑居地和僑鄉之間的匯款和人才供應窗口的功能與角色。君勉於 1916 年倡議成立嘉屬商學公會，後改稱旅港嘉屬商會（1987 年改名為香港嘉應商會），並被推選為首屆會長。1936 年與香港商界丘公冶、林翊球等發起組織香港南洋輸出入商會，君勉任該會副監事長。1955 年，君勉在灣仔開辦專門辦理國貨的百貨店──中天國貨（黎明輝、林丹霞 2015：88）。

當植我 1939 年秋離開神戶時把得人和的業務交給了長子根元。不久，汪精衛政權成立，因得人和享有極高信譽，日方企圖加以利用。根元就把得人和的招牌拆掉，辦好歇業等善後事宜後，逃難去了上海。根元曾畢業於復旦大學，於是他開始在上海主持敬業公司（潘連華、陳柏麟 1991：79-81）。[18]1945 年，日本對上海商界的威逼壓迫愈演愈烈，因而根元選擇離開上海，經由泉州抵達南

---

17 感謝梅縣南口鎮蔭華廬提供其收藏的各種珍貴資料。包括潘氏族譜、香港蔭華廬君勉三子懋賢先生手寫的〈先父勉公生平事蹟簡介〉以及收集的各種報紙雜誌剪報等。感謝嘉應學院肖文評老師、廣東外語外貿大學宋五強老師陪同筆者進行南口鎮的田野調查。
18 潘根元（1911-2005）。潘植我有 7 個兒子。根元、芬元、魁元、幹元、泰元、疊元、振元和 5 個女兒。據七男振元的回憶，住在神戶的家族離開日本是 1937 年的事情（2015 年 11 月 2 日對末子潘振元先生（1935 年神戶出生，現住香港北角）實行的訪問調查）。

口鎮。日軍投降後，1945 年秋，潘根元開始在香港傾力拓展敬業公司的業務。
1937 年前後直接從日本回南口鎮的其他家族成員也隨之在香港定居了下來。
這樣，對南口鎮的潘家來說，香港在他們的商業網絡中是一直接二連三地扮演
著關鍵性的重要角色。一般而言，嘉應州屬下的城鎮居民出國可經由汕頭，也
可以經由香港。香港和汕頭同是海外移民和匯款的轉折點。但僑鄉村的潘家利
用了香港方面的渠道，而在早期的香港開設了為移民提供方便的客棧和信局。
當時南口鎮的潘家先在梅縣受離開政界回鄉盡力新學教育的僑賢黃遵憲[19] 的影
響，後來在香港萬通安記結識了從臺灣回鄉過晚年的丘逢甲。對荷屬東印度的
消費者來說，香港是進口（中）國貨的來源、集散地之一。二戰後在國際情勢
的變化中，香港又成為了不少客家華僑逃難僑居地而紮根定居的地方。

## （二）吧城華人新勢力（Kaoem moeda）的主要推動者

現在由萊頓大學保管的吧城華人公館五木製聯之中，1918 年最晚製造的聯
列出了承擔公館工作的主要華人僑領人物。其中有下列三個有關人物的名字。

也就是說，第一節所論述的吧城中華會館創辦人之中，首屆副理事長丘亞
恒〔燮亭〕（Khoe A Fan、1900-1908、1917-1918 副理事長）、梁輝運〔映堂〕
（Nio Hoey Oen、1905-1915 副理事長）、廖亞榮〔煜光〕（Lieuw A Yoeng、
1910-15 副理事長）這三位客家商人在晚期華人公館懸掛的聯上也有他們的
名字。華人公館是受荷蘭統治當局之權，自主運營的華人團體。雖然在公館
1918 年的聯上沒有潘立齋（Phoa Lip Tjay）的名字，他也從 1900 年第一屆中

---

19 黃遵憲（1848-1905）是清末著名文人也是外交官。1877 年陪伴駐日公使何如璋，
　作為參贊來日。4 年之後轉任舊金山總領事。以撰寫《日本國志》《日本雜事詩》，
　為清末第一流的知日派。維新改革運動失敗後，返回故鄉梅縣，與丘逢甲交流，經
　常給梁啟超在日本創辦的《新民叢報》、《新文學》投稿發表文章。在故鄉梅縣，
　1903 年創辦嘉應興學會議所、東山初級師範學堂等，熱心進行新學教育改革。

原任甲必丹 梁輝運 字映堂　　　　圖片來源：作者拍攝
原任雷珍蘭 丘亞恒 字燮亭
原任雷珍蘭 廖亞榮 字煜光

華會館就任理事，是華人新勢力中的主要人物。

　　但是，想想潘植我在東大阪的吉田工廠一起學染色機械技術的 5 名年輕梅縣人和他們的資助者。廖姓 3 人、丘姓 1 人、梁姓 1 人、潘姓 1 人。潘植我和潘立齋的關係，曾有論證（拙文 2016b：64-68）。[20] 據潘植我的回憶錄，3 名廖姓年輕人都屬於廖煜光家族，丘茂榮為丘燮亭家族，梁正成是梁映星家商店的學徒（潘植我 2002：4）。梁映星到底是誰？這裡我們不難推測他可能是梅縣客家，在吧城華人社會占主要地位的梁輝運〔映堂〕一家的成員。其餘 3 名廖姓，則屬廖煜光派。廖煜光就是公館 1918 年聯上的廖亞榮（Lieuw A Yoeng）其人。廖亞榮〔煜光〕是否是神戶廖道明的三叔或四叔？目前為止還

---

20 南口鎮僑鄉村一世處士公三房第十世義章是立齋（14 世）和植我（16 世）共同的祖先。

未發現可靠的資料證明兩者的關係。但可推斷說，廖道明屬於廖煜光家族是無
可非議的。[21]

　　梁映堂〔輝運〕梅縣松口鎮人，出生於荷屬東印度。其父梁采臣在吧城
創設南茂公司，是早期在當地紮根的客家商人。映堂 5 歲時隨父回故鄉受傳
統教育後，再回到吧城開展父業，在大南門再開設瑞德商行。1900 年，和幾
位客家友人一起參與創設中華會館和中華學堂的活動。1905 年被荷蘭殖民政
府授予雷珍蘭（Luitenant）職位，1913 年被提拔為當地罕有的客家甲必丹。
1908 年在故鄉松口鎮興建「承德樓」，1909 年就任吧城中華商務總會總理。
其子梁密庵是同盟會會員，1907 年創辦了寄南社，1909 年改組為華僑書報社。
1908 年孫中山題詞並贈與梁密庵「努力進前」4 個字，梁和孫的親密往來關係
躍然紙上，不言而喻。梁家的第四代梁錫佑，創辦了《天聲日報》、《自由報》
等，通過北伐後援會和吧城華僑捐助祖國慈善委員會等的活動繼續支持革命運
動，1951 至 52 年時期任雅加達中華商會會長。第五代梁世楨（1940-）作為
印尼「全寶集團（Summarecon 不動產 1975 年創辦）」創始者而出名。30 年
來對華人實行壓制政策的蘇哈托下臺後，經過一段時間的準備，2007 年重新
在當地復辦起八華學校，梁世楨全力以赴、出錢出力，擔負起其基金會會長的
任務。現在的八華學校坐落於全寶集團開發的雅加達萬豪新村里。梁世楨說，
2008 年 1 月復辦學校的工程開工時，「我還不知道，我的曾祖父梁映堂，是

---

21 關於吧城聯興號與增興號的股份比率和資本金，請參閱工藤裕子提交東京大學的博
　士論文（2016）第 3 章表 3-6。聯興號資本金 12 萬 5000 盾（廖家與丘家分別各持有
　25 股（Liauw A Yoeng[ 廖煜光 ]23 股，Liauw To Beng 2 股，Khoe A Fan[ 丘燮亭 ]23
　股，兒子 Khoe Sim Yoeng 2 股）。增興號（資本金 10 萬盾）蕭家與潘家分別各持有
　25 股（Siauw A Hien [ 推測為蕭郁齋 ]24 股，Siauw Phoe Tjaij 1 股，Phoa Liep Tjaij [ 潘
　立齋 ]23 股，Phoe Tek Tjhoe 1 股，Phoa Kie Hoat 1 股）。推測 1-2 股是分配給兄弟、
　兒子或侄子等的。那麼，Liauw A Yoeng 廖煜光〔亞榮〕可能就是廖道明 [=To Beng ?]
　的叔父。Phoa Kie Hoat 可能是潘立齋的「發〔Hoat〕」字輩 10 個兒子之一。

1901 年八華學校的 20 名創辦人之一。因此，對於復辦八華學校，使我覺得更加具有了光榮感和使命感」。[22] 可見，從梁映堂積極創辦中華會館和中華學堂算起，梁家連續四代在創辦、維持和重建華僑學校的過程中發揮了樞紐性的至關重要的作用。

　　丘燮亭〔亞恒〕，於梅縣雁洋鎮長教村（1859-1930）出生。17 歲時離開故鄉前往南洋，最開始在巴達維亞開米店，後來成為著名的華僑企業家。他在創建巴達維亞中華會館和中華學堂的活動中扮演了非常重要的角色，之後成為中華總商會會長，也擔任了當地榮耀的華人甲必丹職位。丘燮亭的故鄉雁洋鎮和廖煜光的故鄉松口鎮比鄰而居，兩人共同創辦了聯興公司（Handel Maatchappij Lian Hien）。1901 年與另一共同經營者 Tjan Kam Tjoan 三個人在泗水開設德裕隆（Tek Joe Long）號（工藤 2016：表 3-3,3-6）。丘燮亭在神戶 Wing On Chong/Kwang Wing On 和橫濱 Wing On Who 也都有股份（Didi Kwartanada 2012：32）。後者可以推斷出是前面所提到的吳植垣經營的永安和號。前者雖尚不能確定，但可以推測其與廖道明的永安祥（廣興昌）號應有關係。由此看來，巴達維亞梅縣客家的主要商號和重要人物丘燮亭、廖煜光、梁映堂、潘立齋，以及日本神戶和橫濱的潘植我、廖道明（有梅縣人和南海人的兩重身分）、吳植垣（南海人）等商人之間其實保持著一定的關係。

　　前文提及的巴達維亞中華會館新式中華學堂採用了日本模式（Kwartanada

---

22 〈梁世禎：做一個誠信篤實的生意人〉。引自梅視，http：//gdmztv.com/2013ksdh/
qiaozhi 2011- 12-04，取用日期：2016 年 7 月 31 日、〈客商故事之梁映堂 梁密庵〉。《梅
州日報》，引自梅州網 http//mzrb.meizhou.cn /html /2015-10/04/，取用日期：2016 年
7 月 31 日、羅英祥（2011：44）、〈廣東梅州梁家五代華僑的家國情懷〉。廈門大
學圖書館區域研究資料中心，中國新聞網 2013 年 5 月 17 日，取用日期：2016 年 7
月 31 日。中國大陸改革開放後，梁世禎先後捐出 2000 萬多人民幣支持故鄉松口中
學的教育和各項公益事業的建設。

2012：33）。1903 年丘燮亭為了充實吧城中華會館中華學堂的教育設施，專門訪問了日本。而且在 1905 年，丘燮亭把兩個女兒送到日本留學。小女兒丘新榮就讀東京女子英文大學，後來回國後因成為南社的成員而有名，並且在 1903 年左右，從橫濱大同學校挖掘有近代化華僑教育經驗的老師，把他招聘到吧城中華學堂第二代學務主任，也是丘燮亭的任務。

這樣，以開明的土生華人（Peranakan）為主的新勢力，得到像丘燮亭等在爪哇島海外有獨特人際網絡的新客（Totok）的協助，換句話說，正因為有這些「跨越國界」（transboarder）性質的華商活躍在第一線，才得以引進日本先進的教育方式和人才。丘燮亭在故鄉也熱心於教育公益事業，捐助了丙村中學、東山中學、南口中學、華僑中學等。從清末民初時期開始支持年輕人往日本留學（廣東省梅州市華僑志編委會 2001：157；羅英祥 2011：100），潘植我也正是其留日支援事業的收益者之一。

丘燮亭有一姪子叫丘元榮，1913 年 16 歲時離開家鄉前往巴達維亞，在丘燮亭創辦的聯興號學做生意，後來獨立出來開設榮盛有限公司，後再往泗水、井里汶開辦分公司，經營棉紗、棉布、絲織品等的進出口貿易和匯款業務，得到了長足性的發展。後來被選任為華僑輸入商總會主席（1934），也就任了中華總商會會長（1938）一職。適值潘植我的出口生意最旺盛的時候。潘植我有 7 個兒子，其中三男翹元娶了丘元榮的女兒丘蘭，潘家一家之中唯有翹元去巴達維亞並在當地發展起來。[23] 也就是說，日本客家華商中最有勢力的客家商人潘家和代表巴達維亞客家進出口商界的丘家，通過子女的婚姻成了親家，從而加強了兩家的相互關係。此外，全寶集團梁世禎的母親潘淑容出身於南口鎮南

---

[23] 對潘植我七兒子潘振元先生（1935 年出生 -）進行的訪談（2015 年 11 月 3 日，於香港北角）。潘振元先生說，他的嫂子丘蘭的妹妹丘菊是他在中日戰爭時期離開日本回到家鄉時在梅縣上學時候的同學。

華又盧，[24] 可以推測潘淑容是潘祥初的女兒或是孫女。從身世背景來看，梁家和潘家也是門當戶對的兩家。他們在此基礎上進一步通過姻親紐帶來鞏固和加強了兩家商業上的互相關係。

潘植我在日本神戶的發展並不是偶然。值得一提的是在南洋荷屬東印度成功的幾家梅縣客家商人，大家總體上都是因為看準了發展較先進的日本而推動了與其的互動關係。1907 年，形成吧城華人新勢力的新客潘家、丘家、梁家、廖家發派年輕人去日本學技術，同時積極投資日本港口城市的廣幫辦莊，加強日本與爪哇之間的聯繫。早期是以進口火柴等日本製品，20 世紀 10 年代以後主要是以進口日本棉織品為主，日本成了他們的大宗進口商品的對象。同時，也從日本引進了以新學方式運營華僑學校的知識、技術和經驗。

## （三）梅縣客家商人在吧城

近幾十年來，雖還有不少新移民去國外尋找新天地，但往南洋去開闢新天地的卻不太多。因此，從嘉應州各縣出身的客家如今在世界各國各地分布的情況，我們可以歸納出以下幾點有特徵性的趨向。[25]（1）澳門客家人數不是很多。（2）香港的嘉屬客家是西南部的興寧人和五華人占大多數，梅縣人次之。（3）泰國的嘉屬客家一半是豐順人。泰國的梅縣人和大埔人與豐順人相比較的話，兩者分別約是豐順人的三分之一左右。（4）馬來西亞、新加坡、越南的嘉屬客家大約一半是大埔人，在馬來西亞梅縣人是僅次於大埔人的。另外，在新加坡和越南的興寧人也為數不少。對本文的描述對象印尼而言，嘉應州人的總數和泰國不相上下，但為數 65 萬 6 千多的嘉屬人之中，有 43 萬 5 千人即超過三分之二是梅縣人。可以說，包括早期到加里曼丹西北部發展的蘭芳公司羅芳伯在內，印尼客家與梅縣是有不解之緣的。

---

24 同註 22。關於南華又盧主人潘祥初，請參照何國華、潘順元（1991）。

　　根據 1934 年僑務委員會的統計、荷屬東印度全體華僑人口 1,232,650 人之中福建人、客家人、廣東人、潮州人分別占 55%、20%、15%、10%（華南銀行 1941：16）。根據荷屬東印度 1930 年的國勢調查，客家人在西部爪哇島占的比率是 28.3%（華南銀行 1941：14-15），客家人在吧城除了做商人以外，多以從事裁縫、洗衣、鐵匠、理髮、木匠等城區職業為主。從總體上可以說客家人在吧城是成功地深入到了福建人占主流的傳統華人社會之中。

　　對移民不久的華人來說，給故鄉父母親人匯款是極為重要的行為。臺灣銀行留下的 1914 年匯款調查資料顯示，巴達維亞方面「嘉應州人占六成、福建

25 2001 年梅縣人在港澳、海外的分布情況如下：

| | 梅縣 | 梅江區 | 大 埔 | 豐 順 | 興 寧 | 五 華 | 蕉 嶺 | 平 遠 | 總 數 |
|---|---|---|---|---|---|---|---|---|---|
| 香港 | 51,000 | 36,000 | 9,375 | 15,000 | 175,500 | 135,000 | 7,943 | 5,424 | 435,242 |
| 澳門 | 5,000 | 3,000 | 1,020 | 200 | 4,500 | 6,800 | 57 | 13 | 20,590 |
| 印尼 | 314,000 | 121,300 | 103,400 | 6,100 | 28,330 | 26,072 | 48,200 | 9,044 | 656,446 |
| 泰國 | 78,000 | 43,000 | 103,400 | 330,000 | 55,900 | 13,394 | 15,000 | 1,358 | 639,652 |
| 馬來西亞 | 92,650 | 15,000 | 156,000 | 36,500 | 10,850 | 49,537 | 16,400 | 7,368 | 384,305 |
| 新加坡 | 2,500 | 1,000 | 98,500 | 18,500 | 31,450 | 9,439 | 5,000 | 1,462 | 167,851 |
| 越南 | 400 | 800 | 31,250 | 5,000 | 20,250 | 495 | 50 | 250 | 65,495 |
| 南非 | 18,800 | 7,000 | | 150 | 25 | | 20 | | 25,995 |
| 毛里求斯 | 27,000 | 1,200 | | 400 | 280 | 185 | 250 | 32 | 29,347 |
| 英國 | 23,500 | 1,000 | 1,850 | | 550 | 11,908 | 150 | 112 | 39,070 |
| 美國 | 3,400 | 2,100 | 7,400 | 6,100 | 5,000 | 16,962 | 1,400 | 670 | 43,032 |
| （含其他）總計 | 611,060 | 199,700 | 506,209 | 425,710 | 171,430 | 151,001 | 87,775 | 21,986 | 2,174,871 |

資料來源：引自廣東省〈梅州市華僑志〉編委會梅州史華僑歷史學會編，2001，《梅州市華僑志》23-25 頁

人三成、廣東人一成」。其中描寫荷屬各地華人信局情況的部分，有每年的匯款額，「福建幫總共 35 萬盾，嘉應州幫 50 萬盾，廣東幫 3 萬盾」之說明（臺灣銀行 1914：121-122）。可見，僅限巴達維亞的情況來看，客家人保持著絕對的優勢。調查報告中在巴達維亞的嘉應州人客家信局有下列 8 家店：

聯興、德裕隆、南茂、綸昌、增興、恭源、長順、元興

這 8 家信局在前文也有所陳述，聯興號是丘燮亭和廖煜光共同創辦的，德裕隆也是丘燮亭和廖煜光兩人各出資三分之一創辦的。南茂號是梁映堂父親創辦的。丘燮亭是綸昌號股東之一。增興號是潘立齋和蕭郁齋共同創辦的。而神戶潘植我回顧廖家坐辦莊永安祥在聯興號和增興號均有股份（潘植我 2002：3）。可見，吧城客家信局 8 店中的半數以上是確實和本文的登場人物存在一定關聯的。另外，這些信局都同時兼營進口批發。關於潘氏一族，筆者有拙文對潘祥初和潘君勉在香港萬通安記、萬通公司兼營匯兌、客棧的情況和他們如何在香港以及僑鄉村蓋起蔭華廬等做了具體的介紹。他們是通過以香港為樞紐的匯兌、客棧業，把梅縣和僑居地荷屬東印度緊緊連接起來的。加之，潘氏一家在香港、上海、神戶、曼谷、新加坡等亞洲貿易網絡中的重要港口從事進出口貿易，給爪哇的客家商人夥伴提供了種種國內外產品。可以說，1950 年代以後不少印尼客家商人在香港開辦國貨商店（芹澤 2011：45-65）的經營方式的基礎是在這種歷史經驗中提煉出來的。此處對經營國貨部分暫且擱置。以下就經營國外產品，即通過經營日本產品的進出口貿易這一側面，揭開當時的亞洲之間貿易結構的一大變動，進而分析日本對荷屬東印度華商的重要性。

## 四、從梅縣客家商業網絡中看二戰前華僑社會中日本因素的定位

### （一）日本—南洋貿易與神戶潘植我得人和號

右圖的曲線表示了潘植我 1907 年來神戶定居到 1939 年離開神戶為止，神戶港對荷屬東印度的出入口貿易額的變遷。自從 1910 年代後半開始，貿易總額顯示急劇增長。在這段時期，在日本各港口中，作為亞洲中樞港口的神戶港在荷屬東印度貿易中的地位極為重要。尤其是神戶港的出口額比率，約占全日本總額的 3 分之 1 到 2 分之 1 左右（拙文 2016b：72）。由此可知，神戶港在日本產品出口荷屬東印度中可以說是最重要的港口。

表 2    神戶港對荷屬東印度的輸出入總額（1907-1939）

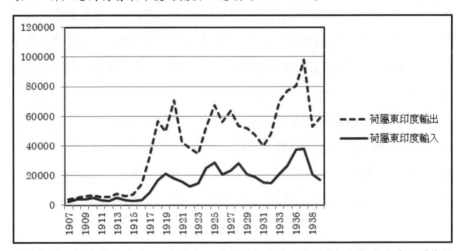

資料來源：根據明治 42（1907）年版以後的《神戶港外國貿易概況》各年度版「蘭領印度」部分，1933 年以後的數字根據神戶市土木部港灣課《神戶港大觀》昭和 11・12（1936-37）年版 141 頁，昭和 13（1938）年版 59 頁，昭和 14（1939）年版 69 頁製成。

　　一般認為，由於第一次世界大戰爆發，歐美產品無法出口亞洲，廉價的日本產品趁機擴大其市場。據上圖顯示，神戶港對荷屬東印度出口的貿易額從 1916 年起明顯增多，到 1920 年的 4 年，幾乎是以逐年遞增的氣勢實現了發展。雖然其勢頭面臨戰後的不景氣有所下降的局面，但是在 1930 年代初，這種局面得到了反轉，再一次一躍崛起，展現了生機勃勃的發展。直到 1937 年中日戰爭爆發後，受戰爭影響再度銳減。雖說貿易額的猛增其主要契機在於第一次世界大戰的爆發和導致的民用品的缺乏，但是，值得注意的是，南洋日本之間賴以生存的關係基本上隨之成立。1936 至 1939 年荷屬東印度所占日本對南洋總出口額大致 44.5%-51.7% -47.5% -58.5% 的比率遷移（中華會館 2013：196），可以說在 30 年代後半期，荷屬東印度地區成為日本產品最穩固的市場。

　　從潘植我僑鄉村往爪哇移民去的親屬和他們在移居地建構發展的客家商人網絡，推動了潘植我作為留日客家出口商的發展。潘植我靠著客家網絡顯露頭角，終於成為代表日本承擔南洋出口貿易的華商。1935 年 6 月底橫濱正金銀行神戶支店的華商跟單匯票資料顯示，利用橫濱正金銀行神戶支店與南洋進行出口貿易的 28 家華商貿易總額的 4,467,104.25 日圓中，交易額為 649,350 日圓，占比重最大的商號是潘植我的得人和號。表 3 所列分別是前 9 名規模較大的神戶華商客戶所在地區的交易額。每家公司針對的貿易對象地區也有所不同，但通過下表所列數據，我們可以斷定出得人和（潘植我）是專門以爪哇島（巴達維亞）為主，東南公司（陳樹彬）以曼谷和泗水為主，華東公司以曼谷和巴達維亞為主，從福建幫復興號獨立出來的致和公司和東有公司以馬尼拉為主。

表3　神户華商出口南洋總額

（橫濱正金銀行神户支店第二期期末計算 1935 年 6 月 30 日）

| | 商　號 | 總　額 | 馬尼拉 | 新加坡 | 泗　水 | 巴達維亞 | 三寶壟 | 香港 | 曼　谷 | 其　他 |
|---|---|---|---|---|---|---|---|---|---|---|
| 1 | 得人和（廣東） | 649,350 (100%) | | 65,400 (10.1%) | 174,550 (26.9%) | 318,100 (49.0%) | 48,400 (7.5%) | | 42,900 (6.6%) | |
| 2 | 東南公司（廣東） | 632,470 (100%) | | 67,255 (10.6%) | 23,3383 (36.9%) | 7,151 (1.1%) | 5,628 (0.9%) | | 319,052 (50.5%) | |
| 3 | 華東公司 | 585,750 (100%) | | | 36,000 (6.2%) | 240,800 (41.1%) | 64,150 (10.9%) | | 244,800 (41.8%) | |
| 4 | 東有公司 | 414,803 (100%) | 414,803 (100%) | | | | | | | |
| 5 | 新瑞興（福建） | 365,337 (100%) | 191,318 (52.4%) | | 174,018 (47.6%) | | | | | |
| 6 | 榮泰公司 | 252,137 | | | 37,440 (14.8%) | 135,216 (53.6%) | 3,960 (1.6%) | | 75,521 (30.0%) | |
| 7 | 礦興公司（廣東） | 185,230 | | 173,960 (93.9%) | | 11,270 (6.1%) | | | | |
| 8 | 長發公司（廣東） | 169,936 | | 1,350 (0.8%) | 38,506 (22.6%) | 116,880 (68.8%) | | | 13,200 (7.8%) | |
| 9 | 致和公司（福建） | 165,921 | 137,498 (82.9%) | | 7,548 (4.5%) | | | | | 20,875 (12.6%) |

資料來源：橫濱正金銀行神户支店輸出係〈支那人手形引受人別殘高表〉第 2 期支店
　　　　　期末計算（1936 年 6 月末）〉丸善微型胶卷 No・128，266-268 制成。商
　　　　　號的（ ）內幫別根據〈在神華僑商社商店一欄〉前引中華會館，2013，《落
　　　　　地生根（增訂版）》415-426。

## （二）30 年代吧城華商領袖

　　話說回來，潘植我在永安祥號工作後，每月所得薪水先攤還立齋叔，為的
是不敢辜負長輩好意。事業成功以後，「奮南叔、八叔、汝瑤叔在日本留學，
千叔、少齋叔往美留學」，植我「均有資助」（潘植我 2002：18）。根據《廣
東梅縣潘氏族譜》的記載，奮南叔指的是潘立齋五男鯤發。在日本培養軍官的

專門學校留學後，回國成為著名客家上將張發奎的高級參謀。二戰後張發奎把潘植我從巴達維亞救出來時，可能有他的一份貢獻。汝瑤（玖發）是立齋的九兒子。留學早稻田大學深造經濟學，回國後擔任武漢大學和暨南大學教授。那麼，八叔應該是潘立齋的第 8 個兒子遷發。遷發也留學日本，取得經濟學碩士學位後回國，後來當了廣西大學教授。潘立齋共有 11 個兒子。除了夭亡的十一兒子光發以外，老大鳳發（清監生）、三兒子驥發（清貢生）、六兒子恒發、七兒子剛發作為印尼華僑華人留在印尼發展。其餘老二驤發（清貢生）、老四騰發、老五鯤發、老八遷發、老九玖發、老十又齋（新民）作為內歸國華僑，回國發展了下去（南口潘氏 2006：888-890）。潘立齋大約在 1920 年代初期返回故鄉隱居南口鎮僑鄉村德馨堂。可以說，長子到老三，讓他們接受的是傳統教育。以下的兒子，至少第 5、8、9，三個兒子給他們提供了在日本留學的機會。第 10 個兒子留學美國，後來回國後當了廣西大學的教授。第 10 個兒子的名字唯一沒取字輩「發」字。從父親的名字取了「齋」。植我回憶錄裡「少齋叔」可能是指第十子又齋（新民）。回憶錄裡的另一「干叔」，可能是七男剛發。可以說，古板正直的植我報答恩義，照顧了立齋兒子們的留學。

他還回顧，泗水南隆公司欠帳 3 數萬元，德馨堂借 1 萬元，文仰叔[26]在上海做生意，植我在銀行擔保，負累 4 萬元，植我均不願「逼問」（潘植我 2002：18）。植我 1939 年逃亡吧城後，查探阜通公司，當地股東用去大數目，還有親屬有併吞之野心，但植我重視潘家體面，「藉以保全叔侄情誼，又以保全潘姓商業根基，把大事化為小事」。阜通公司 1917 年開辦，植我占 20 股，

---

26 潘立齋四男騰發的別名。曾任南口鎮安仁學校校長。二戰後留在印尼的六男恒發 1940 年在泗水創辦恒興號，其墳墓埋葬在三寶壟。七男剛發是南隆公司、中樞織造的總經理，長期以來活躍於印尼商界，末裔居住在印尼。總算潘立齋末裔人才輩出，2006 年已有 3 位教授、5 位博士、2 位碩士（南口潘氏 2006：888-890）。

是最大股東。1920 年代 30 年代應該是神戶出口日本產品吧城生意極為興隆的時代，植我只得忍受（潘植我 2002：18）。

日本在發動太平洋戰爭之前，對 1930 年代的南洋華僑領袖做了詳細的調查。其中之一是巴達維亞華僑調查（1939 年 1 月時局經濟委員會編）。巴達維亞華僑調查中對 44 名領袖做了報告。據報告，其中客家商人至少有 17 名。有留日回來的醫師陳隆吉、大安堂中藥店經理兼中醫游子雲、《天聲日報》總經理吳慎機（吳元合公司經理）、董事沈選青（沈成茂公司經理）等知識分子。本文中所提到的梅縣潘家有潘于懷（「阜通」公司社長、華僑輸入商會理事），丘家集團除了丘元榮（棉布業與民信局「榮盛」公司經理、中華總商會會長）以外，還有立桃榮（「聯榮」經理，輸入日本棉布）、張順仁（「聯榮」及「榮盛」家族出資組成的股份公司「榮興」經理、以進口日本雜貨棉布和中國雜貨為主），梁家有梁錫佑（日歐鐵類進口商「潤發」公司經理）。除此以外，蕭照明、廖阿三、林偉明、劉阿欣、劉繼明、劉品三等也從事日本雜貨棉布等的進口（臺灣總督府外事部 1942：47-53）。可以說，除了兩位從事醫藥的以外，15 名客家華商領袖中至少有 10 名以上是經營進口日本產品。可見，在 1930 年代末期，對於荷屬東印度的進口華商，尤其是客家商人而言，日本確實處於無比重要的位置。雖說中日戰爭發展到了世界大戰的局面，抗日愛國運動也展現了跨越國境的態勢，但東南亞地區華人的處境因個體而異，並不完全一致。所以在東南亞地區的抗日愛國運動戰線也不是堅如磐石的。

## 五、結語

近代日本華僑史中如何定位客家商人是本文的第一目的。拙文前篇（2016b）闡明了梅縣、香港、神戶、巴達維亞的潘家移民網形成的過程。有

以下三點新的發現：（1）日本客家華商在商業史上留下首次足跡是日俄戰爭之後，因為梅縣客家潘植我和「隱性」客家廖道明分別到神戶是 1906、1907 年以後的事情。（2）潘植我的得人和號之所以能取得如此大的成功使其名滿天下，是以第一次大戰為契機，日本南洋之間貿易激增的背景下，依靠於巴達維亞客家商人的交易網絡。因為在巴達維亞當時已有同村的潘家上一代族叔祥初、叔公立齋等在此地的開拓發展。（3）族叔潘君勉是得人和號的副總理。君勉繼承祥初的事業，在香港發展的萬通安記也給南口鎮潘家提供了移民、匯款方面的便利。

　　本文作為續編，追溯了巴達維亞客家商人當時的處境，可以得出下面幾點結論。首先，雖說客家人前往荷屬東印度歷史不短，但是在爪哇島，土生閩南華人一直是占優勢的。19 世紀中期以來新客移民潮的湧現使西部爪哇島，尤其使巴達維亞華人社會的結構發生了一定變化。客家人成功地進入了城市雜業領域以及部分商業領域。新來的客家商人與外界擁有新的人際關係，因此在變化多端的進出口貿易中積極地發揮了作用。另外，在該時期，長期以來處於荷蘭統治下受境內移動制約等的華人，也開始享受在村落裡零售等商業上的自由。1900 年中華會館的成立和中華學堂的開設是由巴達維亞華人中的新勢力推動的，而新來的客家商人也參與了其活動，從中所起的也是「跨越國境」的作用。其次，雖然同是嘉應人，但具體到縣級來看，在海外各地的嘉應人的出身地是不盡相同的。印尼嘉應人以多半來自梅縣中心部（梅江區和梅縣）為其特徵。在巴達維亞華人社會顯露頭角的客家人也以梅縣人為主。他們既是新勢力的推動者，也是荷蘭統治當局授予甲必丹、雷珍蘭等職位的上層僑領，丘燮亭、潘立齋、梁映堂、廖煜光等。也就是說，潘植我第一次到日本大阪學技術，最開始的機會是來自於這 4 家巴達維亞梅縣鄉親們的決策。潘植我在一戰時期抓住世界經濟變動的機會，在進行出口日本產品方面取得成功，毋庸置疑這也

是他已在巴達維亞擁有可以充分信賴的商業網絡的緣故。

由此，筆者得出來的另一結論是，日本因素在近代客家商業史網絡中的定位。具體來說：前面所提及的客家僑領「跨越國境」的作用發揮在中華學堂引進日本新式的教育方式上。不僅由於關鍵人物丘燮亭親自到日本購買設備等等以外，還從橫濱大同學校招聘到了巴達維亞中華學堂第二任教務主任。荷屬東印度華人目睹了同樣居住在該地的日本人得到了與歐洲人同等的待遇，於是勃然奮起高唱中華民族主義，主動接受了歷史上首次政府提供的總商會制度，紛紛成立商會，同時，迎合上海商界主導的中國華商銀行的招股活動，積極參與華商聯合報的宣傳並提供文稿等，不可否認這都和客觀上的日本因素存在一定程度的關係。最後，如何思考海外華僑史中日本因素的歷史意義是今後可探討的另一課題。雖然在我們通過客家商業網絡的興起看荷屬東印度華人社會的視角論述問題的同時，注意到了在該地日本國際地位的提高問題以及以日本新學做榜樣的問題。但從僑鄉所在地的祖國即中國的視點來看，日本其實通常只是一個抗日統一戰線一致打倒的目標而已。

# 參考文獻

中華會館，2013，《落地生根：神戶華僑と神阪中華會館の百年（增訂版）》。東京：研文出版。

安井三吉，2009，〈楊壽彭と孫文〉《孫文研究》第46號。神戶：孫文紀念館。

何國華、潘順元，1991，〈潘祥初〉《梅縣文史資料（南口鎮專欄）》第21輯。

李學民、黃昆章，2005，《印尼華僑史（古代至1949年）》。廣州：廣東高等教育。

汪鳳翔（監修），1906，《南洋爪哇各埠華僑學堂章程》，南洋總匯報館。

芹澤知廣，2011，〈「國貨公司」：冷戰時代における香港社會の一面〉《總合研究所所報》19 號。奈良：奈良大學總合研究所。

貞好康志，2006，〈蘭領期インドネシア華人の多重「國籍」と法的地位の實相〉《近代》96 號。神戶：「近代」發行會。

_____，2016，《華人のインドネシア現代史》。松本：木犀社。

袁冰凌、Claudine Salmon，2001，〈雅加達公堂及其檔案〉，周南京主編，《華人華僑百科全書》學術著作卷。北京：中國華僑。

陳來幸，2010，〈戰後日本における華僑社會の再建と構造變化：臺灣人の抬頭と錯綜する東アジアの政治的歸屬意識〉收錄於小林道彥、中西寬編，《歷史の桎梏を越えて：20 世紀日中關係の新しい見方》。東京：千倉書房。

_____，2011，〈在日台灣人アイデンティティの脱日本化：戰後神戶・大阪における華僑社會變容の諸契機〉。收錄於貴志俊彥編《近代アジアの自畫像と他者：地域社會と「外國人」問題》。京都：京都大學學術出版會。

_____，2014，〈從一些家族史看廣東華僑與中日關係〉，收錄於張應龍編《廣東華僑與中外關係》。廣州：南方出版傳媒、廣東人民。

_____，2016a，《近代中國の總商會制度—繫がる華人の世界》。京都：京都大學學術出版會。

_____，2016b，〈20 世紀初頭における客家系華商の台頭：神戶と香港に進出した梅縣南口鎮の潘氏一族〉，收錄於村上衛編《近代中國における社會經濟制度の再編》。京都：京都大學人文科學研究所。

華南銀行調查課，1942，《蘭領印度商業界に於ける華僑》華銀調書第 89 號。臺北：華南銀行調查課。

楊建成主編，1983，《三十年代南洋華僑領袖調查報告書續編》。臺北：中華學術院南洋研究所（原版，臺灣總督府外事部，1942，內部發行）。潘氏一族，2006，《廣東梅縣潘氏族譜》（梅縣南口鎮蔭華廬提供）。梅縣：永發公房。

廣東省梅州市華僑志編委會、梅州市華僑歷史史學會編，2001，《梅州市華僑志》。梅州市：廣東省梅州市華僑志編委會）。

僑風社，1947，〈在日僑胞的國大代表及立法委員是誰？〉。《僑風》第 6 號。京都：僑風社。

廖道明，1947，〈自傳：話當年〉《僑風》第 6 號。京都：僑風社。

滿鐵東亞經濟調查局，1940，《蘭領印度に於ける華僑（南洋華僑叢書第 4
卷）》。

潘連華、陳柏麟，1991，〈旅港鄉賢潘根元〉《梅縣文史資料（南口鎮專欄）》
第 21 輯。

潘植我，1952，〈植我回憶錄〔手稿本：香港潘振元提供〕〉。神戶：神戶華
僑歷史博物館所藏複製本。

＿＿＿＿，2002，〈潘植我回憶錄〔潘干元提供〕〉。中國人民政治協商會議汕
頭市委員會文史與學習委員會《汕頭文史》第 17 輯，汕頭：中國人民政
治協商會議汕頭市委員會文史與學習委員會 。

黎明輝、林丹霞，2015，〈壹幢古宅〉《壹週刊》6 月 25 日號。香港：壹週
刊廣告。

羅英祥，2011，《印度尼西亞客家》。桂林：廣西師範大學出版社。

臺灣銀行總務部調查課編，1914，《南洋に於ける華僑（支那移住民）附為替
關係》。臺北：臺灣銀行。

Chen Menghong（陳萌紅），2011, *De Chinese Gemeenschap van Batavia*, 1843-
1865. Leiden: Leiden University Press.

Erkelens, Monique, 2013, *The decline of the Chinese Council of Batavia: the loss of
prestige and authority of the traditional elite amongst the Chinese community
from the end of the nineteenth century until 1942*. Leiden: Leiden University
Dissertation.

Kwartanada, Didi, 2012, "The Tiong How Hwee Koan School: a transborder project
of modernity in Batavia, c. 1900s", in Siew-Min Sai, Chang-Yau Hoon eds.,
*Chinese Indonesians Reassessed: History, Religion and Belonging*. London:
Routledge Contemporary Southeast Asia Series.

Nio Joe Lan（梁友蘭），1940, *Riwajat 40 Taon Dari Tiong Hoa Hwee Koan Batavia
（1900 -1939）*。巴達維亞：中華會館。

# 在地、南向與全球客家

主　　編：張維安

編輯助理：陳韻婷、陳品安

出 版 者：國立交通大學出版社

發 行 人：張懋中

社　　長：盧鴻興

執 行 長：簡美玲

執行主編：程惠芳

助理編輯：陳建安

封面設計：林筱晴

美術編輯：黃春香

製版印刷：中茂分色製版印刷事業股份有限公司

地　　址：新竹市大學路 1001 號

讀者服務：03-5736308、03-5131542　（週一至週五上午 8:30 至下午 5:00）

傳　　眞：03-5731764

網　　址：http://press.nctu.edu.tw

e - m a i l：press@nctu.edu.tw

出版日期：106 年 11 月初版一刷

定　　價：550 元

I S B N：9789869477239

G P N：1010601425

國家圖書館出版品預行編目 (CIP) 資料

在地、南向與全球客家 / 張維安主編.
　-- 初版 . -- 新竹市 : 交大出版社 , 民 106.11
　　面；　　公分
部分內容為英文
ISBN 978-986-94772-3-9( 平裝 )

1. 客家 2. 文集

536.21107　106016289

展售門市查詢：

　交通大學出版社 http://press.nctu.edu.tw

　三民書局（臺北市重慶南路一段 61 號））

　網址：http://www.sanmin.com.tw　電話：02-23617511

或洽政府出版品集中展售門市：

　國家書店（臺北市松江路 209 號 1 樓）

　網址：http://www.govbooks.com.tw 電話：02-25180207

　五南文化廣場臺中總店（臺中市中山路 6 號）

　網址：http://www.wunanbooks.com.tw　電話：04-22260330

本書獲客家委員會補助出版